我真诚希望"上海中小学博雅教育研究所—吴江盛泽中学"骨干教师培养项目为学校打开一扇窗，让教师看到更广阔的世界，更明媚的风景。

——水菊芳

如何把"大单元教学""综合性活动""学习任务群""主题教学"与高中课堂深度融合，本书真实记录了教科研工作者与一线教师的理论探索和实践研究，并提供了大量鲜活的案例。让我们一起为提高学生的核心素养，落实立德树人的任务而努力奋斗。

——吴青良——

吴春良 编著

基于课堂转型的
教师成长实践研究

——以吴江盛泽中学为例

上海教育出版社
SHANGHAI EDUCATIONAL
PUBLISHING HOUSE

本书顾问：周国正

本书编委会

主　任：吴春良
副主任：夏志芳　陆　勇
委　员：王　华　孙宗良　师　前　吴　俊　余　芬
　　　　茆颖萍　叶　清　彭欣欣　钱明霞　许佳龙
　　　　刘　杨　吴云丽　顾卫清　由凤丹　周丽芳
　　　　朱广春　周素芬

序 一

2020年4月,上海中小学博雅教育研究所与盛泽社会事业局合作的盛泽教育发展规划项目正式启动了。作为项目的见证者和参与者,我亲历了盛泽教育史上的这一盛事。

作为一名教育工作者,我曾经在盛泽中学工作多年。盛泽中学是一所有着80年办学历史的四星普通高中,也是一所不断站在教育教学改革前沿、努力探索新的教育教学理念与实践方略的创新型学校。改革与创新需要思想启迪、智力支持,当然更需要探索与实践,上海中小学博雅教育研究所——吴江盛泽中学骨干教师培养项目的实施顺应了这一发展要求。该项目立足课堂转型为教师成长赋能,在促进教师专业发展方面做出了显著成绩。

三年来,盛泽中学教师在专家的引领下,博学审问,慎思明辨,实现了专业领域的自我跨越。《基于课堂转型的教师成长实践研究——以吴江盛泽中学为例》这本凝结着上海市专家学者和盛泽中学骨干教师智慧的专著让我看到了新时代教育改革征程中一所踏实奋进、锐意进取的普通高中的前进历程。在惊叹与欣喜的阅读中,先前在教育管理中所体察到的一些现象在头脑中浮现,对现象反思而引出的理念逐渐形成,理想再一次被点燃。我想,这就是不凡的思想所蕴含的唤醒力量。

生命中许多美好的东西,一旦习以为常,它们就不"存在"了,这种现象在心理学上称为"适应原则",它不断地将我们从"痛苦"和"幸福"的极点拉回:一方面它让我们不至于因极度痛苦而崩溃;另一方面也阻止我们享有绵长的幸福体验。探究是我们对抗麻木生活的最佳武器。美国物理学家费曼生前做最后一次手术时,医生说他这次撑不下去了。他说,如果是这样,拜托帮我把麻醉药给解除了,让我处于清醒状态,我想知道生命关闭是什么感觉。有了探究欲,连死亡都可以成为兴致盎然的事。

探究,保护着教师们的教育热情与教育智慧。

教育并不缺观念，但仅依靠观念无法改变教育。教育的发展需要教育者以理想为导引，以问题为依托，在实践中探究。让人欣慰的是，我从本书中读到了教师们的理想与热情，更理解了他们的钻研与探索。曾经看到一位教师写的一段短文："作为一名教师，当我们对现实的教育教学感到苦闷与纠结时，我们该为之庆幸；当我们为这种苦闷包裹而不断思索，继而与别人思想发生碰撞并产生火花时，我们该为之欣喜；当我们的思考与探究在实践中展现独特价值时，我们该为之沉醉——在这样的渐进中，我们获得了'提升'的美妙体验。"我想，这应是教师所体验到的有意义的教育人生。

我真诚地希望上海中小学博雅教育研究所—吴江盛泽中学骨干教师培养项目能为学校打开一扇窗，让教师看到更广阔的世界，更明媚的风景。同时，让处于全国教育改革前沿的上海把教育教学改革的春风吹进盛中的校园。

三年来，上海中小学博雅教育研究所的专家兢兢业业、不辞劳苦扎实而有效地推进项目。正如本书的书名一样，专家立足课堂，基于新时代教育改革目标，不断引领教师课堂转型。因此，才有了我们今天的这本专著。对此，我心有景仰，深感佩服。

哲人说："为了回家，行走在流浪的路上。"人被抛到回家的路途上，直到终了，然而只要我们心有所向，漫漫长途就不虚妄，而那个心之所向的"理想"就长在我们思考中，成在我们的行动里。让我们慢慢地把理想做出来。

水菊芳

江苏省特级教师、正高级教师
吴江区教育局副局长
2023 年 12 月

序　二

盛泽,是一片改革开放的热土,也是一个教育现代化与生态化的实验区。

正是在新时代、新征程、新奋进的大背景下,盛泽中学与上海中小学博雅教育研究所,怀揣着崇高的教育理想,精诚合作推进,克服疫情干扰,顺利完成了为期三年的骨干教师培训项目。本书就是这一重大项目的成果之一。它反映了指导专家和骨干教师认真钻研的实践过程与积极向上的精神风貌,也饱含本书参编者付出的心血与智慧。

有人说,学校的发展不在于造起几幢大楼,而在于造就一批大师。所谓的大师就是德才兼备、学识广博、具有威望的教师。教师专业发展对学校发展具有重要意义。而教师专业发展有赖于教学实践,尤其是课堂转型的过程。只有站稳课堂的“基石”不动摇,积极投身于课堂转型的激流中,才能实现观念提升,促进行为转变,积累教学智慧,优化课堂教学。实践证明,课堂转型是彰显立德树人目标的诉求,是学生培养核心素养的需要,也是进行深度学习的前提。为此,我们要破除“消极等待”“墨守成规”“畏惧困难”“形式主义”等倾向,深入思考与研究课堂转型的价值、途径、策略与方法,努力将“灌输课堂”“刷题课堂”转型为“探究课堂”“创意课堂”。盛泽中学的做法与经验告诉我们:

课堂转型不能慢条斯理,要雷厉风行。教育改革以来,学校发生了很多变化,但是变得最慢的是课堂教学。有些地方、有些学校对课堂转型只是喊在嘴上,而没有落实在行动上。有些人以课堂转型不能一蹴而就为由,为自己的课堂不作为找借口……当前,课堂转型迫在眉睫,我们没有理由再让学生生活在以教师为中心的沉闷教室里,而抑制了学生能动学习的积极性。目前,课堂转型的主要问题不是走得太快太急,而是走得太慢太拖。因此要倡导雷厉风行的态度与大张旗鼓的气势。

课堂转型不能追求形式,要注重实效。“赤橙黄绿青蓝紫,谁持彩练当空舞”,课堂转型要呈现“七彩”风景,需要有人手持彩练当空舞,那就是课堂转型的实践者——第一线的广大教师。教师要成为课堂研究的实践者,就要针对转型中的各种问题展开研讨,并在教学中加以验证与改进。例如,如何以学生为本,根据学生的认知结构选择教学内容以及选用满足学生认知要求的教学方法;如何培养学生的高阶思维意识,追求教学的思辨性、趣味性、开放性和实效性;如何设计呈现符合学生认知基础的情境、问题、任务、活动;如何在解决问题的过程中培养学生质疑、批判与创新精神。实践出真知,实践结硕果,教师付出的是课堂转型的辛劳,收获的是师生共同成长的愉悦。

课堂转型不能固守模式,要多元开放。课程转型没有一种固定不变、放之四海而皆准的模式,它需要根据学校的具体情况甚至是班级的特点来探寻符合实际的模式。因此,在课堂转型的研究中,要拓阔视野,广开思路,多元开放,突破传统,形成具有学科特点的教学模式,甚至在一个学科中也可以运用灵活多样的模式,以适应学生深度学习的需要。教学形态千姿百态,犹如万花筒中的各式各样的图案,我们要在课堂转型中描绘出更多更美的画卷。

课堂转型不能故步自封,要开拓创新。随着时代的发展与教育改革的深化,课堂转型一直在路上,它需要与时俱进,开拓创新。这就需要我们不断学习新的教育理论,汲取新的教育经验,研究新的实践问题,采取新的策略与方法,为课堂转型注入新的活力,创造新的教育成绩。对盛泽中学来说,为实现学校的更大发展,课堂转型还需要做大量的工作,还需要克服很多的困难,还需要解决很多的问题。

"长风破浪会有时,直挂云帆济沧海。"我们有理由相信,盛泽中学定能在新的征途中乘风破浪,扬帆远航,驶向更辉煌的彼岸。

王华

上海市特级教师、正高级教师

上海市数学名师培养基地主持人

2023 年 12 月

目　　录

第一章

课堂转型研究概述

当前,之所以要强调课堂转型(也称课堂革命),是因为我国的基础教育尚存在诸多问题。基于立德树人、教育均衡发展的大背景,课堂必须转型,以适应学校培育学生核心素养这一根本性的目标与任务的要求。课程改革的路径最终必然走向课堂。虽然课堂转型是改革的"深水区",但依然需要我们去艰辛探索、攻坚克难。课堂转型的研究对丰富教学理论、提升学生的学习力与创造力具有现实意义。为此,我们要从课堂转型的内涵、价值、策略以及研究动态等角度梳理文献,借鉴国内外的理论与经验,运用多种方法,认真研究课堂转型的相关问题。

第一节　研究背景与研究意义

"课堂转型是学校改革的核心"。[①] 自 2010 年以来,江苏吴江盛泽中学一直致力于课堂转型的研究,从多个维度契入,改造传统课堂,创生新型课堂,尤其是 2020 年 4 月以来,上海中小学博雅教育研究所与盛泽中学合作启动并实施了以骨干教师培训为载体的"基于课堂转型的教师专业发展"的研究项目,进一步推动了课堂转型的探索过程,提升了课堂教学的品位与质量。今天的盛泽中学正在步入课程教学改革的"兴盛期",越来越多的盛泽学子得到课堂给予的知识与文化的惠泽。

一、研究缘起

(一) 基于课堂教学问题的分析

课堂转型的研究缘起于课堂教学存在太多的问题。这些问题阻碍了学生的学习过程与认知发展。从华东师范大学课程与教学研究所的一项"基于课程标准的课堂教学行为研究"看,由教学行为不当引发的主要问题表现在以下十个"不够":

1. 课标研究不够自觉

有的教师课标研读与遵循的意识不强,认为教书即教教材,课标被放在可有可无的位置。由于没有吃透课标的精神,因而对教什么、为什么教、教到什么程度等问题是不清楚的。没有课标规约的教学,其效果是可想而知的。

2. 教学目标不够明确

由于不重视对课标的研究,因此对单元教学目标、课时教学目标是不清晰的。教学目标好比到哪里去,到哪里去都说不清楚,更不要说怎样去了。它既对教学过程、教学方向起到引导作用,又为教学评价的实施提供了可衡量的标准。在教学设计中有的教师对目标的阐述不具体,这样就会给教学评价带来困

---

① 　钟启泉.课堂转型[M].上海:华东师范大学出版社,2018:1.

难。为了加强教学目标的引领作用,切实让教学有效落地,教师一定要确立"目标—实施—评价"一体化意识,在教学设计前不断问自己:要引导学生达成什么,怎样才算达成,如何检测是否达成。这样,才能真正明确目标,并扎实地达成目标。

3. 教材处理不够大胆

将教材看作金科玉律,教教材而不是用教材教仍然是比较普遍的现象。有的教师视野不宽广,除了钻研自己所教的一套教材外,很少去看其他版本的教材,更不要说去涉猎相关的书籍与资料。对教材的内容顺序、图象呈现、活动设计、作业编制等照单全收,不愿也不敢做出大胆处理和二度创作。教学中,往往只是照本宣科,很少根据学生的认知特点进行创意性发挥,如内容的增删、顺序的调整、图象的补充、活动的具身化、作业的多样性与开放性等。

4. 教学方式不够灵活

不少课堂的教学方式还是比较单调,"讲解+练习"仍然是常用方法。不可否认,讲解是比较有效率的一种方式,但它是以教师为中心的课堂教学的主要方式,毕竟如今的课堂已不是传统的讲堂,而是以学习者为中心的学堂。对学习而言,学生如何自学,如何建构知识是至关重要的。靠教师讲解无论怎么清晰,总替代不了学生的理解与内化。再说,练习固然能帮助操作走向熟练,但学习不全是操作过程,更多的是思维过程,机械练习尽管能显示熟能生巧的功效,但不能解决思维性问题,单纯的操练不能应对变式问题与复杂问题。综上所述,抱着"讲解+练习"教学模式的教师应认真反思。美国缅因州学习科学实验室提出了多样化的学习方式金字塔,宝塔自上而下的 7 层方法对所学知识保持的效果由小到大依次是:听讲—阅读—视听—示范—小组讨论—实践性活动—"教别人"或"马上应用",其中听讲的方式两周后的保持率仅为 5%,而由学生"教别人"的方式保持率则达到 90% 以上。我们的课堂在运用多样方式上的差距是很大的。

5. 合作学习不够扎实

课程改革以来,课堂教学普遍出现了小组合作学习的情景,教师经常会发出指令:"关于这个问题,下面以小组为单位进行讨论。"然而,合作学习是否真正发生,是要打一个问号的。一是在讨论中参与度不一致,学习积极的在发言,学习不积极的或学习有困难的游离在讨论的边缘,甚至一言不发。每次都是学习相对好的发言多,并由他们担当汇报人的角色。二是小组合作学习的程序有问题,一般来说,讨论前要让每个学生进行思考,最好写下自己的想法,然后让大家带着自己的思考与想法进行讨论。直接进行讨论,有的学生是否思考过、尝试过,教师是不得而知的。三是没有形成互相帮助的局面,学习好的学生没有帮助学习不足的学生解决学习中的困惑。这里的原因和第二点中的问题是有联系的:你的想法没有暴露出来,别人怎样来帮助你? 同时,也反映出有的学生缺乏友好合作、助人为乐的精神。四是小组合作学习的组织不到位,学习小组按理要有明确分工,如组长、记录员、汇报人等,应发挥各自作用。为培养大家的能力,这些角色过一段时间应轮换,可是大部分学校都没有解决这个问题。五是讨论交流后,组内或组际的生生互评做得不够,往往是以教师的评价为结束。六是教师对合作学习的安排有偏差,有的教师喜欢把一个大问题分解为若干具体问题,然后要求一个小组主攻一个问题。这种做法偶尔为之是可以的,但不能老是这样,否则一个组只侧重一个方面的讨论,不能系统掌握知识。

6. 学生参与不够积极

学生尽管在静悄悄地听讲,但不代表他们在积极参与学习。一些学生被动听讲、被动练习,而在课堂上阅读材料、回答问题、参加活动、参与讨论、记笔记、动手操作等方面显得比较消极。究其原因,是学生缺乏较强的学习动机,同时也与教师授课不够有趣、学习过程太紧张、学生产生疲劳感等有关。从教育者角度出发,对学生参与不够积极原因的分析,要立足于外部原因,解决学生的内在问题,需要外部原因的改变,而外部原因中教师因素是主要的。

7. 思维活动不够深入

课堂理应成为思绪交织、思想交流、思维交锋的园地,而不少课堂中充满了讲解、演练、背记……课堂元素中最缺的是思维。教师的重心不是放在引导学生对意义的理解上,而是放在解题的模板与套路上,师生对话过程中对核心问题的讨论与探究不突出,没有体现引导学生主动提问与积极思维。有位哲人说过,思维是世界上最美的花朵。我们的课堂盼望思维的火花不断出现。

8. 技术应用不够熟练

信息时代的课堂要引进与应用先进的教育技术,从而使课堂变得更加智慧,更加体现对学生学习的服务。无论是教学情境创设、概念原理呈现、典型题目演绎、课堂作业布置、学习活动辅助、学生作品展示、学情统计评价等方面,都离不开先进技术的帮助,都有赖于其在直观感知、直指问题、直面活动、直接评价等方面发挥作用。有的教师对现代教育技术的应用还不够熟练:VR、AR技术与视频制作水平差距较大,信息查询能力较差;信息技术与学科教学的整合不够,形成"两张皮"的问题;PPT的应用没有激起学生学习的兴趣与思维的涟漪。

9. 反馈测试不够重视

一堂课是不是有效,一定要有反馈。对课堂效果是否达成预设教学目标的问题,执教者一般总会说,我觉得基本达到了。这只是你的感觉,感觉也许是对的,但有时感觉是一种错觉。关键是,你对一堂课效果的判断要基于证据评价,也就是说:你认为达标了,你的证据在哪里?这方面,理科,尤其是数学,做得比较好,它们对所教的一个公式、一条定律,学生懂不懂、会不会,总习惯出几道反馈测试题进行学情评价。相比之下,文科类课堂,语文、政治、历史等,一堂课上下来,似乎教得很生动,学得也活跃,效果如何,鲜有反馈手段。这是一个比较普遍且需要纠正的问题。

10. 元认知发展不够关注

大多数教师对学生的认知充分关注,这属于要考的范围,而对元认知,即如何认知,重视不够,甚至没有关注。比如,他们要学生思考,但用什么方法思维、怎么思维,对学生指导较少;他们也会要求学生记忆,但用什么方法记忆、如何记忆,关注度不高。为了促进学生掌握元认知的方法,我们要传授一些方法性知识、策略性知识,结合认知过程,教给他们一些认知的窍门,有了"窍门",学习就会"入门",学生就会在教师后教、少教、不教的情况下,顺利地实现自学与认知发展。为此,教师自身元认知水平的提升势在必行、刻不容缓。

(二)基于学生核心素养培养的诉求

近年来,基础教育受到大家的日益关注,同时学生的想象力、创造力和解决实际问题能力的缺乏始终是被重视的社会热点话题。《国家中长期教育改革和发展规划纲要(2010—2020年)》在战略主题中提出:"坚持以人为本、全面实施素质教育是教育改革发展的战略主题,是贯彻党的教育方针的时代要求,其核心是解决好培养什么人、怎样培养人的重大问题,重点是面向全体学生、促进学生全面发展,着力提高学生服务国家服务人民的社会责任感、勇于探索的创新精神和善于解决问题的实践能力。"①无论是义务教育阶段,还是普通高中阶段,各科课程标准均明确提出培养核心素养的根本任务。但是,必须看到有的学校迫于考核的压力与"应试教育"的困扰,"穿新鞋,走老路"的传统课堂教学方式仍在延续甚至加剧,从而加重了学生学业负担,知识与技能学得越来越死板,也使学生解决问题的能力有所下降。当前。强调课堂转型,不是说不关注学生对知识要点的掌握,而要在理解学习的同时,"更要关注学生能否运用相关知识解决实际问题,关注学生的实践能力和创造能力的培养,更要关注学生在问题域中的情感、态度、价值观生成的意向和程度。"②2014年教育部印发《关于全面深化课程改革落实立德树人根本任务的意见》,明确学生应具备的适应终身发展和社会发展需要的必备品格和关键能力,以培养"全面发展的人"为核心,分为文化基础、自主发展、社会参与三个方面,综合表现为人文底蕴、科学精神、学会学习、健康生活、责任担当、实践创新六大素养。为此,从学生核心素养培养的诉求出发,课堂转型必须适应学校教育这一根本性目标与任务的要求。

(三) 基于区域教育均衡发展的需要

苏州市吴江区教育工作坚持"为了每个学生更好地学习与成长"的核心理念,围绕吴江区建设的发展目标,着力打造吴江的品牌教育与品质课堂。为此,吴江盛泽中学彰显盛泽教育特色,努力办好家门口人民满意的教育,办好家门口的优质高中,从而为区域经济和社会发展作出新的贡献。考虑到,仅仅依靠自身力量,是难以达到区域推进、均衡发展的整体效果的,因此,由盛泽镇政府牵头,镇教育局与上海中小学博雅教育研究所签订了"基于课堂转型的教师专业发展研究"的三年合作项目,以课堂研究为切入口培养骨干教师的专业素养与教学能力,提高学校教学质量及社会认可度与信誉度,并以此推动区域教育改革的研究与课堂转型的深化,更深层次地推进盛泽地区教育均衡化发展。

---

① 国家中长期教育改革和发展规划纲要工作小组办公室.国家中长期教育改革和发展规划纲要(2010—2020 年)[M].北京:中国法制出版社,2010:7.

② 李学书,李嘉玮.任务式作业的功能设计原则及策略[J].教育实践与研究,2009(3):9-12.

二、研究意义

(一) 课堂转型是学校课程改革的深水区

如果把课程改革比喻为一个"游泳池",那么课堂转型的研究与实践,便是一片"深水区"。之所以这样说,是因为课程改革的路径最终必然走向课堂,无论是课程理念、课程标准、教科书运用,还是资源开发、教学(目标、方法、过程)设计、教学评价等方面,最后都要通过课堂教学加以实施与落实。课堂虽小,但涉及面广,转型所需投入的力量极大。因此,课堂转型可以看作是一项工程,涉及办学方向与发展定位、理论学习与理念提升、课标领会与教材钻研、教师行为与专业能力、科研引领与教研助力、技术运用与设备配备等方面。面对课堂转型,我们所下的功夫还很欠缺,对这一"深水区"的情况还没有摸清,需要我们沉下去深入探寻,攻坚克难。课程转型虽然有很高的难度,但一旦有所推进、有所成就,对学校工作的整体推动及对各方面工作的带动,将会起到明显的作用。课堂闷,学校也会闷;课堂充满生机,那么学校也是生机勃勃的。课堂变,学校才会变,相信课堂转型的研究与实践会给学校发展与课程改革吹进一股春风、注入一泓活水。

(二) 课堂转型是学生学习力创造力提升的关键点

"为什么我们的学校很难培养出杰出人才?"[①]2005 年"钱学森之问"迅速引起了广泛关注,也唤醒了国人对我国教育隐疾的正视。杰出人才是指有实践能力与创新精神的人才。检视我们的教育后发现,大多数学生是在传统课堂、传统教法、传统学法的轨道上培养出来的。虽然学生成为解题的能手与考试的高手,甚至在一些国际性考试与重要竞赛中不输给国外学生,而在创造性解决问题的场合往往显得后劲不强与底气不足。要透彻地回答"钱学森之问",可能涉及很多问题。但至少有一条原因是显然的,那就是我们的课堂存在不少问题:学生缺少开放性思维活动,缺少跨学科知识视野,缺少运用综合知识解决实际问题的项目学习。在"统一"答案与"标准化"思维的长期熏陶下,学生虽然获得了学历,但削弱了学习力与创造力。课堂转型是为了寻找颠覆传统课堂模式提升学生

---

① 魏礼群.当代中国社会大事典 1978—2015(第 2 卷)[M].北京:华文出版社,2018:343.

学习力创造力的突破口,不仅要提高眼前的学习质量与考试成绩,更重要的是要让学生在多元开放的、充满思维活力的、鼓励创造创新的课堂环境中,获得终身发展的动力与能力。

（三）课堂转型是丰富课堂教学理论的试验田

课堂转型的意义不仅在于实践层面,而且在于理论层面。尽管,国外有不少关于课堂教学方面的理论流派,但对解决中国问题,往往缺乏一定的针对性。有的理论具有学理性价值,但操作起来有一定困难。改革开放以来,我国引进国际上不少教育教学理论,给我们一定的启发。在汲取国外理论基础上,我国教育工作者也在课堂教学实践中进行探索,努力找出课堂教学中的规律性经验,并将它们上升到理论高度,尽管比较零碎,影响力有限,但丰富了我国的教学理论。2014 年,我国著名教育家钟启泉提出课堂转型的观点,并且出版专著《读懂课堂》《课堂研究》《课堂转型》,从而吹响了我国课堂转型的研究号角。于是,全国有很多学校(包括盛泽中学)辛勤耕耘在课堂转型实践研究的试验田中。这一研究除了具有推进素质教育、坚持核心素养培养的实践意义外,还具有理论总结与发现的意义,它有助于摸索在中国国情与中国文化背景下的课堂教学的特征、原则与策略,有助于进一步发挥课堂在培养创造型人才方面的价值。中国幅员辽阔,地区差异明显,各地的课堂应有也可以有不同的模式及支持各种模式的理论基础,从而形成中国精彩纷呈的课堂教学理论宝库。目前,课堂转型研究方兴未艾,还未到收获季节,研究者还须深入探索、持续不断。

第二节　研究内容与研究方法

一、主要研究内容

（一）课堂转型的理论

对课堂转型的学理性分析是研究的基础性工作。如果没有理论作为依据,我们的研究可能在一开始就会出现偏差。由于,课堂转型涉及多方面多领域的概念与原理。因此,从各个角度去探寻其理论基础是十分必要的任务。

1. 课堂转型的内涵与特征

通过研究,要明晰课堂转型是什么,在"是什么"的问题上包含哪些内容。比如,包括观念的转变、教师的转变、人员关系的转变、方法的转变、技术的转变等。

通过研究,要明晰课堂转型的基本特征,有固化的特征,还是不确定的特征。比如,转型的渐进性特征是具有普遍意义的,还是仅仅在一定条件下的特征。另外,一种"突变性"特征是否具有改革时代的特殊意义。这些问题都是研究的内容。

2. 课堂转型的基本功能

课堂转型与课堂不转型有什么区别,这个问题要在研究中加以明确。比如,它对教师的专业发展有什么作用,对学生的认知发展及全面素质提升有什么作用。

3. 课堂转型的主要策略

课堂转型的策略研究是理论研究的重要方面。策略区别于具体的方法,它具有高于"战术"的"战略意义",属于一种方向性谋略。比如,启发性策略、兴趣性策略就不能说是一个个具体的方法,因为在它们的下位还有更加具体可以操作的做法。例如,启发性策略包括"深入浅出的讲解""联系生活的实际"等做法,兴趣性策略包括"观看生动形象的视频""讲述奇闻趣事"等做法。因此,在总结具体经验的基础上,要归纳条理性策略,而这些策略都应是有理论依据的。

4. 课堂转型的影响因素

课堂转型,其背后是有原因的。对原因的分析就是理论研究。原因一般与影响因素相联系,原因往往不是单一的,它受多种因素的制约和影响。比如,我们假设骨干培训、校本研修是促进课堂转型的主要因素,就要从理论与实践的结合上进行认证。骨干培训还可以分解为理论学习、任务驱动、课例研究与自我反思等方面的研究。校本研修可以分解为理念转变、教学设计、教学行为与教学艺术等方面的研究。

5. 课堂转型的相关支持理论

"他山之石可以攻玉",哪些理论有助于课堂转型?这是理论研究的任务之一。对现有的许多教学理论,要进行筛选、梳理与提炼,找出它们的核心观点及与课堂转型的关联点。要分清有的是基础性理论,如建构主义、结构主义、人文主义、自然主义等教学理论;有的是发展性理论,即在基础性理论上发展起来的,如发现教学理论、最近发展区教学理论、非指示性教学理论、现象教学理论、活动教学理论、问题教学理论、情境教学理论等;还有的是操作性教学理论(也称教学模式),如知行学习模型、留白式课堂范式、课堂环节模式等。由于基础性理论与发展性理论十分经典,我们研究的重点是拿来和应用,而对操作性理论,我们需要深入探究,对规律进行细化与优化。

(二) 课堂转型与教师成长的关系

1. 基于课堂转型的教师成长

通过研究,要了解课堂是教师成长基石的道理,坚定立足课堂获取专业精进的信心;要了解通过课堂实践提高自身素养的方法与途径;要了解课堂促进教师文化,引导他们从职业境界走向事业、专业的境界高度。

2. 课堂转型中各阶段教师的成长

通过案例与叙事研究,探索各阶段教师在课堂教学中的形态特征,总结在课堂转型中新手型教师的进步、胜任型教师的成长、熟练型教师的突破、研究型教师超越的规律。其中,思维是教师成长的关键品质,"思维是一种力量"[①],它有利于将教师的思维品质推向高阶,有利于将思维的力量转换为解决问题的动能。"思者无界,行者无疆",[②]要让教师在课堂转型中成为思想者与实践者。

(三) 课堂转型的学科实践

1. 从学科特点认识课堂转型的任务

各学科既有教学的共性,又有学科的个性。不能千篇一律地实施课堂转型的策略。因此,要深入研究学科的性质、目标、内容等方面的特点,从而认识各学科课堂转型的主攻方向与主要任务。

2. 从学科素养认识课堂转型的目标

课程标准为各学科制定了培养学生应达成的学科素养。课堂转型的根本目的是育人,因此要重点研究学科育人的具体目标,研究学业评价实施的手段与方式,进行评价量标与量规的设计研究,实现教学评的一致性与一

---

① 赵曙光.最怕你一直浪费生命,还安慰自己追求稳定[M].杭州:杭州出版社,2017:64.
② 湖南省委宣传部.读有所得43[M].长沙:湖南文艺出版社,2014:103.

体化。

3. 从学科实际出发采取课堂转型的策略

通过对课堂观察、课堂诊断、课堂分析的研究,走出一条具有学科特色的转型之路,总结一套包括课堂设计、情境创设、活动组织、作业编制、评价实施、技术运用等经验,从而为学校课堂教学的高质量、高水平发展奠定扎实基础。

二、一般研究方法

(一) 文献法

文献法也称历史文献法,是指通过查找、阅读、分析、整理有关文献材料,全面、正确地研究某一问题的研究方法。实施步骤大致包括:编写文献综述大纲、搜集并鉴别有关文献、阅读文献并做摘录、根据大纲将所做的摘录进行归并梳理、在分析基础上写出文献综述报告等。文献研究是课题研究推进的第一步。文献法可以避免走弯路,可以不必重复做人家做过的探索研究,以确定课题推进的关键内容与重要环节。文献研究也有利于课题参与人员提高认识,厘清思路,并掌握一定的基础理论与基本方法。

(二) 调查法

开展课题研究一定要有问题意识,研究过程就是解决问题的过程,而问题是通过调查获得的,因此进行调查研究对课题的完成具有重要作用。调查法是指通过观察了解客观情况,直接获取有关材料,并对这些材料进行一定的甄别、分析得出结论的研究方法。例如,研究课堂作业这一专题,可以通过课堂观察、作业鉴别、成绩查阅、访谈问卷等途径,来搜集作业设计、布置与完成等方面存在的各种问题。

(三) 实证法

实证法是研究者根据某个理论提出假设、设计步骤、收集资料、报告统计结果,得出证实假设或推翻假设的结论并加以分析和解释。[①] 在进行课堂转型研究时,我们要有理论作指导,且理论与实际要相符。因此,为了解课堂转型实施情况,要深入学习现场,从学生的感受、认知过程及教学评价中获得真实数据与

---

① 董娟,柴冒臣,关茗竺.第二语言习得与外语教学研究[M].长春:吉林大学出版社,2017:8.

信息,从而证实或推翻课堂研究中的假设。

（四）案例法

案例法是指用有关的典型案例,分析、说明、研究问题的方法。[①] 在课堂转型研究中,会遇到大量问题,也会积累许多解决问题的好课例,因此可以从中遴选出具有典型意义的课例来深入剖析与重点诠释,从而以点带面促进研究的顺利进行。

三、合作研究方法

（一）整体推进

课堂转型研究是一项合作研究课题。由于各学科的参与以及工作计划的统一性,因此整体推进是本研究的主要做法。整体推进有统一的指导思想、统一的行动部署、统一的工作要求、统一的评价标准、统一的成果分享。整体推进有一定规模、有一致规格、有一套规范,遵循规定的范式,科学地做好研究中的每一个环节的工作,如每个骨干教师的计划制订、五个一（课题、论文、读书札记、微讲座、研究课）任务的完成、现场课堂指导、网上学习与交流等。整体推进保证了时间上的一致性,而不至于有的抓得较紧,有的拖沓延迟。整体推进充分显示了合作研究课题的生命力。

（二）资源共享

合作研究要汇聚各方面的力量与智慧,实现信息共享、经验共享、资源共享。由于上海中小学博雅教育研究所专家拥有高校、研究所、中学名师工作基地等优势平台,他们经常参与学术会议、高端论坛及优秀课堂展示。经常给盛泽中学教师提供参加这些学术活动的机会,让他们开阔眼界,活跃思想,提高研究能力。

（三）项目推动

合作研究要通过项目来推动,具体而言,就是为每个骨干教师量身裁衣,制订一份适合的研究项目。围绕这一项目,开展读书活动,举行微型讲座,进行课例研究,撰写科研论文。在项目推进中,骨干教师可以互相帮助,拧成一股绳。项目研究将教师的学科知识与技能、学科教学论和教学素养的达成目标连接起来,从教师专业发展的高度,帮助教师通过项目研究,精进自身的专业素养,提

---

① 郑文清,周宏菊.现代医学伦理学概论[M].武汉:武汉大学出版社,2017:11.

升创造性解决问题的思维能力与实践能力,使整个合作研究更加接地气、有实效。

（四）重在实践

合作研究是一项实践性研究,当然它也要进行理论学习、理论指导,但是中学教师研究的重点不在于探索规律与理论,其成果不在于理论贡献,主要是侧重于实践,侧重于问题解决,侧重于课堂转型效果的产生。实践性研究也称行动研究,它要在行动中发现问题,在行动中展开研究,同时在研究中指导行动,通过行动改进与跟进,进而总结来自行动的成果。

第三节 文 献 综 述

一、课堂转型的内涵

课堂转型是对师生生命的尊重。秦俊巧指出:"传统课堂是一种知识课堂,以知识为中心,对知识的过分强调而忽略了师生生理和心理的发展规律及需求,掩盖了师生个体生命的存在。因此,知识课堂向生命课堂的转型成为课堂发展的必然趋势。生命课堂是以学生为本的课堂。在生命课堂中,学生人格得到尊重,教师也成为拥有自己生命特性的引导者、组织者和研究者,师生生命的发展都得到关注,课堂成为尊重生命、关注生命生成的润泽地。"

课堂转型是教学理念转变、教学方式转型、学教关系重塑。过军认为,"教学理念是指教育者对教学活动的看法,是人们从事教学活动所持有的观念""教学不能单单依靠教师的讲授,而要围绕一个主题,以一系列活动的方式来呈现,要从灌输式课堂向活动式课堂转型,要让学生通过参与小组讨论、完成任务来获得个人经验的积累、个人品格的提升""学与教的关系是教学过程中最基本的关系,良好的学教关系有助于师生矛盾的解决和教学活动的顺利开展",要"重塑学教关系,让学生站在课堂中央"。①

---

① 过军.课堂转型的三个重要维度[J].江苏教育,2022(54):50-51.

课堂转型是由"僵化"模式向"灵活"模式的转向。Andreeva N 等认为,当前,教育正变得越来越知性、数字化和以人为本,向主动学习的过渡模糊了传统课堂教学的界限,并鼓励发展新的教学形式。因此,越来越多的教师正"从'僵化'的教学模式转向灵活的教学模式"。"显而易见,以传统教学活动为主要模式的学校课程,已经将我们自己的学习潜力几乎耗尽"。①

课堂转型是教师角色的转变。Andreeva N 等指出,随着教学模式的转变,"将导致这个系统的其他组成部分的转型,即从教育环境到教师所使用的工具和他们所扮演的角色的转型。他们应该是顾问、主持人、导师和教育环境的组织者"。②

二、课堂转型的价值

课堂转型对学生成长至关重要。周文超等研究认为,"教师是课堂转型的核心要素,开展课堂转型研究是一线教师激励学生主动学习、自主探究、主动发展的必由之路"。③ Koul S 等认为,新的课堂模式的建立,有助于"确保学习者的自我发展,以便能在复杂的环境中采取行动""帮助学生从个人学习过程中的被动接受者转变为个人学习过程中的积极参与者",学生"积极地构建他们的知识,而不仅仅是机械地吸收知识""学生积极学习和提高思维能力,表现出更适合今天的技能和能力""并将促进讨论和团队合作""发展学习者成为全球化知识社会的未来领导者"。④

课堂转型对教师专业发展具有重要作用。Wright P 指出,基于传播主义的教学法和坚持练习范式的传统教学方法一直在抵制变革。然而,对那些寻求改变的教师来说,挑战是巨大的,旨在通过改变课堂实践来挑战希望开发更多赋

① Andreeva N, Azizova I, Mitina E, Ischenko A. *Transformation of Classroom Teaching in Modern Russian Schools: State of the Art* [J]. International Journal of Instruction. 2020,13(2):343-364.

② Andreeva N, Azizova I, Mitina E, Ischenko A. *Transformation of Classroom Teaching in Modern Russian Schools: State of the Art* [J]. International Journal of Instruction. 2020,13(2):343-364.

③ 周文超,张寅,彭锋,陈翠丹,吴颖民,刘军民.人工智能视域下课堂教学智慧评价:基于 CSMS 与学习发生知行理论的课堂转型实验研究[J].教育测量与评价,2022(03):52-60.

④ Koul S, Nayar B. *The Holistic Learning Educational Ecosystem: A Classroom 4.0 Perspective*[J]. Higher Education Quarterly. 2021,75(1):98-112.

权教学法的教师所面临的限制。在这一挑战中,会"涉及教师对他们的实践进行批判性反思,通过在研究自己课堂的背景下探索新的教学法,它可以产生更好的研究结果"。① Kirshner J 撰文介绍了一项旨在促进基于课堂转型的教师专业发展的研究。这项研究要解决的关键问题是:通过对话、分享生活故事和分享生活世界,能导致教师身份和课堂实践的可持续变化。近七年的项目研究证明,对话是一种强大的变革力量,对话是"人类获得意义的方式"。"当教师聚在一起分享故事时,也可以创作新的故事",从而带动教师一起参与研究,推动课堂的持续性变化。②

三、课堂转型的策略

课堂转型要坚持学生的主体地位。柯伯裕认为:"学生是课堂教学活动的主体,教师是组织者和指导者。"这要求我们在教学中始终坚持学生在教学活动中的主体地位,只有这样,学生的积极性和主动性才能得到充分激发,学生才能更加积极主动地参与课堂教学活动。他还认为,"课堂转型注重培养学生的自主学习能力",自主学习能力,就是学生通过自身的努力,积极主动获取知识的一种能力,它是学生在学习活动中所表现出来的一种综合能力,是培养学生核心素养的重要内容。③

课堂转型要强调学生在活动中实现理解。Lebow DG 认为,"在理解的生成式教学中,教师的角色是帮助学生建立他们的知识、信念和经验与学习主题之间的联系。在这个模型中,理解能力依赖于学习者在教学过程中的活动。学习者通过应用学习知识来建立先验知识和当前经验之间的关系"。④

课堂转型要重视开展项目化学习。McMahan-Krepop JM 提出,"基于项目

---

① Wright P. *Transforming Mathematics Classroom Practice through Participatory Action Research*[J]. Journal of Mathematics Teacher Education. 2021,24(2):155-177.

② Kirshner J, Kamberelis G. *Relationship Building across Transcultural Lines for Transformation in Teachers' Identities and Classroom Practices*[J]. Educational Research: Theory and Practice. 2020,31(1):7-15.

③ 柯伯裕.核心素养背景下的课堂转型——共读《课堂转型与学科核心素养培养》体会[J].教育,2020(24):27.

④ Lebow DG. *Constructivist Values and Emerging Technologies*: Transforming Classrooms into Learning Environments. January 1995.

的学习是 21 世纪课堂的关键方法。该教学法以学生的协作学习和教师的协作教学实践为基础,当社交媒体和数字技术被用作基于项目的学习方法的辅助工具时,它就能为师生增加一个新的学习维度"。①

课堂转型要关注数字技术的融入。Pata K 等提出课堂数字化转型中的定义变量:"教师角色"——在数字化转型的学校中,教师的角色正在发生变化,数字创新教师逐渐成长为在学校中非正式或正式担任教育技术专家的角色;"数字能力"——数字能力不是单独教授的,而是成为学习能力的一个相互交织和无形的部分,将作为每个学科教师积极学习实践的一部分而发展;"结构变化"——随着学习者和教师角色向更积极学习和促进模式的变化,带来了课程、时间管理、课堂设置、学习空间扩展、学习资源使用等结构性变化,从而将学习环境重新设想为重要的数字化转型的组成部分;"参与式管理"——是一种变革管理工具,可创建共享愿景,并在课堂实践、学校发展和外部伙伴关系层面动态保持这些愿景;"学习型组织"——是管理层通过激励推动积极的相互学习态度,将教师转变为"探索型教师",通过自我发展、吸收其他教师进行教学创新并向自己、学习者和同事反思在学校广泛应用的有价值的发现;"网络"——学生积极的学习实践与学生自己的数字设备的使用有关,而学校的 Wi-Fi 接入可满足这些需求。"②Latulippe J 指出,"平板电脑的使用让我在教学时变得灵动起来,我将我的课堂从传统的讲座转变为一个积极的学习环境,学生可以掌握内容、培养沟通技巧并从学习过程中获得乐趣。他们可以轻松访问内容材料,并且对由此产生的课堂环境中的学习产生积极反应"。③ 周文超等研究认为,"采用人工智能、大数据等技术开展的课堂教学智慧评价,可以为教师研究课堂提供良好的技术手段,帮助他们更科学地评价课堂教学效果,发现并诊断课堂教

---

① McMahan-Krepop JM. *Social Media Technology Usage in Project-Based Learning*:*A Case Study*. Online Submission. September 2020.

② Pata K,Tammets K,Väljataga T,Kori K,Laanpere M,Rõbtsenkov R. *The patterns of school improvement in digitally innovative schools. Technology*,*Knowledge and Learning*:Learning mathematics, science and the arts in the context of digital technologies. 2022,27(3):823 – 841.

③ Latulippe J. *Clickers*,*iPad*,*and Lecture Capture in One Semester*:*My Teaching Transformation*[J]. PRIMUS. 2016,26(6):603 – 617.

学问题"。①

课堂转型要在深度学习中实现五个"转型"。杨育林认为,在生本深度学习中,"主体唤醒是深度学习的前提条件,教师对学科教学课堂展开创新设计,推进课堂转型进程,为学生带来更多学习动力"。他具体提出五个"转型":教学设计转型,创设生本深度学习环境;活动组织转型,强化生本深度学习体验;学法引导转型,提升生本深度学习品质;课堂评价转型,挖掘生本深度学习潜质;实践训练转型,促进生本深度学习内化。② 在教学设计中尤其要倡导大单元设计。方伟指出,大单元设计是"撬动课堂转型的重要支点"。他认为,大单元教学应体现课程单元教学目标的关联度和梯度。为了加强大单元教学设计,改变学生浅表性学习状况,教师要把学生引入学习场域,并选择合适的教学方法开展深度教学。对单元内容进行合理整合,制订有针对性的教学目标,并根据单元主题设计有价值的讨论问题及实践活动,从而有效推进单元整体教学。大单元设计需要教师站在课标要求和学科知识体系高度,立足课程整体,以教材单元主题为基础,对教材内容进行整合和补充,规划单元内容与主题,撬动课堂转型。③ 潘小福等研究认为,深度学习的课堂,就是思维进阶课堂,可以通过"充分参与思维活动、理解掌握学科思维、逐步优化思维品质、培育正确价值取向"四方面的策略实现转型。④

课堂转型需要理顺与疏通一系列关系。王建强认为,"基于当下课堂存在的内外关系不紧、上下通道不畅、左右关系不和、前后联系不通等问题,教师要立足课堂,基于关系进行课堂转型,着力打破学科壁垒、畅通学段界限、连接技术通道、注入生活活水,努力营造和谐融洽的生态场域,实现学科素养与学科生命力的完整生长"。⑤

---

① 周文超,张寅,彭锋,陈翠丹,吴颖民,刘军民.人工智能视域下课堂教学智慧评价:基于 CSMS 与学习发生知行理论的课堂转型实验研究[J].教育测量与评价,2022(03):52 - 60.

② 杨育林.主体唤醒:实现深度学习的课堂转型[J].学苑教育,2022(18):29 - 31.

③ 方伟.大单元设计:撬动课堂转型的重要支点[J].中学政治教学参考,2022(26):23 - 25.

④ 潘小福,杨文娟.指向"学会思维"的课堂转型——实现学科育人的课堂教学改革实践[J].教育视界,2020(34):12 - 15.

⑤ 王建强.融创课堂:基于关系的课堂转型[J].教育评论,2021(03):133 - 137.

四、课堂转型的研究

国内外关于课堂转型的研究有很多,这里介绍几个研究案例。

周文超等组成的研究团队选择广州中学 4 位不同发展阶段教师连续 3 天的 11 节高中数学课为观察对象,从以下两个角度进行课堂转型实验研究:第一,运用基于结构多模型联合的课堂教学智慧评价系统(the classroom structure-based multimodel-supported scoring system, CSMS)重点分析教师主导作用在激发学生好奇心、培养学生思维、增加师生交流互动等方面的作用及表现,了解学生主体地位的实现情况;第二,基于 CSMS 提供的外显数据明确课堂教学结构优化方向,再运用学习发生知行理论指导教师深化课堂教学,激发学生思维,实现师生深层互动,为实现素养本位能动学习的课堂转型提供思路与技术指导。[1]

Looi C-K 等在新加坡的一项课堂研究中发现[2]:学校领导和教师意识到整合 ICT 对支持学生协作学习的重要性,但他们缺乏实现这一目标的教学知识和技术技能。教师认为考试成绩是学生学习的最重要指标,希望 CSCL(计算机支持的协作学习)技术融入课堂学习后,学生的考试成绩会更高。一些教师对协作学习有误解——他们认为所有的小组工作都是"协作学习",尽管有些小组工作根本不是协作的。在我们观察的大多数课程中,都缺乏协作学习文化。有时学生通过分工完成各自的部分来进行小组作业,学生之间没有相互依赖。我们发现,在课堂上使用 ICT 仍然是以教师为导向,而不是以学生为中心。在大多数课程中,教师用 PowerPoint 演示文稿来教学生。研究人员决定解开这些问题并逐步解决。于是,他们开始了干预性研究的第一个周期。周期 1:在向班级介绍 GS 之前,研究人员和教师进行了几轮讨论,以了解彼此的需求和期望。研究人员为教师提供了 GS 的技术培训和 RCKI 理论与原则的教学培训。教师与研究人员分享了课堂文化的背景、学生的背景、他们的学习表现,以及学校以往的课程设计和具体的课程目标。意识到教师和学生都缺乏促进协作学习的专

---

① 周文超,张寅,彭锋,陈翠丹,吴颖民,刘军民.人工智能视域下课堂教学智慧评价:基于 CSMS 与学习发生知行理论的课堂转型实验研究[J].教育测量与评价,2022(03):52 - 60.

② Looi C-K, So H-J, Toh Y, Chen W. *The Singapore Experience*:*Synergy of National Policy,Classroom Practice and Design Research* [J]. International Journal of Computer-Supported Collaborative Learning. 2011,6(1):9 - 37.

业知识,研究人员和教师共同设计了 6 周的协作学习活动,通过使用便利贴(也称纸涂鸦)来培养教师和学生使用快速协作头脑风暴、批评相关协议及社交礼仪。他们认为,无论使用何种技术,产生团队协作、相互参与、解决问题和知识共享的课堂文化都应保持不变。在 Paper Scribbles 中,采用易于使用的便利贴,以便学生贡献自己的想法并参与教师引导的活动。学生以四人一组的方式进行面对面的交流。他们首先在 A4 尺寸的磁板("小组板")上贴上便利贴,然后将它们贴在班级白板上以供其他小组查看。有时,教师将小组讨论板投影到大屏幕上,供全班观看。在文化适应活动结束时,师生对协作学习活动更加认同和自信。通过这个过程,学生在进行协作学习活动时为自己设定了基本规则。例如,"不要为了发帖而发帖""尊重彼此的想法""礼貌地批评别人的想法"。周期 2:在对科学课程进行干预的上半年(第一周期),他们通过继续科学课程的 GS 课程并将学科领域扩展到数学(由相同的两位科学教师执教)和中文来寻求更深入的创新语言(CL,由两位中文教师执教)并在同一班级工作(第二周期)。通过加强 GS 技术的使用和由此实现的教学实践,学生有更多的时间发展成为一个合作者社区,并在整个课程的改进实践中进行渗透。在与这所小学进行校本研究的第一年(两个周期)结束时,他们为 RCKI 制定了一套设计原则(如分布式认知、志愿服务、自发参与等)。周期 3:在 GS 干预的第二个周期结束后,他们实施了另一轮 GS 干预。在这个周期中,他们采取了更全面的观点来设计 GS 课程,让学生以不同的合作模式(如拼图合作模式)持续参与 RCKI。因此,他们通过对同一班学生的纵向研究尝试到了协作模式设计带来的变化。

Kutlu Ö 等侧重于对土耳其课堂教学的评价转型进行研究。研究者指出,"将学校获得的基础知识应用到现实生活中,不仅需要学生具备认知技能,如理解、解决问题、批判性和创造性思维,还需要学生具备各种认知、社交和元认知技能。""近年来,21 世纪的技能越来越引起研究人员的关注。它们甚至被包括在课程开发和教育评估领域使用的一些认知分类法中。例如,马尔扎诺和赫弗勒鲍尔(2012)将影响学习的技能分为两个维度。一种包括认知技能,另一种包括理解和控制自我与他人的技能。Marzano(1992)指出,这些维度对学习有重要影响,并为学习提供基础。马尔扎诺和肯德尔(2007)将个体的认知活动分为三个部分:自我系统、元认知系统和认知系统。个人的自我系统决定了个人是否要参与一项新的任务。此外,如果个人愿意参与新任务,它决定个人为完成任务所需的时间和精力。Ruiz-Primo(2009)将科学教育领域中的评估能力分为三个维度:个人技能、认知技能和科学技能。国际大规模评估侧重于个人技能。例如,在 2012 年和 2015 年进行的国际学生评估项目(PISA)(OECD,2013;2016)中,对学生的工作动机、自我效能感、持续性、解决问题的开放性、学校参与、内部控制点进行了评估。""由学术、社会和情感学习(CASEL)开发的框架包括五个主要能力维度:自我意识、自我管理、社会意识、关系技能和负责任的决策(韦斯伯格和卡斯卡里诺,2013)。美国国家研究委员会(NRC)也开展了旨在定义 21 世纪技能的研究。在相关报告(NRC,2010)中,将 21 世纪的技能分为五个维度:适应性、沟通社交技能、非常规问题解决、自我管理和系统思维。""在 21 世纪中课程、教学和课堂氛围都已经开始以一种符合一个受过教育的人应具备的目标能力变化的方式转变。这就需要改变课堂评估应用程序,以便它们符合这些能力的本质,并支持它们的发展(Stiggins,2002;2005)。Stiggins(2002)认为,如果要将评估申请与改善学校教育联系起来,就应该发展一种新的课堂评估观点。研究者认为,教育测量专家首先专注于探索和改进新的方法和技术,以获得更可靠和有效的分数。与此同时,一个重要的问题是:'我们的评估工具如何促进学生的自我效能感和愿意学习'一直没有得到答复。寻找如何使课程中的目标能力和课堂评估方法之间一致性问题的答案,已经增加了人们对形成性评价的兴趣,形成性评价提到两种不同的形成性评估方法。形成性评估的第一种方法是通过增加总结性评估的频率和获得更多关于学生发展的信息,来更频繁地测试学生的学习评估。这种评估方法提供了更多关于课程和教学有效性的证据和信息。然而,它并不能有效地提高学生的学习动机和成就,因为评估主要是在完成学习过程后进行的。此外,这些频繁的评估申请仍然不能提供教师日常工作所需的必要信息,甚至是每小时的教学决策。形成性评估的第二种方法称为对学习的评估。它包括经常测试学生。在这种方法中,指导和评估是不可分割的。它们以一种互动的方式前进,并相互交流。学生了解自己的学习,并参与自己的学习过程。学习方法的评估影响学生的个人技能,因为它为学生提供了学习过程中需要的必要工具(布鲁克哈特和德沃格,1999;布莱克和威廉,1998;布鲁克哈特和杜尔金,2003;格林斯坦,2010;戈登和拉贾戈帕兰,2016;波帕姆,2017)。在应用这种评估方法的教室里,与学生共享清晰的、对学生友好的学习目标,因为学生只有在对目标有清晰的了解时才能评估自己。此外,评估活动还针对每个班级的目标制订计划。教师使用样本工作来确保学生在评估活动前已理解所有的期望。因此,学生可以用清晰的标准来监控自己的进步。同时,学生可以根据这些明确定义和共享的学习目标来评估他们自己的学习过程。由于教师和他们自己的反馈,他们还可以明确下一步该做什么来提高工作质量。学生有机会发现他们的不足之处"。①

Winters S 等撰文讲述了自己的课堂实践与研究经历②:几年前,我作为 K-12 数学主管开始了我的第一个行政职位。因为我是一名高中教师,但在这个新职位上我还有很多东西要学。我知道我需要将注意力转向低年级。我马上开始观察小学教室,我对教师让学生参与令人兴奋的数学课的方式感到惊讶。这些课程以学生为中心,动手实践,互动且有趣。我不禁想知道为什么数学在低年级会吸引人,但随着学生在学校年级的升高而学习情形完全发生改变。我回顾了我作为一名高中教师的教学情况。为了学生的利益,我确实牺牲了我的自尊。无论是创作歌曲以便他们记住内容,还是使用"教师幽默"来帮助学生记住概念,我尽我所能帮助我的学生。但是,当我想到"我是那个兢兢业业传播标准答案的人""我是那个让学生每节课操练都觉得筋疲力尽的人"时,我会怀疑我的高中数学教学方法是否适合学生的学习。幸运的是,这不仅是我作为主管的新角色的成长时期,也是数学领域专业发展的时期。社交媒体激发了志同道合的教师之间的想法,并使数学社区保持联系。Peter Liljedahl 的哲学思想让我思考良好的数学教学是什么样的。Liljedahl 思维课堂的原则似乎回答了我的许多问题:为什么我们不能在任何层面创造动手、互动、令人兴奋和有趣的学习空间?为什么我们不能把学习的"工作"从教师转移到高中生?实现这一目标的最佳方法是什么?通过整合 Liljedahl 作品的各个方面,我们能调整思维课堂,并为查塔姆高中数学教学带来新的愿景。首先,我需要对思考教室

① Kutlu Ö, Kartal SK. *The Prominent Student Competences of the 21st Century Education and the Transformation of Classroom Assessment* [J]. International Journal of Progressive Education. 2018,14(6):70-82.

② Winters S. *The Thinking Classroom: An Exciting Transformation for Math Instruction*[J]. Childhood Education. 2020,96(4):50-53.

的外观有一个清晰的认识。意识到我一个人无法做到这一点,我找到了 Jennifer Kessler 和 Mallory Lynn 两位老师,他们愿意并渴望与我一起走这条激动人心的路。我们一起为两间非传统教室设计了不同高度的桌子;所有表面,包括桌子和墙壁,都是非永久性写作空间;灵活的座位选择让学生在学习的同时可以在房间里移动。教室设计有白板桌、站立式办公桌和覆盖所有墙壁的玻璃白板。我们询问了他们的反馈。在灵活性和参与度方面,学生始终是积极的:我喜欢这些板,因为它们提供了很大的工作空间,让您轻松地与他人合作。白板帮助我了解我在哪里犯了错误,并帮助我确定我需要学习和工作的内容。白板对解决问题和查看他人如何轻松解决问题非常有帮助。白板真的很有趣。其次,将"错误"视作学习的资源。错误是学习过程的一部分。虽然教师都知道这一点,但学生开始意识到这一点是非常令人高兴的。学习的重点变成了过程而不是产品。虽然得出正确答案仍然是一个目标,但学生的注意力更频繁地被吸引到分析他们的学习内容上,速度变得无关紧要,学生在不同的时间研究不同的问题。提前完成的学生把他们的工作留给别人看,在房间里找到一个新的空白表面,开始下一个挑战。再次,重视问题的提出。从教学角度来看,教师的计划必须彻底改变。教师的角色被重新定义为引导学生思考并吸引课堂所有成员的促进者。最后,建设思维课堂。将思维课堂应用到我们的环境中需要教师进行实时调整和修改。以教师为中心的课程已不复存在。相反,学习内容将通过学生的介绍性活动呈现给学生。由于学生从同龄人那里得到持续而快速的反馈,因此需要较少的教师指导。学生从来没有被动地坐在课桌前举手。相反,他们被授权通过不断合作寻找所需的答案。学生会兴致勃勃地走进思考教室,问:"我们今天用的是白板吗?"当然,答案是"是的"。当看着学生在思考的课堂上做数学时,你的眼睛会被作品所吸引,而不仅仅是答案。学生正在按照自己的节奏进行学习过程——个人旅程。当学生以如何解决问题为重点,对不同的概念进行真正的探究,教师转变为引导学生学习的促进者的角色。这种转变将使每个班级和每个学生的学习个性化。当教师在房间里传阅时,教师将根据每个学生或班级的需要,立即对学生的理解能力进行形成性评估,从而推动教学。

第二章

课堂转型研究的相关理论

在教育教学研究领域中,有很多支持课堂转型的理论,有的已经在学校实践中被吸收与应用,并发挥很好的理论指导作用;有的正在被尝试与实施的过程中,受到实践的考量与检验;有的对一线教师来说并不熟悉,需要进行学习与了解。理论一旦在运用中被检验与证实,将显示其强大的作用。本章主要从以下几方面进行阐述。

第一节 留白式教学理论

传统课堂教学中教师以讲为主的模式,往往被美化成"内容充实""效率高"。这样的课堂是不是应该反思? 学生在这样的学习环境中是否有利于自主地建构知识? 是否有利于核心素养的培育? 上海市复旦中学坚持十多年的课堂探索之旅,在先进教育理论的引导下,做出大胆假设:在课堂中要敢于留白,善于留白,对学生的终身发展具有重要意义。在循环实证的基础上,借助相关理论,学校提出了"留白式课堂"模式,总结了其中的"留白"规律,逐渐上升为具有中国特色教学理论的一朵奇异之花。

一、留白式程序图示及说明

(一)程序图是一种示意

任何教学模式图只是一种大概的示意,不可能精确与穷尽。

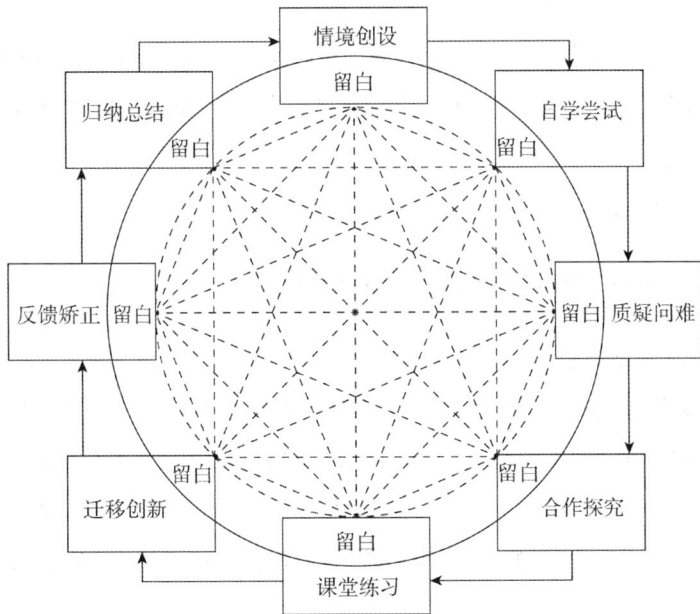

图 2-1-1 留白式程序与环节示意图

（二）关于教学环节

矩形图框表示的是8个主要教学环节,各学科可从自身的需要出发进行变通,如理科的实验既可以根据实验的功能与作用放入"尝试"环节,也可以放入"探究""练习"环节,还可添加新的教学环节。有的教学环节可以细分为更多的小环节,课堂练习包含巩固性练习、变式练习、运用性练习、问题解决练习、新情境练习、拓展性练习等。

（三）关于讲解与评价

留白式教学模式不把"讲解"与"评价"作为一个环节列入其中。因为,讲解与评价贯穿教学全过程中,它们与8个主要环节相互融合在一起。模式中虽然没有教师讲解的独立环节,但是在任何一个环节中,教师该讲的时候还是要讲的,并要讲到位。

（四）关于留白

留白不是一个阶段,根据需要留白可以出现在任何一环节中。模式图的环节框中都有留白的空间,提醒教师做留白可能性思考,但并不意味着每个阶段都必须留白。图中的留白部分既出现在课堂教学环节中,又可辐射到课外学习或其他学科教学的时空中。

（五）关于途径与程序

按照一般路径,课堂从"情境创设"开始,到"归纳总结"结束。但是,教学程序就像万花筒一样有很多组合方式。图中的虚线代表所有两个环节点之间的连线,它们之间是双向交互的,也就意味着所有的环节均是可以相通的。这样,也就意味着留白式教学模式可以走无数条路径。

二、留白式教学模式的主要环节说明

（一）情境创设及其留白

传统教学的"去情境"化倾向对课程教学改革的影响很大[1],有观点认为,知识一旦从具体情境中抽象出来,成为概括性知识,它就具有与情境的一致性,反映了具体情境的"本质"。因此,对这些概括性知识的学习可以独立于现场情境,而学习的结果可以自然地迁移到各种真实情境中。然而,情境总是具体和

---

[1]　刘飞.论学用结合型课堂教学[J].当代教育科学,2021(06):73.

千变万化的,各种具体情境之间并没有完全普遍适用的法则。因此,抽象概念、规则的学习往往无法适应具体情境的变化,学生常常难以用学校获得的知识解决现实世界中的真实问题。传统的"去情境"学习,容易产生忽视学生的学习过程,忽视学生的情感体验的弊端。留白式教学模式应关注鲜活的情境,引导学生在不自觉中达到认知活动与情感活动有机的"渗透"与"融合",使学生的情感和兴趣始终处于最佳状态。

对在"情境创设"环节中进行留白的主要建议是:(1)对情境资源进行适当处理。情境的呈现不要太多太满,可以把情境素材适当简化,突出主要内容。在播放视频时可以有停顿,产生悬念,让学生进行讨论。有时,在呈现情境素材时,可以做一些留白处理,如将视频的解说词去掉,图画中的文字注释擦掉,照片中的有些景观虚化,让学生去想象去思考。(2)让学生参与教学案例的提供。教师在概念学习中往往要采取先行组织者策略,列举一些相关的案例,但要留出空间让学生拓展,询问学生"你们还有什么例子来说明这一概念",尽可能让学生多举例。(3)留出文图转换的任务,让学生根据课本表述比较抽象的原理、思想,认真构思、想象并画出多种图象(包括示意图、模式图、流程图、分布图等)。(4)在教学情境展示过程中,把讲坛交给学生,留出时间与空间让学生展示自己的作品,如一边播放自己预先制作的 PPT 课件,一边做小老师进行讲解。

(二) 自学尝试及其留白

自学尝试环节包含两个小环节:文本阅读与尝试学习。阅读是学生学习的主要方式之一,是学生汲取知识的重要途径。具体而言,阅读能力的培养表现在以下几个方面:较快地理解书本内容;对文字材料进行归类、比较、分析、综合;把书本知识的结构与自己的认知结构整合起来;在阅读书本内容的基础上产生联想、质疑,并提出问题和想法;具有自主学习的精神与技巧;运用书本所述的地理事实、原理等知识解释或初步解决实际问题等。课堂阅读包括速读(浏览课文)与精读(研读课文),至于选用哪种阅读方式应根据教学要求而定。阅读是尝试的前提,而尝试是阅读基础上的认知延伸。尝试学习符合学生学习过程的规律,学生的学习过程就是在教师不断指导下以及学生不断尝试过程中逐步完成的,这样做,能促进教师及时发现错误,及时在课堂上订正错误,随时消除学生知识上的漏洞,从而保证与提高教学质量。

对在"自学尝试"环节中进行留白的主要建议是:(1)为自学尝试环节留出一定时间,不要吝啬让学生积极主动参与学习的时间。相对于传统课堂而言,自学尝试环节本身具有留白的意义。为提高留白的效果,教师要对阅读与尝试活动提出具体要求,进行精心指导。(2)教师要求学生解读文本时,注重"你发现了什么";教师或提出若干悬念式问题,让学生带着问题去阅读,或引导学生发现教材中的薄弱与空白处,并进行完形、填补与想象,或在阅读后让他们按照非指示性教学要求,充分表达自己的想法与体会。(3)通过尝试练习,发现学生的认知留白区域,以便在下一阶段的学习中,有的放矢地加以补白。

(三) 质疑问难及其留白

质疑问难是在学思结合、消化、理解、掌握已知的基础上,从相反方面进一步发现问题,提出疑问,并通过质疑问难手段来推动思维活动深入发展的学习环节。学习中,通过熟读精思,达到"既晓得后"又须"疑不止",继续探求,才能获得新的成功。古代学者都很重视使用质疑问难法。孔子提倡"多闻阙疑""多见阙殆"和"疑思问",强调要有存疑精神,对别人的意见不要轻信盲从,应进行质疑和考察。孟子提出"尽信《书》(尚书),则不如无《书》"(《孟子·尽心章句下》),要求敢于破旧立新。学习中只要具有存疑精神,就能促进学业不断长进。疑问的产生是与深思熟虑紧密相联的,能思则有疑,善思则会疑,思得深,提出的疑问就会尖锐而中肯,更适用于发现问题和解决问题,这是古代学者治学的极其可贵的经验。心理学家认为,"疑"容易引起对既定目标的探究反射,常常是获得真知识的先导。有了这种反射与先导,思维便可应运而生,引起种种思考、联想与想象。按照认知规律考查留白式教学模式,学生在自学尝试环节中接受的信息必然会与原有的认知结构产生交互作用,有的被包容与统整,有的产生排斥与冲突,从而进入质疑问难环节。不仅如此,其他环节中出现了认知冲突,也会导致教学重新回到这一环节。设计质疑问难的环节是留白式教学模式的特点之一,也是留白式课堂的活力所在。它能让学生自己找出学习中的疑难问题,进一步明确认知与问题解决的主攻对象。课堂中的质疑问难大致有四类:还未理解的问题、一知半解的问题、(对前人、对书本结论的)质疑的问题、(对没有现成答案领域的)探索研究的问题。教师要为学生的质疑问难提供广阔的留白平台。

对在"质疑问难"环节中进行留白的主要建议是：（1）质疑问难既是一个单独的环节，又是一个可以渗透到其他环节的重要教学元素，因此教师要注意在各环节为学生留白提出他们的问题。比如，在情境创设、课堂练习、迁移创新等环节中注意引发学生提问。（2）教师要注意提出学生自主提问的要求，处处埋下引问的伏笔，如在观看录像与图片时，要求大家认真观察并从中看出问题，在阅读时特别强调学生在自学过程中一定要把问题找出来。这样进入质疑问难环节就有了极其丰富的学生提问。（3）当学生提出大量问题时，教师要发动学生一起来选择其中的核心问题，不能把所有问题全部推到学生面前，要进行适当舍取与留白。

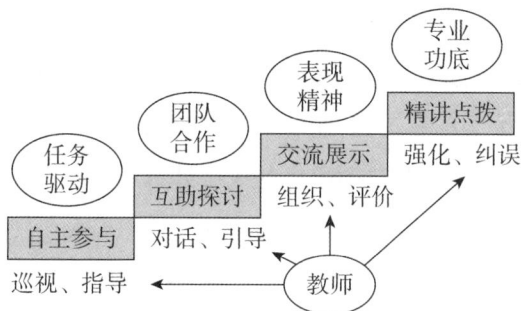

图 2-1-2　留白式程序与环节示意图

（四）合作探究及其留白

合作探究是学生广泛地与他人合作、交流与共享的过程，体现出学习不仅是个体性行为，还是一种"团队合作"的社会性行为①；不仅是问题解决，还是一种人文情感、合作态度、实事求是精神的体验。另外，在学习活动过程中，还会动态生成，学生在思维和行动上常常会发出令教师意想不到的智慧火花。一般来说，合作探究包括自主参与、互助探讨、交流展示、精讲点拨等步骤。

对在"合作探究"环节中进行留白的主要建议是：（1）"合作探究"环节，相对传统课堂而言，就是为学生安排的留白。这是课堂中最大的留白，一般来说，围绕教学的重点和难点安排一两次即可。"合作探究"需要一定的时间，安排不在

---

① 马作炳,段彦玲,刘英辉.数学教学与模式创新[M].长春:吉林人民出版社,2017:99.

于多而在于精。(2)留白不等于空白,合作探究所需的学习资源不能空白,如果不提供相关的知识背景、拓展性资料与最新学科发展信息,学生的讨论就可能成为无米之炊、无源之水和无本之木。(3)探究的问题不可能都得到解决,所以教师要审时度势,将难以一下子解决的问题留白,让有兴趣有余力的学生课后去作进一步的探究。

(五)课堂练习及其留白

课堂练习是教学过程中一个必不可少的重要环节,它有利于学生掌握知识、开发思维、形成技能技巧,是学生将所学知识运用于解决实际问题的关键环节。课堂练习根据教学目标可以采取模仿练习、巩固练习、理解练习、分层练习、变式练习、应用练习、拓展练习、探究练习、反馈练习等多种练习方式,进而使学生在练习过程中拓宽知识的应用范围,加深对知识的理解、掌握,有效沟通新学知识与其他知识的联系,知识网络逐步完善,综合运用知识的能力得到培养,从而提高课堂教学效率。

对在"课堂练习"环节中进行留白的主要建议是:(1)课堂练习要留给学生充裕的思考、操练与交流的时间,避免"匆匆过场"的现象。(2)课堂练习须控制练习总量,原来准备 8 道题,后来精简到 4 题,这就符合留白的要求。习题缩减有两个途径:一是削枝强干,突出围绕核心知识与核心技能设计与布置作业;二是同类归并,对相似度高的题目须筛选,差不多的练习不要盲目多练。(3)课堂练习留白要体现层次性,根据学生对学习内容的熟练程度与认知规律来设计不同层次、不同要求的练习题,以大多数学生为主,面向全班学生准备好各种方式的不同层次的练习题,争取使各层次的学生都能有所收获。由于习题具有一定选择性,因此基础好的学生可以不做容易的题目,基础差的学生可以跳过过难的题目。但是,教师要鼓励他们敢于挑战,去"试一试"。(4)对反馈练习中的基础题能在课堂上做的绝不在课后做,当堂完成,当堂反馈。为此,教师要加强课堂巡视,细心搜集信息,面对新课学习中学生出现的问题要特别注意,要适时点拨,并及时"调节"教学路径与策略。(5)课堂练习讲评可以留白,让学生自主评价练习题的测试目标与科学性,自主分析解题的思路与方法。

(六)迁移创新及其留白

迁移创新是留白式教学模式的高阶学习环节。在学习中能举一反三、触类旁通、学以致用,用所学的理论去解决问题,这就是知识迁移的过程。从某种意义上来说,我们是为迁移而"教"的,而学生是为迁移而"学"的。凡是具有迁移意义的知识,都应视为教学中的重点。教师不能只教学生死记硬背的事实性知识,主要教会学生用原理性知识去解释和解决书本与现实生活中的问题。知识创新是对学到的知识进行加工、提炼、升华的过程,它反映学生学习知识和运用知识,新颖、独特地分析和解决各种问题的心理特征与能力倾向,而创造性思维能力则是更加外显化处理问题的策略和方式。留白为迁移创新能力的培养提供了时间与空间,反之迁移创新能力为解决更多的留白问题增添了无穷的动力。

对在"迁移创新"环节中进行留白的主要建议是:(1)在这一环节,教师要设计一些促进知识迁移与创新的活动,留出空间让学生自主地进行跨界的迁移思维与突破框框的创新思维。(2)教师要鼓励学生交流迁移创新的心得与作品。(3)教师要引导学生将课堂内迁移创新过程中的留白移到课后去解决,成为探究学习的长作业。

(七)反馈矫正及其留白

留白式教学模式中的反馈矫正环节可以看作是一个单独的环节,但又不是固化在流程中的某个位置,它根据需要可以出现在教学过程中的任何时段。教师要善于观察,从学生的动作、表情、情绪和行为中判断学生是否在听课,是否理解学习内容。如果学生是乐观的、开心的,就表示学生可能已经掌握了学习内容;如果学生故意回避教师的目光或神态紧张、眉头紧锁,就意味着学生尚未理解学习内容。因此,教师要有敏锐的洞察力,认真观察学生的神态和行为,及时捕捉信息,适时调整教学方法。提问是课堂教学最好的反馈方式。[①] 教师可通过提问了解学生对当堂新授知识理解和掌握的程度,进而针对问题迅速而及时地调控教学。为此,教师要善于提问,精于设问,提高提问的质量,更要鼓励学生积极思考、积极提问。此外,一般在每节课下课前5至10分钟的时间内进行全班性达标检测,也可以在下一节讲授新课之前进行。若达标人数仅在50%左右,应对全体学生进行矫正教学;若达标人数在80%以上,则只对未达标的学生进行个别辅导,也可以利用学习小组完成矫正辅导。

---

① 高双桂.有效课堂教学策略研究[M].西安:陕西师范大学出版社,2007:136.

对在"反馈矫正"环节中进行留白的主要建议是：(1)对学生在黑板上演示的习题或学生作业的投影，要留出给学生分析与评价，并由学生相互纠正或自我纠正的时间。(2)有时可以采取"过程中断"的方法，如教师在评析学生习题，说到一半时停顿，让学生继续下去，这样可以调动学生"未完成"的情结。(3)教师要用开放性评价的留白方式，鼓励学生大胆质疑，营造平等自由的氛围，保护学生的批判精神。

（八）归纳总结及其留白

以往的课堂教学，教师怕失去最后的讲解机会，在归纳总结环节总喜欢自己一讲到底，让学生成为"听众""记录员"的被动角色，效果往往不理想。另外，教师归纳总结时一定要做到言简意赅、突出重点，同时配合讲解呈现醒目的总结性板书。

对在"归纳总结"环节中进行留白的主要建议是：(1)在课堂归纳环节中，教师须根据教学目标与内容采取总结式、悬念式、回味式、激励式、延伸式等多种归纳形式，从而体现留白艺术。(2)要给学生提供反思、整理、归纳教学内容的时间和空间，让学生真正从实践中归纳出结论。切忌教师在学生还没有充分表达的情况下就推出自己的成果，以致让学生感到"我们说了不算，最后还是教师一锤定音"。(3)学生的归纳形式可以是文字表述式的"两分钟小作文"，也可以是让学生画知识结构图或思维导图。(4)在"归纳总结"环节中，只要学生的看法言之有理，能自圆其说，教师就要充分给予肯定，适当进行指导，这样有助于培养学生的归纳思维能力与语言表达能力。

三、留白式教学模式的理论渊源

从理论渊源角度看，其直接的源头来自我国古代的国画艺术。中国画的留白是基于艺术想象的一种创造，它通过虚中孕实、无中生有的手法，体现了对意象造型的美学的追求，展示了中国画独特的"气韵"之美、"虚幻"之美、"意境"之美。国画的留白艺术深受儒家与道家文化的影响。它对教学中留白艺术的运用具有极大的启发意义，能帮助我们正确把握课堂教学中"形"与"神"、"虚"与"实"、"主"与"次"、"写照"与"创造"的辩证关系。

从理论内涵角度看，国外的有些心理和学习科学理论与我国的留白思想遥相呼应、互为辉映。格式塔心理学派"完形压强"理论认为,当人们在观看一个不完满即有"缺陷"或"空白"的形状时,会情不自禁地产生一种紧张的"内驱力"①,并促使大脑积极兴奋地活动。"蔡格尼克心理效应"也告诉人们,对于未完成任务的记忆比已经完成任务的记忆保持得更好,显然,它反映了人天生对没有完成的事情存在使之完成的"情结",正是这种"完成情结"驱动人们有始有终地将一件件事情完成。② 建构主义学习理论强调,学习的本质是"知识的自我建构"。③ 只有留白才能让学生有尝试、体验、探究的机会,也只有在教学留白的任务驱动下学生才能不断增长才干。课堂教学没有留白,学生就容易产生惰性、消弭自信、减退智能。最近发展区理论是发展性教学的精髓,它鼓励学生敢于挑战、突破自我,不能只在无关紧要的内容与环节上留白,没有一定难度的留白只能成为摆饰与装门面而已。同时,也要关注教学的适应性,因为适应性教学是学生发展的基础。因此,教学留白既要为学生提供跳跃的"大蹦床",又要为学生搭建稳健攀援的"脚手架"。深度学习理论告诉我们,要充分利用脑科学、思维科学、计算机科学、信息技术等研究成果,引导学生有机结合听讲、阅读、视听、演示、讨论、实践活动、归纳与表达等学习方式,进行体验、探究、反思、问题解决等有效活动,让留白成为学生自我发展的用武之地。

四、留白式教学模式对课堂转型的启示

(一) 合理把握课堂节奏,在紧张的思维活动间留白,给学生留有知识整理、领悟和巩固的时间

心理学研究表明,学生上课注意力的强弱呈倒三角形的规律④,超过一定的时间,即使教师的讲解再妙趣横生,也难以保证教学效率。因此,在学生经历过一阶段紧张的思维活动后,教师可安排一段小小的"放松",让学生有时间用于舒缓神经,消化吸收所学的知识。但是,这里的"放松"不是指完全任其随意活

---

① 韩国海.教师专业成长指引[M].西安:陕西师范大学出版社,2009:242.

② 北雪.无障碍沟通心理学[M].哈尔滨:北方文艺出版社,2019:62.

③ 罗毅,骆雪超,施晓莉,伍尤发,陆芳.现代远程教育学习概论(第2版)[M].广州:华南理工大学出版社,2009:22.

④ 崔秀兰,金乃茹,李光杰.语文课程与教学论[M].哈尔滨:哈尔滨工业大学出版社,2007:179.

动,"放松"仍要围绕刚才的学习活动展开。

（二）设置机动时间，为教学过程中学生真实思维水平的表现留白

课堂上往往会出现这样的情景:学生回答教师提出的问题,谈出自己的想法,但教师没有耐心听完,就对其回答进行评析,并时不时打断,再将学生生硬地拉到"正确答案"上来,或他提出一个问题,得到符合其"心意"的正确答案后便立即给予肯定,然后转到下一个教学环节。

若教师以学生的"正确答案"为跳板跳到下一个教学环节,而不去认真关注学生中隐藏的困惑和问题,那么这些困惑和问题是不会自动消除的。教师应清楚,那些"错误"答案反映了部分学生的思维水平,教师应为其留有足够的时间和耐心,并以在这一思维水平的基础上解决问题作为教学的一个基本立足点,这样才能让每个学生在自己的思维水平上收获知识和能力。如果教师不急于说出答案,而是及时肯定答案中积极的一面,并明察答案中疏漏与不够准确之处,引导学生在此基础上思考得出正确的方案,学生就会对学习的内容产生更深入的认识,思维水平也会得到提升。因此,在这个问题上教师要舍得留白。

（三）对于课程内容的学习不包办,适当留白,培养学生探究学习的能力

学生的认知要经过三个阶段:理解、掌握和运用。根据这一特点,教学时可先通过一定的教学方法让学生理解要掌握的原理,接下来的内容教师可设计留白,只提出问题让学生通过独立思考或小组讨论探究得出,最后给出一个实际问题让学生运用所学知识分析解决,来实现掌握知识和应用知识的目的,这样比教师的单一传授更有意义,也更有效率。

（四）关注学生的最近发展区,不拘泥于教材,在教材内容的选取上大胆留白

最近发展区理论认为,学生的发展有两种水平:一种是学生的现有水平;另一种是学生的可能发展水平,两者之间的差距就是最近发展区。[①] 根据最近发展区理论,在两者之间找到最佳契合点,以此选取能充分调动学生的积极性、发挥学生潜能的教学内容。对学生早已知道、不能引起学生探究欲望的内容要大胆舍去或让学生自学,这样可以省下很多时间来让学生在课堂上进行探究性学习。

---

① 李玮,孙彩华,施晓爽.核心素养中的英语词汇教学[M].长春:吉林人民出版社,2019:18.

第二节　现象教学理论

当前,课程的统整化与学习的综合化,已成为世界各国基础教育课程改革的一种重要趋势和发展方向。其中,芬兰首创的现象教学(Phenomenon-based Learning)是一个尝试跨学科教学的成功案例,其基本理念、实施路径值得我国学习和借鉴。①

一、芬兰现象教学的基本理念

任何一种教育教学改革首先需要确立并坚持一种基本理念。现象教学是芬兰基础教育课程改革进程中首创的一种教学方法,是指围绕学生感兴趣的现象或问题设计并组织实施的一种跨学科教学组织形式,强调学习者的"学",将教学内容以"主题"形式拓展到与学生息息相关的某一社会或生活现象。现象教学作为一种教学方法能得以实施和推广,主要得益于现象学和建构主义的理论贡献以及芬兰基础教育领域长期教学改革实践中秉承的一种基本理念:教育应回归学生生活体验。

现象学大师胡塞尔认为,17世纪科学革命所带来的冲击导致人们忽视了生活世界,尤其是忽视了自身存在的价值,产生功利主义的雏形,而教育也受其影响,班级教学、分科课程、量化评价等往往充满功利色彩。德国海德堡大学校长克里克((E.Krieck)在胡塞尔现象学基础上分析教育问题,主张教育应是纯粹的,反对标准性评价。作为一门显学的现象学将教育看作一种现象,并要求将其回归到学习者的生活世界本身。1968年,欧洲教育界兴起一股反对传统教育的思潮,反对和批判旧式科目的设置,倡导课程的融合性和跨学科性(Inter-disciplinary)。这是20世纪中叶以来世界教育民主化进程的重要表征,体现了现象学等批判主义哲学思潮在西方教育领域的渗透和影响。之后加拿大著名

---

① 冉源懋,罗旎兮,瞿坤.“现象教学”在芬兰:理念、实施与经验[J].教育学术月刊,2022(04):81-86+105.

教育家马克斯·范梅南（(Max van Manen)创立现象教育学,将教育现象指向实践,提出教育应回归生活世界,并应遵循"回到事物自身"的原则。教育现象学为现象教学提供了关键的逻辑前提和现实起点,即教育理应回归学生的生活体验。基于这样的认识,现象教学强调应围绕学生感兴趣的现象设计并实施教学,教学内容应该是与学习者生活世界密切相关并能为其感知和认识的生活主题或社会现象。同时,教育现象学要求通过人的主观感受去重新审视现象,这是因为在现象教学过程中一切能唤起学生主观感受的事物都是有意义教育的源泉,教育只有走向实践才能获得持久的吸引力和生命力。因此,学生的生活体验始终贯穿学习过程。此外,现象教育学还强调教学过程中要充分促进学习者所习得的理论知识与实践之间的结合,尽量避免出现理论知识与生活实践"两张皮"的现象。这就要求教师要时刻保有一种接纳、开放的心态,并要摒弃墨守的、固定的观点与成见,同时注重实际的教育情境,了解学生在真实情境下的体验,以此来把握学生的真正需要。

为了实现教育回归学生真实的生活体验,芬兰将现象教学法引入基础教育核心课程,把跨学科教学作为现象教学的切入点,并要求每个学生每年至少参加一门跨学科课程。跨学科成为芬兰现象教学的核心特质。跨学科是基于典型学科之间问题的一种研究。[①] 跨学科主题式教学就是以一个有价值的横贯性问题或与实际生活相联系的问题为出发点,以知识的内在逻辑和学生身心发展水平为前提和基础,将多门学科知识、理念以某一主题的形式组织在一起,融会贯通,交叉渗透构成一个完整的跨学科教学形式。其中,跨学科问题是跨学科主题式教学的关键,主要是指涉及多个学科的现实问题,即与实际生活以及社会发展息息相关的问题或主题。跨学科教学的出现不仅是知识之间存在内在联系,而且也是当今社会快速发展的需要。现象教学强调整体的学习方法,将知识与实际问题相联系,并要求学生学习如何在合作中创造新的解决方案。[②] 现象教学的目的不是取代学科学习,而是从一个更加广阔的视角出发,通过某种现象来研究某一主题,这类现象问题往往跨越学科界限,旨在功能

---

① 刘仲林.跨学科教育论[M].郑州:河南教育出版社,1991:315.

② Lonka K, Makkonen J, Berg M, et al. *Phenomenal learning from Finland*. Helsinki [J]. Edita publishing Ltd. 2018:173.

性地接近并扩大学习者的经验世界,强化其学习动机并促进有意义学习的发生。

　　研究者马缇娜和塞兰德((Mattila P,Silander P)通过对芬兰长期以来的现象教学实践的研究,从学习者角度发现并概括了现象学习的 5 个重要特征:整体性、真实性、情境性、探究性和自主性。其中,与一般教学中的学习有所不同的是整体性、真实性和情境性。整体性是指区别于传统学科教学,侧重于对现实社会中当前实际事件的系统、全面的探索;真实性是指学习中所采用的方法或所使用到的工具材料在生活中普遍存在,并能用于解决学生日常生活中的相关问题;情境性是指现象不能提前预设,需要在具体问题情境中具体分析。

　　如果说跨学科教学是实现教育回归学习者生活体验的基本路径,小组合作学习则是跨学科教学的主要操作方法。受建构主义思想影响,芬兰教育界普遍认同一种基本观点:学习是学习者通过对新旧知识进行重组和改造来丰富自己知识经验的过程。有意义学习具有建构性,学习者通过对新的信息进行加工并与生活实际关联起来,从而适应自己的经验世界,以便更好地理解复杂信息。为此,芬兰现象教学的实践者认为,跨学科教学是引导认知主体主动建构和理解知识经验的过程;学习的发生必然存在于社会互动之中且具有显著的社会性。最能体现这种社会性学习的具体方法是小组合作学习。因此,现象教学强调:通过选取特定的情境或任务,让学习者以小组成员的身份在对话、协商中发挥自己的潜能并形成个性化的学习探究能力和理解能力。在这个过程中,教师的主要作用是组织和引导小组活动。

二、芬兰现象教学的实施经验

　　2014 年芬兰国家教育委员会颁布《国家基础教育核心课程》,并引入值得关注的横贯能力(Trans-versal competencies)这一概念。在芬兰,横贯能力是指为了适应经济和社会发展而提出来的 21 世纪所必需技能,具有横贯性和整体性,是具有跨学科性质的通用能力。为了培养学生的横贯能力,芬兰引入跨学科学习模式((Multidisciplinary Learning modules),旨在扩大学生的经验世界,探索反映真实世界的现象,其具体实施方式就是现象教学法(见图 2 - 2 - 1)。

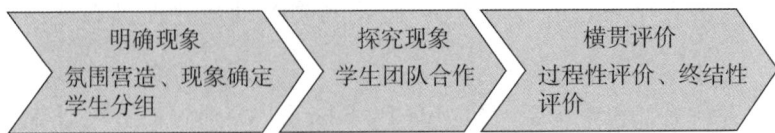

图 2-2-1 现象教学的实施过程

芬兰 2014 年发布的课程标准十分强调跨学科教学的重要性,并明确提出"现象教学"这一核心概念。与其他传统教学模式不同的是现象教学侧重于使教学贴近真实生活,克服了传统教学模式"去生活化"的弊端。现象教学从学生共同讨论提出的真实现象出发,围绕现象进行探究,不仅强调教师在课程设计中理应发挥的主导作用,还强调要充分发挥学生在知识获得过程中的主体作用。

(一)明确现象

开展现象教学的前提是选择并明确一个合理的现象。为此,首先需要营造学习氛围以帮助学生找到一个现象。雷米(Niemi)等认为,成功实施现象教学的前提条件是需要创造平等、和谐、安全的学习氛围,从而使学生自愿主动地参与学习和探究。如果教学之前没有营造良好的课堂学习氛围,学生很难以毫无压力和束缚的状态投入学习,内心也就难以获得安全感和归属感,也就很难发现或找到感兴趣的现象。因此,营造轻松愉快的课堂氛围是师生共同明确"现象"的前提和保障。

现象的确定是实施现象教学至关重要的一步。2014 年颁布的《芬兰国家基础教育核心课程》对教师选择和明确现象提出基本要求(如图 2-2-2 所示),即教师首先需要根据本土以及学校文化,选择有利于跨学科教学以及师生、生生、师师合作的主题作为学习模块的内容,然后结合不同学科的方法和理念,明确培养学生横贯能力和跨学科素养的目标。

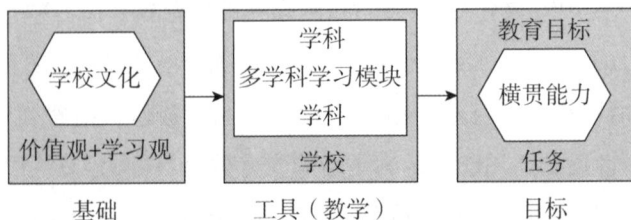

图 2-2-2 现象选择以及多学科学习模块组织的逻辑关系

　　根据这些要求,现象是需要契合学生认知范畴并能激发学生产生共鸣的主题,选择现象的主题来自学生共同讨论发现的问题或对现实生活中各种现象的疑惑,这些问题或疑惑需要从不同角度寻找答案,如从实际生活所涉及的政治、历史、法律、生物学、数学等角度来探讨。这些角度可以再细化到具体现象,如为什么不同的国家使用不同的货币? 为什么会存在不同的时区? ……教师的作用在于引导学生一起讨论这些具有价值并让人产生共鸣的主题或现象。米娜·伯格(Minna Berg)以"世界各大洲的知识"为"现象"(主题)所作的教学设计是芬兰教师开展现象教学的一个缩影,可见其教学的基本思路和过程:根据学生的自主调查、讨论以及芬兰初中地理和生物课程的学习要求提出"世界各大洲的知识"这一"现象"。为了确定这一"现象",首先将全班学生分为五个大组,每一个大组研究不同的大洲。然后,所有小组提出差异化的问题(如:天气、植物群、动物群、文化、宗教、民族、国家及语言等)并列出问题清单。以为各大洲做旅游广告宣传为切入点,教师要求每组学生围绕相关问题收集大量资料,积累跨学科知识。在此期间生物课、地理课、数学课、英语课、音乐课、美术课的相关内容都会融入这个以大洲作为现象的教学中。

　　(二) 探究现象

　　确定现象后对其进行探究的主要方式是合作学习。拉德马克(Lähdemäki J)的实践表明,团队合作是现象教学的重要组成部分,其主要目的在于训练学生的互动合作能力,发现并提升其自我发展的优势。需要特别指出的是,与其他合作学习不同,现象教学中的小组合作聚焦于良好学习者关系的建立和发展,而不仅仅是问题的解决。从教育目标的达成程度来看,这契合了 2014 年课标中所强调的横贯能力,有助于培养学生的横贯素养,实现学生在与他人或团队合作互动中学会自我表达。这种良好学习者关系的建立旨在充分发挥每个学生的个性特长,避免团队的合作效果失真。为此,现象教学必须根据学生现有的学习水平、优势特长以及性别等因素进行分组,凸显学习者之间的互补性和分工合作的有效性。

　　合作学习是芬兰现象教学目标达成的关键。马德(Mård N)的案例分析充分说明:师生通过共同合作从不同学科的视角来探究现象问题,这是一个有意义的学习过程。在这一过程中,基于学习目标的"合作"主要包括三种形式,即生生合作、师师合作和师生合作。生生合作,即学生与学生之间的合作,具有显著的自主性和互动性。芬兰现象教学中,这种自主性主要源于确定现象阶段学生与学生之间基于平等、和谐、安全的氛围及关系共同发现和确定某一现象的学习行为,而不是传统教学中以某一问题或现象为中心的"权威"预设。学习者对现象的认知水平和认知需求的差异性决定了现象的确定是一个内发的现象,而不是一个他者规定的现象,只有通过学习者之间充分探讨、交流和沟通,才能最终确定一个合适的现象。这也在一定程度上决定了现象教学中生生之间合作的互动性。建构主义认为学习的本质是一个认知建构的过程。现象教学特别关注每个学生已有的认知基础、生活经验和思考方式,并积极利用学生之间的认知差异,通过有效互动交流实现相互启发、相互激励,最终达到学生参与度提升、学习效果提升的双重效果。此外,现象教学中学生合作学习还具有明显的社会性特征。人是一种社会性生命体,在学习过程中需要发挥社会性功能。芬兰的现象教学倡导合作学习过程中学习者之间的表达、倾听和民主、友善等社会性行为。

雷塔·尼米(Reetta Niemi)和托米·基拉科斯基(Tomi Kiilakoski)有关现象教学案例研究充分说明了生生合作的特征和价值。以芬兰某小学三年级学生(9岁)为研究对象,围绕以"芬兰的森林"为主题的现象教学的开展,研究人员重点对学生在合作互动中的表现以及收获展开研究。这一现象教学案例所涉及的学科有地理、生物、芬兰语、艺术、手工艺等,教学过程中教师采用图画书和访谈的方式启发学生,使学生参与学习的过程。分析整理研究所获得的数据后研究团队得出一个重要结论:学生在积极的同伴活动中能产生合作感,并在与团队其他成员沟通互动的过程中获得认可和尊重。这个案例说明,学生在小组合作中能发挥其学习交流的自主性,有利于学生主动与他人交流,发挥其学习的主观能动性。为此,有国内学者认为,学生在团队中学会协作沟通、自我思考、自我表达,这都为学生的社会性发展打下基础。

为更好地开展现象教学,不同学科教师之间的合作被认为是一种重要的工作方式。芬兰学科教师之间的合作不是只有传统意义上的共同设计教学活动和协同上一堂课,而是互帮互助,提供教学支持,实现资源共享和改善教学。比如,在"亚洲旅行"主题课堂中,需要将地理、历史、人文、经济、政治等学科知识融入这一个主题中。由于现象教学是以跨学科为基础,因而跨学科课程的设计需要强调各相关学科教师就某一现象、主题或话题展开合作与交流。与传统教学中作为"主导者"的教师角色不同,现象教学强调教师作为学生学习"促进者",在开展以现象为基础的跨学科指导、任务分配、小组间交流、协调等工作中都需要有效合作。

三、芬兰现象教学经验对课堂转型的启示

2004 年,马克斯·范梅南教授应邀首次来中国进行学术访问时提出"教育研究者应将生活世界作为思考教育的逻辑起点"。芬兰新一轮的课程改革理念和中国的新课改理念相似,基于上述对芬兰现象教学具体实施要点和教学案例的初步分析,针对当前我国基础教育课程改革进程中有关学生核心素养培养、教师教学能力提升以及学生评价标准等领域的诸多实践和探索,芬兰现象教学的成功经验给予我们的启示主要体现在以下三方面。

（一）以跨学科教学促学生核心素养发展

目前,国际上有关核心素养的培养路径主要有两条:一是通过学科教学;二是跨学科教学,即设置具体情境,将不同学科知识融合于贴近学生生活的现象或主题。我国在培养核心素养方面主要还是习惯于一条腿走路。芬兰新课程改革最大的变化就是引入横贯能力并采取以跨学科为基础的现象教学作为实施路径。横贯能力类似于跨学科素养（或类似于我国的"核心素养"）,与传统学科能力的培养相比,横贯能力更强调横向性、横贯性、通用性。我国新一轮基础教育课程改革已步入深水区,也在积极倡导跨学科教学和跨学科素养（或核心素养）,但从实践角度看,在学科课程和分科教学的绝对主流局面没有改变的情况下,要真正实现核心素养或能力的培养和发展仍然困难重重。核心素养本身具有跨学科性质,是对知识、技能、情感态度的横贯和提升,包括发现、分析和解决问题等认知素养与人际交往等非认知能力。因此,从教学的内容角度看,应为学生提供丰富的可以自主选择的课程,充分满足学生的个性发展。同时,从教学方法角度看,应该通过与具体生活情境相结合来探讨和解决实际生活中的真实问题,注重教学的生活化。具体而言,在实施跨学科课程整合时须结合学生的生活实际,将学科目标与跨学科相对应,同时在众多的学科中选择一门学

科作为学习其他学科的基础,通过跨学科主题教学将不同学科通过主题有机地联系起来,以跨学科教学作为学校的特色教学方式,给地方学校课程提供发展的空间。与芬兰相比,我国人口众多,各地方的教育发展水平有很大的差异性,跨学科教学绝不能完全取代分科教学,更不能照搬芬兰的现象教学,但可以倡导各类学校结合校本课程来实现跨学科主题教学,即基于学生身心发展水平、知识积累和生活经验,从跨学科主题设计入手,积极促进校本课程的整合,打破学科之间的割裂状态,从而实现学习内容的横贯化,进而促进学生核心素养的培养和发展。

（二）以现象教学实践促教师综合能力培养

为了切实提高教师的专业化水平,以确保芬兰教师培养向研究本位发展,芬兰政府要求所有中小学教师都需要有硕士学位,芬兰教师需要集全科型、自主型、研究型于一体,同时还需要具有较强的跨学科能力,这都为现象教学提供了高质量的师资保障。芬兰最早开始实施全科教师制是在1970年,该制度的实行为现象教学的顺利开展提供了有力的机制保障。全科教师制主要在小学阶段教师的培养中实施,要求教师具备多学科教学能力并在师范生培养阶段教授跨学科现象教学实践课程。

芬兰为强化中小学教师终身教育和持续性专业发展的理念,为中小学教师设计了多样化的在职培训形式。同时,高质量的教师培训为芬兰的教育提供了重要保障。现象教学对教师的能力素养和专业能力要求很高,尤其需要重视基础教育师资队伍的专业化建设。首先,为适应不断变化的教育需要,大学及其他教育机构应为教师提供继续教育的机会,同时地方基础教育学校应完善教师专业化建设的途径。目前,我国基于现象教学的跨学科教学能力培训主要由学校发起,培训主要通过开展讲座及学习观摩两种形式进行。这在本质上与现象教学的自主性、跨学科性要求相差甚远。此外,从学科领域角度来看,现象教学需要不同学科教学的合作,尤其不同学科之间的合作,更有利于跨学科课程的开展。

（三）以横贯能力作为学生评价标准

芬兰新一轮课程改革中所提出的横贯能力是学生在基础教育阶段所应具备的横贯素养,其实施途径是通过多学科融合式现象教学促进学生知识的融合与迁移。因此,横贯能力既是芬兰学生发展的目标,也是学生学业评价的标准。为此,芬兰特别强调基于横贯能力构建学生评价体系,并在这一体系中明确学生在基础教育阶段所要达到的具体学习目标,侧重于考查学生跨学科能力的形成性发展,尤其注重教学评价的激励和调节功能在学生发展中的充分发挥,力求有全面而公正的评价。具体而言,芬兰基础教育划分为三个学段,每个学段的培养目标以七项横贯能力为依据,将评估内容分为学习、技能和行为表现三个领域,不同学段的培养侧重点不同,教师在教学活动中围绕这些目标展开教学。芬兰《基础教育法令》(*Basic Educanon Decree*)将学生评价结果划分为七个等级(从"表现不好"到"卓越"),这种层次划分的目的在于向教师反馈学生的学情信息,便于进行下一步教学,避免产生分数排名所带来的显性竞争和攀比。由此可见,芬兰将横贯能力作为学生评价的依据,能将培养目标进行细化,实现阶段性评估,充分发挥评价的育人功能,有效调动学生学习积极性。长期以来,我国社会所形成的过于重视学生考试分数的评价体系,严重违背了基础教育的本真和初心。对学生的评价始终是关乎国家教育发展的问题,成为我国基础教育改革的重要方面。2020年10月,中共中央、国务院印发的《深化新时代教育评价改革总体方案》明确提出,"坚持科学有效,改进结果评价,强化过程评价"。[①] 这就要求教育领域必须提高教育教学评价的专业水平,要发挥形成性评价的学情分析和改进教学的功能,引导学生学会形成性自我评价,促进自我学习能力的发展。[②] 现阶段应把握好教育评价改革的正确方向,摒弃传统的、单一的、不科学的学生评价标准,切实推动横贯能力或综合素质评价。芬兰以横贯能力作为学生评价标准,为我国基础教育"减负增质"提供了一个崭新的视角,对促进学生核心素养的养成具有积极的借鉴和参考价值。

---

① 中共中央、国务院印发《深化新时代教育评价改革总体方案》[EB/OL].(2020-10-13)[2022-1-18].http://www.gov.cn/zhengce/2020-10/13/content_5551032.htm.

② 骆文淑,杨志明."双减"背景下加强形成性评价的思考[J].中国考试,2022(1):63-68.

第三节 学习发生的知行模型

长期以来,因为课堂教学的复杂性,课堂评价多采取人工记录方式,在常态化、规模化上有待进一步改进和提高。近年来,随着云计算、大数据、人工智能等新一代信息技术的发展与成熟,课堂教学评价具备了常态化、规模化的技术条件。这种采用人工智能、大数据等技术,由机器自动完成的课堂教学评价,称为课堂教学智慧评价。但是,要实现智慧评价,首先要了解学生学习发生的模型。近年来,我国学者借鉴脑科学信息自由能理论、知行关系哲学观、经验式学习理论和教学技术应用分析的四象限模型(4 model application techniques, 4MAT)的观点,将大脑内部认知活动与外部语言刺激关联起来,提出了可用于人工智能分析的学习发生知行模型,令人工智能分析课堂思维激发、认知活动、活动特征成为可能,也为解决传统课堂不能很好地检测真实学习状况提供了帮助。[①]

一、基于大脑认知活动信息自由能理论的学习发生模式

(一) 大脑认知活动的信息自由能理论与认知过程

1. 大脑认知活动的信息自由能理论

卡尔弗里斯顿(Friston Karl)等人,从信息论角度提出了大脑信息自由能理论(information free energy principle)[②],这是最有希望将关于大脑的热力学、信息论、生物科学、认知科学等统一的理论。人脑是处理信息的热力学装置,鉴于热力学与信息论的天然联系,大脑信息自由能理论与大脑可观测量之间具有紧密关系。

热力学中的自由能就是一个系统可以对外做功的最大值。对大脑而言,驱

---

① 许世红,刘军民,王时舟.人工智能视域下课堂教学智慧评价:学习发生知行模型[J].教育测量与评价,2022(1):80 - 90.

② Friston Kari J, Klaas Enno Stephan. *Free-Energy and the Brain*[J].Synthese,2007 (159):417 - 458.

动脑电活动的主要法则是最快降低大脑自由能,大脑神经网络内的电流会按照单位时间消耗最多自由能的方式来寻找回路。[①] 热力学自由能刻画大脑能量的变化规律,与其有紧密对应关系的信息自由能适合对认知活动进行刻画。信息自由能从信息论的角度描述大脑。大脑通过感知、认知、行为等活动来与外界环境相互作用,以预测外界环境的变化。信息自由能计算公式如下。

$$F = S + D = -\ln P(\varphi) + D_{KL}[R(\theta)||P(\theta|\varphi)]$$

其中,F 表示信息自由能,θ 表示客观物理环境,φ 表示知觉输入。$P(\varphi)$ 表示在大脑当前内部状态下对一个知觉输入 φ 的期望概率,$S = -\ln P(\varphi)$ 用信息论解释为惊奇度(surprise),当 φ 值发生概率很小时,S 很大;当 φ 值发生概率为 1 时,$S = 0$,即完全符合预期,不造成惊奇感。$D = D_{KL}[R(\theta)||P(\theta|\varphi)]$ 可以解释为两个概率分布的差异(divergence),这里表示大脑对知觉输入原因的当前最佳猜测概率分布与 φ 条件下实际原因概率分布之间的差异,简单讲就是大脑内部认知与实际情况的差异。当 S 增大也就是"惊奇"产生时,信息自由能 F 会增加;当内部认知与实际情况的差异 D 增加时,信息自由能 F 也会增加。

信息自由能遵循"自由能最小法则"。信息自由能理论认为该法则可以从生物体的生存需要进行解释。"惊奇"对生物体的生存是一种威胁。比如,鱼离开水,对鱼来说其知觉输入会带来巨大的"惊奇",而这是致命的。为了生存,生物体竭力避免"惊奇"状态的出现,从而需要降低信息自由能。信息自由能理论的一些推论已得到了实验相关结论的支持。

2. 大脑认知过程的信息自由能解释

大脑认知过程包括对外界信息的处理过程和内部世界认知模型的调整过程,具体程序如下:先通过眼耳鼻舌身等感官输入信息,形成知觉输入,再由大脑将这些知觉输入映射为可以被大脑理解的现象、概念[②],最后大脑对外界环境进行判断并开展一系列认知活动,目的是降低大脑信息自由能。内部世界认知模型则是大脑用来解释世界的工具,包括内部概念体系、因果关系、逻辑关系等,其中最重要的是因果关系。

---

① J S Kirkaldy. *Thermodynamics of the Human Brain*[J]. Biophys, 1965(5):981 - 986.

② Burge T. *Perceptual Entitlemet*[J]. Philosophy and Phenomenological Research, 2003 (3):503 - 548.

大脑基于内部世界认知模型判断某种知觉输入是小概率事件时,即会产生"惊奇"。按照信息自由能计算公式,"惊奇"会带来信息自由能的升高。大脑信息自由能理论认为,生物不能直接减少$-\mathrm{In}P(\varphi)$带来的"惊奇"(至少不能短期),取而代之的是减少内部认知与实际情况的差异。从公式可以看出,减少这个差异的方法有两个途径:一个是改变内部认知使其更接近真实情况;另一个是采取行动(act)干涉环境来减少环境与内部世界认知模型的差异(这也可以理解为生物体对环境的"愿望")。

(二) 基于大脑信息自由能理论的学习发生模型

图 2-3-1 是基于大脑信息自由能理论绘制的大脑学习模型图。

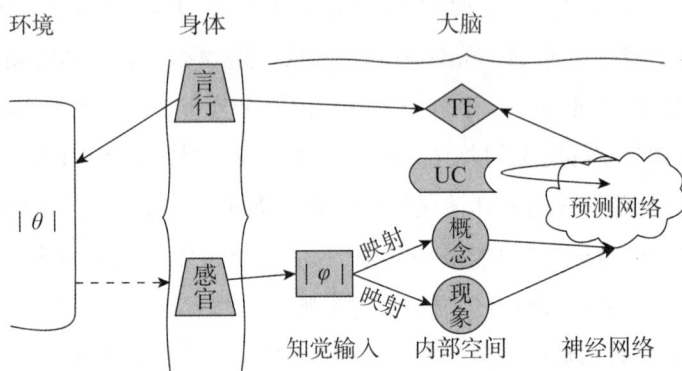

注:(1)虚线标识环境信息输入的路径;(2)实线标识大脑处理结果输出的路径,其中,TE(thinking exercises)表示思想练习,UC(updating causes)表示更新内部世界认知模型

图 2-3-1　基于大脑自由能理论的大脑学习模型

1. 不涉及减少信息自由能的大脑活动

图中,不涉及减少信息自由能的大脑活动发生在环境信息输入阶段,属于通过身体感官由知觉输入 φ 映射到大脑内部空间的活动。有学者指出弗洛伊德的潜意识活动就属于不涉及减少信息自由能的大脑活动。

泰勒·伯奇的知觉模型将知觉输入 φ 划分为两类:非概念化的知觉本身(即现象空间),概念化的有意识知觉判断(即概念空间)。相应地,知觉输入 φ 的映射可以有两类:一类是将知觉输入 φ 映射到内部概念空间;另一类是将知觉输入 φ 映射成内部现象空间。因为知觉输入 φ 的映射大多是确定的或很少发生错误的,也就是概率为 1 的活动,根据公式,可以推断这些活动的信息自由能恒等于零。

当知觉输入不能映射到内部空间时,其对应的环境信息将成为大脑的噪声。

2. 涉及减少信息自由能的大脑活动

图中,涉及减少信息自由能的大脑活动发生在大脑处理结果输出阶段,主要有两种活动形式,一是更新内部世界认知模型(UC);二是思想练习(TE)。若经由 UC 和 TE 两种大脑活动来减少信息自由能,则主体内部世界模型容易发生更新和变化,从建构主义的观点来看,这就是学习的发生。

这里需要注意的是 TE 与大脑自由能理论中行动(act)的关系。大脑自由能理论中 act 是主体对环境施加的真实影响,包括两个过程,即先在大脑皮层产生模拟,然后经神经传导到身体执行。相关的脑机接口的大量研究证实,大脑皮层产生模拟后并不一定导致身体执行。[①] 也有研究表明,不只是常规学习和身体活动会对大脑的神经连接产生影响,在头脑中想象着进行练习(即 TE),与实际练习一样也能让大脑改变。因此可以合理推测,即使没有直接改变环境,TE 依然可以减少信息自由能。考虑到学校主要的学习环境,学习的发生主要产生于学生的 TE 活动,因此应给 TE 活动高度的关注。

3. 减少信息自由能的两种学习发生模式

根据图 2 - 3 - 1,信息自由能的减少发生在大脑处理结果输出阶段,该阶段包括自然式学习发生、推动式学习发生两种模式。自然式学习发生的逻辑原理是:首先,知觉输入映射后产生高自由能,也就是在学生的认知世界模型中出现"惊奇";其次,学生按大脑本能自然发生减少信息自由能的活动。推动式学习发生的逻辑原理是:映射后并没有"惊奇",但教师依然可以用外力推动学生思考背后的原因或组织开展 TE 活动,将学生大脑整体自由能降低下来。

二、学习发生知行模型及其在课堂教学智慧评价中的应用

(一) 运用知行哲学丰富发展学习发生模型

1. 知、行与学习过程的关系

根据"知、行"的含义,可以发现知、行与学习过程有着非常明显的对应关系:"知"就是大脑认知活动的映射过程;"行"相当于学习发生的过程;"行"可以

---

① M A Nicolelis.脑机穿越:脑机接口改变人类未来[M].黄珏苹,郑悠然译.杭州:浙江人民出版社,2015:155 - 158.

是脑内的 UC 或 TE 活动,一旦需要和外界环境互动,"行"就外显为学习发生后的新言行。这里讲的"知"和"行"都是指大脑内部的认知活动,而外显的"行"就是内部"行"的真实反映。

根据知行统一的哲学论断,以大脑认知活动的映射过程(知)、学习发生过程(行)作为两个维度,可架构一个平面坐标系,从而将映射过程与学习发生过程有机组织起来,形成更丰富的学习过程洞察框架。

在图 2-3-2 中,横轴为知(认识)轴,左端代表信息输入概念空间,右端代表信息输入场景现象空间;纵轴为行(实践)轴,上部主要表示思想练习,下部主要表示内化建构,内化建构就是更新内部世界认知模型。相应地,学习发生过程的 4 种类型分别为:①从场景/现象到内化建构(UC),②从概念到内化建构(UC),③从概念到思想练习(TE),④从场景/现象到思想练习(TE)。

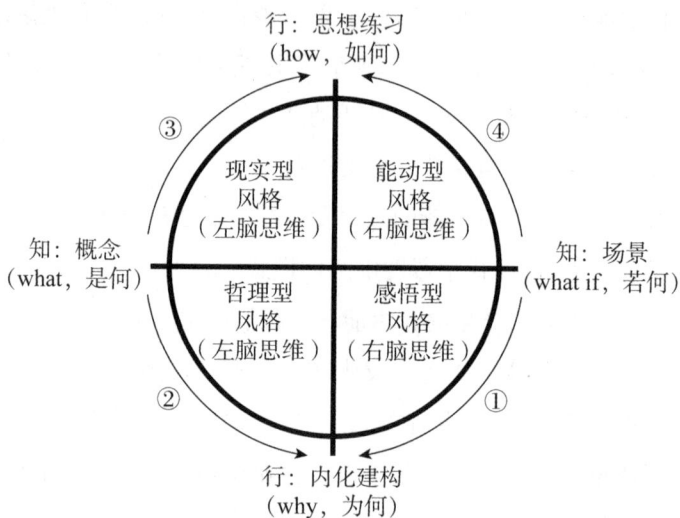

图 2-3-2 知行模型之学习发生的 4 种类型与 4 种学习风格示意图

2. 用知行统一观重新建构学习风格

辩证唯物主义知行统一观认为,知行不可分离,即每个学习发生过程都包含知与行,从知、行两个学习过程维度的不同侧重或倾向,构成了学习发生的 4 种不同的学习方式。每个人都有自己最喜爱与倾向的某种学习方式。这种喜爱使用特定学习方式的偏好,称为学习风格。每种学习风格都会体现个人学习的一些特点。

知行模型主要描述学习者大脑内部发生的认知过程,但无法从外部进行观察。如果从"四何"(若何 what if、为何 why、是何 what、如何 how)分类方法与知行进行关联,就容易把握知行活动的特征。"四何"对学习者认知过程的刺激是不同的:"是何"类语言引导学生完成信息输入概念空间,"若何"类语言引导学生完成信息输入场景现象空间,"如何"类语言引导学生进行思想练习,"为何"类语言引导学生进行原因探索进而内化建构。具体而言,场景/现象与"若何"对应,概念与"是何"对应,思想练习与"如何"对应,内化建构涉及的是更新内部世界认知模型,其中最关键的是关于世界因果关系,所以内化建构主要与"为何"对应。由此可以总结,感悟型倾向于从"若何"到"为何"的学习方式,哲理型倾向于从"是何"到"为何"的学习方式,现实型倾向于从"是何"到"如何"的学习方式,能动型倾向于从"若何"到"如何"的学习方式。4 种学习风格的典型表现与倾向如表 2-3-1 所示。

表 2-3-1 4 种学习风格的典型表现与倾向

学习风格	思维倾向	知的典型表现	行的典型表现	个性倾向
感悟型	右脑思维	在接收信息后通常不做深度抽象加工	倾向于凭直觉,快速觉察背后蕴含的原因	常表现为艺术倾向,有同情心
哲理型	左脑思维	倾向于对信息进行概念化深加工	为了探索背后蕴含的原因,不太关注有何实用价值	易被理论和思想吸引,喜追根究底
现实型	左脑思维	倾向于从获得的信息中提取抽象概念	关注如何应用于实际行动	擅长分析抽象,做事有条理,务实冷静
能动型	右脑思维	直觉快速把握获得的信息	关注实用和操作	善于知识迁移创新、举一反三、开放热情,易于激励合作

3. 用知行统一观丰富和发展高效学习方法论

辩证唯物主义知行统一观还认为,知行处于不断螺旋式循环上升发展的关系之中,这为研究 4 种学习方式如何有机组成一套有效的教学组织设计提供了崭新视角。

辩证唯物主义认为,认识发展规律是从感性到理性,并统一到实践,在实践中产生新认识,新认识又回到实践,如此循环向上,推动认识的发展。从对学习发生的分类来看,场景类的"知"是感性认识,批判反思的"行:内化建构"和"知:概念"属于理性认识,而"行:思想练习"以及外显的言行则属于实践。因此,学习发生促进认识发展,依然遵循辩证唯物论的认识发展规律。按照本研究对学习发生划分的 4 种类型,课堂教与学活动若从①开始,依次经历②③,达到④完成一个周期,再从①开始一个新的周期,可使学生的认识水平发展遵循螺旋式循环上升规律,如图 2-3-2 和图 2-3-3 所示。这启发教师应有意识地按照学习发生的螺旋式顺序组合课堂教与学的流程。可以推断,如此螺旋结构的课堂教学会提高大脑信息自由能的下降效率,即提高学生的学习效率。

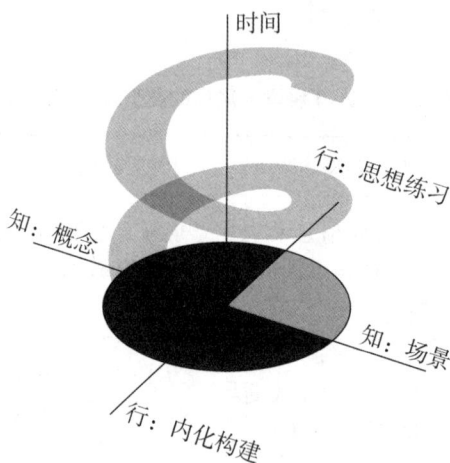

图 2-3-3　知行模型高效学习发生的螺旋式上升发展示意图

(二) 学习发生的知行模型对经验式学习理论(ELT)和 4MAT 模型的借鉴

1. 关于柯尔布的 ELT 及其学习风格

柯尔布与弗莱(David A. Kolb&Roger Fry)基于杜威(Dewey)的经验发展论、列文(Lewin)的合作学习论和皮亚杰(Piaget)的认知发展论,于 1975 年共同创建了经验式学习理论(experiential learning theory,简称 ELT)。

柯尔布与弗莱的 ELT 中最有影响力的是经验式学习环(experiential learning cycle),它由具体经验、反思性观察、抽象概念化、主动实验 4 个要素组成,这些要素随着学习时间呈现螺旋式循环推进。利用这个经验式学习环,柯尔布与弗莱确定了4种基本的学习风格:发散式、同化式、聚合式、适应式,并指出每种风格各自的优势和劣势。学习发生的知行模型借鉴了ELT关于学习风格的猜想,但风格的归类与命名思路是不同的。

2. 关于4MAT模型及其教学风格

麦卡锡(Bernice McCarthy)在柯尔布与弗莱的学习风格理论基础上,结合大脑左右半球的功能,于1979年开发出4MAT(4 model application techniques)模型。4MAT模型由4个象限组成,每个象限表示一种学习风格,分别是创新型、分析型、常识型、能动型,该模型将"四何"问题与4种学习风格相结合。4MAT模型还设计了由联系、参与、想象、熟悉、应用、扩展、完善、执行8个步骤组成的一个教学程序,并把这8个步骤与学习者生物性左右脑关联起来。4MAT模型考虑学习者的个体差异,建议教学创设多种有意义的场景和学习机会,通过多种活动与互动关注全体学生,受到教育界广泛关注。学习发生的知行模型直接借鉴了4MAT模型中"四何"这一研究思路。

(三)学习发生知行模型在课堂教学智慧评价中的应用

学习发生知行模型对应课堂人工智能的课堂教学量化评价指标,可以评价课堂认知活动的特征,具体见表2-3-2。学习发生知行模型把大脑内部的认知过程和"四何"语言的刺激联系起来,为定量研究课堂思维激发特征、教学和学习风格等重要的课堂评价维度提供了理论支撑。表2-3-2中的7个量化指标的计算可由人工智能自动输出结果。人工智能处理的流程为:先输入语音、视频、教学软件数据,接着进行数据预处理、数据结构化处理,然后根据学习发生知行模型进行模型化处理,最后输出量化指标值。

表2-3-2 学习发生知行模型对应的课堂教学智慧评价量化指标及说明

量化指标	指标说明
课程思维结构的思维清晰度	用明确可辨识的"四何"方式的总量进行衡量,反映教师的授课在知行方面的可辨识度,明晰的辨识度可促进学生的学习发生
课程结构设计的四维均衡度	用"四何"分布情况,反映教师在课程结构设计上对场景设置、原因探索引导、概念抽象概括、知识练习迁移等方面的总体规划情况

（续表）

量化指标	指标说明
学生 4 种学习风格的激发情况	课堂全部发言学生呈现的 4 种学习风格的百分比分布,反映教师在课堂上激发不同学习风格学生的成效
学生左右脑激发的平衡度	对左右脑思维的激发比例,反映教师在课堂上对学生用脑特征的激发情况
教师兼顾学生思维的均衡情况	教师授课可引起 4 种学习发生方式的均衡情况,反映教师兼顾不同学生学习风格的程度
教师授课知行风格的兼顾情况	基于教师课堂知识讲授采用"四何"联合的分布情况,以此计算偏离零点的程度,用于衡量教师知识教授偏向某种方式的程度
教师推动有效学习的程度	用为何与如何的分布情况,反映教师在课堂诱导自然式学习发生模式与推动式学习发生模式产生的有效程度

三、学习发生知行模型对课堂转型的启示

学习发生知行模型涉及学习者思维方式和学习发生机理研究,为教学研究提供了一个重要的工具和框架,它不仅是常态化的课堂教学监督与评估中的一种可操作的工具,也为教师与学生在课堂开展有效的教与学提供了坚实的理论指导。

（一）针对不同学习风格,设计不同知识场景

正如每个人都有不同的指纹一样,每个人也有不同的学习风格。事实上,所有学生都能学习,但每个学生不可能以同样的方式学习,且每个人在处理大脑中的信息时也有不同的用脑思维习惯。因此,课堂教学中应考虑这些差异,帮助每个学生有效学习,确保所有学生都有平等的学习机会。

知行模型从学生学习风格或思维方式的角度将因材施教的理念具体化,在教育核心的学习发生方面,提出了具体可行的方法。例如,若测评出课堂教学感悟型风格学生的指标值较低,教师可以多设置若何类、为何类的知识场景;若测评出课堂教学哲理型风格学生的指标值较低,可多设置是何类、为何类的知识场景;若测评出课堂教学现实型风格学生的指标值较低,可多设置是何类、如

何类的知识场景;若测评出课堂教学能动型风格学生的指标值较低,可多设置如何类、若何类的知识场景。

（二）精心创设学习情境,以期学生产生"惊奇"

根据大脑信息能最小法则,当学生的认知世界模型中出现"惊奇"时,学生按大脑本能会自然进行减少信息自由能的活动,这种自然式学习发生模式能让学生自然地主动开展学习,在教学中往往取得事半功倍的效果。虽然学生的内部世界认知模型无法直接观察,但教师通过学情研究可以推断出学生学习的基本规律,从而在课堂教学知识的引入环节中通过精心设计学习情境,仔细选择"知"的模式,以期在学生大脑中产生"惊奇",诱导自然式学习发生模式的产生。

（三）充分利用课堂互动,激发学生思考"四何"

课堂上,教师要充分利用师生、生生之间的互动,如通过"提问—再问—追问—讨论后再问—自主发问—现场反问"等多种"问、答、评"组合方式,引导学生思维互动和深度思考。从学习发生知行模型可知,教师可以从概念或场景出发,通过设计问题串的方式,引导学生多角度思考"四何"问题,尤其要深度挖掘事物背后的原因（为何）,或通过创设组织多种形式的试验或操作活动,开展丰富多彩的问题解决式思想模拟练习（如何）,推动学生积极开展有效学习。

（四）根据 4 类学习方式,明确能力培养指向

知行模型涉及两个知行两大方面,"知"代表信息输入概念空间或场景现象空间,"行"代表思想练习或内化建构。图 2-3-2 中,提出了 4 类学习方式,"是何"类语言引导学生完成信息输入概念空间,"若何"类语言引导学生完成信息输入场景现象空间,"如何"类语言引导学生进行思想练习,"为何"类语言引导学生进行原因探索进而内化建构。学生要清晰理解教师的"四何"问题与 4 类学习的能力指向。"为何"类语言可促进学生更新内部世界的认知模型,培养学生的反思批判能力;"如何"类语言可促进学生开展心理练习,培养学生程序类思维能力;"是何"类语言可以明确引导学生进行概念输入,培养学生的抽象思维能力;"若何"类语言则将学生带入场景体验,可引发学生的创新思维。这四类语言的应用可以明确快速地启动学生的大脑认知活动,对提升教学效果和效

率都有巨大帮助。

（五）按照认识发展规律，促进学习螺旋式上升

根据学习发生知行模型，教师在考虑教学顺序时，若将课堂上教学活动的组织流程与学习发生方式①至④的循环上升轨道相匹配，并长期开展课堂教学，可以促进学生认知能力沿着最佳路径发展。首先，教师围绕一个主题开展教学时，安排实现场景—内化建构的学习发生，通过设计具体场景，引导学生探索背后的原因；其次，在场景—内化建构完成的基础上，提出概念或引入新概念，从抽象层面引导学生深化理解原因；再次，从概念出发，引导学生开展概念应用的思维或实际练习；最后，再设计更多、更丰富的场景，引导学生进行思维练习，促进知识迁移和巩固。在学习发生的循环中，一些新问题必然会产生，再依上述次序，开展新的循环。通过螺旋式教学，使整个教学主题的学习得以充分开展。

第四节　课堂"六化"环节模式

课堂教学是否有相对稳定的过程环节？什么样的教学环节能比较好地实现有效教学？带着这样的问题，华东师范大学课程研究所的一些研究人员，深入呼和浩特、沈阳、合肥、宁波、苏州、广东顺德、河南潢川、贵州习水等地的中小学，开展课堂观察，研究 200 多堂教学实录，与一线教师交流研讨。在总结归纳的基础上，借助相关理论的支撑，提出了一般课堂的"六化"环节模式。他们认为，课堂"六化"环节模式浓缩了教师的智慧，彰显了教师的基本功。课堂过程千变万化，但逃不脱"六化"环节模式。课堂教学转型，离不开基本范型。这一模式既有实践研究的投入，又有若干基础理论的支撑。因此，经过提炼符合教学实际与规律的"六化"环节模式，已经具有升华为教学理论的重要价值。

一、课堂教学"六化"环节模式图的解读

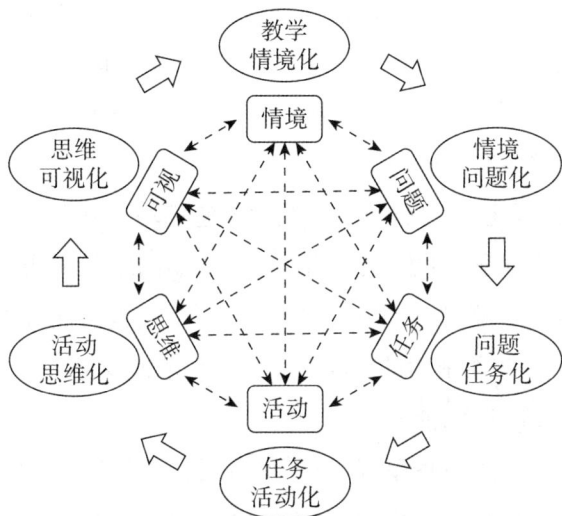

图 2-4-1 课堂教学"六化"环节模式图

图 2-4-1 所示的"六化"不是一个凝固的模式,而是教学元素的灵动组合。

(一) 教学环节及其意义

教学环节是指教学活动中连锁式结构的诸组成部分。不少教育研究者从不同的研究维度出发,总结出各自的教学环节。例如,有的提出五环节:组织教学、检查复习、学习新教材、巩固新教材、布置课外作业。有的提出六环节:创设情境、提出问题、自主探究、合作交流、总结反思、应用迁移。有的提出七环节:引起求知欲、感知教材、理解教材、巩固知识、运用知识、检查知识与技能、总结。

重视教学环节的设计与实施有以下意义:

1. 有利于优化教学结构

教学过程中各组成部分之间前后有机衔接,可以形成一堂课的整体性结构。环节是结构的基础,结构是环节的整合。如果一堂课出现了环节缺失与环节错位的问题,就会产生结构性问题,或者课堂松散,或者流程不畅。这样对教学目标的实现是不利的。而有了教学环节的规约,教学就不容易出现大的偏差。

2. 有利于丰富教学细节

教学过程是由一个环一个环组成的,从某种意义上讲,环节就是细节。细节是具体的,是可以被观察、被描述、被复制的。例如,引入新课可以包含丰富的内涵,可以采取多种方式和方法。如果每个教学环节预设科学合理,细节考虑丰富周到,操作性强,课堂教学就会环环相扣、节节攀升。

3. 有利于凸显各自优势

每个环节之所以被关注、被预设,是因为它们均具有自己的独特作用。例如,创设情境、提出问题、自主探究、合作交流、总结反思、应用迁移等环节都有教育教学的功能,对培养学生都至关重要,各环节实施的优劣强弱直接关乎学生学习行为的发生、思维能力的培养以及核心素养的形成。

(二)"六化"环节模式的一般应用

如图 2-4-1 所示,外圈呈现的 6 个大圆是课堂教学的六个环节,从教学情境化开始,依次是:情境问题化、问题任务化、任务活动化、活动思维化、思维可视化等环节。这六个环节都是从"转化"的角度提出的,因此说每个环节也是一个"小过程"。每个圆(环节)之间的粗箭头代表了转化过程中的过渡,体现了一定的环环相扣的特征。尽管具体的一堂课中不一定"六化"齐全,也有可能顺序也不尽相同,但从对大多数课堂分析来看,一般性课堂都具有或蕴含"六化"教学环节。如果我们对一堂课做认真分析,大凡评价尚可的课堂都可以依稀可辨"六化"环节的存在。

【案例 2-4-1】

"任意角"教学中的教学环节[①]

教材分析:

这是一节高中数学课,所用教材为《普通高中课程标准实验教科书·数学(必修 4)》(苏教版),第 1 章三角函数第 1 节是整个高中三角函数的起始课。任意角是对初中角概念的推广,也是二维角的最终推广,它是建立三角函数概念

---

① 孙四周.现象教学视角下的任意角教学实录与反思[J].中学数学月刊,2021(2):7-10.

的基础。

若从知识教学角度看,任意角在整个教材体系中不是重点内容(因而极容易被学生轻视)。但是,从学科素养培养角度看,"任意角"在两个方面体现数学素养:一是知识推广的原则(必要性和可行性);二是现实问题数学化(数学抽象和数学建模)。三角函数是用来描述周期现象的,而任意角在坐标系内的表示就已经清晰地体现为周期现象。说到底,正因为角本身的周期性,才有了三角函数的周期性。基于这样的分析,本节课有其特有的教育价值。

教学目标:(1)认识角推广的必要性和可行性,理解任意角的概念,会把角表示在坐标系中;(2)给定任意的度数,会判断角终边的位置;(3)给定角终边的位置,能写出角度数的集合。

教学重点:角概念的推广和在坐标系内的表示。

教学难点:同终边的角的集合。

学情分析:学生数学基础较好。习惯于情境教学,能配合教师进行活动,但主动探究能力、创新能力稍欠缺。

教学过程:

教师播放体操比赛视频。

师:在观看体操和跳水比赛时,我们会听到一些解说词,如"转体7200""转体两周半"……

学生认真观看,并听教师对视频的提示语。

教师讲话慢下来,并有停顿,给学生留出想象的时间。多数学生会边想象边用手比画。

师:"转体两周半"是多少度?

教师鼓励他们"精确比画"。

生(借助精确的比划,利用"周角等于360°"进行计算):得900°。

(以上是"情境问题化"的环节。)

师:你能在纸上画出900°角吗?

生(有点不安):画不出。

师:画不出这个角,没关系,我们从能画出的角入手,现在我们画下面几个角:60°,90°,135°,

上课开始便进入"教学情境化"环节。学生从感兴趣的体育比赛场面迅速进入学习主题。

"情境问题化",教师引导学生在情境感知的基础上,提出问题,并让学生尝试解决数学问题。

这里已进入"问题任务化"环节,教师不失时机地将问题转为任务,对学生提出画

180°,210°。

画前面4个角时,学生很得意,情绪高涨,迅速进入学习状态,而在遇上210°的瞬间,一切都变了。

生:什么?210°?啥意思?从来没听说过啊!

师:是的,是要你们画210°的角。请大家先不要相互议论,自己独立完成。画完后,小组内交流。

教师走到学生中间,经过5分钟巡视,请两位学生上黑板演示,后请学生相互评论。

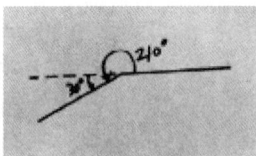 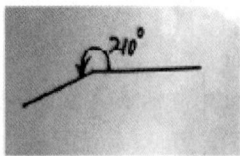

图 2-4-1　　　　　　图 2-4-2

生:画得都是对的。相比之下,图2-4-1画得更清楚,它表明在180°的基础上增加了一个30°的角,所以那条角边从原来虚线的位置转到了现在的实线位置。

师:完全正确,数学家就是这样画的。我们从来没见过210°角,现在能画出来了,是怎样想到的呢?(问画图2-4-2的学生。)

生:说不出理由,凭感觉。

师:我们凭的是直觉,直觉是非常宝贵的,它是一切创造力的源泉。那么,你能画出270°角吗?

生:太容易,随手就能画出来。

师:350°呢?(也容易。)390°呢?(超出360°,再次陷入纠结。)

此时还没有给出"任意角"的定义。在没有定义的情况下,学生能画出390°角吗?事实是:在稍微纠结后他们真的画了出来,其难度比画210°角时小

900°角的任务要求,让他们动起来。鉴于学生可能有一定困难,教师降低了任务的难度。

教师强调完成任务的不可动摇性。同时,让大家自主完成任务、小组交流,任务开始向活动转化。

让学生上来展示自己的画法,并进行生生互评,这些都是学习活动的形式。

生生互评体现了学生成为评价活动的主体。可以让更多的学生参与评价。

这里是师生的一连串对话。对话是师生交流与互动的活动方式。

多了。）

师：还能画更大的角吗？比如750°角。

生：能（手在转圈，比划出750°角，已经没有纠结了）。

师：可以画出多大度数的角？

生：几千度、几万度都可以。

师：角的度数可以是什么范围？

生：从零到无穷大。

至此，"角"在他们眼里已经没有限制了。"没有限制的角"和"任意角"，差的似乎仅仅是一个名词而已。但是，不能认为学生的认知已经形成，他们目前还处在直觉阶段，还需要严格的定义。

师：确实如此，从零到无穷大任意度数的角都可以画出来。现在，我们试试画900°角。

师：回过头来看我们画的210°角，为什么你不说它是150°（即图2-4-1和图2-4-2中210°"旁边"的那部分）？

生：因为有了那个箭头。如没有那个箭头，就不好说了。

师：有道理，不能丢掉箭头。可是，我们忙活了半天，究竟什么是角呢？角的定义是什么？

生：从同一顶点出发的两条射线构成的图形。（只能回顾初中的定义。）

师：这个定义能描述我们刚才画的210°和390°角吗？

生：不能，这个定义不能区分210°和150°角，也不能区分390°和30°角。

师：我们把角的范围推广到任意正数，大大突破了原来角的范围，这样原来的定义也不再适用，看样

这时，"活动的思维化"开始了。教师在教与学的活动过程中，加强思维的力度，努力实现从直觉感受走向意义抽象。

子应当改写。怎样改写呢？

学生尝试……

师生：一条射线绕它的端点旋转所形成的图形称为角。起始位置的射线称为始边，终止位置的射线称为终边（板书）。

师：这个定义，能包容所有的角吗？比如很大的角，十万度角。

生：可以。因为终边可以无限制旋转下去，因此角的度数没有限制。

师：那么，新的定义还包含原来的角吗？推广必须把原来的概念保留。

生：原来的锐角、直角、钝角都还在。也可以认为是旋转得到的，就是旋转不超过180°。

师：好的，一是继续描述原来的现象；二是描述更多的新现象。这是数学推广的两条原则。问题是，我们把角推广到任意大的度数，有意义吗？生活中有那么大的角吗？

生：有。直升机机翼的旋转，还有大风车、风力发电机……

师：早上骑自行车来上学的学生，说一说，你的自行车辐条转了多少度？

生：……

师：确实如此。下面请大家再来画一个角。听好：—30°。

生："负30°"？什么叫"负30°"？

师：你感觉呢？—30米，你知道吗？

生：嗯，负数是对相反意义的量的描述。一定有两个相反的方向，规定一个方向为正，另一个方向则为负。（教师耐心引导，让学生动手、动脑。）

让学生改写定义，是一个尝试性活动。它有利于促进学生思维。但是，这里没有明确每人都要写出来的要求。师生共同发声可能会降低思维的效度。

教师要求从生活角度思考数学问题，这种做法非常好。

学生的发散性思维，体现了回归生活实际，回归对世界的认识，也为新知识增加了一个"锚点"。

教师进一步提出"负角度"的问题，引导学生深入思考。

师：如果对问题看不清楚，我们就应回到角的定义。角是因旋转而形成的图形，旋转的方向只有两个……

师生：一个是顺时针方向，另一个是逆时针方向，正好是互为相反的两个方向。

师：那么，规定哪一个为正方向，哪一个为负方向呢？

生（好像没有标准可依）：……

师：逆时针方向和顺时针方向，规定哪个为正，哪个为负，决定权在我们自己手里。

生：……

师：国际上通行的规定是：逆时针方向为正，顺时针方向为负。也就是说，这个（比画逆时针箭头）是正；这个（比画顺时针箭头）是负。（学生跟随比画正负角。）

师：这样，$-30°$角不就可以画了吗？

学生画$-30°$角。

师：再画一个$-150°$，$-400°$角。

学生画角。

师：负角的度数可以画到多少度？

生：可以画到$-\infty$。

师：到目前为止，角的度数是什么范围？

生：从$-\infty$到$+\infty$。

（其实还缺少零度角。）

师：确定吗？

学生思考……

师：在上面过程中，角的度数可以取所有正数，也可以取所有负数。那么……

生：还少一个零度角。

思维是内在的大脑活动的产物，如果不外显，教师就难以辨别学生是否掌握了所学的知识。因此，为了检验学生对负角度的认识，让他们相继画出$-30°$，$-150°$，$-400°$的角，是很有必要的。这就是"思维可视化"环节要做的事。

教师注意培养学生思维的严谨性。

师:对,现在还没有零度角。你希望有吗?如果有,它该是什么样子的呢?

学生画图,思考……

师(提示):还是从定义开始吧。

师生:如果射线没有经过任何旋转,我们就把它看成零度角(板书)。这是人为规定。

师:如此说来,角的度数可以是任意实数,包括正数、零、负数。每一个角都有一个度数,每一个度数都可以画出一个角。

(至此,已经建立"任意角"的概念。)

师:太好了,我们可以有任意大小的角。现在,请画一个100000°(十万度)的角。

学生开始时兴致很高,以为一定能画好,可动手后才知道很难:要转的圈数太多了……

师:我们先预估一下,画出来的结果应是图2-4-3中的哪一个选项?

教师再一次要求学生动手绘图,力图将学生真实的思维状况可视化。

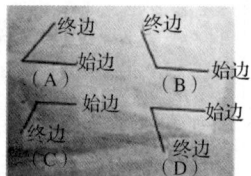 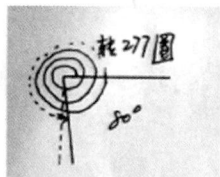

图2-4-3　　　　图2-4-4

(说明:图2-4-3不是精确作图,只画了始边和终边,为了把学生注意力引导到终边上,而忽略中间转过的圈数。如果学生能体会到"可以扔掉360°",那就抽象成功了;如果不能领会,这种图形也可以帮助教师讲解。图2-4-3中图形是抽象的,图2-4-4中图形才是具体的。)

思维可视化,还应体现在表达上面,如果该题的选项及理由让学生来说,则更有利于知识的巩固与能力的培养。

师:画始边和终边,我们可以……(齐)忽略360°。不管多少个360°,都不影响终边位置。因此我们应做什么呢？

　　学生活动……

　　师：$100000°＝277×360°＋280°$，相当于……（齐）：转过277圈后继续转280°，于是100000°的终边和280°的终边相同，因此是图2-4-3中的选项D。

　　师：为了便于研究和交流，以后我们常以角的顶点为坐标原点，角的始边为横轴的正半轴，建立直角坐标系。这样，角的终边（除顶点外）在第几象限，就说这个角是第几象限角。

　　反馈性练习：（略）

　　反馈性练习也是"思维可视化"的一种手段，便于教师对学习结果的评价与对教学的自我反思。

　　以上这堂课很明显地反映了教学过程中的"六化"环节。当然，要指出的是，"六化"环节的呈现不是一次性过程。有时会呈现出多次循环过程，如一节课有两个命题，往往会出现两次"六化"环节的递进过程。有时遇到一个困难知识点，在教学过程中也有可能出现两次及以上"六化"环节螺旋式上升的情形。

　　（三）"六化"环节模式的灵动组合

　　教学情境化—情境问题化—问题任务化—任务活动化—活动思维化—思维可视化，是一个理想模式。然而，"六化"环节模式并不是一成不变的凝固程式，它可以是教学元素的灵动组合与变通转化。图式中的内圈与连线可以说明模式的灵活性与多变性。为呈现这种灵活性，"六化"环节模式图的内圈与外圈的含义是不同的，外圈的每个环节本身是一个微"过程"，箭头代表一个过程到另一个过程的转换，内圈每个小框则是教学元素，它们之间的虚线箭头表示的是"转化"（而不是转换）。在每节具体的课堂上，教学过程的环节是变化多端的，也是难以预设与控制的。例如，有的课一开始就下达某一个尝试性任务，走的是教学任务化路径；通过任务的完成从中发现问题，走的是任务问题化路径；针对问题教师播放视频提供示例，走的是问题情境化路径；在情境的启发下，教师引导大家思考问题及原因，走的是情境思维化路径；在思维的同时开展小组讨论、互帮互助、修改作品等活动，走的是情境活动化路径；作品完成后进行展示与评价，走的是活动可视化路径。路径无论怎么走，教师要有教学环节的意识,否则就会出现缺环与失节的情况,从而导致课堂出现结构性大问题。

二、"六化"环节模式的课程改革背景与基础理论依据

"六化"环节模式的提出不是凭空想象。它是顺应我国课程改革的要求提出的,同时也符合中外许多先进教育理念的基本内涵。

1. 顺应我国课程改革提出的基本要求

相对于以往很多学者提出的教学环节,"六化"环节模式以全新的面貌呈现,具有创新意义。其实,这种创新源自我国课程方案与各科课程标准(下称:课程文本)提出的基本要求。

(1)情境创设。"课程内容情境化"[1]"注重真实情境的创设"[2]几乎是各种课程文本提出的共同要求。情境创设要与生活关联,与社会、经济、文化关联,激发学生的学习兴趣与求知欲望,为学科学习与跨学科学习提供丰富的内容素材,并开宽学生的视野,激活他们的思维过程。因此,将"情境化"列入教学环节是很有必要的。

(2)问题导向。"注重培养分析问题、解决问题的能力"[3]"提高学生综合运用知识解决实际问题的能力"[4]是各种课程文本都提到的课程目标。一般来说,学习始于问题,有了问题,学习就会有目标与动力;学习指向问题,即学习也是为了分析问题与解决问题。突出问题意识是课程改革中的亮点,理所当然要将"问题化"作为重要环节提出来。

(3)任务驱动。"任务"是课程文本中出现频次较高的一个词,尤其是语文学科的高中课标与义务教育课标中分别出现了 15 次和 19 次,还都提到了"任务群"的概念。学习任务是学生必须履行的职责,它是学习动机产生的外部来源,又是自身完成学习目标的重要手段。通俗地讲,教学要有"干活"的意识,也

---

[1] 中华人民共和国教育部.普通高中课程方案(2017 年版 2020 年修订)[S].北京:人民教育出版社,2020:4.

[2] 中华人民共和国教育部.义务教育课程方案(2022 年版)[S].北京:北京师范大学出版社,2022:14.

[3] 中华人民共和国教育部.普通高中课程方案(2017 年版 2020 年修订)[S].北京:人民教育出版社,2020:8.

[4] 中华人民共和国教育部.普通高中课程方案(2017 年版 2020 年修订)[S].北京:人民教育出版社,2020:5.

就是这堂课中学生是否干活,如果一堂课上下来,学生没有明确的学习任务,光听,没有干活,其知识与技能的学习就难以落地。因此,"任务化"环节是检验一堂课是否扎实的重要指标之一。

(4)活动组织。"强化学科实践""引导学生参与学科探究活动,经历发现问题、解决问题、建构知识、运用知识的过程"①"倡导'做中学''用中学''创中学'"②。各科课程标准十分强调要"精心创设学习活动"③"创设多样化的学习活动"④。高中语文、英语学科的课标分别有 40 处和 65 处出现"活动"字样,可见"活动化"列入教学环节的重要性。

(5)思维激活。在高中课标中,大部分学科的核心素养都强调"思维",如英语学科中的"思维品质",语文学科中的"思维发展与提升",数学学科中的"数学抽象""直观想象""逻辑推理",地理学科中的"综合思维",物理与生物学科中的"科学思维",信息技术学科中的"计算思维",通用技术学科中的"工程思维"等。"形成良好的思维习惯"⑤"强化学生的思维训练"⑥是课程改革对优化教学环节、提升课堂品位提出的基本要求。

(6)证据评价。义务教育课程方案提出⑦,要"倡导基于证据的评价""关注典型行为表现,推进表现性评价""捕捉学生有价值的表现"。新课程提倡的新评价理念,强调在证据基础上进行发展性评价,因而要促进思维可视化,既要引导自我反思,又要鼓励成果分享。显然,"可视化"是一个重要的教学环节。

---

① 中华人民共和国教育部.义务教育课程方案(2022 年版)[S].北京:北京师范大学出版社,2022:14.

② 中华人民共和国教育部.义务教育课程方案(2022 年版)[S].北京:北京师范大学出版社,2022:5.

③ 中华人民共和国教育部.普通高中英语课程方案(2017 年版 2020 年修订)[S].北京:人民教育出版社,2020:8.

④ 中华人民共和国教育部.普通高中语文课程方案(2017 年版 2020 年修订)[S].北京:人民教育出版社,2020:24.

⑤ 中华人民共和国教育部.义务教育课程方案(2022 年版)[S].北京:北京师范大学出版社,2022:14.

⑥ 中华人民共和国教育部.普通高中地理课程方案(2017 年版 2020 年修订)[S].北京:人民教育出版社,2020:31.

⑦ 中华人民共和国教育部.义务教育课程方案(2022 年版)[S].北京:北京师范大学出版社,2022:15.

2. 具有相关教育理论的学术支撑

在"六化"环节模式的形成与成熟过程中,它汲取了众多先进理论的丰富营养。

(1) "情境教学"理论

关于"情境"的由来。在国内外教育史上,重视情境的陶冶由来已久。18世纪法国教育家卢梭曾在《爱弥儿》一书中提到情境教学的形式。一千多年以前,我国文学理论家刘勰撰写的《文心雕龙》中就有关于"情境"的论述:"情以物迁,辞以情发。"清代学者王国维在他的名著《人间词话》中说:"境,非独景物也。喜怒哀乐,亦人心中一境界。"当代教育家叶圣陶先生说:"作者胸有境,入境始与亲。"意即读者假如进入作品所描绘的情境,对作品中刻画的人物、抒发的情感和阐述的道理,就能自然而然地产生一种亲切感。近年来,国内外教学中非常重视创设情境,利用情境改善教学过程,激发学生智慧,提高教学质量。苏联教育家赞科夫认为,"智力活动是在情境高涨的气氛中进行的""这种气氛会给教学带来好处,同时也有助于完成教育任务"。[1]

关于"情境教学"的价值。①从学习功能认识"情境"。一是认知功能,知识的有效获取和内化,离不开学习情境的支持。Brown等人指出:学习和思维都是基于情境的,它们不能孤立地"镶嵌"在个体的大脑中,而是通过情境中的文化活动或工具发生在人类的大脑中。知识必须在真实情境中呈现,在包含知识的真实场景和问题解决中呈现,才能激发学生真正的认知需要。二是情感功能,一个真实或拟真的教学情境可以为课堂教学提供一个良好的情绪背景,激发学生的情感共鸣,提高学习兴趣,提供交流合作空间。情境在学习内容与社会文化历史背景间建立起联系,反映出知识在真实世界的应用,有助于激发学生的认同感,为深入理解和经验互动创造机会。同时,它还有利于健康情感与审美情趣的发展。②从大脑机理认识"情境"。脑科学研究表明,人的大脑功能,左右半球既有分工又有合作,大脑左半球掌管逻辑、理性和分析等抽象思维,包括言语的活动;大脑右半球负责直觉、创造力和想象力,包括情感的活动。传统教学中,无论是教师的分析讲解,还是学生的单项练习,以至于机械背诵,

---

[1] 王荣良,高淑印.信息技术课堂教学案例发展点评[M].北京:教育科学出版社,2011:169.

所调动的主要是大脑左半球的活动(有逻辑性,但无感情)。情境教学则是让学生先感受后用语言表达,或一边感受,一边促进内部语言的积极活动。感受时,掌管形象思维的大脑右半球兴奋;表达时,掌管抽象思维的大脑左半球兴奋。这样,大脑两半球交替兴奋或同时兴奋,协同工作,大大挖掘了大脑的潜在能量,学生可以在轻松愉快的气氛中学习。因此,情境教学可以获得比传统教学明显良好的教学效果。① ③从认知理论认识"情境"。奥苏贝尔意义学习理论认为,机械学习方式获得的是零散的、孤立的、静止的知识信息片段,这样的学习方式对提高学习者的学习能力意义不大,而情境有利于将外界新输入的知识信息与学习者原有认知结构之间建立联系,并内化为原有认知结构的组成部分,进而形成新的认知结构。

关于"情境教学"的分类。李吉林认为,"情境"实际上是在教学中教师根据教学内容与学生共创的一种能激起学生情绪的学习场景。它至少包括五个层面:第一层面,实物情境,即学生能直接看到、听到、接触到的情境。例如,带学生到大自然中去观察,现场参观,课堂上的实物演示等。第二层面,记忆情境,即学生在学习时,通过回忆来重现日常生活中所经历过的情境。第三层面,模拟情境,是指真实情境的模拟性形象,如图片、幻灯、电影及学生的扮演等。第四层面,语言情境。在教师形象化的语言作用下,学生通过对言语的物质形式的感知及通过语义思维、记忆和想象而进入特定的情境。第五层面,想象情境,是学生依靠对已有的表象进行组合而进入某种情境。这一层面的活动必须建立在前面四个层面活动的基础上,除了这五个层面外,"情境"还包含社会性情境这一层面,即课堂心理气氛。②

(2)"问题教学"理论

苏联教科院院士 M·Ⅱ·马赫穆托夫,创立了"问题教学"理论。

关于问题的提出与问题的解决。他认为,问题的提出,可以分为三个阶段:①分析问题情境;②"看出"问题的实质;③用语言概述问题。分析问题情境是独立理解活动的第一个阶段。仅仅因为详细分析了问题情境,明确区分了已知

---

① 王荣良,高淑印.信息技术课堂教学案例发展点评[M].北京:教育科学出版社,2011:170.

② 朱作仁.朱作仁学科教学研究文存 文集之二[M].福州:福建教育出版社,1993:135.

成分与未知成分,才"看出"问题所在,才在学生的头脑里产生问题,并继而用语言概述问题。关于问题的解决,他认为,由若干阶段或环节构成:①拟订问题的解决计划;②提出推测并论证假想;③证明假想;④检验问题的解决结果;⑤重温和分析解决过程。

关于"问题教学"的实施。针对问题教学,马赫穆托夫开列了如下五种既适用于问题教学又符合发展性教学的方法:①独白式为主,教师独白讲解并适当提问,吸引学生围绕提问展开讨论,学生有一定被动性。②示范式为主,学生跟随教师的阐述进程主要通过仿效示范来掌握科学探索的范例以达到问题分析的目的。这其中有独立活动成分,但不充分。③对话式为主,教师在阐述教材时与学生进行对话,以吸引学生概述问题并探索其解决途径,最后共同得出结论和"发现"定律、规则等。在此场合下,学生积极参与分析、概括及作出结论。以上三个方法中,教师的阐述、讲解都占主要地位,学生独立活动的比重随着独白式向对话式升迁而增大。并且这里的对话式犹如一个阶梯,由它升入以下更高层次的、组织问题式学习的方法。这就是:④启发式为主,教师布置问题性任务、作业或提问,在富有启发性的谈话、讨论、实验进程中由学生独立完成对问题的分析。新定律、新规则等的"发现",是在教师启发、协助、指导下由学生自己实现的。⑤研究式为主,由教师使用具有高度问题性的、理论型或实践型的研究性作业体系来组织的教学过程。研究性探索不同于启发性探索的地方是:研究性作业(工作)有别于一般理解性任务,前者要求从事完整系列的独立学习活动,即从收集信息到对它作出分析,从独立提出问题到对它作出解答,并检验答案和在实践中使用新知识,都由学生自主完成。以上五种方法中,前三种多用于人文科目和低年级,后两种多用于理科和高年级。

(3)"任务驱动"理论

关于"任务驱动"的定义。"任务驱动"是指学生通过自主学习和相互合作来完成教师布置的任务,建构真正属于自己的知识与技能。其中的任务,既蕴含学生应掌握的知识与技能,也蕴含学生应获得的能力训练。学生完成学习任务的过程是一个不断提出问题、解决问题、建构知识的过程。任务驱动式教学是基于建构主义学习理论,运用现代教育技术,以激发和培养学生学习兴趣为目的的素质教育模式。

关于"任务驱动"的方法与步骤。① ①明确教学任务,激发学习兴趣。"任务驱动"的第一个环节是设计任务,其任务体现教学目的。但是,教学目的不是简单地提出应如何做,而是以任务实例的方式展现出来。课前任务实例的精心设计是教学设计的关键。因此,任务的设置应更多地考虑学生的心智发展水平和不同年龄阶段的知识经验和生活中的情感需求。②自选任务主题,注重个性发展。"任务驱动"的第二个环节是自选任务主题,每个学生根据各自的特长和兴趣,将任务具体化、个性化。例如,学生受教师布置的"制作贺卡"的任务实例启发,各显其能,迫不及待地构思、设计具有自己特色的贺卡,积极主动地为制作自己的贺卡上网或通过其他方式收集素材,且饶有兴趣地相互交流,任务的驱动作用得以体现。③提倡交流合作,发挥互动功能。任务驱动中的"动"既是指学生自己的主动也包含着与他人(师、生)之间的互动。首先,在教学过程中,教师要及时转变观念,贯彻任务驱动式教学法,尽量避免教学中的面面俱到。因为给学生留出发挥创造的空间,也是教学中的一种残缺美。潜移默化地培养学生的创新意识、创新思维和探索精神,有利于他们今后的终身学习。教师给学生指导要对学生的学习提出要求,提供探究方法的指导,使学生少走弯路,这样才能保证学生自主学习有序进行。其次,教师不能总是以师长的身份出现在学生面前,要学会与学生平等相处,互相学习,互相交流。让知识与技能掌握较好的学生做小老师,在需要的时候由他们去帮助那些学习上遇到问题的学生。这种互动往往通过演示、分组讨论和交流资料等方式进行。这样做不但减轻了教师的辅导量,同时也增强了学生之间的相互帮助与合作。④共享学习成果,注重教学评价。评价是实施任务驱动的关键之一,也是实施任务驱动的重要环节。积极的评价机制有利于激发学生学习的热情,保持浓厚的学习兴趣,对学生的后续学习产生强大的动力,这在任务驱动式教学中尤其重要。评价主要是通过学生展示自己的学习成果,如多媒体演示文稿,然后在教师的指导下设计评价量规,根据评价量规对学习效果进行自评和互评,以达到共享成果、分享快乐、相互促进、共同提高的目的。

关于"任务驱动"的实施原则。其原则主要是:①任务的明确性。任务

---

① 徐明成.建构主义理论指导下的"任务驱动式"教学[J].郑州航空工业管理学院学报(社会科学版),2004(05):75-76.

设置的关键是要具体、明确。从思维角度讲，可以是记忆性任务、理解性任务或应用性任务；从学习形式角度讲，可以是听说读写、计算、操作、实验或小组讨论；从任务容量角度讲，可以是比较单一的，也可能是几个任务综合起来的；从任务的作用角度讲，可以是重点，也可是作为下一个任务的基础与铺垫。① ②任务的发展性。任务驱动理论认为，通过任务驱动学习的过程，可以促进学生的认知发展，有利于帮助学生养成主动学习的习惯。为了提高学生的自我求知愿望，必须给学生提供一个获得成就感的时间和机会，让其在这个过程中形成一种良性循环，从而培养学生形成积极向上的学习态度。② 任务驱动最大优点之一是尽可能多地消除学生学习的盲目性，在其运用中极大地提高学生的学习效率。③ 对学生来说，一旦任务能体现个性需求、激发探究兴趣、强化活动动机，就会积极参与学习过程，不断提升学习质量，从而使"任务"驱动"发展"。③任务的挑战性。中学生的特点是喜欢寻求挑战、充满好奇心。同时，大脑也喜欢有一定程度的挑战。没有挑战，我们就会回复到惯常的程序和原有的环境中，而使很大一部分脑力处于休眠状态。④ 相反，有了挑战，大脑就会兴奋起来。为提高学习成绩和开发大脑潜能，学生必须主动寻求挑战。因此，设计一些难度较大的任务，学习与应用一些跨学科、超范围的知识，是很有必要的。④任务的新颖性。"中学生的头脑总是自然而然地寻找充满新奇性的刺激。所以，可以用好奇和新颖来保持其注意和兴趣。""中学生可以经常接受新观点、新知识、新事物。"⑤根据中学生的年龄特征与心理倾向，应该关注任务的新颖性，综合运用新视角、新形式、新提法、新内容等元素，尽可能使任务变得新奇与新颖。⑤任务的分解性。有时任务太大，学生会感到力不从心，而"巧妙地分解学习任务能提升教学效果"⑥，学生就容易上手，就会增强一

---

① 张洪庭,顾晓东.回归童本的顺学课堂研究与实践[M].苏州:苏州大学出版社,2017:73.

② 席瑶.基于任务驱动教学法的大学英语教学模式改革初探[J].教育教学论坛,2018(50):183-184.

③ 顾丽英,沈理明.基于导学案的"任务驱动"化学教学实践[J].科教文汇(下旬刊),2012(09):136-138.

④ 何名申,李放.中学生全脑学习训练[M].北京:民主与建设出版社,2013:99.

⑤ 何名申,李放.中学生全脑学习训练[M].北京:民主与建设出版社,2013:99.

⑥ 张洪庭,顾晓东.回归童本的顺学课堂研究与实践[M].苏州:苏州大学出版社,2017:78-79.

种自信心与胜任感,最终克服困难完成任务。

(4)"活动教学"理论

关于"活动教学"的起源与发展。西方自然主义教育家建构了比较系统的活动教学思想。从其形成过程来看,活动教学思想发端于古希腊罗马,形成于卢梭(Jean Jacques Roussean,1712—1778),集大成者是杜威(John Dewey,1859—1952)。西方自然主义教育家倡导的活动教学思想是对传统教学思想的突破和超越,它使师生感到"从做中学(learning by doing)"的活动教学不是苦差使,而是令人愉快的事,不仅能愉悦学生的身心,还能改造学生的经验,建构学生的经验世界和心灵世界,促进学生的全面生长,包括身体、兴趣、习惯、情绪、道德和人格等。它改变了传统的教师讲、学生听的局面,彰显了以"活动"为特征的活动教学理念。尽管它不排除知识的学习,但这种知识的学习是通过学生自主探索、发现、操作、活动和体验来实现的。活动教学思想的提出,为西方教学理论的发展提供了崭新的视野,也为中国课堂转型提供了有益的借鉴。

关于"活动教学"的价值。其价值主要体现在:①活动教学可以使学生获取直接经验,促进学生认知的发展。②活动教学可以促进学生各种能力的发展。③活动教学可以促进学生情意的发展。④活动教学促进了儿童生命力的发展。[①]

关于"活动教学"的主要观点。活动教学理论认为:①活动教学过程是学生实践的过程。杜威认为,传统教学的显著特征是让学生在教室里静听教师授课,即"在听中学",把儿童充满活力的本能和充满生机的冲动排除在教学视野之外。任何材料,如果缺乏与儿童生活的关联,不是从先前在儿童生活中占据重要地位的事情中引出,就会流于贫乏,没有生命力。即使社会遗产的接受和继承也要从活动中去实现,因为"使儿童认识到他的社会遗产的唯一方法是使他去实践,使他从事那些使文明成其为文明的主要的典型的活动"。[②] 由此可见,学校科目相互联系的真正中心是儿童本身的社会活动,而不是诸如文学、历史、地理等科目。活动是教育方法的基石。儿童的天性是在"做中学"的活动中彰显出来的。活动教学要求设置活动课程,倡导主动作业。②活动教学过程是

---

① 刘黎明.论西方自然主义教育家活动教学理论的当代价值[J].教师教育学报,2017,4(01):16 - 26.

② 吕达,刘立德,邹海燕.杜威教育文集:第 1 卷[M].北京:人民教育出版社,2008:11.

学生经验世界动态生成与建构及自我整体性发展的过程。经验性是指活动教学要注重持续不断地改造经验,它是教育的基础,也是教育本质的体现。杜威给教育下的定义是:教育就是经验的改造或改组。这种改造或改组,既能增加经验的意义,又能提高指导后来经验进程的能力。没有经验,也就无所谓教育,杜威相信一切真正的教育都来自经验。"教育是在经验中由于经验和为着经验的一种发展过程。愈是明确地和真诚地坚持这种主张,对于教育是什么应有一些清楚的概念就愈加显得重要"。① 特别是在所有不确定的情况中,有一种永恒不变的东西可以作为我们的借鉴,即教育与个人经验之间的有机联系。此外,儿童人格的建构也离不开经验,经验是儿童人格建构的基础。只有当经验交互作用时,儿童才可能有完整的人格。③活动教学过程是激发学生兴趣、培养学生探究精神的过程。兴趣具有重要的教学价值,重视儿童的兴趣是杜威活动教学的根本特征。杜威指出,如果儿童没有一点学习兴趣却要其参与与之有关的活动,从心理学上说是不可能的。儿童天然兴趣的根基在于自发的冲动性活动。对儿童来说,活动教学蕴含其强烈的兴趣,而每一兴趣都源于其某种本能或基于一种原始本能的习惯。④活动教学过程是提升学生精神境界和彰显教学人文关怀的过程。杜威认为,活动教学不仅能使儿童获得经验和知识,而且能使儿童提升精神境界,获得心理上的安宁、满足和快乐。

(5)"深度学习"理论

关于"深度学习"的缘起。"深度学习"是1976年由美国著名学者 Ference Marton 提出的。同年,两位瑞典学者所著的《学习的本质区别:结果和过程》首次划分了"浅层学习"和"深层学习"。不久比格斯、富兰等学者,对此做了专门研究和深度讨论:富兰在比较"新旧教学论"后,提出包含"深度学习任务"的"新教学论核心要素"。

关于"深度学习"的界定。有学者认为,深度学习是以促进学生批判性思维和创新精神发展为目的的学习,它强调学习者积极主动的学习状态、举一反三的学习方法及学生高阶思维和复杂问题解决能力的提升。②

---

① 吕达,刘立德,邹海燕.杜威教育文集:第1卷[M].北京:人民教育出版社,2008:319.
② 宋勇.计算机基础教育课程改革与教学优化[M].北京:北京理工大学出版社,2019:144.

关于"深度学习"机制与功能。很多学者认为,深度学习是对原有知识的一种重构和整合,以及对新知识进一步分析的过程,是学习者通过对原有知识的重构和对新知识的进一步分析,达到对自己所学内容的充分理解,并在此基础上,积极灵活地运用自己所掌握的知识解决问题,最终实现个人知识内化的过程。学习者在进行深度学习的过程中,其大脑的思维活动较为活跃。因此,在深度学习阶段,学习者对自己所获得的知识与技能的学习、领悟以及运用等会更有效。深度学习理论与新时期课改所倡导的自主学习、合作学习、探究学习有高度一致性,引导学生开展知识的应用探索之旅,学生的学习动能就能被激发出来,兴趣也能坚持下去,一切困难也就变得轻松,变得自如,他们不再把学习知识、应用知识看作痛苦的事。这是在基于理解学习的基础上,学习者能批判地学习新思想和新事实,并将它们融入原有的认知结构中,能在众多思想之间进行联系,并能将已有的知识迁移到新的情境中,作出决策和解决问题的一种学习策略。总之,"深度学习能驱动学生积极思考,探究激活他的思维状态,层层深入、由表及里,引导课堂学习的走向和思维活动的深入"。[①] 可见,从某种意义上讲,深度学习就是深度思维的学习。

关于"深度学习"的特征。研究者概括的五个特征为:其一,"联想与结构:经验和知识的相互转化",这里的"联想"侧重于对"以往经验的唤醒"并"将其纳入当下的教学中",这里的"结构"就是通过教学使这些经验和新学的知识"提升、整合并结构化"。其二,"活动与体验:学生的学习机制",这是"深度学习"的核心特征。这里的"活动"是指以学生为主体的主动活动;"体验"是指学生在活动中生发的内心感受。其三,"本质与变式:对学习对象进行深度加工",这里涉及的是"如何处理学习内容(学习对象)才能把握知识的本质从而实现迁移"的问题。其四,"迁移和应用:在教学活动中模拟社会实践",即知识向学生个体经验转化的问题。其五,"价值与评价:'人'的成长的隐形要素",这里回答的是"教学的终极目的和意义",以及如何实现目标的"自觉化、明晰化",从而对学习形成评判的意识和能力。

关于"深度学习"的推进策略。综合许多研究的结论,主要有以下几条:其

---

① 谢国刚.小学音乐教学中学生创新能力的培养与实践[M].广州:世界图书出版广东有限公司,2019:66.

一,以单元设计为切入的策略。通过对单元目标、教材内容、教学策略与学习活动的统整,为深度学习做出架构。其二,学习过程中的思维外显策略。通过教师的连续追问与学生的质疑辩论、作品展示、自我分析等,实现学生的"思维外显"。其三,学习过程的深度互动策略。包括设计富有挑战性的学习任务、指导学生完成任务、组织学生研讨交流等,实现师生的深度互动。其四,合作教学的改进策略。深度学习的推进有赖于师生的配合与生生的协同。

三、"六化"环节模式对课堂转型的启示

(一) 要了解"六化"的丰富内涵

"六化"有着各自的丰富内涵,教师要了解它们。比如,活动有哪些类型?不同的活动有哪些不同的特点?"活动化"的教学如何设计?如何实施?"活动化"教学中要注意哪些问题?对此。教师都要进行认真学习与思考。

(二) 要发挥"六化"的育人价值

"六化"的每一个环节都有育人价值。"情境化"有助于促进认知与元认知的发展,培养健康的情感与审美情趣;"问题化"有助于培养问题意识与解决问题的能力;"任务化"有助于增强责任心与担当精神,养成克服困难的意志品质;"活动化"有助于培养实践能力与操作技能;"思维化"有助于培养学生的创造力;"可视化"有助于强化学生的获得感与自信心,形成自我反思的良好习惯。

(三) 要体现"六化"的整体效应

"六化"是相互关联的环节,不能厚此薄彼,更不能相互割裂。教师要通过"六化"的优化,彰显课堂教学的整体性效益。为此,我们要用系统思想,从单元设计入手,对"教—学—评"实现一体化设计。

(四) 要注意"六化"的随机应变

"六化"环节如何形成一个合理的闭环流程,应视学情及课堂氛围,及时作出调整。这就要求教师要具备一定的教育教学机智,也就是一种随机应变的智慧,根据课堂新的生成配置环节,改变流程。只要有教学环节的意识与协调力,一堂有效教学的课一定会呼之欲出。

第五节　教师行为改进理论

在论及课堂转型时,为何要提到教师行为改变的话题呢? 这是因为教师与课堂的关联十分紧密,相辅相成。课堂不变,教师不会变。教师不变,课堂也就根本不会变。关于教师行为改变的理论尚未成型,一般从教育、心理、社会、伦理、传播、管理、文化等视角展开分析。下面选择若干方面进行理论阐述。

一、心理学视角的课堂教学行为分析

教师的教学行为过程,始终伴随着心理过程,受到心理状态的影响与制约,同时也显示教师对心理学的理解与运用水平。从心理学角度研究教师行为的发生与特征,有利于从心理学角度纠正存在的教学问题,也有利于为教学实践提供心理学依据。

（一）心理学知识影响教学行为

在教学行为问题的背后,一般都存在某种背离心理学原理的原因。例如,有的教师讲课平平,不注意前后联系,也不注意挖掘引起学生认知冲突的元素。这和教师忽视认知心理学中的"认知结构"有一定关系。又如,有的课堂气氛过于宽松,有的课堂气氛过于压抑。心理学告诉我们:焦虑度过强和过弱都会对学习过程产生不利影响,从而使认知反应效果变差。

（二）教师心理状态影响教学行为

在平时的课堂中,教师的教学行为会反映当时的心理状态与情绪。比如,和同伴闹别扭或和领导闹意见,生学生的气,甚至家里的事都会影响教师的教学行为。在教师专业成长过程中,教师可能会产生多种心理感受,如对某些改革的抵触感、遇到困难的挫折感、取得成绩后的满足感、长期工作疲劳时可能产生的倦怠感。良好的心理感受能鼓舞与暗示有效的教学行为,而不良的心理感受会使教师产生低效的教学行为。

二、后现代课程观视角的课堂教学行为分析

阿瑟·柯伯斯(Arthur Combs)在研究教师观念时说,影响教育成败的关键因素也许莫过于教师自己相信的是什么。[①] 而这种"教师所相信的"就是教学观念。教学观念是教师在教学过程中所形成的对相关教育教学现象,特别是对自己的教学能力和所教学生的主体性认识,它直接影响教师的知觉、判断,进而影响教师的教学行为。[②] 作为一种认知理念,教学观念是教师课堂教学行为的内在根据和基础。

当前我国课程改革中很难克服的一个严重问题是一些教师的教学观念陈旧,拘泥于经验和传统,课堂教学行为往往是同一模式的不断重复。教师在教学过程中没有成就感和新奇感,对课堂教学感到乏味,表现为职业倦怠。在职业倦怠中进行教学是一种恶性循环,必须尽快消除。

后现代课程观提倡师生之间的平等与对话,强调课程目标的生成性和转变性,这些理念必然要求教师时刻关注课堂教学中的新问题、新挑战,对自己的教学行为进行审视、反思和修正,突破传统的、陈旧的观念和行为,进行探索和创新,同时在实践中运用和尝试。

无论是后现代课程观还是我们的新课堂改革,都提倡师生之间的交往和对话,师生互动需要一个自由、宽松和安全的环境。否则,教师和学生都会产生防御心理,害怕与对方进行深层次的交流,即教师担心自己丧失管理过程中的权威,学生担心挑战教师的权威和尊严后会遭到冷遇。为此,教师必须时刻关注对课堂教学行为过分的管理,会对对话课堂产生干扰。

三、社会学视角的课堂教学行为分析

英国学者扬(M. F. D. Young 1971)从课堂社会学的角度,探讨课堂教学中的教师角色、教师领导行为与师生互动等问题。这些探讨对开阔研究思路提供了新的思考方向。从教师的权力角度看,其权力是社会赋予的,每个教师被赋

---

① 左银舫,陈琦.中小学教师知识观、学习观、教学观的初步研究[J].北京教育学院学报,1998(4):45-46.

② 辛涛,申继亮.论教师的教育观念[J].北京师范大学学报(社科版),1999(1):35-36.

予的权力是相同的,而不同教师其权力对学生的影响是不同的,因为教师的权力影响力还取决于教师自身的诸多因素。[①]

(一) 教师的角色

教师是一个社会职业,但不同的教师对这一社会角色的认识是大相径庭的,对社会角色认同的差异会直接导致教学行为的差异。

1. 教师角色的团体规范与个体情意的冲突

教学实践表明,教师的行为在很大程度上受制于角色的团体规范与个体情意的冲突。比如,一位教师在课堂上引经据典,努力拓宽学生的学习视野,引导学生学得活,但是他经常受到学校"应试要求"的约束,从而不得不加强"高考辅导者"角色的意识,提高"题海战术"的力度。因此,研究如何创设一个有利于强化良好团体规范与个人情意的外部环境是非常有意义的课题。

2. 教师的多种角色之间的冲突

教师的角色认同、角色暗示不是唯一的,往往有多种角色意识对其教学行为产生影响。国内柳夕浪教授认为,教师在课堂这一特定的社会环境中,至少必须扮演好两个基本角色:一是信息交流者;二是活动组织者。[②] 教师对角色的理解是多元的,如知识、原理、技巧的传授者,校本课程的开发者,培养智能的辅导者,学科教学中的思想教育者,课堂秩序的管理者,学生人格的示范者等。但是,作为教师,尤其是青年教师,要同时扮演好几个"角色"是一件困难的事,需要一个磨炼的过程。

3. 教师角色需求与个人潜能不符的冲突

由于教师的角色需求与个人潜能之间存在一定落差,因而这种落差在教学行为的执行上必然会产生一些冲突。例如,"教学能手"角色需求与个人教学能力欠缺的冲突;"渊博学者"角色需求与知识量不足的冲突;"教学专家"角色需求与教育理论功底较浅的冲突。其实,在教师的专业成长过程中有冲突是一件好事,就像认知冲突会激发学生的求知欲一样,角色冲突会激励教师去自觉进行教学行为反思与认真参加校本教研活动。

---

① 李德显.师生权力与角色分工[J].教育理论与实践.2000(2):35-40.
② 柳夕浪.课堂教学临床指导[M].北京:人民教育出版社,2003:13-20.

（二）教师权力的行使方式

利比特和怀特（R. Lippitt & R. K. White，1939）等人把教师在课堂上的领导行为分为权威式、民主式和放任式。教师在课堂中享有社会赋予的领导权力，凭借这种权力来规范课堂纪律，组织课堂教学，传授知识与技能，布置作业与任务……没有课堂领导权威力量的影响，教育教学就会失去基本保障。有什么样的权力行使方式，就有什么样的教学行为。

1. 权威式

在这种权力行使方式下的教师一般都利用权威力量，习惯于用命令控制行为方式，要求学生顺从顺应教师的要求。

2. 民主式

在这种权力行使方式下的教师一般都采用民主作风，师生以协商方式进行交流与沟通，强调合作学习，学生主动参与课堂互动，学习的主体性得到体现。

3. 放任式

在这种权力行使方式下的教师在课堂教学中采取放任自流的做法，具体表现为：师生之间互不干涉，教师只根据教材内容进行教学，不参与指导学生的学习，对学生行为往往采取听之任之的态度，教学效率低，课堂缺乏互动，师生之间是相互疏远的关系。

（三）课堂的师生互动

当代胡塞尔的现象学和梅洛·庞蒂的存在主义都提出以交互主体、主体间性来取代个体主体性。胡塞尔认为每个人都是一个"自我"，这些"自我"拥有一个共同世界，世界既是我的，也是你的、他的，自我与他我通过拥有共同的世界而形成一个共同体，单一的主体性过渡到主体间性，主体间性是通过"共现""统觉""移情"实现的。哈贝马斯认为，交往是个人之间具有的关系，交往的目的是建立主体间性，形成主体之间的相关性、统一性。

目前，课堂中师生互动的情况大致有三种：

1. 平等对话型

平等对话型的师生互动方式是一种理想的教学状态，也是民主式教学的最显著的标志。要考察一个教师是否达到平等对话的教学境界，要特别关注两个要素是否有所体现，一是教师是否赋予学生发表不同声音的权利，二是教师在自己掌握发问权的同时是否引发学生提出更多的问题。

2. 配合呼应型

配合呼应型是课堂教学最常见的一道风景线：教师仍然主宰了讲台，学生充当配角，偶尔也有发言与讨论的机会，但很少有不同观点的碰撞与学生质疑的声音。有的教师开完公开课后经常会说："今天学生配合得还不够好。"其实，这种配合体现的还是"教师中心论"。

3. 被动应答型

在被动应答型的教学中，学生基本被剥夺了发表见解与发问的权利，教师充分掌握了提问的时空，整个教学过程由教师提出一个个问题，学生被动地应答。这种教学状态被称为"满堂问"教学，至今还有教师仍感到这样做是天经地义的。

四、教师文化视角的课堂教学行为分析

（一）教学行为是教师由内而外的文化表现

从人类文化学的视角来看，文化是指某个人类群体独特的生活方式与整套的"生存式样"。[①] 教师文化是蕴含在教师日常生活中的主体价值规范体系，是教师生活的"意义"网络。[②] 从微观层面理解教师文化，主要有以下特点：第一，指向教师的精神领域，反映教师的理想、信念、情感、价值观等；第二，符合教师职业特点，具有与其他职业群体文化相区别的独特特征；第三，指向教师群体，为群体教师所共享。在教师的个体精神领域中，同样可以寻求教师的文化范式，解读不同层次的教师文化，展示教师不同的精神境界。虽然教师教学行为的外在表现形式繁多，似乎很难判断教师文化的高下，但是透过教师行为的表面，仍然能看到教师文化的不同层次与优劣。良好教师文化产生的教学行为可以促进学生的发展，而不良的教师文化产生的教学行为会影响学生的发展。

（二）不同层面的教师文化解析

根据教师不同的精神境界，可将教师文化分为职业层面、事业层面、专业层面三个方面。

---

① （美）克莱德·克鲁克洪.文化与个人[M].高佳等译.杭州：浙江人民出版社，1987：37.
② 周海玲.制度下的教师文化[M].济南：山东教育出版社，2006：7.

1. 职业层面——将教学当作谋生的手段

与其他职业群体一样，教师也有生存的需求，希望有舒适的工作环境，丰厚的待遇，这本是无可厚非的，但如果教师仅仅将教学作为谋生的手段，工作目标仅停留在对物质生活的追求上，就会形成一种功利化的价值观。处于这一文化层面的教师，由于主要关注自身的待遇，行为导向也存在很强的功利指向，只要有更丰厚的待遇，就有可能改变职业，这种择业观很容易造就教师的不负责任态度，教师的学生观也带有强烈的功利色彩，教师间也缺少经验的分享和交流。根据教师对待工作的态度和热情程度，还可以将处于职业文化层面的教师分为三种亚类：

（1）安于现状型。如果教师对当前的物质生活和工作条件比较满意，就容易得过且过，只求稳定，不求进取。

（2）被动上进型。处于职业文化层面的教师，在教学过程中，并非都是不思进取的。在竞争激烈的教育机制中，如果教师不去改进教学，提高自身素养，就有可能被淘汰，教师就不得不改进教学方式，提高教学水平。这类教师称为"被动上进型"教师，因为教师提高自身的动力主要来自外部，教师教学实践中是否能取得良好成效，主要取决于学校管理是否得法，如果缺少待遇方面的激励措施，教师的教学热情会大大减弱。

（3）主动上进型。与"被动上进型"教师不同的是，"主动上进型"教师在实际教学中有内在的驱动力。如果教师不满足于当前生活，希望有更好的待遇，就会主动改进自己的教学。但是，在改进教学的过程中，有着非常明显的功利指向。因为他们工作的终极目标是为了提升待遇，其精神境界仍然处于较低层次。

三种类型的教师在实际教学中，行为方式可能会大相径庭，教学成效可能会有很大差别，但由于处于同一文化层面，因此其行为水平一般不会达到较高的层次。尽管如此，职业道德、职业规范仍不失为一个教师必须恪守的底线。

2. 事业层面——将教学视为责任的付出

处于事业层面的教师，更加看重事业上的荣誉感，并体现出对社会的责任感，而将物质生活的追求放在相对次要的位置，其精神境界相对于职业层面的教师有了较大提升，具体分析如下：

（1）较强的职业稳定性与工作责任感。事业层面的教师由于在乎事业上的成功,一般情况下,他们热爱教育事业,不会轻易改变教师职业,有着较强的职业稳定性。与处于职业层面的教师相比,他们精神境界有了提升。另外,由于渴望获得事业上的成功,处于事业层面的教师有着较高的工作热情,在改进自己教学的过程中有着内在的驱动力。

(2) 钻研精神的欠缺与专业发展的局限性。虽然事业层面的教师热爱教育事业,但专业的钻研精神相对缺乏。

3. 专业层面——将教学当作终身追求的理想

与职业、事业层面的教师相比,专业层面的教师往往更加追求自我价值的实现,该层面的教师秉持的是一种专业至上的价值观。他们不会因物质待遇而改变自己的行为,对外界的评价通常采取宠辱不惊的态度,他们会按照自己的价值标准,坚守自己的信念,持之以恒地追求自己的理想。处于专业文化层面的教师,一般来说,其精神境界达到了应有的高度,尤其在素养提升与业务钻研上表现突出,参加教研与科研积极主动。当然,在专业精神强的教师群体中也存在自我意识过强、竞而不合(已经走向自私)的教师,对这些教师,用基本的职业道德与勇于奉献的事业精神去规范他们的行为是很有必要的。

4. 不同层面的教师文化的交织

职业层面、事业层面和专业层面是在理论上对教师文化作出划分,这是划分教师文化的一个维度。但是,在实际的教学中,教师文化的三层次远没有像理想状态下划分出来的那么清晰简单,而是相互交织,既相互矛盾又相互促进,教师的价值观也并非一成不变。

五、伦理学视角的课堂教学行为分析

"教学,就其本真而言,是人类的一项善举,是道德的。教育的伦理道德价值在于满足社会和人的发展需要。它从道义上为提高社会道德水平和培养人的理想人格提供了可靠保证,从而保证人类社会发展的速度和方向。因而,学校在历史上曾被称为"首善之区"。[①] 但是,教育这种本质的善必须通过教育从

---

① 周建平.追寻教学道德——当代中国教学道德价值问题研究[M].北京:教育科学出版社,2006:1.

业人员的合乎这一善的本质的教育思想与行为才能得以实现。违背这一善的本质的教育思想和行为，它就不能体现教育的善，反而体现了恶。①

学生不仅是自然人，而且也是道德人，教育的作用不仅要使人成为一个有知识的人，更重要的是要使人成为一个有道德的人。亚当·斯密认为这种道德就是同情心，培养儿童的道德情感不可能依靠纯粹的知识灌输，应该通过创设道德两难的困境激发儿童内心的道德感，借助主体自我与他者的换位反思，产生对他者的一种同情，逐渐完善人性中的缺陷或未完成性，从而将外部教育转化为主体自我教育。美国教育学会会长，哥伦比亚大学哲学和教育学教授内尔·诺丁斯提出了一个道德教育模式："第一，教育人们使之成为有道德的人，第二，提供一个经得起道德考验的教育。第二种提法更加重要，如果我们能给学生在道德上站得住脚的教育，那么他们可能自然成长为有道德的人。"②

在教师面前学生则是一块原材料，教师是雕琢学生的艺术家，一个优秀的教育工作者，应该如同一位雕刻艺术大师，悉心审视每一块原始材料，通过丰富的艺术想象进行艺术构思，再娴熟无误地进行精雕细刻，使之成为完美的艺术品。

以"性善论"为基本人性假设的教师会在课堂教学行为中体现对学生的关心、爱护、理解、信任。人不但是一种客观存在，而且还是一种精神存在。教师的行为应体现一种有生命气息和"善"的伦理精神。交流与对话行为要触到学生心灵的深处，从而引起学生的共鸣。诺丁斯认为被关怀的记忆是人们发出伦理关怀行为的动力之源。③

蝴蝶效应是指在巴西的一只蝴蝶拍动翅膀，这个微小的扰动在大气运动中被迅速放大，就可能在美国引起一场风暴。基于对初值敏感的蝴蝶效应给我们的启发：在课堂中，要加强对教师行为细节的关注，从对初值敏感的蝴蝶效应中我们发现"事件和细节是原生性的，不可避免的，而且它的影响是巨大的。在课堂中，我们的教师往往不注意课堂行为细节的处理，实际上这种微小的行为就

---

① 钱焕琦.教育就是善吗[J].教育探索,2001(2):39-40.

② (美)内尔·诺丁斯.学会关心——教育的另一种模式[M].于天龙译.北京:教育科学出版社,2003:23.

③ Noddings Nel. *Caring: A Feminine Approach to Ethics & Moral Education*[J]. California: University of California Press. 1986:176-177.

学生个人而言,这个时间点会交织在他的人生之网中而被放大",一个学生对教师的反感甚至是敌对,往往是教师所忽略的一个细小的行为造成的。课堂中教师一句不经意的辱骂也许会成为学生一生的痛。反之,教师对学生一个不经意的善的行为,也许多年后年逾古稀的教师早已忘记,而他的学生依然感激涕零。

六、PCK 视角的课堂教学行为分析

我们研究的教学行为,都脱离不了学科的背景,几乎没有所谓的纯粹的教学行为。因此,基于学科教学知识(PCK)的视角分析教师的教学行为,是一个开拓课堂教学研究的新路径。PCK 作为教师专业发展的核心知识在教师教学观念提升与教学行为改进中发挥着桥梁作用。

1986 年,时任美国教育研究会主席(AERA)的美国斯坦福大学教授舒尔曼(L.S. Shulman)在主持一项关于教师专业知识成长的研究课题时发现:教师在具体的教学过程中,仅有学科知识(Content Knowledge)或教学知识(Pedagogical Knowledge)是不够的,教师要想使自己的专业得到更有效的发展必须将两者有机地结合在一起,并在教育教学的实践过程中不断地完善。由此舒尔曼明确提出教师特有的专业知识——学科教学知识(Pedagogical Content Knowledge,缩写 PCK)这一概念(如图 2-5-1 所示)[①],他认为 PCK 是有效教学的关键要素,因为它确定了教学与其他学科不同的知识群,体现了学科内容与教育学科的整合,是最能区分学科专家与一般教师的一个知识领域。[②] 按照舒尔曼的理解,PCK 是"综合利用专业学科知识与教育学知识去理解特定主题

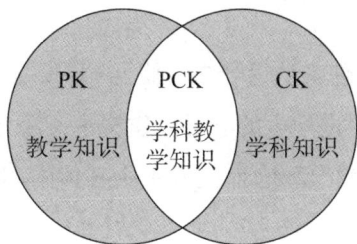

图 2-5-1 学科教学知识(PCK)内容构成

---

① Shulman, L. S. *Those who understand：Knowledge growth in teaching* [J]. Educational Researcher, 1986, 15(2)：414.

② 教育部师范教育司.教师专业化的理论与实践[M].北京:人民教育出版社,2003:55.

的教学知识,是如何组织、呈现特定主题以适应学生不同兴趣和能力的知识"①,是教师进行有效教学必要的知识库。

2009年,C. Angeli等人又将信息技术和通信技术(Information and Communication Technology,缩写为ICT)补充到PCK中,提出了ICT-TPCK概念。教师可以根据具体教学情境的需要,有效地利用ICT去整合他们的教学知识(PK)、内容知识(CK)和技术知识(TK),着眼于教学前的预设、教学过程中的生成和完成后的教学反思,以更好地促进学生的学习。② 目前很多国家已经把对新技术的应用纳入对教师专业知识考核中。

有研究表明,教师知识的改变可以引起教学实践最基本的变化。教师知识在很大程度上影响教师的课堂教学决策与行为,进而影响学生的学习。从已有的研究可以归纳出PCK在以下几个方面影响教师的教学行为。

(一) PCK影响教师对知识的教学表征

教学的性质决定教师不仅只是自己要理解所教的知识,还需要按照学生能够理解的方式进行知识的教学表征。因此,从本质上看,教学就是教师将学科知识转化为学生可以理解的学科知识的一种活动,而PCK正是实现这一转化的关键性知识。PCK是学科内容知识在教学上的理解,是含有教学目标的一种学科内容知识的表征形式。PCK是体现教师专业性的一种独特的知识,PCK能帮助教师建构课程内容,选择适当的呈现方式,形成有效的类比、举例、讲解和演示。专家教师的独特之处就在于拥有丰富的PCK,在面对特定的学科或问题时,能针对不同学生的兴趣和能力,将学科知识组织、调整与呈现,以进行有效教学。

(二) PCK影响教学任务的设计与实施

教学的本质是为了促进学生的学习。建构主义主张,知识的产生与获得并不是对客观现实本身的直接反映,而是源于主客体的相互作用。学习者不是单

---

① Shulman, L. S. *Knowledge and teaching*: *Foundations of the new reform*[J]. Harvard Educational Review, 1987,57 (1):1 - 22.

② Angeli, C. & Valanides, N. *Epistemological and methodological issues for the conceptualization*, *development*, *and assessment of ICT-TPCK*: *Advances in technological pedagogical content knowledge* (*TPCK*)[J]. Computers & Education, 2009, 52(1): 154 - 168.

纯的"知识接受者",而是"意义和知识的建构者"。学习是以已有的经验为基础,通过与外界的相互作用来构建新的理解。根据知识建构的观点和维果茨基的"最近发展区理论",学习活动不仅基于已有的经验,而且要促进其"最近发展区"的发展。教师的教学任务就是设计对学生有发展价值的学习活动或学习任务,引导学生进行主动建构,促进其潜在发展的水平。

教师的 PCK 对教学任务的设计与实施有重要的影响。PCK 水平高的教师有着组织良好的知识结构,对学生的思维特点有全面了解,对学科的具体内容有丰富的教学表征。在设计活动任务时,既考虑学生已有的发展水平,使新的学习材料与已有的认知结构获得有意义的联系,又考虑活动任务的兴趣性和挑战性,能注意到不同任务之间的联系,让学生主动参与学习任务。在任务的实施阶段,善于识别学生的认知冲突,能根据学生对特定内容的思维特点,包括理解上的难点、错误想法及解题策略等,建立适合的认知桥梁,促进学生的积极参与,进行自主的意义建构。

（三）PCK 影响课堂对话

当前世界范围内的课程改革要求创造一种互动开放的课堂学习环境,一方面,要求教师设计有意义与挑战性的教学任务,为学生的积极探索与参与提供可能的机会;另一方面,从教师控制的课堂到以学生为中心的课堂互动方式的转换,教师要聆听学生的不同想法,了解学生的思维,通过提出高层次的问题,鼓励学生敢于质疑与挑战,创造一个师生之间与学生之间的对话交流的氛围。

（四）PCK 的发展促进教师实践智慧的养成

PCK 本身就是一种实践智慧。从来源看,PCK 源于教师的实践智慧,经教师教学、评价、反思与转化过程而获得。从本质上看,PCK 的表现形态是实践性知识,其实质是一种"转化"智能,是教师将学科教学知识"转化"成学生有效获得的一种学科教学智能。

七、教师行为改进理论对课堂转型的启示

（一）要重视教师观念的提升

教师改进教学行为,首先要从提升观念做起。无论是从课程观、PCK 理论、

还是从伦理、文化的角度来谈教师的行为改进,如果不解决思想认识问题,不提升教育教学观念,那么其教学技巧(讲解、提问、演示、指导、评价)再娴熟、再规范也会在教学行为表现的过程中出现种种的问题倾向。为提升观念,教师要加强理论学习,促进自我检视与反思。教学观念的发展制约教学行为的发展,教学行为的发展可以使教学观念进一步发展成为教学信念。教师的教学观念和教学行为是在互动中发展的。研究表明,教师个体教学观念和教学行为关系是复杂的。大部分教师的教学观念与其教学行为之间存在差异,往往是教学行为落后于教学观念。教学观念向教学行为转变受诸多因素的制约,是一个复杂艰难的过程。从知识性质角度来看,教学观念属于一种理论性知识,教学行为属于一种实践性知识。当教师的教学观念只是一种空洞的理论和原则时,它不能有效地指导纷繁复杂的教学活动。只有转变为教学行为的教学观念才是教师个人的教学观念,才能有效地指导教学活动。

(二)要规划自己的专业发展

"没有远虑必有近忧"。有的教师缺乏对自己专业发展的规划,面临晋升专业职称机会时就临时赶写文章,临时开公开课,显得忧心忡忡,力不从心。为此,教师要明确发展目标,制订发展规划,积极开展课题研究,积累专业研究成果。

(三)要只争朝夕攻克课堂教学高地

PCK 既具有观念性特征,又具有实践性特征,这就决定了 PCK 是介于教学观念和教学行为之间的过渡性知识,在教师教学观念和教学行为之间的互动发展中发挥着桥梁作用。事实上,PCK 概念的提出就是关注到教师的认知过程,注重教师认知和行为的相互作用。教师要以"只争朝夕"的精神,自觉改变教学行为,积极投身课堂转型之中。

(四)要研究学生的认知规律与真实学情

教师改变教学行为,最终都是为学生改变学习方式服务的。因此,须了解学生的基础、需求、兴趣与爱好,了解学生内在的认知规律,尽心尽力地为学生提供优质的课程与教学服务。

第三章

课堂转型的回顾与分析

吴江盛泽中学的课堂转型伴随着我国课程改革而稳步前行。依据《普通高中课程方案(2017年版)》,学校开展有效的教育教学实践,积极打造具有鲜活性、融合性、生长性、可持续性特征的"生态课堂",为课堂不断注入清泉。2014年学校启动现象教学研究课题,着力建构学科课堂教学范式,引导学生在经验基础上建构概念,从而获得很好的学习效果。课程改革无止境,要求课堂转型不停步。学校发现在新的形势与要求下,教师在观念、素养以及技能等方面仍然存在一定差距。因此,学校将课堂视作教师成长的舞台,将转型作为教师磨炼的过程,"咬定青山不放松",一抓到底,抓出成效。

第一节 学校概况与课堂转型的历程

一、吴江盛泽中学发展概况

吴江盛泽中学创办于 1943 年,1947 年定校名为"吴江私立盛湖中学",1956 年学校改为公立,易校名为"吴江县盛泽初级中学",1958 年秋增设高中班,1978 年学校开始向全县招收高中学生。1996 年易地重建,新校于 1998 年 8 月竣工,1998 年 9 月正式启用。1999 年学校被江苏省教委确定为江苏省重点中学。2002 年 7 月学校实行初高中分离,成为普通高中,由此步入新的发展时期,2004 年 3 月转评为江苏省三星级普通高中,2006 年 12 月晋升为江苏省四星级普通高中。

2013 年 3 月,吴江撤市设区,学校更名为吴江盛泽中学,2018 年 3 月学校顺利通过江苏省四星级高中复审。作为区县内一所位于乡镇的四星普通高中,历经时代的风雨与惠泽,逐步形成优良的教育传统和现代的办学理念。学校初创时期,就以"诚、朴、勤、勇"著称邑内;自从中华人民共和国成立以来,逐渐形成了"团结、守纪、务实、创新"的校风,"敬业、勤业、精业、创业"的教风,"严、勤、活、实"的学风。

进入 21 世纪后,校领导系统梳理了学校发展中存在的问题,明确了学校深入推进素质教育,秉承"勤、朴、勇、诚"校训,以"矢志、力学、储才"为核心办学理念,以"建设'生态化'特色校园,打造'精致型'苏南名校"为办学愿景,以"注重内涵建设,谋求特色发展"为办学策略,大力实施以德立校、文化润校、质量兴校、科研强校、特色亮校战略,坚持教学优质化、发展多元化、办学特色化、校园现代化、环境生态化,致力于深化改革、精致管理、提高质量、整体提升,打造优质特色名校的品牌。自 2018 年以来,通过五年的实践,学校在办学水平、特色建设、队伍建设、素质教育、办学绩效等方面有了长足的进步,取得了显著成效。

（一）基础设施

目前,校园占地面积为 104389.56 平方米,建筑面积为 25431.25 平方米,绿化面积为 46590 平方米。学校拥有各类楼馆场室、配套齐全的仪器设备,拥有红梨广场、礼堂、风雨操场、人造草坪足球场、400 米塑胶标准跑道等。

学校"炳麟图书馆"于 1946 年建立,由唐炳麟先生捐助,1996 年唐炳麟先生的儿子美籍华人唐仲英先生捐资 50 万美元,易地重建了建筑面积为 2905 平方米三层框架结构的新型图书馆,于 1998 年启用,现有藏书 92849 册,2000 年被评为省一级图书馆。这座综合性图书馆现有书库、编目室、校史展览室、唐氏捐资助学陈列室和报告厅、教师学生阅览室等,同时还建有地学科普展览室、星空小天地、丝贤坊、地学馆和科技成果展览室等主题活动场馆。进入 21 世纪以来,学校依托课程基地建设,以校园改扩建工程为契机,大力进行课程基地场馆建设。目前,学校拥有省丝绸文化课程基地、市数学"现象教学"课程基地、市"STEAM 科创教育"课程基地三个场馆。

(二) 师生群体

学校正由 12 轨制逐渐过渡到 20 轨制,现有 40 个教学班,学生 1143 人。专任教师 176 人,其中中学正高级教师 2 人、高级教师 73 人、省特级教师 1 人、苏州市学科学术带头人 11 人、吴江区学科学术带头人 24 人,半数以上教师获得吴江区级以上骨干教师荣誉称号。

学校结合自身特点,积极开展各类国内外交流活动。至今有 9 批外籍教师、外国专家、外国志愿者来校考察、访问、任教。学校先后选送 11 名教师到英国、澳大利亚、新西兰、日本、美国等国家进修、交流。有 5 批次学生前往新西兰、美国等国家进行友好访问和学习交流。2005 年学校和英国艾赛克斯郡格林渥德学校结成友好合作学校。

2014 年,加拿大安大略省教育部副部长 George Zegarac 先生与桑德斯中学校长 Patricia Thompson 女士一行来学校开展友好交流访问活动,与学校建立友好合作学校关系。

(三) 特色建设

在"依法治校、特色立校、质量强校"的办学思路指导下,学校以"科技教育"为学校特色发展方向。在"十二五"初期,将原有学校特色发展具体定位于"以生态保护为重点的科技教育",从而丰富了特色文化的内涵。

近年来,学校结合地域丝绸文化,提炼出关注学生探索精神、创新精神、实践能力的"生态教育"理念,以"生态教育"作为自己的特色文化,聚焦学生学习品质的提升,全面实施素质教育,推进课程改革,在社会各界支持下,形成了浓郁的"生态教育"特色校园文化。

学校通过建设生态丝绸文化课程基地,开展系列科技教育活动,组织教师开设特色文化校本课程,以课程基地建设为契机推动校园特色文化建设,对周边地区产生了一定的影响。

二、国家基础教育教学改革与吴江盛泽中学的课堂转型

基础教育课程全面贯彻落实着党的教育方针和教育思想,规定了教育目标和教育内容,是国家意志在教育领域中的直接体现,在实现立德树人任务中发挥关键作用。从"双基"到"三维目标"再到"核心素养",中国基础教育不断从"物"走向"人",实现教育回归到以生为本、立德树人的轨道上。

进入 21 世纪,国家基础教育经历了两轮改革:一轮是 21 世纪初启动的普通高中课程改革,这一轮改革经历了十年的实践探索;另一轮是 2013 年启动,2017年正式颁布实施的新课程。这两轮改革有着时代和内容的延续与传承,都是基于社会发展与人才培养的需求在课程领域中所做出的改革。面对一轮轮的国家基础教育课程改革,吴江盛泽中学勇立潮头,坚持探索,以课堂教学的转型来回应普通高中课程改革。吴江盛泽中学作为一所有着 80 年办学历史的四星普通高中,正逐渐成为锐意进取、不断探索新教育教学理念与实践方法的创新型学校。

(一) 2003 年普通高中课程改革与吴江盛泽中学"生态课堂"构建

1. 2003 年普通高中课程改革

2003 年教育部印发了普通高中课程方案和课程标准实验稿。课程方案指出,普通高中教育是在九年义务教育基础上进一步提高国民素质、面向大众的基础教育。普通高中教育为学生的终身发展奠定了基础。

2003 年普通高中课程改革是在全面落实国务院《关于基础教育改革与发展的决定》所确定的基础教育培养目标基础上展开的,特别强调使学生初步形成正确的世界观、人生观、价值观;热爱社会主义祖国,热爱中国共产党,自觉维护国家尊严和利益,继承中华民族的优秀传统,弘扬民族精神,有为民族振兴和社会进步作贡献的志向与愿望;具有民主与法治意识,遵守国家法律和社会公德,

维护社会正义,自觉行使公民的权利,履行公民的义务,对自己的行为负责,具有社会责任感;具有终身学习的愿望和能力,掌握适应时代发展需要的基础知识和基本技能,学会收集、判断和处理信息,具有初步的科学与人文素养、环境意识、创新精神与实践能力;具有强健的体魄、顽强的意志,形成积极健康的生活方式和审美情趣,初步具有独立生活的能力、职业意识、创业精神和人生规划能力;正确认识自己,尊重他人,学会交流与合作,具有团队精神,理解文化的多样性,初步具有面向世界的开放意识。普通高中教育是在九年义务教育基础上进一步提高国民素质、面向大众的基础教育。普通高中教育为学生的终身发展奠定基础。为实现上述培养目标,普通高中课程应做到:

（1）精选终身学习必备的基础内容,增强社会进步、科技发展、学生经验的联系,拓宽视野,引导创新与实践。

（2）适应社会需求的多样化和学生全面而有个性发展,构建重基础、多样化、有层次、综合性的课程结构。

（3）创设有利于引导学生主动学习的课程实施环境,提高学生自主学习、合作交流以及分析和解决问题的能力。

（4）建立发展性评价体系。改进校内评价,实行学生学业成绩与成长记录相结合的综合评价方式,建立教育质量检测机制。

（5）赋予学校合理而充分的课程自主权,为学校创造性地实施国家课程、因地制宜地开发学校课程,为学生有效选择课程提供保障。

本次课程改革的一个基本标志是从"双基"走向"三维目标"。三维目标应该是一个目标的三个方面,而不是三个互相孤立的目标,对其理解可以表述为"在过程中掌握方法,获取知识,形成能力,培养情感、态度、价值观"。[①] 三维目标使素质教育在课堂教学的落实中有了抓手。这轮课程改革强调三维目标的有机统一,只有实现三维目标整合的教学才能促进学生的和谐发展,缺乏任一维度目标的教学都会使学生的发展受损。显然,三维目标之于双基,既有继承更有超越。[②]

2. 生态课堂:在学校特色建设的支点上

情感、态度和价值观是三维目标中最能体现"以人为本"的目标之一。同时,

---

① 许国武.名师名校名校长书系 教师研修路[M].长春:吉林出版集团股份有限公司,2017:105.

② 余文森.核心素养导向的课堂教学[M].上海:上海教育出版社,2017:50.

学校特色发展是优质教育均衡发展的一种体现,它要求教育者能依据学校发展的各种资源调制一个和学生学习成长心态相符合的学校。基于《普通高中课程方案(2003 年版)》,学校积极制订课程与教学的改革计划,开展有效的教育教学实践,将课堂教学转型与特色发展结合,积极筹划并打造富有特色的校本课程,建设文化类课程基地。学校的"生态课堂"正是在特色发展的基础上逐渐培育生长起来的。由于现代丝绸及纺织产业的特点,盛泽自然环境每况愈下,社会经济的强劲发展带来环境质量的急剧下降,所有这些人与自然、社会与环境的相互作用的素材都成为学校特色建设丰富的课程资源。"驼铃古道丝绸路,丝霞万匹映天红",盛泽自古就以发达的丝绸织造和繁荣的丝绸贸易闻名遐迩,有"丝绸之都"的美称。绸都人恋于丝绸,精于丝绸,更重要的是在此基础上沉淀出的精神文化,纵观绸都丝绸业发展的历史,可以看到绸都人勇立潮头、紧跟时代、学习先进技术、崇尚科技进步、追求科技创新的风貌,沉淀出"勤劳、开放、创新、求实"的绸都精神。"晴翻千尺浪,风送万机声""水乡成一市,罗绮走中原"正是这种文化的最好写照。为了能合理分析"丝绸文化"与现代产业发展之间的矛盾,同时为"科技教育"寻找思想与文化的支撑,学校深入挖掘丝绸文化对教育的意义,赋予传统丝绸文化以教育的内涵,提出"生态丝绸文化"的理念,并将此发展成为综合性校本课程资源。

学校"生态教育"特色的内涵最鲜明之处在于:以"生态丝绸"文化为根基,在此基础上构建传统丝绸文化精神濡染之下的"生态教育"体系——"生态课堂""生态德育""生态校园"。在"生态教育"体系中,学校秉持"以人为本""以校为本"的原则,始终关注学生的学习与成长样态,关注生命品质,努力开发课程,为学生的成长与发展创设和谐、融通的平台。

3. 生态课堂:聚焦"学习品质"和"成长过程"

聚焦学生"学习品质"和"成长过程"是学校"生态教育"特色建设的基本理念。"生态教育"就是要始终关注人与外部环境的关系,关注人与历史时代的联系。依托课程提升学生学习能力,是学校教育的核心任务和基本职能。我国古代曾将优秀的学习品质概括为十个方面:趣,乐知好学;勤,业精于勤;恒,持之以恒;序,循序渐进;专,专心致志;虚,虚怀若谷;思,学贵有疑;问,好问则裕;习,温故知新;行,学以致用。[①] 着眼实际,审视当下教育现状,不难发现,就学习

①　白金声.我为语文而来　白金声教学艺术[M].北京:教育科学出版社,2008:151.

品质而言,当前高中生普遍表现出以下倾向:

(1) 缺乏"专""习"的品质

学习贵专,持之以恒。"习"即反复研习,这是勤奋扎实的学习品质的外显。受当下"浮躁"的社会风气影响及网络信息时代的干扰与诱惑,学生的"学习"已然缺乏"专心致志"的品性。多数学生喜欢新鲜、丰富与刺激,对所学知识浅尝辄止,因此也就失去了深度学习、挖掘知识奥妙的机缘。

(2) 缺乏"序""恒"的品质

在功利主义和快餐文化的影响下,多数学生对学习缺乏循序渐进的耐心,不喜欢按部就班,总是期望有"一本万利"式的进展。同时,伴随传统伦理道德秩序的缺失,很多学生和家长对教师缺乏敬畏感,由此带来对知识缺乏相应的敬重心。学习不再是一种道德要求和精神追求,缺失内在动机的学习难以恒常持久。

(3) 缺乏"趣""行"的品质

倘若一个人缺乏动机,看不出学习活动的意义,不主动学习,那么尽管教师试图去教他,仍不可能导致有意义学习,反之,如果学生能真正体会到学习的意义不在于应付考试,而在于通过学习获得对知识、对世界、对人生探求的兴趣,那么学习就很自然地进入主动学习的良性状态。只有这样,学习才能在求深求真的方向上着力开掘,学习才能在"行"的层面上融会贯通。

学校生态教育聚焦学习品质。当我们在传统的丝绸生产劳作与生产工艺中流连时会惊异于生态丝绸文化所沉淀下来的独特的精神特质。我们把这些精神特质概括为:勤实朴拙、谨细沉潜、循序守常、探新举奇、谦虚持守。对现代人而言,在这些精神特质中所包含的耐心、精心、专心、素心是非常宝贵的精神财富,而对学校教育而言,又将是多么可贵的文化资源。课堂教学中的专注性、自主性、深刻性、严谨性等优秀学习品质何尝不是那些优秀精神品质在学习领域中的延伸。

学习品质并不是独立存在的,它是人的精神品质在学习领域中的具体表现,它与人的心理品质一脉相承。学校是培育人的地方,就人的发展而言,要培养学生优秀的"学习品质",学校应从根源上挖掘造就人良好精神品质的因素。优秀的精神品质需要长期的文化浸润与习得培育,以文化浸润心灵,为生命成长打上明亮的底色,培养和促进人精神品质提升是学校"生态教育"特色建设的目标之一。

生态教育关注成长过程。学校倡导的生态课堂,其本质是关注生命个体成长状态与成长过程的课堂。成长的条件是"环境",生态课堂以开放、本真、高效、成长为主要特征,以"生态—和融"精神为文化内核,力求创设多元的、个性化的、和谐的成长空间。成长的主体是人,"生态课堂"要求教师充分尊重学生学习的主体体验,注重培养学生的自主性和独立性,培养学生质疑、调查、探究能力,让学生在教师的指导下充分发挥学习的主观能动性,主动学习。个体成长的目标是融入社会、参与社会生活,生态课堂努力让学生直面生活实际、社会现实,使时代及社会发展的热点问题与学生的学习相结合,引导学生将所学的知识充分应用到社会生活中,以彰显课堂的"真"滋味。可以说,生态课堂就是追求人和谐成长、融通发展的课堂。

4. 生态课堂的基本特征

学校提出课堂变革,走向生态课堂,并在实践过程中提炼出以下基本特征。

(1) 课堂的鲜活性:基于对学生被动学习方式的考量

课堂是一个不断被激活的系统,生命体的内在活动促进了这个系统的和谐与发展。反观我们的课堂,常常发现如下情形:有些学生面对教师的讲授,神思游移,无所适从;有些学生低头呆坐,无视教师和其他同学的存在,或埋头苦做,精疲力衰;有些学生感觉课堂学习没有效果,课下"刷题"才是正事。被动"授受"的学习方式破坏了课堂的活力,泯灭了课堂中师生的存在感、获得感。基于此,生态课堂要倡导开展体现学科教学本质的课堂学习"活动",也就是让学生进入具身认知状态,充分地动起来。

(2) 课堂的融合性:基于对学生学习背景变化的考量

"生态"是一种"系统",它体现了其中生命体之间及生命体与环境之间的"融合性"。由于盛泽独特的区位发展优势,大量的新盛泽人在绸都定居,有着不同地域背景和家庭背景的学生也汇聚于此。随之而来的问题是大多数学生身世感不强,信念缺失,他们不知道自己的来由和使命。很多学生没有学习动力,只是随波逐流。学校打造生态课堂,就是要促进人文化,促进精神的"融合"与"重塑",让积极热烈的课堂文化感染他们,让他们有感于学习的氛围,增强学习的内在动力。

（3）课堂的生长性：基于对学习者成长特性的考量

人的成长是一个自然而然、潜移默化的过程。课堂应拒绝浮躁,拒绝膨胀,我们不搞"课堂"表演,不夸大课堂效果,而是要真正让学生理解"学"的意义,在倾听互动及个体反思中实现生命个体的"自然生长"。"吾日三省吾身"就是一种学习,也是一种自然生长。学校就是要追求与打造让学生愿意体验和能沉潜的课堂。

（4）课堂的可持续性：基于对当前学生学习品质的考量

审视当前学生的学习品质,不难发现一些传统的优秀学习品质正渐渐与我们这个时代的学生疏离,如在青年人中普遍缺乏勤精于业、持之以恒、循序渐进、探新举奇、学以致用等优秀品质。我们需要革除现代化和产业化的弊病,将体现生态理念的"朴拙""循常""精进"等品质熔铸到学习中。

总之,现实中诸多问题,促使我们进一步探索顺应学科规律、符合生命体内在需求的课堂教学改革的方向及实施路径。

5. 生态课堂的实践样态

生态课堂该呈现怎样的样态? 在实践中,学校总结出生态课堂以"自然·和谐、互动·探究、合作·共生"为标志的范式:以"自然·和谐"的课堂文化擦亮成长底色,以"互动·探究"的课堂活动丰盈成长历程,以"合作·共生"的课堂交响融汇成长智慧。这是从先进教育理念对课堂环境、课堂实施的过程、课堂的目标追求等方面的观照而得出的重要认识。首先,课堂是明亮的,师生、生生关系是融洽的,交流是"自然·和谐"的。"真善美"是精神世界的阳光,课堂沐浴在这样的阳光里,人才有可能成长,否则将走向萎缩与退化。其次,课堂的活动应符合人的认知规律,直面现象,直面问题,进行碰撞、交流,这就是互动的效应,在此基础上进行探究,获得真正属于自己的认知体验,化为自己切切实实的知识与能力。再次,生态课堂应该是"合作·共生"的,呈现出一种百花齐放、百家争鸣的课堂样态。在这样一个丰富而又自由的课堂形态中更多的矛盾才有可能呈现,更多的矛盾意味着更多智慧的产生。例如,地理学科中"我为家乡献良策"一课,充分调动学生参与活动的积极性,展现了热烈互动提问题、积极探究献良策的场景。物理学科在运用概念图促进学生思维品质提升的教学过程中,引导学生将伙伴互助与自我反思结合起来,合作学习,共融共生,有效激活学生的智慧源泉,显示了生态课堂的无限魅力。

（二）2017年普通高中课程改革与吴江盛泽中学"现象教学"初步探索

1. 2017年普通高中课程改革

面对经济、科技的迅猛发展和社会生活的深刻变化，面对新时代社会矛盾的转化，面对新时代对提高全体国民素质和人才培养质量的新要求，面对我国高中阶段教育基本普及的新形势，2013年，教育部启动普通高中课程方案和标准修订工作，本次修订全面总结21世纪以来我国普通高中课程改革的宝贵经验，充分借鉴国际课程改革的优秀成果，努力将普通高中课程改革方案和课程标准修订成既符合我国实际情况，又具有国际视野的纲领性教学文件，构建具有中国特色的普通高中课程体系。

本次课程改革对十余年普通高中课程改革实践进行了系统梳理，总结提炼并继承已有经验和成功做法，确保课程改革的连续性。同时，发现并切实面对改革过程中存在的问题，有针对性地修订完善，在继承中前行，在改革中完善。2017年普通高中课程方案和各学科课程标准陆续出炉，经过三年多的实践，普通高中课程方案和各学科课程标准（2020年修订版）也再度问世。

2017年普通高中课程方案进一步明确了普通高中教育的定位，指出普通高中的培养目标是进一步提升学生综合素质，着力发展核心素养，使学生具有理想信念和社会责任感，具有科学文化素养和终身学习能力，具有自主发展能力和沟通合作能力。课程方案进一步优化了课程结构，调整了课程类别，进一步明确各类课程的功能定位，与高考综合改革相衔接。课程方案还强化了为保障课程有效实施的制度建设等。

新时代普通高中课程改革最大的亮点在于各学科课程标准的颁布与实施。作为新一轮课程改革的主体性文件，新的学科课程标准的亮点主要体现在以下几个方面：

（1）凝练了学科核心素养。中国学生发展核心素养是党的教育方针的具体化、细化。为建立核心素养与课程教学的内在联系，充分挖掘各学科课程教学对全面贯彻党的教育方针、落实立德树人根本任务、发展素质教育的独特育人价值，各学科基于学科本质凝练了本学科的核心素养，明确了学生学习该学科课程后应达成的正确价值观、必备品格和关键能力，对知识与技能、过程与方法、情感态度与价值观三维目标进行了整合。课程标准还围绕核心素养的落实,精选、重组课程内容,明确内容要求,指导教学设计,提出考试评价和教材编写建议。

（2）更新了教学内容。进一步精选了学科内容,重视以学科大概念为核心,使课程内容结构化,以主题为引领,使课程内容情境化,促进学科核心素养的落实。结合学生年龄特点和学科特征,课程内容落实习近平新时代中国特色社会主义思想,有机融入社会主义核心价值观,融入中华优秀传统文化、革命文化和社会主义先进文化教育内容,努力呈现经济、政治、文化、科技、社会、生态等发展的新成就、新成果,充实丰富了培养学生社会责任感、创新精神、实践能力等内容。

（3）研制了学业质量标准。各学科明确学生完成本学科学习任务后,学科核心素养应达到的水平,各水平的关键表现构成评价学业质量的标准。引导教学更加关注育人目的,更加注重培养学生核心素养,更加强调提高学生综合运用知识解决实际问题的能力,帮助教师和学生把握教与学的深度和广度,为阶段性评价、学业水平考试和升学考试命题提供重要依据,促进教、学、考有机衔接,形成育人合力。

（4）增强了指导性。本着为编写教材服务、为教学服务、为考试评价服务的原则,突出课程标准的可操作性,切实加强对教材编写、教学实施、考试评价的指导。课程标准通俗易懂,逻辑更清晰,原则上每个模块或主题都由"内容要求""教学提示""学业要求"组成,大部分学科增加了教学与评价案例,同时依据学业质量标准细化评价目标,增强了对教学和评价的指导性。

2. 现象教学:以核心素养为导向的课堂教学

课堂是学校教育的主阵地,核心素养要落地,课堂教学必须转型。怎样转?为建立核心素养与课程及教学的内在联系,充分挖掘各学科对全面落实立德树人根本任务、发展素质教育的独特育人价值,新课程又提出学科核心素养的目标:围绕各学科核心素养建设学科课程的目标与内容,以此来实现从学科教学向学科育人的转变。

为充分发挥各学科教学的育人功能,学校层面迫切需要探索一些教学范式来引领课堂教学的转型。当前学科育人研究往往集中在对具体学科价值（各学科核心素养)的解读,各学科核心素养研究各自为政,没有形成内在统一的机制,而学科核心素养也需要一些具体的教学实践范式来佐证。数学学科关于现象教学的探索实践表明,现象教学是一种具有统一性的课堂教学理论与范式,它可以与各学科核心素养有机结合,形成课堂教学具体形态。

美国著名教育心理学家、哈佛大学资深教授珀金斯(Perkins，D. N.)在《为未知而教,为未来而学》(*Future Wise*)一书中提出了工业化时代的教学模型和信息化时代的教学模型,其区别如图 3-1-1 和图 3-1-2 所示。

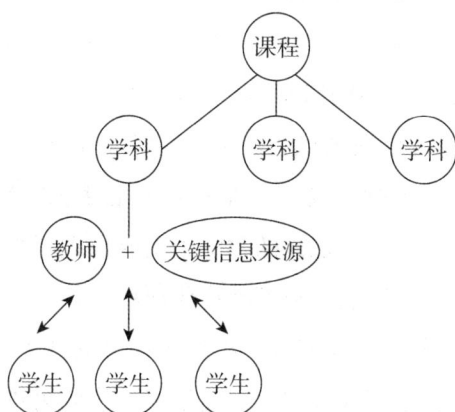

图 3-1-1　工业化时代教育的层级结构

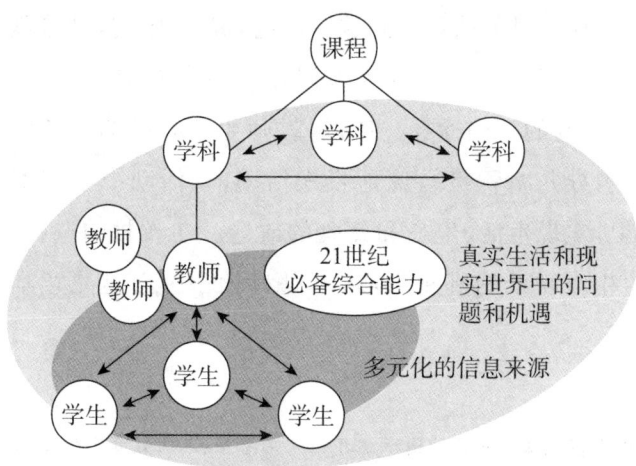

图 3-1-2　信息化时代教育的网状结构

工业化时代是层级模型,由专家提炼学科知识,再转变成教材,然后由教师传授给学生,总体上说,工业化时代教专家结论;信息化时代由层级结构转为网状结构,网状结构围绕的是真实生活或现实世界中的问题和机遇①,这是因为信息时代教专家思维②,而专家思维是要经历一个从生活世界自上而下提取的过程,每个人,无论是教师还是学生,都有真实生活的经验。

钟启泉教授提出,"真实性是核心素养的精髓"。③ 教育教学不仅从真实中来,还要回到真实中去,要打通学校教育和真实世界相联系的路径,要考虑今天学生在学校所学的知识是否可以迁移到他们未来解决真实问题的实践中去。因此,真实性是理解这场素养导向教育教学变革的关键。

高效学习的机制给我们的启示是:学习者置身于真实的生活环境中,通过大量生活参与或训练,才能逐渐自我建构起应对该环境所需要的各种能力。现代学校教育机制下的学习则处在一种非真实的生活实践活动模式中。它以人为设计出来及独立于现实生活之外的教室为主要物理环境,以容量有限的教科书为主要学习材料,以分阶段、分类型结构化课程目标与内容为学习序列,以提高平均学习效率为教学指向,以有利于组织大规模测试为主要评价手段。这种类似于工厂流水线式的学习模式很容易使学习环境脱离自然真实的学习状态,渐渐走向学习内容的抽象化、学习过程的碎片化、学习方式的被动接受和学习目的应试化的狭隘之路。

事实上,教育界很早就意识到这一问题,20世纪初,杜威就提出教育即"生活""生长"和"经验改造",认为人们在社会中参加真实的生活,才是身心成长和改造经验的正当途径。所以,教师要把教授知识的课堂变成儿童活动的乐园,引导儿童积极自愿地投入活动,从活动中不知不觉地养成品德和获得知识,实现生活、生长和经验的改造。在教材的选择上,杜威提出"学校科目的相互联系的真正中心,不是科学……而是儿童本身的社会活

---

① 张华.综合实践活动课程的国际视野[M].石家庄:河北教育出版社,2019:96.
② 夏雪梅.项目化学习设计 学习素养视角下的国际与本土实践[M].北京:教育科学出版社,2018:6.
③ 庄益君.初中物理综合实践活动"求真"策略的实践研究[J].物理教师,2021(7):40.

动"①,就是学校安排的各种作业,把基本的人类事物引入学校,作为学校的教材;在教学方法上,杜威主张"从做中学",他认为儿童不从活动而从听课和读书中所获得的知识是虚渺的。

其实,学校教育也有诸如课外活动、研究性学习、课程基地等一些试图打破教室学习的限制,并让学生走出课堂的学习方式。这些从局部来说可能也会有成效,不过它们与现实的教育机制及课程计划兼容性不高,或过于依赖某种特殊的资源,不能大面积推广,因而也不能从整体上改变学习非生活化的倾向。这是由现代学校教育体制的特点决定的,因为以课堂为主要学习环境的现代学校教育所追求的效益,并不单单指某一学科或教育行业的效益,它还涉及全社会不同行业间的分工合作所带来的整体效益,因而不管学校教育面临多少问题,退回到家庭教育模式是不现实的。这就构成了一个突出的悖论:我们的学习既不能离开学校和教室完全回归真实生活的社会实践,又要尽量摆脱非生活化实践环境的局限性。

那么,是否有一种可以用来平衡两方面矛盾且具有课程化实施操作性的中介呢? 这就是人们对现象教学的期待,即在不打破学校和课堂为主要学习环境的前提下,通过对学习内容的整合、学习任务的设计以及学习活动的优化,赋予课堂学习活动以"真实性",使学生的学习活动比较接近于社会生活中真实的生活及社会实践。

核心素养导向的六大教学基本策略——整体化策略、情景化策略、深度化策略、活动化策略、自主化策略、意义化策略共同指向的根本问题是教学内容,即"教什么"的问题,而现象教学恰恰回应了这个问题,教学不是"教知识(陈述性知识)"也不是"教方法(程序性知识)",教学应呈现真实的"现象",让学生自主感知、解析、理解(表达与结构化)与应用。总之,现象教学解决了教学的起点与内容的基本问题,为学科教学向学科育人转变提供了一条路径。

3. 现象教学:走进常规课堂的教学范式

《现象式学习》②(*Phenomenal Learning from Finland*)介绍了芬兰关于现

---

① 罗国杰,魏英敏.中国伦理学百科全书 7 职业伦理学卷[M].长春:吉林人民出版社,1993:217.

② (芬兰)科丝婷·罗卡.现象式学习[M].北京:中信出版集团,2021:65.

象式学习(phenomenonbased learning)这一先进的学习理念。

罗卡博士说,现象式学习是一种强调整体性的学习方法,综合了来自不同学科的知识,学生通过协作研究某个现实中的具体现象,其目的不是取代科目学习,而是将其置于更广阔的视角之下,发展学生解决问题的能力——这是一种很有吸引力的新的学习模式。

数学特级教师孙四周在国内首倡现象教学。2014年现象教学研究团队成立。2017年在数学学科的课堂实践中实现突破;2018年3月开始在《教育研究与评论》杂志上开设专栏;2018年9月现象教学研究专著《现象教学》由吉林教育出版社出版;2019年8月现象教学研究专著《思维的起源》由中国国际广播出版社出版。2020年现象教学获第五届江苏省教育科学研究优秀成果特等奖及苏州市基础教育成果一等奖。与芬兰的大项目、长周期、多资源参与的现象式教学不同,我们把现象教学引入常规课堂,与学科核心素养相契合,使其学科化、常态化。如果说芬兰现象式学习主要是打破学科壁垒和课堂教学限制的综合学习模式,那么我校的现象教学则侧重建构一个常规的学科教学的课堂教学范式。

观念是行动的指南,教学改革必须从教学观念的转变、更新开始,因此只有重建起新的课程与教学观,才能促使教学改革从知识本位的教学转向素养本位的教学。现象教学从学习的角度来定义教育,赞同"人"的发展是教育的唯一目的,通过探讨高效学习机制获得以下结论:学习者置身于真实的生活环境中,通过大量生活参与或训练,才能逐渐自我建构起应对该环境所需的各种能力。孙四周老师科学完整地建构了现象教学的教学范式。

当然,任何一种教育观念,都离不开与其相适应的教学策略及学习活动方式的支撑。孙四周团队积极展开了现象教学课堂实践。现象教学在数学学科范围内的研究成果丰硕,现象教学被确定为苏州市数学学科课程基地,与苏州大学数学系联合建设。现象教学正在向物理、历史等学科渗透。

总之,现象教学研究团队初步建构了比较完整的教学观与教学策略体系,正逐步将其发展成为一种完整的教学论体系。

4. 现象教学的内涵

现象教学是从现象出发帮助学生生成知识的教学。现象教学的精髓是"真实"和"生成"。

"真实"是基于以下认识:学习具有鲜明的习得性,习得性学习活动的关键是将学习者置于真实的生活环境中,通过大量生活参与或训练,使其自我建构起应对该环境所需要的能力,因而教学呈现现象,启迪智慧,而不是传授和记诵知识。

"生成"是基于这样的认识:人类最初的知识是"生成"的,生成过程即"身体感受—心理表征—语言表征"。心理表征和语言表征都是"生成"的。学习应遵循"生成"规律,弥合认知和情感的分离。

现象教学作为一种教学理论,它建构了从教学理念到教学策略的完整体系。以"身心合一、心脑并用、具身认知"为基础,通过"直观感知、现象解析、意义生成、应用拓展"的实践操作,达成"身心共育""立德树人"的目标。现象教学教学论体系如图 3-1-3 所示:

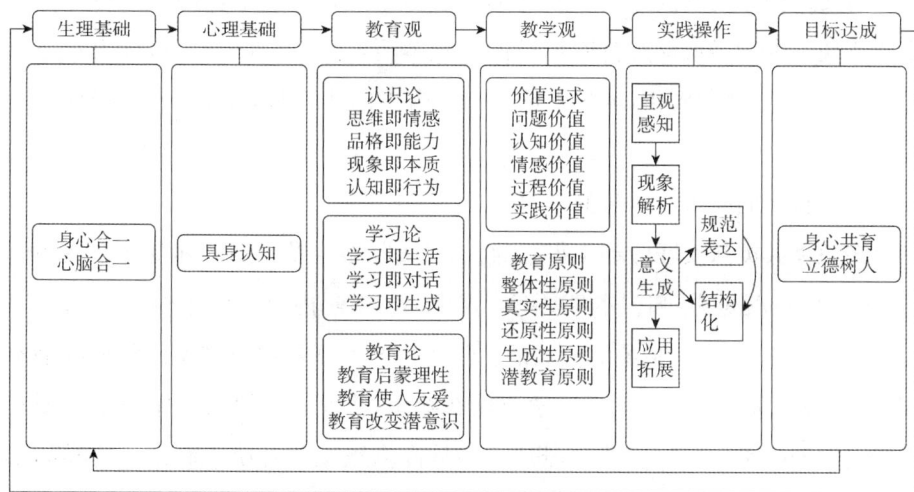

图 3-1-3 现象教学教学论体系示意图

5. 现象教学的实践样态

从学习对象角度来说,从现象出发的学习是指直接面向文本、事物和社会现象的学习,不需要过多的、不必要的加工环节和教师过多的解读、点拨、指导、讲解;从学习主体来说,从现象出发的学习是指学生积极运用原始的经验、思维、情感的学习,即个性化解读的学习。

（1）直接面向文本（教材）的学习

学生与教材的矛盾是教学的主要矛盾,学生直接面向教材的学习是解决这一矛盾的主要途径。但是,如前所述,由于传统教学片面强调教师在解决这一矛盾中的主导作用,教学成了给学生"喂"教师消化好的知识的过程,学生与原生知识、真实现象之间直接会面乃至发生挑战的机会已被取缔,久而久之,学生便失去了对新知识的消化能力和对新现象的透视能力,教学活动则沦为地地道道的授受与识记过程。

就语文学科而言,语文学习需要的是直接的读和想,而不是烦琐的语文分析。学生读的是原汁原味的文章本身,想的是依据文章进行的提炼,在这样的读和想中,他们的语文积累就丰富了,他们的阅读能力、思维能力、创新能力就提高了。阅读如此,写作也是如此。写作就是要学生直接写出自己的所思、所想、所感,它同样不需要教师过多的"指导"。

语文组倡导的素读经典以及自助式写作正是现象教学在阅读与写作教学中的体现。素读经典就是排除以往的文化解析,让学生直面经典,读出自我感受,再参照一些文化解析,通过筛选、加工,构建自己的理解,并且有条理地表达出来。

（2）直接面向事物本身的学习

知识是人类从实践活动中得来的,是对实际事物及其运动和变化发展规律的反映。① 也就是说,知识本身具有丰富生动的实际内容,而表征它的语言文字（包括符号、图表）则是抽象和简约的。学生所学的正是语言文字汇集成的书本知识即教材,这就要求学生不论学习什么知识,都要透过语言文字、符号、图表把它们代表的实际事物想清楚,想"活",从而真正把两者统一起来。这样的学习就是有意义学习。夸美纽斯认为,一切知识都是从感官知觉开始的。"在可能的范围内,一切事物应尽量放到感官跟前。一切看得见的东西都应放到视觉器官的跟前,一切听得见的东西都应放到听觉器官的跟前。假如有一件东西能同时在几种感官上面留下印象,它应当和几种感官接触"。并认为这是教学中的"金科玉律"。②

---

① 吴中民.构建高效课堂的理念与方法[M].长春:吉林大学出版社,2013:11.

② 夸美纽斯.大教学论[M].傅任敢译.北京:人民教育出版社,1984:156.

就自然学科而言,要特别强调实验与观察在学习中的作用。只有建立在实验和观察基础上的学习,才能真正走进科学的本质。就人文学科而言,"世事洞明皆学问",生活本身就是最好的学习素材和学习资源,善于从生活中学习,才是素养型学习的本质表现。学校数学组专项研究课题"把数学知识还原成数学现象"主要研究高中数学学习中的知识点,将其与生活中的现象相对应,形成丰富的学习内容。

（3）从学生的经验和常识开始的学习

学习是主客体的相互作用,是学生内在经验的改造和组织。[①] 从学生角度讲,学习过程是学生从经验到理论、从生活到学科、从常识到科学的转化和上升的过程。现象教学提倡从学生的经验、生活和常识出发,因为这样,知识才会在学生身上扎根,才能转化为学生的素养。在科学探究性学习中,学生自己的理解应得到充分尊重,因为它们是学习过程的基本起点和贯穿始终最活跃的因素。学习活动实质上是学生自己的想法、他人的观点以及观察实验结果之间直接互动的过程。经历这样的过程,学生才能通过认知冲突,体会到个人理解的局限性和科学理论的优越性之所在。学校物理组在现象教学的实践中,致力于将物理概念直观化与可视化,让物理概念与学生的经验、生活和常识关联起来,让学生在自己的经验基础上建构概念,从而获得很好的学习效果。

第二节　学校课堂转型的问题分析

一、课堂转型的内涵

课堂转型是学校改革的核心。课堂变了,教师才会变;教师变了,学校才会变。课堂转型,转向何方？课堂转型的过程中又面临哪些问题？该如何应对？吴江盛泽中学生态课堂构建和现象教学推进会给我们怎样的启示？下面以吴江盛泽中学课堂转型的实践为范本剖析课堂转型的问题及对策。

---

① 余文森.核心素养导向的课堂教学[M].上海:上海教育出版社,2017:171.

（一）课堂转型的提出

作为基础教育最核心的问题,课堂教学很自然地成为教育改革主战场。回顾二十多年来的教育改革经历,我国的教学理念经历了从"双基教学"到"三维目标"再到"核心素养"的变化发展,每个口号背后都有其深刻的时代烙印。

1978 年"大纲"强调"双基":基础知识、基本技能;2003 年"课标"强调"三维目标":知识与技能、过程与方法、情感态度与价值观,各门课程尤其关注学习方式和学习能力,关注学生情感态度与价值观等品质的发展。2016 年核心素养总体框架出台:一个核心、三大维度、六个核心要素、十八个基本要点。

双基教学,即基础知识和基本技能教学。双基教学理论以基础知识和基本技能教学为本的教学理论体系,其核心思想是重视基础知识和基本技能的教学。双基教学模式是一种教师有效控制课堂的高效教学模式。双基教学重视基础知识的记忆理解、基本技能的熟练掌握运用有其合理性,但也存在不足,教师的主导地位很强,学生的主体地位难以实现。

新课程改革提出的三维目标是指教育教学过程中应达到的三个目标维度,即知识与技能、过程与方法、情感态度与价值观。三维目标是一个教学目标的三个方面,而不是三个独立的教学目标,它们是统一的不可分割的整体。然而,三维目标并没有对人的发展内涵,尤其是对关键的素质要求缺乏清晰的描述和科学的界定,对教育内在性、人本性、整体性和终极性的关注不够。素养是素质加教养的产物,是天性和习性的结合,是人的内在秉性。它使人成其为人,决定人的发展取向,素养使我们真正从人的角度来思考教育、定位教育。素养导向教育更能体现以人为本的思想。

核心素养是指学生应具备的适应终身发展和社会发展需要的必备品格和关键能力,突出强调个人修养、社会关爱、家国情怀,更加注重自主发展、合作参与、创新实践。从价值取向角度看,它"反映了学生终身学习所必需的素养与国家、社会公认的价值观"。[①] 从指标选取角度看,它既注重学科基础,也关注个体适应未来社会生活和个人终身发展所必备的素养,不仅反映社会发展的最新动态,同时注重本国历史文化特点和教育现状。

从双基到三维,再到核心素养,课程与教学从"教书"逐步走向"育人",体现

---

① 陈聪富.学校发展性督导新探索[M].杭州:浙江工商大学出版社,2019:87.

了从学科本位到学生本位的转变。在这两场教学变革过程中,"教学转型""课堂转型"的概念应运而生。2017 年,当代教育名家,华东师范大学终身教授、博士生导师、华东师范大学课程与教学研究所名誉所长钟启泉教授编撰的《课堂转型》一书出版,"课堂转型"成为教育改革领域中的一个热门词汇。①

(二)课堂转型内涵

课堂转型既是学校教育发展的内在要求,也是对国家基础教育课程改革的回应,它是指由传统课堂(以教为中心)向现代课堂(以学为中心)的转变,主要包括以下内容:

1. 价值观念转型

要秉持教学生命观,把课堂看成生命的场域,它具有生命属性。课堂的形态应该是生命的形态,课堂的气质就是生命的气质,应该充满勃勃生机。因此,课堂教学是师生生命的相互交付,是一个生命对另一个生命的唤醒。课堂的一切价值应是人的自然成长和生命的个性生长。

2. 教学目标转型

课堂教学是学校育人的主阵地。课堂教学的转型,要由"育分"向"育人"转变,着眼于发展学生的核心素养,既要培养学生学科能力,又要培养学生学习能力,既关注学生知识的建构,又关注学生情感态度与价值观的发展。

3. 教学关系转型

以教为中心转变为以学为中心。教师的身份从纯粹的施教者到组织者、引导者和参与者的角色转化,教学中的"教"体现出更多的是师生的参与、体验、思考、梳理,展现更多的是合作、共进、平等、和谐的课堂关系,教学中的"学"体现出更多的是师生的质疑、表达、评价、倾听、争锋、实践等综合能力,展现更多的是问题的探究、解析、辨别的学习行为和学习能力。

4. 教材观念转型

从教师与教材的关系角度来看,教师要从"教教材"转向"用教材",明确教学就是对教材的二次开发,需要根据当前教学情境进行取舍增删,使之符合学生认知水平;从教材内在的知识结构角度来看,教师要从教材的"字里行间"走向"教材背后",理解教材呈现的事实、概念性知识背后蕴含的学科思想、方法与

---

① 钟启泉.课堂转型[M].上海:华东师范大学出版社,2017:3.

价值以及编者的意图,在与教材和编者深度对话的过程中,充分挖掘教材在建构意义、发展能力等方面的价值,使之促进学生深度学习;从知识与能力的关系角度来看,学习是一个起于知识达于能力的过程,教师要善于利用教材培养学生的学习能力,把教材变为学生提升学习能力的"田野"。

从学校层面角度来看,课堂转型是学校顶层设计、教师教学、校本研修、课程开发等诸多要素共同作用的结果。从根本上讲,学校课堂转型的内在动因在于学校教师的理念与实践,而学校所提供的外部环境则为教师课堂转型提供了发展机遇。

(三) 课堂转型的机制

1. 教师的教育教学观念转变是课堂转型的内在动因

新课程改革"成也教师、败也教师"。① 加拿大教育学者迈克尔·富兰指出:"教育变革的成败取决于教师的所思所为,事实就是如此简单,也是如此复杂。"②观念是行动的指南,任何改革都是从观念开始的,教学改革也不例外。教师的教育教学行为起源于并受制于其观念,教师的教学观念直接导向其教学行为。课堂教学的样态往往就是教师教学观念的外化。课堂要变化,作为课堂主导者的教师思想观念和行为不能不发生改变。可以说,教师的教育教学观念转变是课堂转型的内在动因。

教师的教学观念包括教育观、教学观、学生观等。比如,以核心素养为导向的教学改革首先必须确立以核心素养为导向的教学观念。基于立德树人的教学是就教学方向而言的;基于课程意识和学科本质的教学是就教学内容而言的;基于学生学习的教学是就教学主体而言。这是核心素养导向教学必须确立的三大基本理念。

2. 学科考试评价的转变是课堂转型的外部动力

考试评价是教育教学的指挥棒,它直接决定教师学科教学的方向和内容。考什么、评什么就教什么,这是教师最现实也是最无奈的选择。考试评价的改革是促使课堂教学转变最直接、最重要的动力来源。

---

① 张世善.学校文化自觉与课程教学改革[M].北京:人民教育出版社,2012:118.
② (加)迈克尔·富兰.教育变革新意义(第3版)[M].赵中建等译.北京:教育科学出版社,2005:121.

考评在方向上、内容上应与教学一致,教、学、考、评如果不能保持一致,教学就会陷入无序的状态,教学质量自然无从保证。总之,课堂转型很大程度上依从考试评价制度的转变。

《普通高中课程标准(2017 年版)》通过建立基于核心素养的学业质量标准来实现教学与考评的一致。基于核心素养的学业质量标准是指:学生在完成某个学科的学习或某些模块的学习后应具备的学科核心素养以及在这些素养上应达到的具体水平的明确界定和描述。学业质量标准既是考评的标准和依据,也是教学的标准和依据,学科核心素养就通过学业质量标准进入考评和教学,并且使两者在方向和内容上保持一致。

3. 学科教材使用的变化是课堂转型实施的保障

"巧妇难为无米之炊",课堂教学要依据学科知识展开,学科教材是学科知识的主要载体。那么,什么样的学科知识或怎样选择、组织、设计学科知识才有利于课堂教学的转型?

为了使学科知识及其学习具有核心素养的价值和作用,我们在学科知识的选择、组织、设计上注意协同学科大概念、学科结构、学科本质、学科情境等方面的关系,关注学科内最本质、最有价值也能最促进学科核心素养形成的知识,除核心概念与命题外,还包括知识的产生与来源、本质与规律、方法与思想、关系与结构、作用与价值等方面。[①]

"外行看热闹,内行看门道",内行为什么能看到门道? 就是因为他们有自己的"显微镜""望远镜",能看到别人看不到的内在的、本质的、深刻的东西。课堂要转型,教师就必须改变以往照本宣科、牵强附会、经验主义等教学方式,做到深入学科知识的深层,合理、灵活、深入地理解什么知识最有价值,科学地使用好教材。

二、课堂转型的问题及成因

课堂转型根本在教师,关键在考试与评价,途径在学科知识的选择、组织、设计等,在课堂转型的过程中必然会面临这样那样的问题,我们只有及时地发

---

① 崔文峰.卓越教师的关键能力与素养 7 核心素养怎么看怎么办[M].天津:天津教育出版社,2019:159.

现问题、直面问题才能有的放矢地解决问题。

（一）教师方面存在的问题

有好的教师，才有好的教育。从理论上讲，教学是由师生双方共同决定和完成的一项活动，教学的水平和质量取决于教与学双方的潜能、智力以及责任心和积极性的充分发挥。缺乏任何一方的努力和贡献，教学都不可能达到理想的境界和效果。事实上，教师虽然是学生发展的外因和条件，甚至是主导性和决定性的外因和条件，但是以下问题也是值得重视与关注的。

1. 教师素养缺失的问题

在课堂教学的过程中经常会发现如下情况：有些教师视野狭窄，除了书本知识外所知甚少，学识单薄；底蕴不厚，缺乏思考力和批判力，人云亦云；修养不足，缺乏爱心、礼貌和责任感；缺乏情趣，功利心强，缺乏幸福感。窦桂梅指出："在不少课堂上，我们可以看到许多教师能流利地讲述文本的思想内容、艺术特色，耐心详细地讲解课后的思考练习题，面带笑容地倾听学生的讨论，灵活熟练地操作多媒体，一切都好像完美无缺，但是这个现象的背后蕴含巨大的缺憾，那就是教师文化素养的缺失。"[①]这种缺失导致教师的讲述可能是流利的，却是就事论事、浅薄、平面化的；教师的答疑解惑可能是耐心细致的，但缺少更高层次上的关怀和考量；教师的声音可能更多地来自喉咙而不是内心；教师的目光亲切柔和，但缺少深邃和睿智。在现实中我们也经常发现，不少教师对所教学科的知识点、解题训练点烂熟于心，讲起课来也是一套一套的，但对学生通过学科知识点的学习与训练形成哪些素养以及如何形成这些素养所知甚少。

教师素养的缺乏会带来观念的凝滞与落后。比如，我们在大力提倡课堂转型的过程中仍然存在以下问题：部分教师仍然看不到课堂教学的终极价值，不能切实理解课堂教学的"育人"价值；部分教师把教学目标瞄准考卷，而对考卷与考题背后的学科本质与学科规律所知甚浅；部分教师仍然把教学工作重心放在知识的传授和讲解上，对学生"学"的问题重视不够。

《礼记·学记》云："记问之学，不足以为师。"教师只拥有知识，就只能给学

---

① 窦桂梅.读书，我们必需的生活[J].语文教学通讯，2003(25)：45-46.

生知识。唯有智慧才能启迪智慧,唯有素养才能培育素养。①

教师素养的缺乏主要有两方面的原因。其一,教师学科素养匮乏往往是对学科缺乏真正的热爱与痴迷。加拿大教育学家马克斯·范梅南说过:"教师就是他所教授的知识。一个数学教师不仅仅是碰巧教授数学的某个人。一个真正的数学教师应是一位体现数学、生活在数学中的教师,从一个很强意义上说,他就是数学的某个人。"②"试想,'体现了数学、生活在数学中'能是纯粹的认知事件吗?这种境界至少包含数学教师对数学的痴迷与深爱,并包含数学教师的数学天赋。实践中最优秀的教育者,基本上都是体现学科知识、生活在学科知识中的人。这样的教育者,已经不是一个简单的言教者,而成为一个身教者,他的教育效率和效果可想而知。"③其二,教师学科素养匮乏是由于教育学理论与学科教学论的功底不够扎实,往往只是满足于完成教的任务,但很少去思考为什么要这样教以及还存在哪些问题。

2. 教师缺少对课堂细节把控的问题

(1)导学案的编制问题

教师的集体备课流于形式或落实不够,有的只是把书本知识以问题形式搬到导学案上,没有对知识形成过程梳理研讨,没有对学习知识过程中方法指导的协商提炼,没有对学习活动的论证排布。

(2)预习过程中的预测问题

教师对学生的预习重视不够,没有深入细致研究学生。教师对哪些问题是学生能解决的,哪些问题是学生解决不了的,还没有做到心中有数。

(3)展示过程中的表面化问题

课堂展示活动流于形式,只是教师讲解的一种替代,没有体现展示的本来意义。展示缺乏深入过程,教学活动变得肤浅,课堂上看起来热闹了许多,但热闹背后学生并没有深刻的体验。此外,由于学生的水平差别、参与度不同,很多学生还不能真正动起来。

---

① 邱俊.我和我的语文:新语文融教学探索手记[M].西安:陕西人民出版社,2020:318.
② (加)范梅南.教学机智 教育智慧的意蕴(第2版)[M].李树英译.北京:教育科学出版社,2014:75.
③ 邓伟.培育学生核心素养研究[M].银川:宁夏人民出版社,2020:82.

（4）学习小组的建设问题

课堂学习小组还是一个松散的组织，没有形成合力，小组长的职责还不明确，组内各成员之间的相互帮助、相互检查还不落实，导致少数基础差的学生还不能认真地参与学习，教师对学生的学习落实情况也不太清楚，组间安排有的没有做到同质。

（5）反馈过程中的潜在问题

教师未能形成持续有效的反馈，不能及时抓住学生的学习情况，不能随机处理教学过程中的问题，导致整个教学过程不能达到"以学定教"的要求，课堂教学目标的达成度比较低。

（6）学习评价中的激励问题

教师仍然以学生的学习结果作为评价的主要依据，没有把学生的学习过程和劳动付出纳入学习评价中。评价方式比较单一，学生之间的互评还不能形成有意义的话题，课堂上的学习评价不能真正发挥学习评价的激励、导向、纠偏、深化等方面的作用。

（7）课堂教学的监控问题

对教师教学工作细节上的要求不够具体明确，对课堂管理还比较宏观，教师的教学设计还比较粗糙；备课组不能及时地针对课堂上的问题进行集体研讨，教师对问题的研究和思考不够深入，缺少有效的尝试。

（二）考试与评价问题

传统教育是以教师、教材和课堂教学为中心，强调知识灌输，忽视学生能力培养和个性全面发展的教育，以传统教育为导向的评价是传统评价。它一般是在教育过程结束时对教育对象的一种资格认定（或检测），这种认定（或检测）往往只有目标评价而无过程评价，只有选拔功能而无发展性功能，而我国以分数为唯一评价结果的评价制度就是比较典型的传统评价模式。由于过于强调甄别与选拔，以学业成绩为主要的评价指标，评价方式单一，评价结果被简单、机械、错误地使用，不利于学生的全面发展。然而，这种评价方式根深蒂固地存在于学校教育中。具体表现在以下几个方面：（1）将考试成绩作为衡量学校、教师和学生的唯一标准，评价体系不科学；（2）过于注重纸笔测验，评价方式单一；（3）偏重智育，忽视体育和美育，德育实效性差；（4）更多关注书本知识和技能，学生的道德、学习能力以及创新精神和实践能力的培养得不到应有的重视；(5)忽视学生的情感、自尊和个性差异，影响学生学习的积极性和主动性。

总之，评价的指标体系不够科学，评价的价值标准单一化、片面化，评价的目的、功能狭隘化成为课堂转型的桎梏。

考试与评价领域的问题既是教育内在的价值观问题，又是社会发展中存在的功利化倾向影响的结果，既与考试命题与教育教学目标难以无缝对接的现实有关，又与综合素质评价体系的不完备、难落实密切相关。

(三) 学科理解及教材使用的问题

教材是课程最为重要的物质载体和文本表现形式。教材中蕴含的课程理念，既是课程目标实现的载体和课程实施的依托，也是学生学习的重要课程资源。因而，教材在课程教学改革中的重要性毋庸置疑。有些教师忽视对教材及课标的研读，造成教学中不能较好地把握教材体系和编写意图，抓不住教材的精髓，对教学切入点把握不准。具体表现在以下几个方面：忽视对教材的整体把握，不能定准教学目标；忽视对教材实质和细节的研究，不能找准教学的切入点；忽视新旧教材的差异，使教学"穿新鞋走老路"；忽视对教材的再创造，使教学停留在"教教材"上。

从学科理解到教材使用，中间还有学科活动设计问题。比如，在新一轮的课程改革中，学科核心素养是学科知识与学科活动相互作用产生"化学反应"的结果，两者缺一不可。学科知识彰显的是教学的深度，学科活动彰显的是教学的温度。深度强调学科知识的科学化、学术化处理，关注、强化学科知识的概念化、科学化、规范化、学术化、逻辑化，其核心和本质是学科思维、思考和文化，其宗旨是强调学生及其学习的学科化。温度强调学科知识的教育化、心理化处理，把学科知识生活化、经验化、情境化、活动化，其核心和本质是学生化。在教学实践中，缺少温度、缺少深度的课堂教学仍然屡屡发生，需要加以纠正与改变。

三、从学校课堂转型实践中获得的启示

吴江盛泽中学的课堂转型走了两大步："生态课堂"以教育生态学观为基础引导教师的教学理念的转变，而"现象教学"则是在教育生态学观基础上汲取核

心素养理论而建构的一种具象的教学观。在两次课堂转型中,观念的引导和转变使学校教学改革呈现出蓬勃的生命力,同时学校加强对课堂转型中的关键环节的研讨与把控,使课堂转型踏踏实实地走向纵深处。

需要指出的是:在课堂转型过程中仍然存在一定的问题,为深入推进课程与教学改革,学校要在以下方面继续下功夫。

（一）培育新的教学观念

课堂教学改革首先是教师教育观念要转变,教师要树立正确的教学观。教学观是指对"教学"的理解与认识,包括对为什么教、教什么、怎么教三个方面的理解。明白教学的方向与目标是立德树人;教学内容不是教知识,而是用知识来教;教学实施中的学是出发点和落脚点,教学的中心和重心都在学而不在教,教学应围绕学来组织、设计、展开。

没有教师教学观念的转变,就没有真实意义上的教学改革,课堂转型就只能是一句空话。

1. 从"育分"转向"育人"

生态课堂强调学生的可持续性生长,它的目标不止于学生达到怎样的点位,更看重学生生长的可能性。"现象教学"则将身心共育、立德树人作为目标指向。两次课堂转型中学校没有将功利的目标作为唯一追求,而持续关注的是"人的成长"。

2. 从"教专家结论"转向"教专家思维"

核心素养导向的现象教学要培养以创新为特征的专家思维。学生习得书本上所写的专家结论,掌握了一定的知识与技能,当面对一个新的情境时往往很难调动知识与技能作出恰当的行动,这些结论就是惰性知识。有素养的人往往能在具体情境中顺利提取和整合相关的知识与技能,有效地解决问题。

3. 从"知识本位"转向"以人为本"

教师在以"知识为本"的传统教学思想指导下,习惯了直接把知识讲授给学生,替代了学生提出问题和解决问题,学生需要做的就是接受和记忆。以"学生为本"就是要求教师把学习知识的任务交给学生,让他们通过自主、合作、探究学习,自主完成学习任务。教师的任务就是组织调动、指导服务。

（二）把控课堂关键环节

课堂转型是改革不是颠覆,加强对课堂转型中关键环节的研讨与把控,使课堂教学踏踏实实地走在转型的道路上。

1. 导学要坚持四个"必须"

一是落实集体备课制度,必须体现备课组教师的集体智慧,杜绝只有分工没有合作的现象;二是问题的设计必须体现"诱导、指导"过程,并充分尊重学生的学情、生活经验和认知规律,尽量站在学生的角度来设计铺垫性、诱发性、过渡性问题;三是引导过程必须体现学法指导,导学案的语言表达要引导学生去观察、收集、联想、记忆、思维、交流、合作、探究、自测等;四是必须体现教学目标的分步达成、学习过程的分层要求、学习效果的及时反馈,并在每个环节上都有时间上的要求。给学生提供的导学案的主要内容是为学生自学设计的铺垫性和引导性问题以及学习过程安排,需要补充的学习资源和习题,可利用的多媒体、学习卡片等。

2. "四学"要注重落实

教师导学。主要任务是组织教学、情境创设、激发兴趣、设置悬念、激活思维、明确目标、提出要求等。

学生自学。通读教材,整体感知;按照导学案钻研教材,不懂的地方做上记号,并提出自己发现的问题。在这个过程中,一是要保证安静的学习状态,二是教师要善于观察,并及时了解学生学的情况。

生生互学。按照导学案的要求,相互检查自学情况,并相互帮助,尽量解决不懂的问题和探究的问题。互学小组的学生相对固定,并提出帮扶目标。

组内群学。组内群学的主要方式是展示。首先要求组长对组内学生学习情况有充分了解,然后确定组内展示的内容,安排小组展示活动,重点解决不太明白的问题,过程中要鼓励人人参与。同时,组长要及时把组内解决不了的问题反馈给教师。在这个过程中,教师要参与小组活动。

3. "主导"作用要在展示中发挥

一般来讲,全班的展示是为了突出重点,突破难点,深挖教材,培养能力。所以,对都会的和都不会的问题不展示。需要展示的主要内容:一是反映重点内容的核心知识和典型问题;二是在"预习"环节中学生遇到的共性问题;三是具有一定探究意义的、容易产生歧义的挑战性问题;四是学生在预习环节自主解决不了但经过全员合作学习能解决的问题;五是能培养学生分析问题、解决问题和创新问题的能力。在学生展示过程中,教师要善于鼓励学生,增强自信;

善于培养学生的表达能力,增强表达的条理性;善于鼓励学生质疑、发现新问题,能非常机智地引导学生发表意见,形成思维碰撞,这是最能体现"展示意义"的事,每当形成这样一种局面时,教师要不惜时间,让学生在充分的争论中激发兴趣,锻炼思维。

4."小组"建设要切实重视

学生学习小组的建设与管理情况直接关系到课堂教学改革是否能顺利推进,教师必须给予足够重视。为此,须加强小组长培训与指导,提高小组长的组织、协调、指挥能力,还要引导各小组自主确定奋斗目标和学习常规,调动他们参与竞赛和合作的积极性。

第三节 学校课堂转型对教师成长的作用与诉求

一、为什么说"课堂不变,教师不会变"

21 世纪是"课堂革命"的世纪。课堂不变,教师不会变;教师不变,学校不会变。[①] 钟启泉的这一论断,在被人们逐步认识的过程中,已经被认为是"学校变革的基本定律"。[②]

(一) 课堂变是教师变的前提

如何理解"课堂不变,教师不会变"这句话? 反而言之,这句话可以理解为"只有课堂变了,教师才能发生变化"。也就是说,课堂变是教师变的前提。对此,有人曾经提出,人的因素是第一位的,教师不变,课堂怎么会变呢? 于是,这一命题似乎被"颠覆"了。在一次学术交流的过程中,钟启泉表达了自己的观点:之所以首先强调课堂要变是因为体现了事物的客观性与实践的重要性。如果没有课堂变革的客观环境与浓郁氛围的影响,教师是很难感受到一种"紧迫感"的。如果没有课堂转型的实践活动,教师就很难积极行动起来。许多学校的情况表明,没有

---

①　张学新.对分课堂:大学课堂教学改革的新探索[J].复旦教育论坛,2014(05):75 - 76.

②　罗玲,温宇,蓝芬.体育教育教学改革研究[M].北京:民族出版社,2017:8.

"课堂变"的环境与实践,"教师变"在认识与行为上难以体现。反之,有的学校"课堂变"迅速带动了"教师变",如有的学校致力于将课堂变为"自学"的课堂,教师就会自觉或不自觉地跟上改革的浪潮。有的学校倡导教师在课堂上启发学生勇于提问,教师就会以此为要求,想方设法改进课堂,让学生在提问中激活思维活动,在此过程中教师发生了深刻变化。钟启泉还指出了这样的现象:有的学校以"课堂转型不能一蹴而就"为由,行动慢吞吞,没有"只争朝夕"的紧迫感,没有大张旗鼓地推进课程改革。有的学校仅仅以学习提高认识为抓手,但缺乏课堂转型的力度,教师也就没有改变自己的压力。脱离改革实践的"象牙塔"里的闭门思过,是无法实现"课堂变"与"教师变"的。因此,钟启泉针对这些问题提出"课堂不变,教师不会变"的论断,是有非常重要意义的。学校走过的"生态课堂""现象教学"的历程也生动地说明,"课堂变"对"教师变"会产生强大的推动力。

（二）实现课堂变与教师变的关键在领导力

如何使课堂从"不变"走向"变化"? 结合学校变革的经验,总结起来主要有两点:

一是学校领导要有"课堂转型"的理念与决心。学校要做出"课堂转型"的规划与部署。要对课堂教学范式提出基本要求,要对课堂改革的实施情况进行督查与评估。在这样的改革环境与氛围中,教师是不可能视而不见、按兵不动、固守不变的。

二是学校要持之以恒地促进课堂转型的实践过程。教师投身到改革热潮中,就会遇到很多困难与问题,就会迫使他们思考新问题,去探索教学新途径,去寻找克服困难的新办法。为此,学校要创设校本研修常态化、教育信息现代化、教师发展人文化、教育管理科学化的良好条件,以保障课堂转型的改革实践健康而稳妥地向前发展。

二、课堂转型对教师成长的作用

（一）为何说课堂转型对教师成长具有明显作用

教师成长的途径有很多,如阅读学习、业务进修、外出培训、参观访问等,之所以认为课堂转型对教师成长作用最大,主要是基于"课堂"的特性而言的。

1."课堂"是教师工作的岗位

"课堂"是新教师不能回避的地方,不管什么情况,教师必须走进课堂。因为这是教师的工作岗位,是教师一辈子为之付出的地方。课堂可以让教师懂得什么是教育及什么是教学,可以让教师明白要上好一堂课是多么不易。当年,教育家叶澜在华东师范大学毕业后曾到附小工作。她满腔热情地踏进课堂,但是备好的课讲得磕磕巴巴,学生纪律乱糟糟,闹成一锅粥。叶澜感到要站稳讲坛必须下一番功夫,从此她虚心向老教师求教,慢慢地适应了课堂,提高了教学效果,受到了学生的欢迎。她在大学搞教育研究,无论是开展新基础教育实验,还是探索中国特色的"生命实践"教育理论,总是将重心放在课堂上,坚持到中小学听课、评课,为根除课堂顽疾,发出了"把课堂还给学生""让课堂焕发生命的活力"的呼唤。可见,课堂这一工作岗位在教育家心目中是多么重要而神圣。

2."课堂"是专业发展的沃土

课堂会让你教而知不足。教学需要教师不断充实教育理论与专业知识,教一辈子就要学一辈子,钻研一辈子。课堂也会让你学到丰富的知识与经验。"十年磨一剑",于漪老师说,教师的本事是靠长期的课堂教学磨出来的。

3."课堂"是师生交流的渠道

课堂是师生校园生活的共同空间,也是师生在认知、情感、思想等方面对话、互动、融汇的重要平台。我们所说的立德树人与学科育人,切切实实地主要发生在课堂中。课堂可以让教师了解学生的学习过程与认知规律,可以发现他们的心理变化,从而走进他们内在的精神世界。同时,教师的课堂教育教学能力会得到极大提升。

4."课堂"是相互切磋的场所

课堂不是教师单打独斗的地方。教师之间需要相互切磋,而切磋与研讨的最好地方就是课堂。因为课堂最容易暴露存在的问题与不足,课堂观察与课后研讨,对诊断分析、观点碰撞、自我反思、评价总结均有极大帮助。正如崔允漷教授一直强调的,从某种意义上讲,好老师不是带教出来的,也不是培训出来的,而是靠自己在课堂中悟出来和练出来的。

(二)"课堂转型"给教师成长带来的效应

由于课堂转型的内涵与特征的规约,它会对教师的课堂行为的转型提出新的要求。例如,课堂不再是单纯传播知识及接受知识的通道,也不是穷于刷题应对考试的"沙场",而应成为学生能动学习、积极思维、激发活力、健康成长的家园,要达到这样的要求,教师要思考很多实际问题,要转变不少工作方式,给自身的成长带来能量与智慧。归纳起来,课堂转型主要产生两方面的效应:

1. 让教师养成研究的习惯

课堂转型没有现成的公式,需要面对新情况,认识新问题,寻找新办法。这就要求教师成为一个研究者,去学会开展行动研究。例如,针对课堂问题,进行访谈调查、案例叙事、定量实证等研究。学校的实践也证明,自 2013 年以来,随着课程改革与课堂转型的推进,教师的研究习惯逐渐养成,为解决课堂问题,开展了大量的研究工作,撰写了许多理论联系实际的论文,在各级刊物上发表论文 798 篇。

2. 让教师增强创新的能力

从本质上说,课堂转型就是要从传统守旧转向变革创新。因此,要求教师形成推陈除旧、大胆创新的意识,敢于吃螃蟹、开先河。其实,课堂的创新具有无限的空间,教师在那里可以大显身手、大有作为。创新既可以是宏观的观念创新,也可以是微观的方法创新,既可以是整体性创新,也可以是局部性创新,既可以是(内涵)深度上的创新,也可以是(外延)广度上的创新。总之,课堂创新要从实际出发,重在效果,重在品位。

二、育人方式变革下课堂转型对教师基本素养的要求

(一) 对新课程背景下教师的专业素养的基本分析

素养是指一个人通过长期的学习和实践在某一方面所达到的高度,包括功用性素养和非功用性素养。在落实新课程标准的今天,教师必须具备落实新课程标准所需要具备的知识能力素养、处世人格素养和人文素养等基本素养。新课程背景下,教师在理念建树上有明显提高。比如,教师的教育理念提升较快;教师的教学行为变化鲜明,在课堂上勤于渗透和体现课改精神,自主创新意识较强,实践探索自觉主动。但是,当前教师在专业素养方面也存在明显不足:专业知识功底需要紧跟新教材新课程,对教材的解读和领悟要不断提升;对学科知识把握欠深入,要么过分看重知识的整合与教学活动的丰富,要么沉溺于传统教学模式,缺失新课程教学变革中学科本位特征。一个好教师必须具备三个层面的素质:深厚的文化底蕴、教育的理想和信念、教育的智慧。①

---

① 肖川.成为有智慧的教师[M].长沙:岳麓书社,2012:408.

大力提高教师的教育教学能力。以新时代教师素质要求和国家课程标准为导向,改革和加强师范教育,提高教师培养培训质量。如今全国上下都在推进新课程培训活动,实施全员轮训,突出新课程、新教材、新方法,强化师德教育和教学基本功训练,不断提高教师育德、课堂教学、作业与考试命题设计、实验操作和家庭教育指导等能力。比如,"国培计划"中增加了农村教师的培训机会,加强紧缺学科教师培训是非常有必要的。实施乡村优秀青年教师培养奖励计划,定期开展教学素养展示和教学名师评选活动,对教育教学业绩突出的教师予以表彰奖励,这些举措对教师专业素养的提升有着不可忽视的作用。

(二)课堂转型背景下教师基本素养的提升

"没有教师的成长,就没有真正意义上的教育改革。"[①]如何打造教师的专业素养,围绕课堂教学整个过程的开展,教师要在教学设计能力、组织教学过程、教后反思等环节上下功夫。教师必须具备落实新课程标准所需要具备的知识能力素养、处世人格素养和人文素养等基本素养。

1. 课堂转型背景下提升教师新课程实施的能力素养

(1)组织能力。作为教师,首先应是组织者,应当具备良好的组织能力。只有这样,才能很好地组织学生,领导学生,引导学生,使自己的教育教学工作获得较大的成功。否则,教学过程和育人过程会变成一盘散沙,很难获得良好的教育效果。虽然新课程标准要求以人为本,尊重个性,提倡让学生自主发展,淡化教师的主导地位,但不是否定教师的作用,教师仍然需要成为学生自主学习、自主探索的组织者和引路人。

(2)教学能力。教师具备渊博的学识和全新的教育理念,是做好教育工作的前提。但是,光有这些还不够,他还必须具备杰出的教学能力。因为教学是一门艺术,教师必须在教学的过程中,不断地丰富和发展自己的教学艺术,要形成自己独特的教学艺术特色;要使自己渊博的知识和全新的教育理念在自己的教学过程中得到凸显和发挥;要全面地把握自己所任教学科的教学内容和教学重难点,要有居高临下、一览众山小的宏伟气势来驾驭教材、驾驭学生、驾驭自己的教学过程;要使自己的教学艺术在自己的教学过程中得到淋漓尽致的发挥;要让你的学生和你自己在你的教学过程中得到美好的艺术享受。这样,你

---

① 肖川.教师成就希望[M].北京:九州出版社,2012:264.

才不会觉得自己的教学工作枯燥,学生才不会觉得你教的课程无味。

（3）育人能力。教师的工作不仅是教书,而且还要育人。要以教书为手段,达到育人的目的。无论哪一个科目的教师,都不能只是为了教书而教书,不能只教书而不育人。否则,你的书也是教不好的。教师应当以教材为载体,以教学过程为形式,对学生产生潜移默化的影响。要把育人贯穿教学过程的始终,要讲究育人的方法,淡化育人的痕迹,达到育人的效果。教师在育人的同时,要发挥良师的楷模作用、益友的合作作用、严父的管理作用、慈母的呵护作用,全方位育人,让学生全方位形成健全的人格。

（4）教研能力。一个不研究教学艺术,不探讨教法改革的教师,不是一个称职的教师,起码不是一个优秀的教师。作为一个有上进心的教师、一个爱岗敬业的教师,他一定会认真及时地研究教学方法的改革,及时地总结教学心得,不断地更新知识,改进方法,使自己的教育理念伴随着时代的步伐,渗透鲜明的改革特色,不断地丰富和发展,并且会将自己的教研成果转化为教学成果。

2. 课堂转型背景下加强教师个人的处世人格素养

（1）健全的人格。一个肩负着教书育人历史使命的教师,他首先要具备健全的人格。要有无私的奉献精神,爱岗敬业的优秀品质,要有为党和人民的事业奉献青春和力量的志向,要有与时俱进、开拓创新的意识。要用自己健全的人格和优秀的品质,率先垂范,为人师表,成为学生敬仰的楷模。

（2）博大的胸怀。作为教师要能深刻领会"无欲则刚,有容乃大"的含义。[①] 要有海纳百川之量,做到胸怀宽广。其一是对知识的容纳,要有永不满足,永不自满的精神,及时主动接纳和吸收各种新的知识,丰富自己的学识和情感。其二是对人、对事的容纳,要能容人容事,要以宽容的态度对待学生的过失。只有这样,才能成为真正的导师,成为受学生尊敬的典范,才会有学者的风度、教师的尊严。

（3）善辩的口才。教师要掌握演讲的艺术,提升自己的口才,要具备敏锐的思维,机智的判断,丰富的语言,要使自己的每一个教学过程和育人过程成为一次精彩的演讲和论辩的过程。教师只有具备善辩的口才,才能使自己的教学生动有趣,字字珠玑,才有吸引力,才能紧紧抓住听众,富有感染力和号召力。只有具

---

① 　李淑明.当代教育思想[M].桂林:漓江出版社,2011:64.

备善辩的口才,才能轻松地应对突如其来的事件,才能获得较好的教育效果。

3. 课堂转型背景下强化教师创新管理的人文素养

(1)美好的情趣。教师是人类文明最重要的传递者,所以必须具备美好的情趣,广泛的爱好。琴棋书画,吹拉弹唱,赋诗吟词等至少要成为自己的所能,使自己在广泛的兴趣爱好中陶冶情操。并且,只有教师具有广泛的兴趣爱好,才会注意培养和保护学生的广泛兴趣。

(2)正确的价值观。教育的根本目的是提高人的素质,促使人形成正确的人生观和价值观,进而提高人的生存质量。作为从事教育工作的教师,自己首先要有正确的价值观。要树立全心全意为人民服务的思想,要有爱岗敬业、无私奉献的精神,要将自己所拥有的知识无私地传授给学生,并且注意培养学生的创新精神,要在自己平凡的工作岗位上实现自己的人生价值的崇高信念。

(3)终身学习的理念。教师一旦选择了这个职业,可能就是几十年的事。在这几十年中,有多少科技的进步,知识的更新。作为教师要有终身学习的理念,要及时学习新的科技成果,及时更新知识,要让自己的知识与头脑具有与时俱进的时代特征。只有通过不断学习,用全新的知识和全新的理念来教育富有时代精神的学生,你的教育才能适应时代的发展要求。教师千万不要做井底之蛙,夜郎自大,故步自封。

《关于新时代推进普通高中育人方式改革的指导意见》指出,围绕立德树人这个根本目标,按照教学计划循序渐进开展教学,提高课堂教学效率,培养学生学习能力,促进学生系统掌握各学科基础知识、基本技能、基本方法,培养适应终身发展和社会发展需要的正确价值观念、必备品格和关键能力。为此,学校正在"生态课堂""现象教学"的基础上,引导教师融入情境创设、问题导向、任务驱动、活动推进、思维激活、成果可见的课堂转型元素,兼收并蓄互动式、启发式、探究式、体验式、项目式等各种学习方式,注重加强课题研究、项目设计、研究性学习等跨学科综合性教学,认真开展验证性实验和探究性实验教学。立足学生需求,关注学生持续发展,加强对学生理想、心理、学习、生活、生涯规划等方面的具体指导。

第四章

课堂转型途径之一：骨干教师的培训

骨干教师培训是吴江盛泽中学推进课堂转型的有效途径之一。为有效实施培训项目，学校要求学员，理论学习与行动研究相结合，自主研修与专家带教相结合，教师个体进步与群体发展相结合，统一式任务驱动与个性化培训需求相结合。培训中对学员提出"五个一"的明确要求：每学年写一份读书报告；开一节研究课；做一次微讲座；写一篇小论文；在为期3年的培训中完成一项课题。同时，课例研究与自我反思成为培训过程中的重头戏。这些培训举措为促进课堂转型起到了推波助澜的作用。

第一节 培训模式的一般概述

从 1952 年教育部首次提出建立系统的教师进修制度以来，我国教师培训先后经历了教材教法过关培训和学历补偿性培训，并于 20 世纪 90 年代初转向继续教育培训。[①] 国家对教师培训历来非常重视，国家层面的相关文件时有颁发，如中共中央、国务院《关于全面深化新时代教师队伍建设改革的意见》、教育部等五部门《关于印发教师教育振兴行动计划（2018—2022 年）的通知》、教育部《关于大力推行中小学教师培训学分管理的指导意见》等。

教师是一个特殊的职业，这一职业在充满创造性的同时又散发着理想的光芒。教师在教育学生的同时，自身也需要与时俱进，不断扩充知识储备，不断提高教育创造能力。教育部办公厅《关于组织实施新时代中小学学科领军教师示范性培训（2023—2024 年）的通知》明确指出："为深入学习贯彻党的二十大精神，贯彻落实习近平总书记关于教育的重要论述，落实科教兴国战略和人才强国战略，落实中共中央、国务院《关于全面深化新时代教师队伍建设改革的意见》和《新时代基础教育强师计划》文件精神，培养高素质教师队伍，在总结'国培计划'示范项目实践经验的基础上，教育部决定实施新时代中小学学科领军教师示范性培训（2023—2024 年，简称领军教师培训）。"强调加强领军教师、骨干教师的培训，进而带动其他教师共同提升。

一、骨干教师的定位及其培训意义

（一）教师培训介绍

教师培训按培训内容、培训形式、培训对象、培训级别等要求可以有不同的分类。按培训内容来说，大致包括教育理论培训、学科技能培训、安全规范培训、教育管理培训、师德师风培训等。按培训形式可分为线上培训、线下培训、

---

① 周新.中小学骨干教师国家级培训项目有效实施策略研究[D].长春：东北师范大学，2011：1.

脱产培训、不脱产培训等。按培训对象通常分为新教师的入职培训、一般教师的职业培训、骨干教师的提升培训和针对重点的名师培训等。按培训级别又可以分为校本培训、市区培训、国培计划培训等。

（二）骨干教师的定位

"骨干教师"是对教师中部分优秀者的称呼用语，具有肯定性的语用意义。在《教育大辞典》中，对骨干教师是这样解释的："业务能力和学术水平较高，在教育、教学和科研工作中起核心作用的教师。"①随着时代的发展，对骨干教师的理解也逐步发生改变。原本的骨干教师更多的是侧重于教学意义上的优秀教师，而现在对骨干教师的理解更多的是偏向于高素质、专业化、综合能力强的优秀教师。

作为具有较高素质的骨干教师，是兼具实践经验和教学智慧的优秀人才，是学校师资队伍中的中坚力量。他们既是科学的教学理念的实践者和传播者，又是前沿教学改革的引领者和推动者。骨干教师对教育教学活动，总结起来有以下几方面作用：

1. 高尚师德的垂范者

教师是智慧的拥有者，是文明的传播者，学高为师身正为范，好教师承载了人们的期许与敬仰。百年大计，教育为本；教育大计，教师为本；教师大计，师德为本。② 作为一名骨干教师，首先应该是高尚师德的垂范者。

党的十八大报告提出，要将立德树人作为教育的根本任务，习近平总书记围绕立德树人根本任务作出过很多重要的论述。党的十九大报告中再一次强调"要全面贯彻党的教育方针，落实立德树人根本任务，发展素质教育"。所谓"十年树木、百年树人"，"树人"首先就要"立德"。骨干教师作为教师团队中的中坚力量，其自身必须具有高尚师德和崇高品格，做到"树人先树己"。

2. 教学效果的示范者

骨干教师通常被认为是职业素养相对较高，在学校的教育教学活动中起到重要作用，取得过一定的教育教学成果，并能对一般教师具有一定示范带头作

---

① 李茜.中小学骨干教师培训的三大转变[J].中国成人教育,2020(17):84.

② 蔡珍珍,荆婷,王莘莘.弘扬高尚师德,争做"四有"好教师[J].中外企业家,2020(09):205.

用甚至对所在学校或区域的学科教学有一定影响的教师。教师的一项重要任务就是教学，一个教学效果不佳的教师很难被认同为一个"好教师"，更不可能是承担学校教育教学活动中坚力量的骨干教师。当一位教师的教学效果被大家所公认并常向其讨教经验，骨干教师的引领示范作用才能更好地体现出来。

3. 教学创新的探索者

作为优秀教师的一个重要特质是不安于现状，要积极探索，并具有强烈的创新意识，能关注教育教学改革前沿，积极推进教育教学改革，钻研教育教学中具体问题，准确把握学科发展方向，把实践与研究、课程与教学融为一体，做出富有特色的教改成就。[①] 同时，成熟的骨干教师不仅教学水平高超，而且理念先进，敢于尝试，有实践行动力。他们不是说一说、议一议，而是付诸实践。仅就基本的课堂教学来说，要真正实现高效课堂，破解课堂教学改革的障碍，克服提高课堂教学质量的困难，就需要掌握先进理论和具备丰富实践经验的骨干教师，在课堂教学的实践过程中先行先试。无数实践经验证明，中小学要在教学改革实践上取得优质、轻负、高效的成果，就必须依赖并放手鼓励骨干教师大胆探索，以实现优质、轻负、高效教学理念的实践转化，不断提高教学质量。

4. 专业发展的引领者

俗话说"一花独放不是春，万紫千红春满园"，对骨干教师而言，除了要求自身有精湛的教育教学水平外，更要发挥示范辐射作用。在骨干教师自己成长、出色完成教学任务的同时，带动教师群体共同发展，为一般教师提供直观、优质的专业示范，推动本学科的专业课程建设，引领一般教师专业发展，而且骨干教师作为一般教师的学习榜样，他们就在日常教学活动中，是身边"看得见、摸得着、接地气"的学习榜样，所以其引领效果会更好。

（三）骨干教师培训的意义

1. 骨干教师培训有利于培养杰出人才

著名的"为什么我们的学校总是培养不出杰出人才"的钱学森之问，拷问着我们每个从事教育事业的人。培养"名师"和"大家"的期望与现状之间的矛盾不容回避。要实现"科教兴国、人才强国"，首先要有一批素质高超、业务精湛、品德高尚、勤奋创新的优秀教师。这样的教师不可能从天而降，这样的教师只

---

① 李茜.中小学骨干教师培训的三大转变[J].中国成人教育，2020(17)：85.

能从骨干教师培养中逐渐成长起来。

2. 骨干教师培训有利于教育改革转型

自20世纪末至21世纪初,我国中小学教师数量能基本满足社会需求。教育部发布的《2014年教育统计数据》显示,2014年全国共有中等教育学校7.97万所,在校生2864.18万人,专任教师602.5万名。[①] 从数量上看,基本满足需求。在此基础上,进一步提高师资质量逐渐成为我国教育改革转型的新命题。其中,帮助有能力、肯钻研的骨干教师更上一个层次,有利于我国教育事业的改革转型,向更高层次的五育并举、立德树人方向转变。

3. 骨干教师培训有利于优秀群体提升

通过骨干教师培训,以点带面,推动整个教师队伍的提升,从而进一步扩大潜在优秀教师规模,有利于培养更多的专家型教师。同时,作为当今学习型社会的组成部分,对骨干教师的培训也有助于他们更好地怀有仁爱之心,坚持教书育人的理想信念,坚持终身学习,努力提升自我,为教育事业贡献力量。

二、骨干教师培训的基本要求

(一) 明确需求,提高培训效益

对骨干教师的培训可从师德师风、教育理念、专业学识、教学手段、教研能力、创新精神等方面入手。但是,若各方面均衡开展,没有侧重,往往会看似面面俱到,实则收效甚微。

在培训前,应针对教师需求和特点,结合区域发展和培训团队特长,科学合理且有针对性地设计培训主要方向和若干抓手,做到重点突出、任务明确、效果显著。

(二) 精细管理,提升培训效率

培训内容是实现培训目标的载体,培训目标只有通过培训内容的实施才能真正实现。[②] 骨干教师的培训内容包括专业理念、专业技能等方面。骨干教师培训的形式包括专题讲座、课例讨论、课题观摩、自主学习、专题调研、反思交流

---

① 李爱铭.中小学专家型教师培养的政策支持体系研究——以上海"双名工程"为例[D].上海:上海师范大学.2016:2.

② 安彩凤,葛翠玲,马冬妮.中学骨干教师培训的实践与思考——以陕西省高中历史骨干教师培训为例[J].西安文理学院学报(社会科学版),2016(4):91.

等。无论受训教师还是培训专家，往往不是全脱产参与，即在参与培训活动的过程中还有日常事务需要处理。所以，在设计培训内容时要兼顾不同方面，结合不同形式，并在培训过程中进行精细化管理。只有做到对各次培训活动进行精细化管理，才能牢牢把握培训方向，提升培训效率。

（三）及时调整，立足培训效果

培训过程有一定的期限，在培训过程中不能机械教条地执行初期设定的培训方案，可结合受训教师和培训教师的实际情况进行科学、合理调整。这种调整一方面为了更好地适应受训教师的实际需求，另一方面也可根据任务期望做出适当调整。根据实际情况，因时因势调整培训内容、培训方式，可以更好地提高培训的效果。

三、盛泽中学骨干教师培训项目

（一）项目简介

上海中小学博雅教育研究所成立于 2015 年，其主要业务是对博雅教育进行理论研究、实践探索及对研究成果的转化和推广；对办学思想、课程建设、课堂教学、师资队伍培养进行教育评估与研究；承担业务主管部门及教育研究机构委托的相关课题与项目研究，开展中小学教师培训、干部培训等教育咨询服务及相关课程实施、教学实证研究与指导。

由上海中小学博雅教育研究所承担的吴江盛泽中学骨干教师培训项目充分利用上海市基础教育人才高地这一高端平台和资源优势，组建优秀专家队伍，按需施教，理论提升与实践提高相结合，学、研、用结合，突出针对性和实效性，帮助教师开阔教育视野及转变教育理念，引导教师从教学困惑中发现问题，探索解决问题的方法，有效地将理论实践化和实践理论化，从而提升教师的专业素养，改善教师的教学能力，形成教师的教研意识，使受训教师逐渐由经验型教师向研究型教师发展，使他们成为具有良好师德修养、先进教育理念、厚实专业素养、开阔国际视野，具有教育研究和教育创新能力，能对吴江全区产生辐射作用、在苏州市有一定影响的骨干教师。同时对学校管理层在完善办学理念、凝练学校精神、建设特色课程方面进行指导。整个培训为期三年。

（二）项目要求

1. 追求教师个体进步与群体发展

本项目强调教师个体进步与群体发展的双效益，在追求共同体成员专业发展的同时，能对全体教师产生辐射作用。因此，项目活动与学校各教研组活动有机结合，与接受培训教师的本职工作相结合，力求培训效益的最大化。

2. 专家带教和共同体研讨相结合

学科带教方式以专家带教、个体学习和共同体研讨相结合；一月两次的集中研修和平时的教学教研（如集体备课等）活动有机结合，以集中研修引领平时的教研活动，引领日常教学，即专家不在场时，学习共同体根据带教要求，帮助教师落实研修要求，各学习组长充分发挥"二传手"的作用。

3. 骨干教师应充分体现主体意识

被带教的教师应充分体现主体意识，积极参与，积极思考，积极开展读书活动，积极开设探究课，撰写案例与文章，不断形成自己的思维成果。同时，共同体专家尽力调动受训教师的积极性和主动性，让受训教师在文章撰写与发表、课题申报、课堂教学水平提升等方面确实感受到专家令人信服的指导。

4. "五个一"任务驱动培训进程

每一位受训对象在准确分析自我现状的基础上，在专家的指导下确立个人发展目标和计划，目标制订以三年为期，目标要有可考量性；具体以每年"一节研究课、一份读书报告、一篇论文、一次微讲座"和三年"一个课题"，这"五个一"为基本内容，通过三年培训使教师个人发展取得明显成效。

5. 开展培训成果交流与分享活动

在条件成熟时举行一定规模的专题性课堂教学或研讨活动的展示。

6. 累积过程资料，提升培训成效

每学年由学校向区教育局及盛泽镇社会事业局提供培训次数、形式内容、受训阶段成绩等过程性材料，评价培训成效。

（三）培训内容

该项目以"攻关计划"为核心内容，即培训起始，受训教师在专家指导下，结合自身教学中比较突出的困惑，形成研究课题或项目，以学科为单位，组建攻关团队，聚焦教学科研，以解决问题来引领教师发展。"攻关计划"以三年为期。

围绕"攻关计划",形成"通识教育""阅读思考""学科教学""观摩交流""教学科研"五大模块,旨在开宽教师视野,增强教师的文化积累和理性思考,提升课堂教学能力和课程探究能力,增强教学科研意识与实践能力;同时,在项目成果的形成与总结中实现辐射作用。具体如下:

1. 通识教育

通识教育旨在开宽教师文化与教育视野,促进教师的理性思考。通识教育围绕攻关项目,以专题讲座形式,每学期开学前对全体教师集中培训一次,同时学期中再进行不少于一次的培训。通识教育采取有分有合的方式,根据讲座内容的适切性,有些内容共同体教师参与,有些可以全体教师参与。

2. 阅读思考

阅读思考旨在通识教育的基础上,根据教师的实际需要,推荐书刊阅读,进一步拓宽教师的视野,厚实教师的积淀,增强教师的基本理论素养,提高全体教师教育教学理论水平;在阅读中聚焦新课程改革背景下学科教学中的带有倾向性的问题,读、思、研结合,激发教师自我学习的内驱力,逐渐形成终身学习的思想;通识促进教师个体自我的教育理论建构,为攻关项目提供理论支撑与指导,真正建构起教师的学习共同体。

3. 学科教学

学科教学是整个培训乃至攻关计划的基本内容和核心内容,它围绕研究的问题,由学科专家深入学校、深入课堂进行面对面指导。学科教学旨在针对教师的专业发展现状,针对高中教育与教学改革和考试改革的大背景,通过问题研究,重新认识自己所任教的学科,完成对学科的整体性、本质性、规律性认识,并以此指导自己的教学实践;旨在面对由知识教育转向人的发展教育过程中,改革和提升自己的学科教学理念和课堂认识,打造符合时代要求和学生成长需要的现代课堂;旨在切实提高教师的学科教学能力,在教材把握、目标与内容确定、教学过程设计、课堂实施与呈现等方面得到全面进步。

具体内容由上海中小学博雅教育研究所各学科专家在深入调研盛泽中学特别是共同体成员的专业发展状况并做出科学预判后确定,其中对高层次骨干教师培养采用"一人一案"量身定制方式。

4. 观摩交流

观摩交流旨在扩大教师教育视野,学习外地外校的先进经验和成熟的改革策略，反观自身，确立自己的理想追求。观摩学习主要为参加上海和苏州地区相关学科的市级研讨活动，请上海骨干教师每学年来盛泽中学开设不少于三节研究课，以及介绍上海部分学校在教学教研、教师发展等方面的做法和经验等。本项目的观摩交流与以往做法有所不同。以往的观摩学习往往是一种单向学习，本项目要变单向为双向或多向，以走出去、请进来的方式，组织教师团队和上海、苏州、吴江等兄弟学校的教师开展同课异构等各项课堂教学研讨，以平等的姿态，相互学习；要站在平等的地位上对话，增强交流的思考含量。

5. 教学科研

教学科研旨在提升教师的研究力。一个没有科研意识和科研能力的教师是难以成为一个真正优秀教师的。攻关计划的进行要在通识教育与阅读思考的基础上，结合教育教学的时代要求和教师自身的实践困惑，以整体方式，也可以小组或个体为单位，发现真问题，实现真研究，在专家的帮助和指导下，要求每位成员都能最终形成自己的科研成果。

（四）培训团队

培训团队阵容豪华而强大，从团队人员构成角度来看包括大学教授、中学校长、教研员和中学教师等各方面力量。从团队人员资历来看，涉及的大学教授有长期在师范大学从事学科教学研究、曾长期参与相关学科高考命题的经历；涉及的特级校长包括教育部首批国家校长培训专家库成员、长期担任上海市市实验性示范性高中校长；涉及的中学教师基本都是正高级教师或特级教师，部分教师还是国培计划专家库成员并有丰富的教学和命题经验；涉及的教研员也都是特级教师，是在教研和教师培训方面有丰富经验的资深教研员。

整个团队分设领衔专家、秘书处、学校管理组及 10 个学科的学科组，其中每个学科组均有 2~3 名专家，整个专家团队有近 30 人。

第二节　以"五个一"为抓手的培训实践

教育部《关于加强新时代教育科学研究工作的意见》提出"教育科研工作者要切实增强做好新时代教育科研工作的责任感和使命感。要信念坚定,学深悟透习近平新时代中国特色社会主义思想,善于运用马克思主义立场观点方法指导教育科研工作。要学识广博,努力掌握全面系统的教育学科等人文社会科学知识,积极拓展自然科学等跨学科理论支撑,富有全球视野和历史眼光,具备多视角、多领域、多层次研究问题和破解难题的能力。要敢于创新,主动学习新知识,善于用新技术新方法开展研究,创新教育理论"。

吴江盛泽中学作为一所具有 80 年历史的老校,是江苏省四星级省重点高中。鉴于吴江盛泽中学的实际情况和教师的现状,为了既能提升教师教学的理论功底,又能提高教师授课的课堂效果,上海中小学博雅教育研究所有针对性地提出了以五个"一"为抓手的骨干教师培训方案。五个"一"是指每位接受培训的教师:每学年写一份读书报告、开一节研究课、做一次微讲座、写一篇论文,为期 3 年的培训中完成一项课题。通过以五个"一"为抓手的培训,接受培训的教师不仅仅只是形式上了解一些先进的教学理念、课堂上模仿一些高效的方法,而是从教师自身内涵素养提升出发,逐步提升教师思考、分析能力,逐渐培养教师从"一般教书匠"向有理论底蕴、有先进理念、有教学素养、有创新意识的"专家型教师"转变。

学科教学是整个培训乃至攻关计划的基本内容和核心内容,它围绕所研究的问题,由学科专家深入学校、深入课堂进行面对面指导。学科教学旨在针对教师的专业发展现状,针对高中教育与教学改革和考试改革的大背景,通过问题研究,重新认识自己所任教的学科,完成对学科的整体性、本质性、规律性认识,并以此指导自己的教学实践;旨在面对由知识教育转向人的发展的教育过程,改革和提升自己的学科教学理念和课堂认识,打造符合时代要求和学生成长需要的现代课堂;旨在切实提高教师的学科教学能力,使他们在教材把握、目标与内容确定、教学过程设计、课堂实施等方面得到全面进步。

通过培训,教师能知道如何切实有效地结合学生实际、结合新教材,联系很多实例展开课堂研究。通过备课、上课、听课、评课及其背后的思考,教师深入浅出地理解课堂转型的意义与教学设计原理,打破原本固有的对教材的理解,让教材为我所用,不再是一味地教教材,而是用教材教。对许多问题的设计看似简单,背后却隐藏着精巧的设计,这样的设计不仅能激发学生学习的积极性和主动性,而且可以提升学生的思维品质。在这样的课堂中,师生之间的互动不再局限于以往单向的问答,而是呈现出有一定思维容量、思维深度与思维质量的课堂形态。

正如吴江盛泽中学宋美红老师所说的,"一次次实践与反思,让我不断深入思考,教师所教的知识内容是相同的,而用什么样的方式去呈现就是需要考虑的问题。当然形式是服务于内容的,要适应时代要求,将优质的内容用优质的形式呈现出来才是优质的课堂"。这也正反映出通过培训,达到了预期的"培养教师多思考、多分析的能力和习惯"的目标,取得了从内驱动力角度提升教师教学能力的效果。

一、读书报告:指向教师内涵的提升

(一) 教师有效阅读的意义与作用

教育改革的目的在于提升学生的核心素养,重点在于教师需要完成从单纯传授知识到多元引领学生成长的角色转变。为此,要倡导用好读教育类、学科专业类、人文类和时代焦点类书籍的四种策略,帮助教师突破能力瓶颈,实现从自身"教"到学生"学"的最大效能的转化,提升师生双重核心素养,迎接教育新挑战。[①] 师者,传道、授业、解惑也,教师作为文化的传承人、学生成长的引领者,教师的专业学识、人文素养、眼界胸襟等教师内涵素养对所教学生有着巨大的影响。而要提高教师的内涵素养,有效途径之一就是阅读。可以说,阅读是教师专业发展的重要基础,没有高质量的阅读,很难真正提升教师的内涵,培育教师成长。纵观古今中外的名师大家,都是博览群书、勤于思考、敢于开拓的。而

---

① 张蕾.教师专业化阅读提升师生双重核心素养[J].宁波教育学院学报,2022(6):111.

在教育领域中，优秀教师或许有不同的成长机遇和途径，但善于阅读、热爱阅读、勤于阅读是绝大多数优秀教师的共同特点。教师阅读的意义概括起来，大致有以下几点：

1. 教师阅读是职业需要

教师的重要职责是"教书育人""立德树人"。作为人才的培育者，教师是社会优秀人才的标杆和领航员，所谓"学高为师，身正为范"，教师本身在知识和素养方面都应成为学生的榜样。① 而要更好地做到这一点，教师必须主动学习、不断提升，提高教书育人的本领。很多学生都是因喜欢某位老师，进而喜欢其所授课程。腹有诗书气自华②，教师通过不断提升自我人格魅力，能更有效地提高教学效率和教育效果。

（1）跨学科能力对阅读的要求。面对国家向教师提出的"德育渗透学科教学"和"跨学科综合能力"要求，教师唯有围绕学科本体、课程建设、教育理论、先进文化等方面进行阅读，不断提升自我、拓宽知识视野、提升人文底蕴，才能获得更好的教学效果。教师要将"为了自我而阅读"和"为了学生去阅读"相结合，拓展专业涉猎领域③、厚植自身文化修养，才能更好地设计课堂教学环节、搭建提问与讨论平台、推动学生高阶思维、调动学生课堂投入，真正做到提升课堂效率、效能和效益。

（2）核心素养培育对阅读的要求。面对国家向学生提出的"五育并举"和"学科核心素养"的培养要求，教师自身的学科核心素养也需要不断提高，而提高的途径之一就是有效而广泛阅读。阅读能助力教师提升设计符合课标精神的教学方案的能力，能推动教师对学科核心素养的再思考、再认识、再实践。

（3）课堂转型对阅读的要求。为改变"重灌输""重操练"的课堂模式，教师的教育理论学习、专业类阅读和通识化博览有利于教师博采众长，提高悟性，实现转型。新课程改革对教师驾驭课堂教学的能力提出了更高的要求，一味地照本宣科或进行习题讲解已经不能适应新课标提出的联系生活、结合情境、解决

---

① 谭军,彭军.校地联合培养卓越教师的改革实践研究[M].长春:东北师范大学出版社,2018:5.

② 仁子.中华千古名句[M].济南:山东教育出版社,2018:182.

③ 王惠中,徐爱霞.高师音乐教育的新思路[J].延安大学学报(社会科学版),2005(3):116.

问题的要求。所以,今天的教师不仅要有丰富的知识储备,还要有较高的悟性。通过阅读和读后反思,可以有效提高教师的领悟能力,进而在课堂上游刃有余,上出气氛活跃、内容精彩、令人回味的优质课。

（4）学高身正对阅读的要求。教师不仅是知识的传播者,更是行为的示范者。身正为范是指教师本身要成为做人的楷模,通过言传身教来影响学生、感染学生。学校作为传授知识的主阵地,其学习氛围直接影响到办学水平和教学效果。教师带头阅读能为学生提供一种潜移默化的熏陶。勤阅读、富学养、善思考、有追求的教师往往更容易成为学生心目中的偶像。教师的一言一行、一举一动都可能成为学生刻意效仿的对象,在热爱阅读的教师的熏染下,学生热爱阅读的可能性也会大大增加。

2.教师阅读是时代需求

一个民族、一个时代需要善于阅读、热爱阅读的人们,因为创新、创造的不竭源泉和推动文化进步、科技发展的动力来自阅读、思考和实践。当今时代,生活节奏日益加快,工作压力逐步增加,如何克服高强度、快节奏带给人们的负面影响引起了人们广泛的思考。阅读恰能使人抛开喧嚣与浮躁,沉下心来。在遇到工作、生活等方面的问题时,可以通过阅读来获得灵感、寻求帮助、慰藉心灵,进而提高自身的气质修养和生活品质。教育部《关于加强新时代教育科学研究工作的意见》提出要深入开展服务全民的终身学习体系和学习型社会建设研究。所以,教师阅读也是为创建学习型社会做出努力和示范。

（二）教师阅读的主要方向

1.阅读教育学方面专著,提升育人理念、改进教学方式

教师通过阅读教育类、教学管理类专著,既可以促进钻研提炼教学规律,又可以结合实践不断尝试改进教学。无论是经典的教育理论专著还是通俗的教学案例分析,都蕴含教育原理和教育经验,对一线教师和教育管理者都有帮助。

2.阅读学科专业类专著,提升教学能力、夯实专业知识

教师通过阅读专业类专著,可以了解专业课程中蕴含的人文精神和学科精神,可以学习专业相关的科学研究方法,可以升华对专业知识的认识,可以寻找与其他专业知识的关联,从而丰富教师日常教学过程中的内容、调节课堂气氛、激发学生思考、帮助学生理解。

3. 阅读经典文学著作类专著，提升审美能力、厚植文学素养

教师远离文学作品，就不可能有丰富的学识，只能在枯燥的概念词语中转圈子。教师语言质量的低劣，不仅是语言表达能力的问题，更是文学素养低下的表现。通过阅读经典文学专著，可以帮助教师构筑丰富的精神世界，驾驭课堂，给学生带来丰富的精神食粮。

4. 阅读能促进与学生交流的专著，缩小与学生间的代沟、永葆年轻的心态

为获得更好的教学效果，与学生进行沟通是教师不可或缺的技能。但是，教师的年龄往往与学生的年龄相差甚远，两者无论是生活阅历还是喜好兴趣都被深深地烙上了时代的印记。如何缩小教师与学生间的代沟，是每一位教师需要直面的问题。通过阅读学生阅读的书籍能更好地与学生进行沟通和交流，在增加共同语言的同时拉近师生间的距离，进而提升和改进教学效果。

5. 阅读各类"闲书"，拓宽视野、增强自身学养

实践表明，一位博古通今、上知天文、下知地理，拥有广博而丰腴知识的教师更易被学生所接受和崇拜。因此阅读并了解自己本专业以外的其他领域书籍，有利于教师拓宽视野、形成鲜明的人格个性，进而吸引学生和调动学生学习的兴趣。

（三）盛泽中学骨干教师读书报告选例

上海中小学博雅教育研究所针对吴江盛泽中学骨干教师培训中的一项重要抓手是读一本书、写一篇读书报告。通过撰写读书报告，使受训教师从繁忙的工作中挤出时间，沉下心来对感兴趣的书籍进行有效阅读并写下体会与感想，不仅增长了学识、开阔了视野、启迪了心智，而且还锻炼了书写与表达的能力。试图以此为突破，逐渐引导受训教师养成日常阅读的良好习惯，将阅读作为自己要做的一项重要事项，为自己创造与专家、学者、文人"隔空对话"的机遇，从而提升受训教师内涵素养。

本次受训的 50 余位骨干教师来自 10 门学科，各位教师的专业背景、生活环境、阅读喜好均有所不同，因此阅读的书目也是各不相同的。下面是各学科教师阅读的部分书目：

表 4-2-1 各学科骨干教师阅读的部分书单一览表

序号	科目	书名
1	语文	《现象教学》
2		《百年孤独》
3		《乡土中国》
4		《常识》
5		《东周列国故事》
6		《教育中的人工智能——可持续发展的机遇和挑战》
7		《中国当代文学 60 年》
8		《教师专业化的理论和实践》
9		《乡土中国》
10		《月亮与六便士》
11		《经典小说解读》
12		《挺经》
13		《知行合一王阳明》
14		《蒋勋说红楼梦》
15		《内闱》
16	数学	《简约数学教学》
17		《HPM:数学史与数学教育》
18		《教学机智——教育智慧的意蕴》
19		《给数学教师的 101 条建议》
20		《优秀高中数学教师知道的十件事》
21	英语	《玫瑰与教育》
22		《英语词汇教学与研究》
23		《语言教学:从语法到语法技能》
24		《英语阅读教学中的材料处理:解读与使用》
25	物理	《深度学习走向核心素养》
26		《核心素养导向的课堂教学》
27		《物理教育心理学》

（续表）

序号	科目	书名
28	化学	《陶行知教育名篇精选》
29		《学历案与深度学习》
30	信息	《致青年教师》
31		《现象式学习》
32	历史	《现代中国的展开》
33		《二十世纪中国史纲》
34		《两岸新编中国近代史》
35	地理	《地理学与生活》
36		《道德经》
37		《核心素养十讲》
38	政治	《如果我当老师》
39	体育	《2022 篮球规则解读》
40		《留白式课堂的实践探索》
41		《第 56 号教室的奇迹》

从上述概览中不难发现，大部分教师在阅读时是有特定偏好的，其中选择与自己专业相关的书籍较多，其次是教育学、心理学等与教育相关的书籍，且教师在阅读的同时均结合自身教学工作进行深入思考，并落笔写下阅读感悟。例如，李甜甜老师在阅读《地理与生活》一书后写下的读后感：

地理学是一门既古老又年轻的科学，本书内容充分反映了这个特点：全书分为四篇，均以"传统"贯穿——地球科学传统、文化—环境传统、区位分析（或空间）传统和区域分析传统。传统，反映了地理学古老的一面。在各章中，又翔实地叙述了现代地理学理论与实践的发展和应用，反映了其年轻的一面。《地理与生活》一书很好地阐述了地理学的传承、发展与应用。

书中用了很多篇幅介绍每一种投影方式的用意和不足，如等距投影能以任何地点为中心，有助于校正从一点到所有其他地点距离的测量。以地图制作为中心，引出了当代地理信息技术，阐述了遥感、GIS 等，从而讨论卫星影像和隐私、卫星影像和国土安全、社会稳定等问题。

关于地球科学传统，即地球地貌、气候、自然资源，这部分内容高中地理学几乎全部涵盖了。这章内容可以帮助我们理解不同区域所形成的地理特色,如旅游时最直观的感觉,如天气,气候,地貌,植被,自然资源。在本篇基础上,书中讨论了筑坝的问题、气候变化带来的问题、资源消耗、燃油政策、海啸、地震、核能利用、雨林管理等。本章中的地球神秘多样,生机勃勃,隐藏着丰富的宝藏,还有恰到好处近乎完美的自然规则。同时,本章中的地球同样显得残酷、恐怖、危机重重,如土地盐碱化,海啸突袭,湿地退化,无一不引人深思。

文化—环境传统篇,即人口变化,不同地区形成各具特色的文化,随着交通改善而逐步渗透的空间作用,在空间渗透作用下形成现代国家。书中还讨论了世界人口变化带来的影响、女性在世界发展中所扮演的角色、区域文化形成的原因和它们各自的特色,包括音乐,服饰,语言,宗教等,还讨论了现代国家的形成、空间相互作用的过程、难民问题、恐怖主义、巴以冲突等问题。本篇对帮助我们理解现代国家,理解世界上存在的差异与变化作用很大。

关于区位传统,在前两篇介绍不同地方区位差别的基础上,本篇介绍人类活动在各自区位中所表现出来的特色和原因,如不同类型经济活动的发展过程,各种产业类型的形成和变化,具体到农业的类型、工业的类型、现代第三产业、第四产业的类型,城市的形成,发展类型和特征,人类对环境的影响等。这些分析方法都能应用到现实生活中,用于帮助我们分析理解所处的环境。本篇从水污染、空气污染、对地貌的破坏、对动植物的破坏、固体废物的处理等方面阐述人类活动对地球环境所造成的破坏,以及对动植物、人类自身所造成的伤害,真是触目惊心,深感遗憾。想一想生活中频繁曝出的北极高温、欧洲高温、垃圾山坍塌埋人、中国拒绝垃圾进口……不由得深深叹息。环境保护由来已久,然而由于经济至上,人类对自然缺乏敬畏之心,破坏性短视发展方式依然屡禁不止,如雨林保护是为了阻止经济发展……环保的路到底走了多远?

地理学有很强的交叉学科的特征,在地球科学传统的研究中,数学、物理学、化学的学科知识和研究方法都涵盖其中,在文化—环境传统一篇的研究中,统计学、经济学、人文学、政治学的知识和研究方法又涵盖其中,区位传统研究中甚至还包含生物学的部分内容。

综上所述,之所以说地理无处不在,是因为它研究的每一个内容都在我们身边,大多数都是我们触手可及的,能够理解的。地理无处不在,地理所带来的快乐与思考也无处不在。

二、优秀课例:指向教师教学能力的提升

要成为一名"好"教师,能上"好"课是前提条件之一。专家的定期指导和教师的日常观摩固然重要,但在专家团队的指导下,教师通过亲身实践、理论联系实际,可在教师培训中有效提高培训的效度和广度,深化培训的深度。

在盛泽中学骨干教师培训项目中,要求每位接受培训的教师上一节研究课,从外在形式上讲,使教师对优质课应满足的规范性内容有了具体的认识;从内涵上讲,对教师进一步熟悉课标、结合教材、分析学生、精心备课有了实质性提升。

(一)优质课设计与展示的意义

1. 找到理念转化为实践的途径

通过培训专家当面指导和团队磨课,有利于教师理论联系实际,将教学理念融入日常教学中。培训过程中虽然有专家报告、面谈交流、论文研读等环节,但很多教学理念往往只停留在教师的记忆中和口头上。通过对一节研究课的交流、探讨和思考,专家与骨干教师有了将理念转化为案例的途径,受训教师有了理论指导的实践个案,观摩教师有了形象的示例范式。

2. 提升教师课堂教育教学水平

通过精心设计并执教试讲研究课,教师会增强学科专业成长的动力,提升课堂实际教学水平。教师通过联系前后章相关内容,对一节课各环节内容精心设计,能更好地领会教学目标。对研究课细节的反复琢磨能更好地提升教师学科专业素养和对教学效果的关注程度。

3. 激发创新灵感与批判性思维

集体研讨和观摩研究课,有利于激发教师的思维火花,产生教学智慧。通过对研究课的磨课、观摩和研讨反思,可以促进教师相互交流,在交流过程中激发出创新灵感和批判性思维。

4. 促进教师在探索中追求创新

研究课设计、观摩与交流,有利于推动教师钻研探索,尝试新技术、新方案、新手段,并积极反思,培养创新型教师。

（二）研究课示例

【案例 4 - 2 - 1】

课题:直线的倾斜角与斜率

执教人:陆建

教学目标:

1. 初步了解直线的倾斜角和斜率的概念;

2. 初步掌握过两点的直线斜率的计算公式,会求直线的倾斜角和斜率;

3. 通过斜率概念的建立和斜率公式的推导,经历几何问题代数化的过程,经历从特殊到一般、从感性到理性的认知过程,体会数形结合和化归转化思想。

教学重点:

理解直线的倾斜角和斜率概念,初步掌握过两点的直线斜率的计算公式。

教学难点:

直线的倾斜角、斜率概念的形成,两点斜率公式的建构。

一、新课引入

在学习几何的过程中,我们常常通过直观感知、操作确认、思辨论证、度量计算等方法研究几何图形的形状、大小和位置关系,这种方法通常称为综合法。本章采用一种新的方法——坐标法研究几何图形的性质。坐标法是解析几何中最基本的研究方法。

解析几何是 17 世纪法国数学家笛卡儿和费马创立的,它的基本内涵和方法是:通过坐标系,把几何的基本元素——点和代数的基本对象——数(有序数对)对应起来,在此基础上建立曲线(点的轨迹)方程,从而把几何问题转化为代数问题,再通过代数方法研究几何图形的性质。解析几何的创立是数学发展史上的一个里程碑,数学从此进入变量数学时期,它为微积分的创建奠定了基础。

本章将在平面直角坐标系中,探索确定直线位置的几何要素,建立直线方程,并通过直线方程研究两条直线的位置关系、交点坐标及点到直线的距离等。

二、探究新知

【问题1】我们知道,点是构成直线的基本元素。在平面直角坐标系中,点用坐标表示。那么,如何表示直线呢?

【问题2】确定一条直线的几何要素是什么? 对平面直角坐标系中的一条直线 l,如何利用坐标系确定它的位置?

【解答】已知两点或一点和一个方向可以确定一条直线,由方向向量知道,两点确定一条直线可以归结为一点和一个方向确定一条直线。

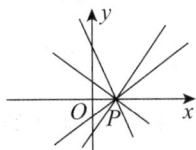

【问题3】如何表示直线的方向?

【解答】在平面直角坐标系中,规定向右是水平直线的

图 4 - 2 - 1

方向,规定其他直线向上的方向为这条直线的方向。因此,这些直线的区别在于它们的方向不同。如何表示这些直线的方向? 我们看到,这些直线相对于 x 轴的倾斜程度不同,也就是它们与 x 轴所成的角不同。因此,我们可以利用这样的角来表示这些直线的方向。当直线 l 与 x 轴相交时,我们以 x 轴为基准,x 轴正向与直线 l 向上的方向之间所成的角 α 称为直线 l 的倾斜角。

【问题4】当直线 l 与 x 轴平行或重合时,其倾斜角大小为多少? 直线倾斜角 α 的范围是什么?

【解答】当直线 l 与 x 轴平行或重合时,我们规定它的倾斜角为 $0°$。

直线的倾斜角 α 的取值范围为 $0° \leqslant \alpha < 180°$。

【总结】在平面直角坐标系中,每一条直线都有一个确定的倾斜角,而且方向相同的直线,其倾斜程度相同,倾斜角相等;方向不同的直线,其倾斜度不同,倾斜角不相等。因此,我们可以用倾斜角表示平面直角坐标系中一条直线的倾斜程度,也就表示了直线的方向。

【问题5】直线 l 经过 $P_1(x_1, y_1)$ 和 $P_2(x_2, y_2)(x_1 \neq x_2)$,它的倾斜角与 P_1, P_2 有什么内在联系?

【解答】对于一个一般性命题,可以从特殊的情形来考虑。

在平面直角坐标系中,设直线 l 的倾斜角为 α。

(1) 已知直线 l 经过点 $O(0,0)$,$P(\sqrt{3}, 1)$,α 与点 O, P 的坐标有什么关系?

（2）如果直线 l 经过点 $P_1(-1,1),P_2(\sqrt{2},0),\alpha$ 与点 P_1,P_2 的坐标又有什么关系？

【问题 6】当直线 P_1P_2 与 x 轴平行或重合时，上述式子还成立吗？为什么？

【解答】$\tan\alpha=\dfrac{y_2-y_1}{x_2-x_1}(x_1\neq x_2)$。我们把一条直线的倾斜角 α 的正切值称为这条直线的斜率。斜率常用小写字母 k 表示，即 $k=\tan\alpha$。日常生活中常用"坡度"表示倾斜面的倾斜程度：坡度 $=\dfrac{铅直高度}{水平宽度}$。当直线的倾斜角为锐角时，直线的斜率与坡度是类似的。

【问题 7】当直线的倾斜角由 $0°$ 逐渐增大到 $180°$ 时，其斜率如何变化？为什么？

【解答】$k=\tan\alpha=\dfrac{y_2-y_1}{x_2-x_1}$。倾斜角和斜率分别从形与数两个角度刻画了直线的倾斜程度。

当倾斜角 α 满足 $0°\leqslant\alpha<90°$ 且逐渐增大时，斜率 k 逐渐增大；

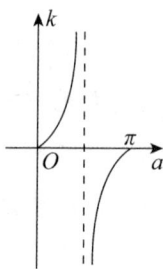

图 4-2-2

当倾斜角 $\alpha=90°$，斜率不存在；

当倾斜角 α 满足 $90°<\alpha<180°$ 且逐渐增大时，斜率 k 逐渐增大。

【总结】由正切函数的单调性，倾斜角不同的直线，其斜率也不同。因此，我们可以用斜率表示倾斜角不等于 $90°$ 的直线相对于 x 轴的倾斜程度，进而表示直线的方向。

【问题 8】直线的方向向量与斜率 k 有什么关系？

【解答】我们知道，直线 P_1P_2 上的向量 $\overrightarrow{P_1P_2}$ 以及与它平行的非零向量都是直线的方向向量。直线 P_1P_2 的方向向量 $\overrightarrow{P_1P_2}$ 的坐标为 (x_2-x_1,y_2-y_1)，当直线 P_1P_2 与 x 轴不垂直时，$x_1\neq x_2$。此时向量 $\dfrac{1}{x_2-x_1}\overrightarrow{P_1P_2}$ 也是直线 P_1P_2 的方向向量，且它的坐标为 $\dfrac{1}{x_2-x_1}(x_2-x_1,y_2-y_1)$，即 $\left(1,\dfrac{y_2-y_1}{x_2-x_1}\right)=(1,k)$，其中 k 是直线 P_1P_2 的斜率。因此，若直线 l 的斜率为 k，它的一个方向向量的

坐标为(x,y),则$k=\dfrac{y}{x}$。

三、知识应用

例1　如图$4-2-3$所示,已知$A(3,2)$,$B(-4,1)$,$C(0,-1)$,求直线AB,BC,CA的斜率,并判断这些直线的倾斜角是锐角还是钝角。

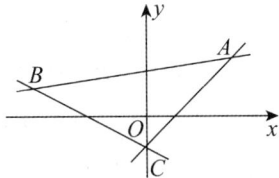

【解答】直线AB的斜率$k_{AB}=\dfrac{1}{7}$,直线BC的斜

率$k_{BC}=-\dfrac{1}{2}$,直线CA的斜率$k_{CA}=1$;

图$4-2-3$

由$k_{AB}>0$及$k_{CA}>0$可知,直线AB与CA的倾斜角均为锐角;

由$k_{BC}<0$可知,直线BC的倾斜角为钝角。

四、课堂小结

本节课,我们在平面直角坐标系中,讨论了确定直线位置的几何要素,即两点确定一条直线以及一点和一个方向确定一条直线,并从形和数的角度利用倾斜角和斜率来刻画直线的倾斜程度,即表示了直线的方向,并探讨了倾斜角、斜率与直线上两点坐标的关系,探讨了直线的方向向量与斜率的关系。在此过程中体会到数形结合数学思想以及将几何问题转化为代数问题的化归转化思想。

五、课后作业

1. 已知四边形$ABCD$的四个顶点是$A(2,3)$,$B(1,-1)$,$C(-1,-2)$,$D(-2,2)$,求四边形$ABCD$的四条边所在直线的斜率。

2. 已知直线斜率的绝对值等于1,求直线的倾斜角。

3. (1) 经过$A(-m,6)$,$B(1,3m)$两点的直线的斜率是12,求实数m的值;

(2) 经过$C(m,2)$,$D(-m,-2m-1)$两点的直线的倾斜角是$60°$,求实数m的值。

三、微型讲座:指向教师理解力与表达力的提升

随着计算机与互联网技术的发展,人们的知识存储和传递方式发生了明显

的改变,如微信、微博、微小说、微电影等应运而生。在此社会背景下,对教师培训的手段和方法也逐渐发生了变化,在现有的教师培训方式中,微讲座作为一种新的培训形式应运而生。[①]

(一)微讲座简介

微讲座是指时间相对较短,针对某个特定主题,条理清晰、有结构的小型讲座。它被广泛应用于传播优秀思想、科研成果、学术成就等。其特点是时间短,题目小,话题有条理,有系统。这里所指的微讲座是指在教师培训的实践指导环节中的小型讲座,是学员在教学实践后按专题进行的系统梳理学科知识或教学策略的成果汇报。[②]

(二)微讲座特点

1. 对象多元化

盛泽中学骨干教师的微讲座的对象具有多样化的特点:有的是为学生举办的,有的是在学科教研组内进行的,有的是面对本学科骨干教师与学科专家开讲的,有的是在沪苏两地教师之间网上交流中进行的,有的是在校外专题研讨会上所作的演讲。由于对象不同,微讲座的要求也有所区别,如面对学生讲解要力求通俗性、趣味性,在骨干教师研讨场合讲述要注意开放性、创新性,到专业论坛上演讲更要注意学理性、严谨性。

2. 时长相对短

微讲座的时间相较于正式的大型讲座动辄 2~3 个小时而言,其时长较短,一般控制在一刻钟至半小时之间。因为时间相对短,对演讲者而言准备的压力就会相对小。考虑到受训教师并非完全脱产培训,手头还有日常教学和工作,所以采用微讲座的方式既能引导演讲者针对某一问题精细钻研、思考,并梳理、演讲,同时负担又不会过重。

3. 话题相对小

相对于正式的大型讲座,微讲座讨论的话题相对更聚焦于某一特定情境或某一特殊点,针对具体问题进行分析,形成相对系统、有一定条理的报告。着眼点要小一些,对演讲者而言能更聚焦地思考,更有针对性地分析,也更贴近受训

---

① 王蔚.微讲座:教师培训教学方式的微创新[J].北京教育学院学报,2013(4):16.
② 王蔚.微讲座:教师培训教学方式的微创新[J].北京教育学院学报,2013(4):16.

教师的实际精力和能力现状，实现鼓励跳一跳、帮助长一长的培训初衷。

4. 内容相对实用

微讲座的特色在于"微"，还在于它所讨论的话题和内容相对更接地气、更实用。相对于大型讲座往往是请名师大家，从相对宏观、全局的角度阐述一个主题，教师培训过程中的微讲座限于时长、话题等原因，往往针对教师教学过程中遇到的具体问题、案例进行阐述和分享。

5. 形式相对灵活

与在报告厅中正襟危坐、聆听演讲不同，微讲座的特点是形式相对灵活。因为微讲座有时长相对短、话题相对小、内容相对实用的特点，使微讲座的形式相对灵活、操作相对简易。在组织微讲座时，可以是一个主题多人各自报告，也可以是多个主题组合交流，受场地、时间等外部条件限制相对较小，在疫情期间，网上的微讲座更是经常采用的形式，受到大家的推崇与欢迎。

6. 本质仍为讲座

虽然微讲座有上述特点，但微讲座就其本质而言，乃是大型讲座的缩微精炼版。"麻雀虽小五脏俱全"，微讲座和大型讲座一样，也要求有鲜明的主题、有清晰的观点、有系统的理论、有严谨的逻辑和精彩的内容。

（三）微讲座示例

在上海中小学博雅教育研究所针对吴江盛泽中学骨干教师的培训活动中，针对受训教师多且忙的实际情况，提出了每位受训教师做一次微讲座的要求。实践中，教师结合自身教学工作实际，确定主题，并通过专业的思考结合文献检索学习，做出了一场场精彩的报告。这样的微讲座活动，不仅使聆听者得到了有益的培训，还使演讲者在准备和演讲过程中得到了培养和锻炼，更是创造了教师和培训专家间进行头脑风暴的绝佳机会。盛泽中学骨干教师微讲座主题整理如下[①]：

---

① 部分教师微讲座主题相同，此处予以合并展示。

表 4－2－2　各学科骨干教师举办的部分微讲座一览表

序号	学科	部分微讲座主题
1	语文	"大概念"与"大单元"所指向的教学理念
2		关于议论文结构模式的教学课堂
3		作文教学的思考
4	数学	反思数学教学本质,培育数学核心素养
5	英语	七选五专项
6		读后续写写作策略
7		对高中英语新教材词汇教学的思考与实践
8		新高考　新阅读
9	物理	基于教育科研融合的高中物理 概念图教学的研究
10		且行且思,在磨砺中前行
11	化学	如何在日常教学中提高学生化学学科核心素养?
12		学历案中学习目标的制定
13	信息	始于现象　重在探究　达于素养 ——现象教学理念下高中信息技术项目式教学的实践与思考
14		现象教学理念下高中信息技术课堂育人价值的探究
15	历史	关于课题申报的那些事
16		浅谈江苏高考历史小论文
17		课题研究立项过程分享
18	地理	地理教学的真实问题情境
19		关于"生态文明"的教学实践探索
20		我们这颗星球
21	体育	基本功大赛
22		足球之脚内侧接球(地滚球)
23		现代奥运会的历史与发展

这里摘引两篇吴江盛泽中学教师所做的微讲座以期共享。

【案例 4－2－2】

主题:浅谈江苏高考历史小论文

讲授时间　2022 年 6 月

讲授班级　高二(5)班

讲授教师　庾秋英

简介:

撰写历史小论文是绝大多数学生的难点所在,对往届历史小论文进行简单的统计分析,以及赋分要求所在,为学生提供一些帮助。

内容:

从 2011 年起的江苏省高考历史卷中,历史小论文的考查没有中断过。从课程标准角度来看,符合高中历史学科核心素养历史解释的要求,也为将来大学的论文撰写奠定基础,实现学生能力素养的衔接。从考生得分情况来看,江苏省高考卷历史小论文的得分比较低,总分 9 分的历史小论文全省平均分基本在 3 分以下。就短板理论而言,针对往届江苏省高考的历史小论文进行统计分析是非常有必要的。

年份	题号	小论文主题	分值	字数要求
2011 年	22 题(3)	论证陈旭麓先生提出的观点	6 分	200 字左右
2012 年	22 题(2)	以"时代、史家与历史认识的修正"为主题进行论证	9 分	250 字左右
2013 年	23 题(4)	多角度论述主题"新政的机遇与挑战"	8 分	250 字左右
2014 年	22 题(2)	以"王韬课士的近代性"为主题进行论证	10 分	280 字左右
2015 年	23 题(3)	对"深重的灾难同时又是一种精神上的强击"这一论断加以说明	9 分	280 字左右
2016 年	22 题(2)	评析新文化运动代表人物对传统文化的认识	9 分	280 字左右
2017 年	22 题(2)	就材料中作者提出的中国"道路"问题写一篇小论文	9 分	280 字左右

（续表）

年份	题号	小论文主题	分值	字数要求
2018 年	21 题(2)	以宋明理学为例,就中国文化的"包容力"和"生命力"写一篇小论文	9 分	280 字左右
2019 年	22 题(2)	就翁仕朝的家国情怀提炼观点,并从内涵和成因方面进行论证	9 分	280 字左右
2020 年	23 题(2)	就米什莱在研究文艺复兴时提出的"人和世界的发现"写一篇小论文	9 分	280 字左右
2021 年	17 题(2)	据材料,概括 20 世纪 30 年代青少年具有的现代思想意识,并结合所学知识,说明其形成的时代背景	9 分	/

从上表中我们可以归纳出江苏高考卷历史小论文的考查类型主要分为三类:

1. 论证型小论文:(提炼)材料观点＋论证

(1) 材料提供观点,要求考生论证,如 2011 年 22 题(3)"运用上述材料,结合所学知识,论证陈旭麓先生提出的观点"。2017 年 22 题(2)"据材料并结合所学 19 世纪后期中国史的相关知识,就材料中作者提出的中国'道路'问题写一篇小论文"。2018 年 21 题(2)"据材料并结合所学知识,以宋明理学为例,就中国文化的'包容力'和'生命力'写一篇小论文"。2019 年 22 题(2)"就翁仕朝的家国情怀提炼观点,并从内涵和成因方面进行论证"。2020 年 23 题(2)"就米什莱在研究文艺复兴时提出的'人和世界的发现'写一篇小论文"。

(2) 材料指定,进行论证,如 2012 年 22 题(2)"运用上述材料,结合所学知识,以萧公权的康有为研究为例,以'时代、史家与历史认识的修正'为主题进行论证"。2014 年 22 题(2)"综合上述材料,结合所学知识,以'王韬课士的近代性'为主题进行论证"。2021 年 17 题(2)"据材料,概括 20 世纪 30 年代青少年所具有的现代思想意识,并结合所学知识,说明其形成的时代背景"。

2. 论述型小论文:发表自己的观点＋论证

如 2013 年 23 题(4)"综合上述材料和所学知识,多角度论述'新政的机遇与挑战'这一主题"。

3. 评述、平息、评论观点：评价别人的观点＋论证

如2015年23(3)"据上述材料并结合所学知识，就'大机器生产的非人性'这一观点，站在客观公正的立场写一篇小论文"。2016年22题(2)"根据材料并结合所学知识，评新文化运动代表人物对传统文化的认识"。

从考查要求角度来看，2011—2019年要求"观点明确；史论结合；逻辑严密；表述清晰；280字左右"；2020—2021年虽然不再在问题的后面明确提出上述要求，但是在阅卷过程中有异曲同工的赋分要求。通常江苏省高考历史小论文是如此赋分的：

1. 论点(2分)：立场鲜明，论点言简意赅、开门见山、旗帜鲜明，主谓宾齐全的完整的一句话。论点0分，历史小论文即0分。论点准确，读懂、读全、读透材料，准确、全面地概括材料中的基本观点，然后围绕这些观点提出自己的论点。注意：一不能完全抛开材料中的观点，否则就"跑题"了；二不能选取材料中某一观点的部分观点作为论点，这样会导致论文的论点残缺，进而导致论证角度狭窄，论证过程无法展开。

2. 论据：论证角度要鲜明多样，层次要分明。一般是从政治、经济、思想文化、社会生活等角度进行论证，也可以从内因、外因或客观因素、主观因素等角度进行论证，要注意充分挖掘材料中的信息作为论据。最好每一个论证角度都能单独成段，并且把论证角度置于每段的开头。

3. 结尾：对论点和论据做一个总结性陈述，要呼应论点，但在语言上不能与开头重复，最好是对观点进行总结和升华。一般用"综上所述"或"总而言之"开头。

4. 结构要完整，包括开头、正文和结尾三部分，缺一不可。段落上不得少于三个自然段。格式要规范，每段开头要空两格。

5. 逻辑要一致，语言要专业。论文的论据与论点，逻辑要一致。以史实论证论点，论据能支撑和证明论点。论文的语言要符合历史专业性要求，使用专业术语，尽量回避生活化、文学化语言。

6. 书写要工整，字数不能过少。书写要认真、规范、整洁，不可潦草。字数不能过少，字数太少，容易导致论证不充分。

希望以上内容能为同学们在接下来的历史小论文练习中有所帮助。

【案例 4-2-3】

主题：且行且思，在磨砺中前行

讲授时间　2021 年 10 月 20 日

讲授教师　徐小林

简介：

1. 教师基本功；

2. 提高教师基本功；

3. 将公开展示课与实际教学相结合。

内容：

很高兴也很荣幸能和大家一起聊聊有关教师基本功的一些思考，站在这里我心里还是有点诚惶诚恐，主要是担心自己能力有限，怕说不好，耽误了老师的发展，所以我在标题上加了"个人反思"，如果老师们有个人想法和观点可以私下与我交流，以促进我的发展，因为我个人觉得各位老师学历比我高，想法更新颖。关于教学我最大的感触是越教越觉得教学难度越大，越觉得自己知识的匮乏，究其原因自己对教学的认识越来越深入。刚工作的时候觉得教学很简单，就是把知识教给学生就可以了。实际上教学是很复杂很有艺术的事，对同一个内容的讲解我总能挖掘出不一样的东西，或者是对知识的理解深度，或者是对教学的处理方法。今天主要和老师们交流，如何提升教学基本功，如何站稳讲台成为一名合格的教师。我将从三个方面和老师们交流反思和思考：什么是教师的基本功？如何提升自己的基本功？如何将公开展示课与实际教学相结合？

一、什么是教师基本功

关于这个问题，我想从参加江苏省青年教师基本功比赛说起。2015 年我有幸代表南通参加了江苏省青年教师基本功比赛（物理学科），先介绍一下比赛的流程和方式。

比赛考核内容包括学科理论笔试、教学设计、课件制作、课堂教学、实验设计与操作技能展示、粉笔字书写和即兴演讲七个项目。比赛计分的方法及权重：理论考试占 20％、教学设计 5％、课件制作 5％、课堂教学 40％、实验设计与操作技能展示 20%、粉笔字书写 5% 和即兴演讲 5%，每个项目比赛后对所有选手进行排名，然后计分（如第一名 100 分，第二名 98 分，以此类推），再乘以百分比，所以某一项即使有绝对优势也不可能与对手拉开很大差距，关键是不能有薄弱环节，就像广告词中说的"跑得快不一定会赢，不跌跟斗才能笑到最后"。比赛的流程：参赛当天下午报到后，就立即组织开会，抽签，接下来开始理论考试，两个小时做一份试卷；第二天早晨 5:50 就被关进了准备室，没收了手机，接下来，吃喝拉撒都有人陪同，说得好听点是做好陪护，其实大家都懂的，就是看着你。所有比赛都是穿插进行的，在上午我就参加了粉笔字比赛，粉笔字是每人一间教室，在半块黑板上完成，和平时根本不一样，时间基本上来不及，所以不容你进行布局等安排，关键是还要画立体图。由此可以看出，粉笔字的基本功在平时，在比赛前我已经练字 5 年多，我刚到这里工作时我同学陈栋梁和我说的第一句话是，你是不是练过字的。之后就在准备室里苦苦等着（有些选手想通过窗帘看看对面教室里上课比赛的老师，但被婉拒）。中午 12:30，我就被关进了备课室，开始备课。我的课题是"将小量程的电流表改装成大量程的电流表"，没有给任何纸质材料，就给了这部分的教材图片和与之相关的一些电路图，与县里、市里比赛完全不一样。所有的文字都要自己录入。三个小时内写好教学设计（每个栏目都不能少）和制作 PPT，还要选择实验器材，开列分组实验的单子，时间非常紧；所有内容不能出错，所以 PPT 很难做得精致和有特色。从这里可以看出基本教学技能的功夫要练在平时，需要我们在教学过程中研读课程标准与教材，吃透教材。赛点只提供常见器材。接下来就是上课，实际上课时间是 45 分钟。上课结束后是即兴演讲。2 分钟准备，3 分钟演讲，题目是"我难忘的一次实验"。实验比赛是在晚上进行的（三个实验：一个是课本上的基本实验，还有两个是设计实验，10 分钟内完成实验并解答对实验原理的问题，每组有四个评委。整个比赛过程中我的感受是公平、严肃、紧凑和疲劳。

省里的基本功比赛诠释了教师基本功是什么。我个人认为，教师的基本功就是在面对学生提问时能从容准确地应答，能以较高水平完成并超出学生高考应具备的各项能力和技巧，能在课堂教学过程中应对各种教学的突发情况，能在课堂结束时完整合理地呈现出一节课的教学要点和难点，能以最优雅的教态和规范的语言给学生授课，能熟练运用各种教学手段参与教学。

二、怎样提高教师基本功

教学的基本功不是一蹴而就的，它的提升需要通过自己不断努力，我个人觉得提升的时间可能要几年的努力，特别是对我这种生性愚笨的人而言。我在成长过程中也是走了很多弯路，刚走上讲台时，年轻气盛，觉得自己教高中学生还不是小菜一碟，经过很多挫折后，才意识到教学不是一件简单的事，特别是将学生教好，需要自己不断学习、阅读和反思。我也是在不断反思中，不断发现自己的欠缺和不足，然后不断弥补，"学，然后知不足"，这句话是很有道理的。根据自己的学习经验，我给各位老师提几点建议。

1. 通过刷题提升自己的学科知识及学科教学的把握能力

对刚参加工作的教师来说，刷题是最有效和最简单提升自己对教学重点和难点把握和对学科知识深入理解的方法。刷题我觉得要刷高考题、模拟题，一方面题目相对比较完整，另一方面代表了高考改革发展的方向。在刷题过程中，我们可以了解学科教学中的重点和难点，对课堂教学更有针对性，让教学时间得到有效利用；做题的过程又是对知识应用的罗列过程，有助于向学生讲解知识运用的方法；做题过程中对一些难度较大问题的思考可以让我们对学科知识有更好的理解。我每年都会利用假期做完全国各地的高考试题，每次都有不同的感受和对知识理解的提升。

2. 通过教学视频的观看和平时的听课提升自己对课堂教学的把控能力和对细节的处理能力

教师一定有这样的感受，同样一个知识点，不同的呈现方式、先后顺序及讲解方法，学生的理解和应用会有很大区别。对刚参加工作的教师来说，确实是一个难点，最简单的方法是看参考书，罗列知识点，直接给学生灌输并用习题巩固。这种做法其实风险性极大，一旦遇到统测或高考，学生很难考出优秀的成绩，其原因是学生缺少知识生成的过程，没有真正掌握知识，教师的课堂教学起着关键性作用。那么，怎样的课堂教学才是有效的呢？如果自己摸索可能需要很长的时间，我觉得起码要三年(从高一到高三)，有个比较快捷的方法就是听课和看视频课，看别人是怎么处理知识难点的，有哪些方法；看别人是如何给学生分层提问，层层深入的；看别人是如何做好知识之间衔接的……当然看后还是需要反思总结的，并尝试用于自己的课堂教学中，多次磨炼后，一定会形成比较稳定且有效的课堂教学方法。听课时多找老师的亮点,想想是否有可改进的地方。

3. 通过阅读教学设计和教学类杂志,提升自己对教学知识的理解

教学类杂志大部分教师都不喜欢阅读,觉得比较空洞,没有实际指导意义。我在刚参加工作的一段时间内也是这么认为的,但是现在我改变了这种想法,看后有很多收获。看什么呢? 我个人认为,要看一些学术期刊中对应的教学设计、试题规律分析、教学方法总结等,这些有助于我们理解和上手,那些理论性太强的,我觉得还有点跟不上,还是看点接地气的比较好。选择的杂志需要档次高一点,质量好一点。老师们可以选择一种杂志,一般杂志为月刊,我们可以一个月认真阅读一本杂志,时间比较充裕,也可以在"学习强国"中有针对性地选择一些文章进行阅读。我一般在晚上吃晚饭前,阅读一些文章。另外,建议老师们阅读本学科的课程标准(有时间也可以看看解读),其中涉及测试的重点及测试的方法,以及教学思想和方法、国家考试的导向。

4. 通过复习大学知识,提升对学科知识的掌握

"给学生一杯水,自己需要一桶水",虽然在大学学过,但是如果长时间不碰,很快就会忘记。苏州大学有个教授说过,很多教师在中学教书,若干年后就只能停留在"高中""初中"知识水平。我觉得这个说法很有道理,作为教师不能让自己停留在这样的层次上。我们应适时去复习大学的学科知识,这些知识便于我们站在一个更高的平台上去分析高中知识。尤其是理科,实验设计等还是要站在特定的高度。这些年我认真复习了普通物理、高等数学等学科知识。

5. 通过精心的教学设计和教案撰写,提升自己课堂把控能力

好的课堂需要好的教学设计。教学设计和教案需要考虑以下几个方面:(1)教学目标是什么,就是一节课需要讲解哪些知识,学生需要掌握的方法和技巧;(2)课堂阶段性小结设计;(3)课堂内容之间的衔接和过渡的方法;(4)课堂中各环节的问题设计;(4)板书设计;(5)对教学过程中可能出现问题的预判,(6)作业布置等。这些内容不是流于形式,而是在课堂中的实施。我已工作了17年,由于能力有限,我每节课都认真书写教案,一般我写教案的流程是这样的:先通读教材,了解教材所涉及的内容,接着做配套练习,大致了解该内容中

涉及的常见考点;接着,再细读一遍教材(包括教材中每个细节);在此基础上制订课堂教学目标;最后开始写教学设计。设计的问题要细化,要有梯度性和针对性,能让学生通过问题回答来获取知识,尽量通过知识问答的形式呈现,这样一方面有助于知识掌握,另一方面提升课堂效率。

6. 借助同事的力量,让自己提升更快

不能"闭门造车"的道理老师们都很清楚,有时自己花了很长时间思考的,可能同事那里早就有了答案,甚至更完美。所以遇到问题,多向同组老师请教,自己的想法也可以和同组老师商讨,这样不仅获得了人缘,同时还提升了自己。我在组内是一个多嘴和爱插嘴的人,习惯于参与问题的讨论,很多问题是自己想不到的,却在讨论中得到更大收获。千万不要自我感觉良好,觉得自己的教学方法好,其实别人也有你想不到的好方法。

7. 借助各种方式,让自己全方位发展

"无心插柳柳成荫",很多时候机会总是给有准备的人,有时候你坚持做的事,会给你带来意想不到的收获。我一直记得栟茶中学原校长曾经说过的一句话:"把简单的事情做好,就是不简单;把平凡的事情做好就是不平凡。"其实这些都需要"持之以恒"。希望老师们能在空闲时练练字,这样不仅可以提升自己的业务,还可以让自己做事更加静心,也许短时间内看不到效果,但是总有一天会有不一样的变化,这个我是有切身体会的;老师们最好一个星期以公开课的形式上一节课,也可以邀请其他老师来听课,和自己磨课,这样可以提升得更快,我要求自己每年至少开两节公开课;老师们可以用手机给自己上课录音,尝试着给自己找问题,如常见的口头禅等。

也许有老师会说,说起来可以,做起来难。其实可以做到的,我就是这样做的,同时提升了自己。其实做好这些工作,要抓住两点:一是恒心;二是计划。我每天都会对第二天要做的事,先做计划。有了计划效率会很高,没有计划很多时候时间就在我们身边流失了。我一直认可这句话:利用零碎时间做完整的事。千万不能不思考,提升自己、提升课堂才是解放自己的最好手段。

三、如何将公开展示课与实际教学相结合

一直困扰老师们的就是公开展示课和平时实际课堂教学的脱节,总觉得公开课就是"花拳绣腿",课堂实效性不强,特别是对学生解题能力几乎没有任何作用，曾经也有同学在我开设公开课后对我说："老师我还是喜欢你平时的上课，找个时间把今天讲的再讲一下吧。"为什么会这样？我自己也做了反思，公开课出现这样局面的根本原因是我们对教学的理解不够及备课的导向性问题。我觉得一节好课，应让学生在获取知识的同时，改进了分析方法和提高了思维能力，我们在准备公开课时比较多的是关注课堂设计的新颖性，学生参与的"热闹"程度，过于花哨的呈现方式，与丰富多彩的教学方法融合，这些其实都违背了课堂设置的原则。怎样才能将公开展示课与平常课堂有机结合呢？我个人有几点不成熟的想法，算是抛砖引玉，供老师们参考。

1. 平时课堂应像公开课一样，让学生有更多的参与过程，其实就是关注学生。我们发现平时课堂比较平顺的原因，就是很多问题我们直接讲解给学生听，而忽视了与学生的互动，在公开课时为了让学生参与，可设置情景问题过渡，但由于缺少平时的训练和尝试，设置问题和设置情景显得比较生硬。

2. 公开课与平时课堂都应有一定的思维深度。我们在课堂教学中不需要出现表面的热闹，这样的课堂是低效的，问题的讲解和问题的设置都应有梯度性并且有一定的思维深度，让学生多动脑是十分必要的。

3. 平时的课堂与公开课都要注重内容之间的衔接和自然的过渡。内容的衔接和自然的过渡才能让课堂调理性更强、更紧凑。

4. 平时的课堂与公开课都应有明确的教学目标。教学目标不是对教学内容的概括，而是在讲解教学内容的过程中学生各种能力的达成和思想方法的渗透。

5. 学会将多媒体和课堂板书有机结合。其实多媒体和板书都是教学的手段，各有优势，所以在用多媒体上课时不要忽视板书的设计。板书是所授知识的主干、方法、要点、难点，是解题规范的书写过程等。大多数情况下多媒体只是用于展示一下内容就结束了。

6. 合理选择适合教学内容的教学手段。课堂教学不是教学手段越多、越先进就越好，其实哪怕只有几个教学方法，只要应用恰当一样是一节好课。

各位老师，只有工作没有生活的人生是无趣的，但是只有生活没有工作的人生也是无意义的，所以我们应将生活过得精彩，工作做得精彩。据说每一位走上工作岗位的人都想在自己的岗位上有所成就,即使谈不上辉煌,也得在自己走过的路上留下一点印迹。岁月总是无情,在带走你青春的同时,也带走你年轻时的那份激情和理想。趁我们还年轻的时候,让我们放手搏一次,"与其临渊羡鱼,不如退而结网"。人生,什么时候都是新的开始,只要你争取今天,就能把握今天,创造明天。或许不是每个人都能取得骄人的成绩,但是不要忘记欣赏自己的进步,或许你不是别人眼中最好的,但是不妨碍你做最好的自己!相信自己,付出总有回报,点滴成就辉煌;超越自己,你就是第一!祝愿各位老师工作愉快、身体健康。

四、论文撰写:指向教师教研能力的提升

教育、教学相关论文的撰写是提高教师教育、教学水平,促进教师专业成长的重要途径。教师通过教育理论、教学相关论文的撰写不仅可以将教育理论与教学实践相结合、将专业概念与课堂教学相贯通、将新兴技术与日常教学相联系,还能加深教师对教育实践的理解,夯实专业功底,钻研教学手段,使教师更好地把握课程与教学的真正内涵。教师在撰写论文的过程中通过检索文献、思考分析、凝练语言、撰写修改等一系列活动,可以在眼界方面有所拓宽、思想方面有所提升、专业方面有所精进、影响方面有所扩展。

（一）教师撰写论文的现状

论文撰写主要反映了教师成果提炼能力和理论素养水平。但是,从已有研究来看,教师因个人理论素养不足,学术表达能力不够,不重视教育教学成果提炼的意义与价值等导致教师的成果提炼能力弱。教育教学成果是教师将实践行动或经验进行提炼而形成具有一般性、概括性,能进行验证、交流与推广的学术表达,它能为他人的教育教学实践提供借鉴。①

有研究显示,约有一半的教师不了解教育教学论文各要素撰写的方法与技巧。对教师撰写论文困难方面的调查显示,首先是选题时无从下手,内容缺乏创新是教师遇到的最大困难,其次是语言不精炼,行文时不知如何表达的问题。文献来源少,参考资料不足也是教师遇到的主要困难之一。此外,认为缺乏专

---

① 李玉姣,刘春琰.中小学教师教育教学论文撰写能力的调查研究[J].教师教育论坛,2021(10):72.

业人士指导，时间和精力不足，不了解论文结构和文献格式的教师占比也相对靠前。

（二）教师撰写论文能力成为"短板"的原因分析

很多教师都表示，平日教学工作繁忙，再加上还有班主任、学校管理、教研培训等工作和安排，导致"忙碌而无为"。但是，通过具体分析，大致可以总结为以下几点：

1. 工作压力大、生活琐事多，身心俱疲

随着教师年龄的增长、教龄的增加，教师在家庭和学校中承担的工作也逐渐增加。有研究表明，0—4年教龄的教师在撰写技巧与方法、文献检索能力方面均较其他教龄段的教师有明显优势。而这一结果也与我们平日经验相吻合。随着教师年龄增加，教师家庭负担越来越重，且随着教师教龄增加，具有丰富教学经验和能力的教师又往往会承担较多的教学工作以及一定的学校管理工作，这就导致部分教师日常工作"疲于奔命"、下班后的生活"繁琐疲劳"，进而无暇静心思考、执笔整理。

2. 学科底子薄、科研能力弱，能力有限

有部分教师常年机械教授"课本"内容、机械布置"典型"习题，而缺乏学术钻研动力，日久年深，导致学科专业知识遗忘、学科专业素养薄弱，不仅没有思考教育教学相关问题的动力，更没有思考教育教学相关问题的能力。

3. 评价体制缺、激励机制少，动力不足

部分教师安于日常教学，缺乏进取动力，不愿思考和动笔。部分教师获得学科带头人称号后感觉在专业发展上已经走到了尽头，在学术上感觉再难发展，也就没有了思考和动笔的动力。

另外，教师评价作为教育评价中的重要组成部分，对教师的影响非常大。部分学校由于在教育科研方面缺乏有效的激励机制，甚至部分学校领导认为教育科研仅是"锦上添花"，既不像教学成绩那样属于"立校根本"，又不如公开课那样可以"吸引眼球"。导致部分教师不愿投入精力，费时费力地思考、整理、总结。

（三）吴江盛泽中学骨干教师培训经验分析

吴江盛泽中学作为江苏省四星级省重点高中，拥有一个卓有远见的领导班子和一批踏实肯干的骨干教师。在对吴江盛泽中学骨干教师培训活动中，上海中小学博雅教育研究所提出要求每位受训教师都要写一篇论文的要求。力图通过专家交流、教师撰写、教师与专家交流的方式，在撰写过程中提升教师专业功底，升华教师教育观念。通过帮一帮、逼一逼的方式推动部分教师想起来、动起来、写起来。从这一措施的实践效果来看，也是相当显著的。吴江盛泽中学的受训教师联系自身教学经验，通过与培训专家交流几易其稿，不断提升，写出了高质量的论文，部分论文已寄送杂志社投稿，部分论文已在核心期刊等高级别杂志上发表。通过这样的活动，不仅提升了吴江盛泽中学教师的业务能力，而且也提升了教师个人在业内的影响，为从"机械教书匠"向"研究型教师"转变创造了条件。部分教师撰写的论文题目如表 4-2-3 所示。

表 4-2-3　各学科骨干教师撰写的论文一览表

序号	学科	论文
1		高中语文教学中的"唯技术化"倾向
2		新高考诗歌学习任务群教学初探
3		陈述性与程序性：从知识性质视域谈高中作文教学
4		作文教学的思考
5	语文	外物有时而尽，精神历时传承——以鲁迅小说《长明灯》为例的人物聚焦研究
6		循"寻"探幽——《青玉案·元夕》主旨浅析
7		巧解散文意象，探寻《荷塘月色》两世界
8		浅谈地方文化与高中语文课堂的融合
9		基于学习共同体的任务驱动型阅读教学探究
10		任务驱动为哪般——浅谈语文"任务驱动教学法"的目的
11		基于现象教学优化高中语文课堂阅读教学实践研究
12	语文	浅谈古典诗词教学中"由象入境"的途径
13		原点生根，枝繁叶茂——以"厉行节约，拒绝浪费"写作教学案例为例
14		整体建构下的深度阅读

（续表）

序号	学科	论文
15	数学	高中数学混合教学模式研究
16		自我监控:培养学生高阶思维的有效抓手
17		数学阅读素材的来源及教学价值评析
18		高中数学混合教学模式研究
19		基于现象教学视角的高中数学单元复习——以"空间的距离"为例
20		高中数学混合教学模式研究
21		现象教学视角下的课堂教学如何提升学生数学学习能力的研究
22		例谈高中数学新教材的使用与研究
23		"数形结合"的蛛丝马迹
24		探究性学习视域下高中数学教学的反思研究
25		现象教学在高中数学概念生成过程中的实施与探究
26		基于"互联网＋"教育下高中师生协作问题解决探究
27	英语	师生合作评价模式在英语读后续写反馈中的应用
28		深度学习视角下的高中英语阅读教学研究
29		三维语法教学观在高中英语语法教学中的实践探索
30		"三新"背景下深度阅读教学实践思考——以 The Amazon Forest：a Natural Treasure 为例
31	物理	可视化教学在高中物理问题解决中的妙用
32		高中物理课堂中的支架搭建
33		高中物理情境化试题培养物理科学思维的研究
34		基于核心素养的高中物理习题课教学策略简谈
35	化学	基于真实情境的酸碱中和滴定复习课的设计与反思——以"葡萄酒中 SO_2 的测定"为例
36		核心素养下高中化学实验教学研究——基于 2021 江苏适应性考试化学卷 16 题
37	信息	始于现象 重在探究 达于素养——现象教学理念下高中信息技术项目式教学的实践与思考
38		现象教学理念下高中信息技术课堂育人价值的探究

(续表)

序号	学科	论文
39		高中历史教学中培养学生历史思辨力的路径探微
40	历史	浅谈新课改下历史思辨力的培养
41		浅谈高中历史概念教学
42		在高中地理教学中灵活运用"生活即教育"思想
43	地理	机遇与挑战——地理教学中的生态文明教育探索
44		指向综合思维培养的专题复习课活动设计
45	政治	借助乡土历史文化资源,深化学校"德善品格课程"教育的策略研究
46		快易教学法在高中篮球教学中的应用研究
47	体育	明确体育教学目标　提高学生素质教育
48		学会留白,让体育课堂更高效

以下转引受训教师朱广春和培训专家夏志芳教授共同撰写的一篇论文,该论文公开发表于《地理教学》杂志 2021 年第 23 期。

机遇与挑战
——地理教学中的生态文明教育探索

朱广春[1]　夏志芳[2]

(1.吴江盛泽中学,江苏苏州 215228;2.华东师范大学教育学部,上海 200062)

摘要:生态是人类文明的根基,生态环境变化直接影响文明兴衰演替。因此,在课堂教学过程中加强生态文明教育越发重要。地理学科所承载的生态文明教育需要教师在教学实施过程中摒弃传统教学观念与教学模式,大力改革创新,精心组织施教。本文分别从高中地理教材与生态文明的关联性、地理教学中实施生态文明教育的机遇与挑战、地理教学中落实生态文明教育的策略等方面进行论述,以期为生态文明教育的实施提供参考。

关键词:生态文明教育;地理教学;教学策略

生态文明是人类对传统文明形态特别是工业文明进行深刻反思的成果,是人类文明形态和文明发展理念、道路和模式的重大进步。生态文明建设不仅体现在国家层面上的制度文明与产业建设,更体现在个体层面上生态文明意识与生态文明行为的培养。生态文明教育便是生态文明建设领域方面的布局,地理教学与生态文明关系密切,是开展生态文明教育的主阵地之一。

环境问题仅靠政策、法规、技术等手段是无法彻底解决的,加强生态文明教育,培育绿色发展理念、可持续发展理念、人地协调发展理念,是解决环境问题,加强生态文明建设,实现可持续发展的根本途径。

一、高中地理课程与生态文明的关联性

地理学科承载着生态文明教育功能,地位重要,功能突出,责任重大,意义非凡。地理教材是生态文明教育的良好载体,两者在知识体系、价值观培养及行为实践等方面具有很强的关联性与融合性。

1. 内容关联

以高中地理教材人教版为例,人口的自然增长,尤其是在传统型人口增长模式下,人口迅速增长带来的资源问题和环境问题给生态与资源带来巨大压力;人口增长,对迁入地与迁出地的土地、资源、环境等都产生相应的影响,特别是对迁入区的生态环境主要表现为负面影响。人口增长与自然环境、资源条件等的关联性紧密。此外,人地关系思想、全球环境问题、区域性生态破坏与环境污染问题、可持续发展理念与行动均反映了地理学科与生态文明在内容上的关联。

2. 价值观关联

环境承载力、人口的合理容量等概念,区域发展与区域资源、环境相适应,打造宜居城市、生态城市、海绵城市等的现代聚落发展新理念,循环经济在生态农业、清洁生产上的具体实施,均着力培养学生正确的人口观、资源观、环境观以及可持续发展理念。地理学科的生态育人价值主要体现在帮助学生树立正确的人地观念。人地关系是地理学科的主要研究对象,注重资源、环境对社会、经济发展的基础作用和环境变化对人类的影响。对人地关系的正确认识和正确的资源观、环境观、人口观,决定着可持续发展的实现。

3. 行为关联

老龄化、人口合理容量从理论到实践,落地为人口再生产政策的制订与实施,践行于家国未来。地理课程与生态文明在行为关联上表现紧密。例如,垃圾分类、绿色出行、"光盘"行动、节约资源、让城市更美好;"山水林田湖草沙",生命共同体在区域发展中的制订与践行;开发清洁能源,发展低碳经济,倡导低碳生活,积极建设资源节约型、环境友好型社会等。地理课程与生态文明在行为关联上表现紧密。

综上所述,教材内容与生态文明教育内容高度契合,符合高中地理课程的知识体系和人地协调的地理核心素养要求,与生态文明教育体系相适应。

二、地理教学中实施生态文明教育的机遇与挑战

1. 地理教学中实施生态文明教育的机遇

通过对"高中地理课程与生态文明的关联性"分析,已明确:地理学科在生态文明教育方面具有科学价值、育人价值及社会价值。生态文明建设已上升为国家战略并付诸实施,在给地理教学带来生机与活力的同时也带来了机遇。在基础教育学科体系中,地理学科承载了建设践行者的培养任务,提升了地理学科在生态文明教育上的使命感与时代感,由此提升了学科地位,也为广大地理教师教书育人提供了更为广阔的舞台。

《普通高中地理课程标准(2017年版2020年修订)》明确提出必须落实立德树人的根本任务、培养社会主义建设者与接班人、培养21世纪地球公民的要求。地理教学要利用好教材中的生态资源,探究人地关系,落实生态文明教育,从根本上促进人地协调发展。

2. 地理教学中实施生态文明教育的挑战

首先,受教、学、考的大方向指引,生态文明教育现状堪忧。以考定教,弱化生态文明教育。具体来说,高考考什么,教师教什么;高考考什么,学生学什么;学是为了考,不是为了用。其次,教学方式单一,照本宣科,学生只知其表,不懂其里;教学目标不明,评价模糊,生态文明教育浮于表象。在教学中,教师往往以授为主,很少指导学生调查实践;教育过程中很少使用生活实际案例进行教学;教师甚至忽视生态文明教育。最后,在生态文明教育的形式方面,表现为以课堂学习为主,较少利用网络媒体,少有公益讲座与报告,鲜有野外考察与调查;学校、社会、家庭等外部环境对生态文明教育不够重视。综上所述,都在一定程度上对高中地理教学中生态文明教育形成制约,对生态文明教育的实施产生较大的挑战。

三、地理教学中开展生态文明教育的策略

1. 生态文明教育生活化

地理学科高度贴近生产和生活,具有鲜明的生活化的学科特色。教学设计

应充分引入生活情境,关注资源短缺、生态破坏、环境污染等生态环境问题。例如,设如下情境:在全球变暖背景下,天气和气候越发异常。2018 年初美国南部创下－17℃的极端低温纪录;2021 年 5 月 27～29 日,加拿大北部某地一度刷新并打破尘封年的高温纪录,并最终达 49.5℃的极端高温。全球变暖带来的影响也在我们身边,2021 年春末夏初,苏州局部地区出现了冰雹、龙卷风等极端恶劣天气,给当地带来较为严重的财产损失与人员伤亡。据当地老年人介绍:"生活了大半辈子,偶有见到冰雹,龙卷风更是第一次见到。"借此探究形成机制并撰写地理小论文:我们可为生态文明建设做些什么。

2. 生态文明教育生命化

在生态文明教育的教学设计与实施过程中,通过地理情境的创设,引导学生树立对待生态环境的正确态度:要像保护自己的生命一样来保护我们赖以生存的生态环境,维护生物多样性。例如,教学中创设情境:为了尽可能减少铁路的修建与运行对大熊猫及其栖息环境的干扰,川藏铁路在穿越大熊猫国家公园过程中,实行最严格的技术标准,最严格的工程措施。在施工过程中,尽量减少爆破,设置隔音设施,降低隧道工程对自然保护区的环境影响。

3. 生态文明教育生动化

生动化的生态文明教育形式新颖,内容有趣,过程活泼,结果有效。比如,教学中引用某著名主播的一则段子就可以很好地解决垃圾分类的认知难题:猪可以吃的是厨余垃圾,吃了会死的是有害垃圾,连猪都不吃的是其他垃圾,可以卖了钱买猪肉的是可回收垃圾。又如,全球变暖不只是气温上升,而是整个大气系统发生了紊乱,表现为极端天气现象越来越频繁发生,可将这一系列现象比喻为地球母亲感冒了,额头发烫,手脚冰凉,还伴有咳嗽、打喷嚏、头痛等症状。生动化的生态文明教育,从学习动机到情感体验,均可以使学生对生态环境问题的学习得到较好的深化与内化。

4. 生态文明教育生成化

生态文明教育生成化,强调生态文明教育不是现成的,而是生成的、创造的。其过程是人的现实关系、心理、文化的建构过程。教育之所以为教育,正在于它把人类所创造的一切文化内化为个体的主观能动性,使其在实践中实现人格的生成。从知识、情感到行动,达到知行合一,从内化到外延,落实到日常工作、学习与生活中,最终成为真正具有生态文明观念的人。创新生成化的教学模式,创设良好的学习情境,开展研究性学习,走出课堂,与大自然、社区、企业零距离,去探究生态文明现状、成因及应对措施。比如,学校教学楼北与宿舍楼之间的砌园(又名十步泽,一方小池塘)就是良好的生态教育教学基地,近几年由于淤泥不断淤积,砌园水域渐渐退化,几近消失。通过现场观察及与原有照片对比后发现:水质变差,浮萍铺满水面,水中的小鱼小虾数量明显减少,几近消失。值得思考:淤泥从何而来?水质为何变差?小鱼小虾为何减少?如何恢复生态原貌?显然,生成化的教育理念从知识生成到情感价值观养成,再到践行,给生态文明教育带来活力与生机,具有显著的育人优势。

四、总结

党的十八大报告中明确提出:全面推进经济建设、政治建设、文化建设、社会建设和生态文明建设,实现以人为本、全面协调可持续的科学发展。在生态文明建设的国家战略背景下,地理教师承担生态文明教育的责任与使命:要充分挖掘地理教材中的生态文明元素,强化并落实生态文明教育;要主动扭转传统教育观念、教育模式及教考误区,积极转向以核心素养培育为导向的教学理念;打造生态化地理课堂,提高生态文明教育的有效性和趣味性,提高学生的学习动力,提升青少年生态文明意识与行动能力;要加强学科融合,探索跨学科合作教学新模式;开展生态文明研学实践活动,让学生主动提出问题,探究、学习,把知识和生态文明带入未来的工作、学习、生活中,促进人类社会与自然和谐发展。

参考文献

[1] 书志棉,朱翔,普通高中地理课程标准(2017年版)解读[M].北京:北京高等教育出版社,2018.

[2] 金旭峰,生态文明教育在高中地理教学中的渗透研究——以人教版高中地理必修2为例[D].重庆:重庆师范大学,2017.

[3] 张广君,孙琳,许萍,论生成教育[J].中国教育学刊,2008(02):6-9.

五、课题研究:指向教师观念与综合能力的提升

著名教育家斯腾豪斯曾提出"让教师成为研究者"的观点,认为作为实践者

的教师不应是别人研究成果的简单照搬者，而是处于教育研究过程的中心。这一观点影响了世界各国教师专业发展的方向。[①]

教育部《关于加强新时代教育科学研究工作的意见》明确提出：服务实践需求。立足中国大地，面向基层一线，坚持问题导向，突出教育科研的实践性，以重大教育战略问题和教育教学实践问题为主攻方向，支撑引领教育改革发展，激发创新活力。深化科研组织形式和运行机制改革，推进研究范式、方法创新，推动跨学科交叉融合，完善教育科研考核和人才评价制度，充分调动教育科研工作者的积极性、主动性、创造性。

可见，教师钻研教育科研不仅是学术界的建议，同时已成为国家建设和时代发展的需要。教育科研能力的综合体现就是课题研究。中小学教师进行教育科研对其教师职业的专业发展具有重要意义。教师增强研究意识、践行研究过程，有助于教师提升专业素养，推动日常教学问题的解决。

（一）教师教育科研过程中的困境

1. 对做课题认识与理解的偏差

部分教师从事课题研究的主动性不够，部分教师过于功利地认为做课题研究就是为了评职称以及岗位聘任，将课题研究视为某种手段而非自身事业发展长期和内在的需求。还有教师将课题研究视为高高在上、遥不可及的事或将课题研究认为是并无创新的"走过场"。更有甚者认为教师进行课题研究挤占了本就不宽裕的时间和精力，会影响日常教学的效果和质量。[②] 这些认识有的是对课题研究的认识和理解有误，有的是所选课题太大或太空。

2. 科研意识和科研能力的矛盾

研究表明教师科研观念和科研意识表现优于科研知识与能力。[③] 解决这一问题一方面教师自身要进一步提高科研能力，另一方面教育管理部门也需要通过切实有效的途径来培养教师的科研能力。其中，通过培训骨干教师，充分发挥辐射带动作用也是一种高效手段。

---

① 赵新亮,郑浩.中小学教师科研素养现状及影响因素研究[J].中国教师,2022(06):76.

② 钟小燕.提高小学教师课题研究质量的策略探索[J].科教文汇,2022(11):106.

③ 傅艳艳,张忠彦.中小学、幼儿园教师教育科研素养现状、问题及对策——基于J市T区教师的问卷调查[J].现代教育,2022(09):37.

（二）教师参与教育科研的必要性

1. 有利于增强业务能力

通过课题研究，教师可以就某一问题，通过查阅相关资料、思考分析，系统而全面地对某一方面进行深入思考，并在研究过程中与他人进行有意义的深度交流，从而提高自身的业务能力和完善知识网络体系。教师职业的特殊性、教师工作的复杂性和教师教学的不确定性都要求教师开展教育科研，通过教师刻苦钻研，以加深对教育规律的认识从而提升教学效益。

课题研究的过程不可避免地会涉及分析与反思。在课题研究过程中，时常要查阅大量资料文献，通过思辨与反思，获得凝练与提高。长此以往，教师就能逐渐培养起思维敏捷而活跃的特质。教师在教学过程中时常会有课堂生成性问题发生，这时就需要教师具备较高的反思意识和能力，在具体情境中即时反思教学行为，灵活调整教学内容，这既是教师高阶思维品质的组成部分，也是教师提高教学效果的有效保证。

2. 便于建立学习内驱力

在课题研究的过程中教师需要掌握高效查阅相关资料文献的方法，正确规范地引用资料文献。在阅读大量资料文献的过程中，伴随知识的积累和消化。"活到老、学到老"，一时兴起的学习是很容易做到的，但要长期积累和学习并不容易，而做课题就是一个很好的激励和督促自己不断学习的过程。通过思考如何写高质量的申请书、如何研究课题、如何撰写研究报告等各个环节，不断培养勤于阅读、善于思考、敢于写作的能力。久而久之，不断学习就会从"肌肉记忆"变为"基因记忆"，成为自身的行为习惯。

3. 有助于接轨先进教育理念

随着教龄的增长，教师在师范院校求学时所学到的教育理论和方法已经逐渐"老化"。随着时代的发展和科技的进步，教师的教学观念也要不断更新和发展。在申请和完成课题研究的过程中，教师需要大量查阅相关资料，阅读相关书籍。这样的学习过程，有利于教师接触最新的先进教学理念、了解前沿的教学方法。

4. 可体会成长与收获的快乐

教师工作不是年复一年机械地重复，而是因材施教、灵活机动，是富有创造性的劳动。通过课题研究，教师可以将日常工作、专业问题、教学方法提升到新的高度来认识和理解。进而再从更高的视角审视自身教学、反哺教育，从而获得更好的效果。通过这样的正向反馈，教师可以从中体会成长的快乐与收获的喜悦。

（三）培训教师教学科研能力的有效形式

培训教师教学科研的能力的有效形式之一是培训团队参与教师课题研究的全过程，从选题开始到课题结束后的反思。通过这样的全过程，用手把手的方式，给受训教师提供更适切而有效的指导。

中小学受训教师常常因自我感觉缺乏做课题的能力而产生为难情绪，所以在选题之初，培训团队就要与受训教师进行充分交流和沟通，在建立教师自信心的同时切实地帮助教师提高能力，提出建议，并在选题时帮助教师选定难度适当、大小适宜、具有研究价值的课题方向。

在课题研究过程中，培训团队也可以及时给出建议和意见，在帮助教师少走弯路的同时，全面、深入了解教师的所想。同时指导教师，并指出存在的问题和不足。在参与教师研究的过程中培训团队也可以更清晰地了解教师产生问题或不足背后的原因和症结，并给予明确而系统的分析。通过这样的方式，有利于教师的提高。

在撰写结题报告和课题结题后，专家团队还需要帮助教师反思课题内容和过程，总结经验和教训，甚至进一步思考，产生课题链。① 帮助教师不仅完成课题，而且能逐步培养起积极探寻课题的意识和能力。

（四）盛泽中学骨干教师培训案例

吴江盛泽中学受训教师人数众多，部分教师有过课题研究的经验，部分教师缺乏相关经验。为了能更高效培训受训教师，在直接帮助教师提高教学技能的同时，从培养教师钻研精神、学习能力和思辨本领的角度来帮助教师成长，以便更好地反哺教学活动。针对以上考虑，上海中小学博雅教育研究所聘请了包括高校专门研究学科教学法的教授、中学学科资深教研员、长期从事中学管理和教学的专家级教师等组成阵容强大的培训团队，组团培训，确定每位受训教

① 蒋红卫.以课题链为载体的教师科研共同体建设研究[J].教育理论与实践,2022(17):27.

师完成一个课题研究。据不完全统计,10 个学科共涉及 26 个主题,具体课题名称如表 4－2－4 所示。

表 4－2－4　各学科骨干教师部分课题一览表

序号	学科	课题名称
1	语文	语文统编教材大单元阅读教学中的活动设计策略研究
2		深化古诗文教学　提振文化自信
3		基于 PBL 模式的高中语文单元群文阅读教学策略探究
4	数学	关键能力视域下高中数学混合式教学模式的研究
5		高中生数学解题自我监控能力的调查研究及对策分析
6		HPM 视角下数学现象选用原则的研究
7		基于单元主题教学的高中数学混合式教学模式的研究
8		关键能力视域下高中数学混合式教学模式的研究(参与)
9		指向核心素养的高中数学单元教学中问题链的设计与研究
10	英语	"立德树人"背景下文化意识在英语阅读中的跨文化交际活动研究
11		后现代知识观视阈下的高中英语课堂师生关系的研究
12		基于学生立场的高中英语新教材单元学习活动设计实践研究
13		基于语篇深度学习的阅读圈活动设计与实施
14	物理	可视化教学提升物理思维品质的研究
15		旨在提升学生科学探究能力的情境创设的策略研究
16		高中物理情境化试题培养物理科学思维的研究
17		基于科学思维能力培养的高中物理复习课教学策略研究
18	化学	基于发展学生科学探究与创新意识的高中化学实验教学策略的研究
19	信息	基于现象教学理念下实施信息技术项目式教学的行动研究
20	历史	基于"思辨力"培养落实高中历史学科核心素养的教学策略研究
21	地理	人文地理教学中真实问题解决的策略研究
22		指向深度学习的地理活动设计
23		地理教学中的情境与动机关联性探索
24	政治	高中思想政治课议题式教学的生活化路径研究
25	体育	留白式教学法在体育教学中的策略研究
26		教学无定法　"留白"有深意——花样跳绳教学案例

附：以地理教师李甜甜的课题介绍作为示例，如表4-2-5所示。

表4-2-5 李甜甜课题计划表

课题名称	人文地理教学中真实问题解决的策略研究	起讫时间	2021.8—2022.7
课题简介：人文地理学是地理学中的社会科学，它既有社会科学的特性，又有地理学的特点。其主要特点是社会性、区域性、综合性。人文地理的学科特征决定了人文地理的学习不能只停留在知识表面，而是要进行深度学习。 地理学科是一门与生活联系密切的学科，人文地理紧密联系社会生活，与社会发展密切相关。教师通过创设真实的地理情境，让学生感受人文地理的社会性。通过提出具有引领性的问题，激发学生的探究兴趣。抓住关键要素，将知识迁移运用到新的情境中解决问题，做到"举一反三"。 "问题解决"教学模式的关键在于"问题"，整个模式都是围绕问题开展的。在"问题解决"教学模式下的课堂教学中教师通过问题情境不断激发学生探究的主动性，学生在解决问题的过程中完成知识的建构。"问题解决"教学模式将知识获取的过程归还给学生，让学生在问题的驱动下主动学习和建构知识。"问题解决"教学模式的流程可分为三步，第一步是教师创设问题情境，学生进入情境，明确问题；第二步是教师引导，学生自主或合作完成问题探究的过程；第三步，学生对探究成果进行总结，生成思维导图，并进一步提出新问题			
任务和要求： 创设真实问题情境的理论基础与实践现状； 高中人文地理创设真实问题情境的地理教学实施策略； 高中人文地理创设真实问题情境的课堂教学实践案例			
课题进度计划： 第一阶段：2021年8月—12月 文献研究：查阅国内外有关文献，了解和掌握本课题相关的研究动向，提供借鉴。 第二阶段：2021年12月—2022年4月 教学实验：针对学情，设计情境，开设相关公开课。 第三阶段：2022年4月—2023年7月 理论联系实际：在教学中边实践边探索边修正，使理论与实际紧密结合，总结成果与应用推广有机结合			

专家团队全程参与教师的课题研究，通过全程指导，教师普遍感觉收获颇丰。例如，刘杨老师在其学期培训总结中写道：

得到上海专家孙宗良老师、岳爱华老师的细心指导，课后的点评中肯，教案的修改意见翔实，给我的教育教学带来了非常有效的提升。

经过一学期全方位学习，我在课堂教学实践和理论知识方面得到了一定提升。

作为一线教师,对新教材还不能深刻理解、精准把握,孙老师和岳老师给了我们很多实践层面的指导,让原本空泛的理论落地生根,与我的教学实践融合。同时,每次听课评课的探讨,带给我很多教学方面的反思,如课堂小组讨论的意义与价值、实施的策略与评价、大单元教学的设计与实践、单篇文本的多层次深入解读等。还有一对一的评课,教案的二次修改、点评,更是让我收获良多。

本学期,我开设了一节作文研讨课"名言警句型材料作文的审题与立意",努力将理论与实践相结合,力求将"积极的语言实践活动"贯穿写作过程。立足学情,提升课堂的有效性。

短短一个学期,需要反思之处还有很多,我将充分利用假期时间,再做深入思考,认真学习教学理论,提高实践能力。

第三节 以"课例研究"为渠道的培训实践

众所周知,教师的生命在课堂,上好课是教师的安身立命之本。开展课例研究是优化课堂教学转型,促进教师成长的重要途径,也是开展骨干教师培训的重要渠道之一。

一、课例研究概述

辩证唯物主义认识论认为,实践是理论的基础,而科学的理论对实践具有积极的指导作用,理论和实践相辅相成,缺一不可。上课是教师工作的主要内容,是教师重要的教育实践行为,是孕育教育理论的土壤;基本与核心的教育观念、原则或理念则会深化我们对教育教学现象的认识,优化我们的教育教学行为。"课例研究"作为国际上备受瞩目的教学研究策略和教师培训策略,能为传统的教研活动注入新的理念支撑和实践样式。从某种意义上说,课例研究架起了教育理论与教育实践相联系的桥梁,有利于教师将实践行为与教育理论联系起来思考,加深了对理论的理解,从而反过来指导实践,形成鲜活的实践性的教育学与心理学。

（一）课例与课例研究

课例是一个实际的教学例子，是对一个教学问题、教学决定的再现和描述，即"讲述教学背后的故事"。[①] 课例不仅是最后的课堂教学实录，还要交代之所以这样教学的理由和认识，要有研究的成分。课例研究是教师对真实的课堂教学过程所开展的合作性研究。

课例与课例研究的区别，好比教案与教案设计的区别。前者指最后产生的成果形式是一个"课例"，后者把形成这个成果的过程称为"课例研究"；前者是静态的结果表达，后者是一个研究的动态过程。所以，通常我们说"课例研究"往往是指"做课例"的过程，说到"课例"往往是指成果表达形式。

（二）课例的构成要素

通常认为，一个课例应由以下四方面要素构成：

1. 主题与背景

主题与背景是课例的第一要素。课例研究并不试图追求通过一节课解决很多问题，而是追求通过一个课例认识一个小的研究问题——这就是研究的主题。研究的主题最好从课例的题目就能看出，或者开门见山地交代，这样别人就可以直接知道这个课例探讨什么方面的问题。

主题从哪里来？为何选择这个主题进行研究？这就需要交代该课例产生的背景。背景中可以交代主题是来自教学中常见的困惑，来自教学中常见的困扰难点，来自课改中的核心理念的践行等。背景的交代可以使读者感受到整个课例的价值和意义所在，帮助读者理解课例中改进课堂教学的背景和条件等。

2. 情境与描述

课例的载体是学科课堂教学，因此对课堂情境的描述是必不可少的，但需要注意这并不等同于把大篇的课堂实录直接放入课例报告中，各课堂情境的选择要围绕课例研究的主题。课例的描述不能杜撰，它来源于真实的课堂教学及其改进教学的研究过程。除了使用第一手的直接的实录描述外，也可以用作者讲述的方法对实录片段进行第二手描写，包括作者本人当时的想法、感觉等都可以写入课例。围绕主题的情景描述要追求准确、精简。

[①] 杨增宏,周鹏.小学语文课堂学习与课例研究[M].合肥:安徽大学出版社,2016:10.

3. 问题与讨论

课例反映的是教学改进的过程,因此在课例描述中必然包含提出的问题,以及由问题引发的后续讨论。交代产生这个课例的过程中的问题线索,使读者知道研究教学进展过程的来龙去脉,否则读者只是感觉到描述了一节"好课",却不知产生这节"好课"的过程。对读者来说,把研究授课的问题及其讨论梳理出来,并展现过程,可能更具有启发价值。

课例描述中提出的问题有的可能在后续讨论中解决了,有的还没有解决,但都可以呈现出来。甚至作者可以提出一些开放性思维的后续问题或两难问题,留下一个今后可以继续研究和讨论的空间。

4. 诠释与研究

对课例的诠释实际上就是交代对课例研究中不同阶段出现的问题是如何理解和处理的,包括课堂教学为何如此改进等原因,也就是要讲出课堂教学"好"在哪里、"不好"在哪里的理由,使读者明白其"背后的故事"。诠释可以选择多个角度解读,尽可能回归教学的基本面且不脱离课堂教学。对课例的研究,主要通过一节课的改进和研究过程,获得理性的认识或初步的结论并进行概括和提炼。这些"研究成分"使课例不仅是对一节课的描述,而且使教师对日后课堂教学中同类课的改进有所启发。

(三) 课例研究的基本过程

课例研究具有很强的目的性,往往要精心准备,采用一定的方法,根据一定的程序,有步骤地进行研究。另外,进行课例研究是群体行为,研究人员至少两人。因为自己上课自己评,往往"自我感觉良好",很多问题发现不了,反思也较为肤浅。所以,进行课例研究首先应建立研究小组,这是有效研究的必备条件。

课例研究一般有以下五个基本过程:

1. 制订课例研究计划

课例研究计划是课例研究的纲领性材料,它不但支撑课例研究的过程,而且是进行课例研究必不可少的工具。[①] 作为教学工具,它为课例活动提供了一个"剧本";作为交流工具,它向其他研究人员传递着主讲教师的课堂构想和教

---

① 肖万祥,沈敦忠,唐良平等.新教师·新学校·用课堂观察和课例研修的校本研训造就[M].北京:中国轻工业出版社,2013:22.

学过程;作为观察工具,它为研究人员观课提供了方向和指南,为观察者记录和分享提供了场所;作为研究工具,它为研究人员指明了研究方向,明确了研究步骤,提供了研究材料。

课例研究计划的制订应从教学实际出发,根据教学中出现的问题,选取研究对象,找到研究的方向和突破口。

2. 上课、听课

研究者带着问题认真备课,精心设定教学目标,设计教学过程。其余的研究人员参加听课,形成过程性材料。这和一般性上课没有不同,但课例研究的上课和听课是带着问题、带着研究意识进行的。比如,对相同的教材设计几种不同的教法,通过对比、研讨,不断改进,寻求更好的教学效果。对这种"同课异构"的课例研究,必须多人和多次反复备课、上课、听课、评课、修改,才能得出有效成果。

3. 说课、评课

上课者向其他研究人员说明该课的重难点、希望解决的问题、期望达到的目标、教学中出现的问题和解决的策略等。参与听课的研究人员根据执教者上课和说课的情况发表自己的看法。可以对教学的相关环节、教学过程和教学效果等进行评价,也可以对执教者进行询问和质疑,还可以提出意见和建议。就这一点来说,课例是一个载体,为教师集体观课、课后相互评论、反馈教学、共同改进教学提供了平台。借助这个平台,教师可以提出疑惑,寻找策略,体验成功,提升教师集体的教学智慧。①

4. 反思教学过程,修改教学设计

执教者深入分析自己的教学过程,写出教学反思。并根据研究小组中其他成员的意见和建议,优化教学设计。

这是一个重要的环节。课例研究的目的是解决课堂教学中的疑难问题。从而把课上好,因此反思和改进是必不可少的。为了达到更好的效果,可以采取"同课多轮"的研究方式,即在修改教学设计后,让另一名教师(或原执教者)在另外的课堂教授"研究课",其他研究人员进行观课活动,然后再进行评

---

① 肖万祥,沈敦忠,唐良平等.新教师·新学校·用课堂观察和课例研修的校本研训造就[M].北京:中国轻工业出版社,2013:23.

课。第一轮课不受任何干扰，让教师独立设计教学案例，代表了教师的原行为阶段，充分体现教师本人的教学经验与风格；第二轮课前，教研组成员积极介入教学设计，教师通过再设计、实施、课后讨论与反思，达到新行为阶段；第三轮课更多地关注如何通过对前两轮课的改善，缩短实践与理论之间的距离，实现理念与经验的整合。

5. 撰写课例研究报告

课例研究报告的结构一般包含以下几个内容：

（1）背景介绍

课例研究首先要向读者交代课例的相关情况，对课例的背景、研究意图、思路等进行说明。比如，这堂课是在什么背景下上的？是在什么样的学校中上的？在什么样的学生情况下上的？授课教师有什么样的特点？是精心准备的研究课还是平时的"家常课"？这个课题研究想解决的主要问题是什么？……比如，教师为了提高课堂效率，进行了"随堂练习有效性的课例研究"；教师基于某篇课文的课例研究：教学目标引领下的提问预设与驱动的有效性研究。介绍研究的背景，才能使人了解研究的原因和目的，有助于提高研究效率。

（2）课例叙述

即真实地记录与阐释课堂教学的实际过程，从而将这堂课真实的教学过程清晰地呈现在读者面前，包括教师的"教"和学生的"学"以及师生间的互动等。不过，课例研究报告不是课堂实录，不必事无巨细地和盘托出，而要根据研究的目的和功能，对原始课堂进行筛选，有针对性地向读者交代特定的内容。

（3）反思与评析

这是撰写课例研究报告的一个极为重要的环节。内容涉及课后的反思及研究，与他人的商榷和争鸣，课例的意义与价值，新的改进方案，根据第二次方案实施的行动跟进，第二次课后的反思、研究、提升等。对课例所反映的主题和内容，包括教育教学的指导思想、过程和结果，以及利弊得失，作者必须发表看法或进行分析。比如，进行教学导入的有效性研究，就应提出一些导入的方法和技巧，使其他教师能从中受到启发。

以上所述只是课例研究报告的基本形式，根据研究的对象、过程和方法的不同，还可以适当调整。只要你有实践的基础，不断积累经验，具备一定的写作技能,并不断加强理论学习,不断进行实践、探索和思考,就一定能写出好的课例研究报告。

(四) 课例研究的实践模式

应该说全国各地课改实验区创造了许多行之有效的课例研究模式,以下主要介绍六种,供大家借鉴参考。

1. 一人同课多轮

这里的"课"既可以指 40 分钟的一节课(时间维度)也可以指一篇课文或一个课题(内容维度)。顾名思义,一人同课多轮就是同一个教师连续多次上同一课,内容重复,但行为不断改进。具体流程一般为:由教师特别是年轻教师独立备课、上课,备课组或教研组听了教师独立课后,针对课堂教学存在的问题进行分析、讨论,献计献策,通过集思广益,上课教师形成新的方案,第二次上课;上课教师和同伴对第一轮课和第二轮课进行对比,明确进步的方面,分析还存在的问题,进一步修订方案,第三次上课……上课教师反思整个过程并写成教学课例。

2. 多人同课循环

备课组或教研组教师同上一节课。这种模式的关键在于教师的互动和问题的跟进。第一个教师上完课,第二个教师针对第一个教师课堂中存在的问题上第二次课,第三个教师针对第二个教师课堂中存在的问题上第三次课,每次上课方案都是同伴集体共同参与研制的。多人同课循环活动能让教师切实感受到课例研究、同伴互助的魅力和意义,激发教师对课堂教学境界的不断追求。①

3. 同课异构

同一课,不同教师不同构想,不同上法,大家在比较中互相学习,扬长避短,共同提高。② 其流程一般为:教研组或备课组商定出相同的教学(教研)主题(内容),由两个以上教师分别备课、上课,教师集体听课、评课。实施这一模式并取得成效的关键在于:第一,教师教学经验背景不同,教学个性、教学风格差异明显,对所教内容确有不同的思路和观点;第二,所选教学主题(内容)具有一定的开放性,易于发挥教师的主观能动性和教学创造性。

---

① 马大建.校长成长·教师成长[M].郑州:大象出版社,2015:145.
② 余安敏,薛定稷.信息科技教育与研究[M].北京:生活·读书·新知三联书店,2011:114.

4. 互助式观课

通过观课促进课堂教学改革和教师专业发展也是课例研究的一种新形式。互助式观课是一种横向的同事互助指导活动,既不含有自上而下的考核成分,也不含有自上而下的权威指导成分,而是教师之间互助指导式观课,其目的主要是通过观课后观课双方在某些事先预设的都关心的课题方面的研讨、分析和相互切磋,来改进教学行为,提高教学水平。这种观课由于不涉及褒贬、奖罚和评价,授课者在课堂中无须刻意展示自己的长处或隐藏自己的短处,完全可以真实地表现自我,使课堂保持自然性,而观课者由于能观察到真实的问题,可以有针对性地帮助授课教师进行反思,寻找问题答案。

5. 邀请式观课

邀请式观课是上课教师主动邀请同行或专家听课。如果说互助式观课侧重于问题诊断,那么邀请式观课则侧重于成果鉴定。教师就课改的某一专题经过一段时间的改革探索后取得成果,课堂发生了实质性变化,为了从理论上并从多角度对自己的改革探索成果进行评价,教师主动邀请有关专家、教研员和同事前来观课。其流程一般是:教师公布自己的上课内容和研究主题;填写邀请卡,向其他教师发出邀请;观课教师认真阅读相关资料;观课教师进入课堂现场观察,并针对研究主题做出相对规范性评价。

6. 反思式观课

教师成为观察自己课堂的主人。这种课例研究模式是借助录像来实行的,其流程一般是:学校在不加修饰和打扮,即"纯自然"的状态下,为教师摄制"家常课",后由授课教师反复观看,实事求是地剖析和反思自己的成功之举和不足之处,对自己的教学行为开展批评和自我批评。反思式观课使教师看到了一个真实的自我,促使教师重新审视和评估自己,直面自我、反思自我,修正和完善自我。①

二、盛泽中学教师课例研究的历史轨迹

表4-3-1统计了盛泽中学各科教师从2013年至2022年公开发表的与课例分析、课例研究相关的部分成果(数据来自中国知网),其反映出的历史轨迹依稀可辨。

---

① 党学斌.课例研究:教师专业发展的有效途径[J].甘肃教育,2017(4):80.

表 4-3-1　盛泽中学部分教师从 2013 年至 2022 年公开发表的课例分析文章

学科	成果名称	所属杂志	发表时间	作者	观点或做法
数学	"同角三角函数的关系"之教学设计与反思	《语数外学习》	2013 年 2 月	何燕	是否教学语言可以更精简；是否可以培养学生先预习再讲授的学习习惯；例题再精简；教学资源的利用做得还不够
	从三节"同课异构"课看目标定位的方法和意义——兼写一个"下水教案"	《数学通报》	2014 年 5 月	孙四周	三节课上教师呈现出的所有辨析题，都被学生一眼识破，没有一题例外。因此教师预设的"设疑激趣"的功能基本没有发挥，没有给学生造成认知冲突，学生活动强度不大
	学生"角色转换"在数学课堂中的落实——以正弦函数的图象的教学为例	《数学教学通讯（下旬)》	2016 年 18 月	顾卫清	以正弦函数图象的教学为例，通过比较三种设计，谈了学生"角色转换"在数学课堂中是如何具体落实的，并与传统的教学中学生的角色进行参照对比，寻觅适合学生角色的课堂教学
	以生为本,寻找数学教学的原点——以"平均变化率"课为例	《数学通报》	2015 年 12 月	水菊芳	只有在教学中确立以学生为主体的意识，牢固准确地把握数学教学的原点,营造和谐的教学氛围和数学探究环境,有效设计组织自主合作的探究活动,并对学生的探究进行科学的引领和适时的激励评价,才能真正激发学生思考和探索,让学生积极地去感受数学的美和价值

（续表）

学科	成果名称	所属杂志	发表时间	作者	观点或做法
数学	从四节课看情境教学和课堂生成——来自" $y=A\sin(\omega x+\varphi)$ 的图象与性质"的课堂实例	《中学数学教学参考（上旬）》	2017 年 9 月	陆道春，孙四周	"问题情境"需要变革；教师的主导作用应有更好体现，在深度思考上才能体现教师的存在价值
	让抽象更流畅，让生成更自然——"三角函数的周期性"教学实录与反思	《数学之友》	2018 年 8 月	许佳龙	对数学现象的处理，不能仅仅局限于对其表面的认识、理解、记忆和吸纳，更应对其本质进行思考。也正是印证了学习数学不仅是用"数学的眼光"去观察现象，更应用"数学的思维"去分析现象，并且能用"数学的语言"去表达现象，从而让学生在概念性课堂上抽象出预设内容，产生深度学习，并能有效促进知识的生成化和系统化，形成一种自然、流畅、有效的生态课堂模式
	用"数学现象"启发学生"问题意识"的课堂教学尝试——记一次高三专题复习课的感悟	《数学教学通讯》	2017 年 27 月	徐建东	如果在教学中能把"数学问题"还原为"数学现象"，可以让学生从"数学事实"开始，先自己"提出问题"，然后再"解决问题"，让他们深度参与"数学活动"，增强"数学体验"，促进领悟与反思

（续表）

学科	成果名称	所属杂志	发表时间	作者	观点或做法
数学	回到现象，让探究更深入——"异面直线的距离"教学与思考	《教育研究与评论》	2020年6月	曹慧，孙四周	异面直线距离的教学可以让学生从现象感知开始，先直观地认识异面直线的距离，再严格地定义异面直线的距离，并提升到本质认识层面，在严格定义的基础上思考"为什么这样定义"，联系之前学习的多个距离概念，归纳"最短"这个本质特征，抽象出"点集距离"这个更一般的概念
	始于现象，达于素养——现象教学下的"正弦函数的图象与性质"（第1课时）教学与评析	《教育研究与评论》	2020年5月	黄雪林执教，徐建东、孙四周评析	本节课没有设置奇特的问题情境，而是让学生直接面对问题本身——运动过程中的变量及其关系；启动思维的"问题"，则由学生自己发现并提出。这节课表明，现象教学完全可以进入常规课堂，即便一道数学题也可以用现象教学的观念实施教学
	基于现象教学下的实验探究——谈"正方体的截面"的教学设计和反思	《新课程导学》	2021年11月（上）	黄雪林	采用现象教学的方式开展本节课，以引导学生在基本活动经验的基础上提出小组的实验方案，在激发数学学习兴趣的同时，培养学生提出问题、分析问题和解决问题的能力
	现象教学视角下的任意角教学实录与反思	《中学数学月刊》	2021年2月	孙四周	现象的数学化，触及数学本质，有利于提升人的数学素养，选择适合学生的"现象"是教师必备的业务素养

（续表）

学科	成果名称	所属杂志	发表时间	作者	观点或做法
数学	信息技术与数学教学融合的实践研究——以"函数奇偶性"教学为例	《中学数学教学参考》	2022年7月	孟俊	基于教学实践，探讨信息技术与数学教学融合的混合教学模式的内涵、在学科关键能力培养方面的作用，阐述与分析混合教学模式的应用路径，为高中数学混合教学式教学的开展提供参考
物理	"再备课"构建高中物理有效课堂——以"电动势"一节的教学为例	《新课程导学》	2013年2月	陈开国	前两次教学之所以效果差，根本原因在于未能引导学生主动学习，教师只着眼于如何去灌输。而第三次教法摆脱了教师为主的课堂结构，引导学生自己去探求规律
政治	求同存异 完善教学设计——对两篇"灿烂的中华文化"教学设计的点评	《中国信息技术教育》	2015年3月	张建华	对两个团队的教学设计从共同性与差异性方面作了分析
历史	"纵向同课异构"视域下的历史课堂教学的省思——以李惠军老师的"辛亥革命"为例	《中学历史教学》	2020年1月	陆灵灵	对初高中同一教学内容，教师只有准确把握课标差异、教材知识差异、课程体系差异，才能在有限的课时中最有效地利用课堂时间，最大限度地发挥新教材的作用。教师要不断磨砺自己的阅读力、思想力、设计力和呈现力，才能构建富有情感与思维深度的个性课堂

（续表）

学科	成果名称	所属杂志	发表时间	作者	观点或做法
地理	"废话"也许会让你的课堂更具张力——"以畜牧业为主的农业地域类型"一课的教学反思	《生活教育》	2014年1月	王文亮	地理教师基于教育的责任而产生看似与考试无关的"废话"是必需的。可用"废话"导入新课学习的平台、拓展学生的思维、提高学生的认识

以上这些与课例研究有关的成果所呈现出来的研究特点主要有：

（一）单兵作战为主

研究的主体通常为授课教师本人，较少有团队智慧的融入。

（二）多轮循证较少

研究的客体往往是一节课，虽有一些对同课异构的研究，但较少一人多轮或多人多轮上课后的反思，尚缺系列性。

（三）课型欠丰富

课例的类型几乎全部为概念课，虽已形成相应特色（如现象教学等），但缺少其他教学课型。因此，过程完善的各种常见课型的课例研究还是十分必需的。

三、项目组各学科课例研究的主要做法

自 2020 年 5 月，盛泽中学骨干教师培养项目组成立以来，就制定了"五个一"的培训要求，即：在三年期间完成"一个课题"，每年完成"一节研究课、一份读书报告、一篇论文、一次微讲座"。项目组对一节研究课的具体要求是：导师分学科深入课堂听课或观看学员录像课并与指导教师沟通交流，实地了解盛泽中学在学科教学上已有的优势、需解决的问题、所需的指导要求等。旨在切实提高教师的学科教学能力，在教材把握、目标与内容确定、教学过程设计、课堂实施与呈现等方面得到全面进步。在此基础上指导每一位学员每年打造一节优课。

立项以来，各学科组对"一节优课"的要求极为重视，以该要求为引领，持续

开展了各具特色的听课、评课、研课活动,呈现了各具特色的课例研究风格。现将各学科开展课例研究的具体做法总结如下。

(一)研讨双新,把握学科本质

1. 结合教材分析开展课例研究

各学科关注新教材的研究,从教材切入,把握学科本质。人民教育出版社章建跃博士曾就数学教学提出"四个理解"理论:理解数学,理解学生,理解教学,理解技术。强调提升"四个理解"的水平是数学教师专业化发展的必由之路,是提高教学质量的根本保证。显然,迁移至其他学科也应如此。其中,对学科本体知识的理解为重中之重。基于上述认识,各学科组在"深研教材"方面做了大量工作。

如数学学科组在 2021 年 5 月 20 日召开了主题为"两个版本数学新教材的比较"的线上"头脑风暴式"研讨。首先,由王华老师介绍了这次研讨的主题:(1)使用现行教材,从我们现在的备课情况来看,与原来的教学最大的区别在哪里? (2)参照新课标,特别要关注的核心素养、重点内容有哪些? 有哪些困难? 如何解决的? 其次,由盛泽中学叶志骅老师发言:介绍沪教版教材与人教版教材在内容安排与呈现方式上的不同点。接下来晋元中学李老师就上海教材娓娓道来,如函数的教学方式是先认识一些特殊函数再给出一般的函数概念、性质及应用。单元教学的思路还体现在先观察图象得到一系列性质,富有整体观点。接下来,王华老师归纳了两个版本新教材特点:在教材的编写稳定性上,人教版体现得比较突出,编写的专业队伍素质都比较高。沪教版教材的编写特色是"落实国家课标、体现上海特色、达到国际水准"。整体来看抽象性加强了,有单元结构的思考。人教版的练习更为细致,有分层处理的用心安排。接下来师前老师进一步谈了沪教版教材特点:一是数学化叙述:数学味更浓了。二是学生化展开:从直观到抽象,从具体到一般,运算与函数分离,如幂、指数、对数运算与幂函数、指数函数、对数函数均独立成章。在教学时要关注三种序:逻辑序、史学序与学生的心理序,才能设计出比较好的教学设计。另外,单元备课项目化学习十分必要,不可只见树木,不见森林。从高等数学,如实变函数等领域中寻求中学数学中一些问题的答案是我们努力的一个正确方向。

2. 立足单元备课开展课例研究

数学组于 2022 年 10 月 28 日召开了主题为"单元视角下的高二立体几何

教学"线上研讨会。师前老师做了"单元视角下的沪教版教材高二立体几何教学"的交流报告。

国家课程标准把高中数学必修课程和选择性必修课程所囊括的内容分为预备知识、函数、几何与代数、概率与统计、数学建模活动与数学探究活动五个主题。

预备知识主题包括必修第 1 章"集合与逻辑"、第 2 章"等式与不等式"。函数主题包括必修第 4 章"幂函数、指数函数与对数函数"、必修第 5 章"函数的概念、性质及应用"、第 7 章"三角函数"以及选择性必修第 4 章"数列"、第 5 章"导数及其应用"。几何与代数主题包括必修第 3 章"幂、指数与对数"、第 6 章"三角"、第 8 章"平面向量"、第 9 章"复数"、第 10"空间直线与平面"、第 11 章"简单几何体"以及选择性必修第 1 章"平面直角坐标系中的直线"、第 2 章"圆锥曲线"、第 3 章"空间向量及其应用"。另外，概率与统计主题包括必修第 12 章"概率初步"、第 13 章"统计"以及选择性必修第 6 章"计数原理"、第 7 章"概率初步（续）"、第 8 章"成对数据的相关分析"。数学建模活动与数学探究活动主题包括《数学建模（必修）》与《数学建模（选择性必修）》两本书。

我们视立体几何为大单元，上属于"几何与代数"主题，下包括必修第 10 章"空间直线与平面"、第 11 章"简单几何体"以及选择性必修第 3 章"空间向量及其应用"。

首先，要明白：学生为什么要学习立体几何？我们认为一是公理化思想的渗透，二是空间想象能力的培养。为此，每一位教师都应认真学习希尔伯特《几何基础》；在此基础上寻找培养空间想象能力的教学载体，如正方体的截面问题、翻折与展开问题等。

其次，在立体几何的整体结构上，新教材延续了"二期课改"教材的内容编排顺序：先学习空间点、线、面的基本位置关系（第 10 章，有 4 个公理、7 个推论、12 个定理），再学习第 11 章"简单几何体"（柱、锥、台、球，1 个原理、1 个思想"极限与微积分思想"、若干公式）。从单元视角看，选择性必修第 3 章是换一种方法对必修第 10 章、第 11 章的验证与再认识，从第 10 章至第 11 章的推进路线是演绎，第 10 章为第 11 章提供逻辑基础；第 11 章内部的推进路线是先并联后串联式的归纳，即先平行介绍具有核心地位的柱体、锥体，再给出一般的多面体和旋转体的概念,符合从具体到一般的认知心理规律。如果将第11章作为一个小单元,其"概念、性质、体积、表面积"的研究脉络贯穿始终。

基于上述认识,我们的教学顺序是:必修第10章、第11章,选择性必修第3章、第10章的教学重点是强化"空间直观想象"与"逻辑推理"素养,第11章的教学目标是培养学生的看图、画图、构图能力及实物、模型、图形、符号、文字之间表征转换能力,发展直观想象、数学运算素养。采用的具体方法举例:

(1) 问题激发

好的问题能培养学生有逻辑有序思考的习惯。在执教组内研讨课"异面直线判定定理"时,在梳理空间两条直线的位置关系时,在直观演示的基础上,我依次提出了以下问题:①空间存在不同在任何一个平面上的两条直线吗? 为什么? ②空间两条直线的位置关系,除了相交、平行、异面,还有其他的位置关系吗? 为什么? ③你如何理解我与某某同学是师生关系这句话? ④对于如何判断两条直线是异面直线,你有什么想法?

好的问题能诱发学生持续深入思考。在我们备课组陈雁老师执教"球的体积"这节课时,在"拓展迁移,把握本质"环节创设了"半碗牛奶"的现实情境(课标中将情境划分为科学情境、数学情境、现实情境三种),提出了两个问题:高度为半球半径一半的球缺的体积是半球体积的几分之几? 体积为半球体积一半的球缺的高与半球的半径之间有何关系? 好多学生当天晚上就拿着自己探索的结论与教师交流。

(2) 难点研讨

在教学中难免会遇到一些困惑。比如:①学生不会看图、不会画图怎么办? ②如何缩小立体几何学习中的性别差异? ③某些空间思维好的学生考试成绩低,怎么办? ④某些数学优生"过度预习",如何引导?

对于上面的现象我们会随时展开研讨,思考相应的对策。比如:①实物演示,对比辨识;技术辅助,多方观察。②抽丝剥茧,面授机宜;微信沟通,激励信心。③出声响说过程;重表达盘细节。④引领规划,适度预习。⑤着眼现学,给题拔高。

(3) 学法渗透

在立体几何每节课的教学中都有意识地进行"显性"的立体几何的学法渗

透。比如,向身边寻答案;向正方体中寻答案;向初中平面几何中寻答案;向技术寻答案(学生自己可以安装立体几何学习软件);算证结合,计算大如天(空间向量,如两道类似的模考高考题);及时总结,理论与实践相结合(抓好落实,抓好作业的日日清周周结)。

(4)一图到底,一题一课

二十年前,在丰县二中听了一节课,内容早忘了,但一图多用,一图到底给我留下了深刻的印象。十年前也听了复旦老教师储国根老师的一节课,内容也忘了,但一题一课的模式让我叹为观止。前不久很偶然地也上了一节"一题一课"。具体内容如下:

如果四边形 $ABCD$ 是矩形,$SD \perp$ 平面 $ABCD$,D 是垂足,那么图中互相垂直的平面的组数是_____。

出乎我意料的是,小小一题,整整一节课都没有讨论完,最后临下课时还有学生要发言,既有成绩好的,也有成绩中下的,几位学生在课后又与我讨论了大半个课间。事后想来,其中有序分类、正面说理、否定论证、完整审题、旧题新编、好课之标等均在其中,也时刻提醒自

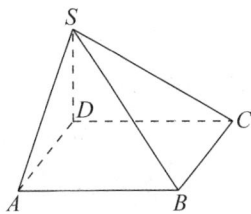
图 4-3-1

己要满怀敬畏之心善待每一个问题、每一个学生、每一节课。

由此我的体会是:让节奏慢下来,不蔓不枝,可能更适合学生。

接下来,师前老师又介绍了高中数学深度学习的主要特征:经验与结构、活动与体验、本质与变式、迁移与创造、价值与评判。我们在听课时也会根据这些特征对学生在课堂教学中达成深度学习作出判断。

例如,对"单元视角下的课时活动设计"有以下要求:一是加强对数学整体性的理解;二是完善数学学习过程;三是改进数学活动设计。提出了 4 个改进方向:加强活动的多样化设计;关注活动的系列化、体验式设计;重视评价的多元化、工具化设计;注重信息技术的融合、创新。

(二)深入课堂,探索教学真谛

英语学科组刘健导师于 2021 年 10 月 29 日赴盛泽中学听了陈卓琦老师的一节课:高一英语新教材 Unit 1 *Lights,camera,action*,并在课后立即开展了评课活动。首先由陈老师介绍教学设计意图,其次请冯新峰、陈卓琦、翁正学、

潘鸣琼、段荣等老师点评,对陈老师勇于尝试全新的方法开展新教材的阅读教学加以肯定,同时提出了教学内容难度、教学容量等方面的改进意见。最后请刘健导师评课——主要优点:(1)教学设计有新意,读写整合符合语言教学规律。(2)教师与学生互动良好,课堂交际氛围浓。(3)课堂教学能以文本意义为主线,结合篇章结构的分析,让学生积极主动参与。改进意见:(1)学生表现不够主动,没有达到教师预期的效果,在课堂容量、难度的掌握上需要改进。(2)文本语言方面的处理顾及了篇章结构,但对词、句、句型的基础训练不够到位。(3)课堂活动的组织形式比较单一。

例如,2022 年 9 月 16 日地理学科组夏志芳教授赴盛泽中学听了两堂课,并开展了评课活动。吴静、朱广春两位老师开课,显示了他们的新理念与新教法。两堂课有许多亮点,也有需要改进之处。课后,夏志芳老师做了点评。

1. 吴静:塑造地表形态的内外力作用

这节课吴静老师设置了大量的情境,利用图片与视频,为学生学习地球的内外力提供了"脚手架",在此基础上提出了一系列问题。这些问题与教材中的核心概念紧密相关,也和学生的学习目标完全吻合。问题又被转化为任务,用任务单的形式体现出来,体现了任务驱动的作用。

在教学过程中,学生始终被情境与问题吸引,注意力集中,而且能积极参与学习过程,踊跃地回答问题。同时,小组合作学习促进概念的理解与深化,课堂气氛非常好。

但从课堂"六化"的要求角度看,这堂课还存在下列不足:

(1)任务活动化没有充分体现。任务虽然明确了,但任务是需要通过活动的设计与实施来完成的,而课中的活动没有设计好,较为单一,缺乏多样性。

(2)活动思维化不够突出。学生的高阶思维没有显示出来,学习的深度还不够,认知冲突没有展开。

(3)思维外显化的环节较为薄弱。学生问题的揭示,学生成果的汇报,需要加强。

(4)教师讲得太多,需要留白。

2. 朱广春:联系生活理解地球运动的意义

这节课朱老师设计精细而巧妙,以小见大,通过一个生活案例几乎涉及了地球运动意义的主要概念与原理。同时，体现了"最近发展区"理论，让学生在具有挑战性的地理问题面前挖掘自身的潜力，调动集体智慧。本节课的探究步步深化，思维层层递进，有点深度学习的味道。学习活动的形式多样，有独立思考，也有合作学习，让学生讲解，也有生生互评等。师生互动交流恰到好处，学生参与度高。

需要注意的问题是：

（1）对学生完成任务的要求要严格而明确。现在有的学生任务完成不好，甚至没有去做，也没有受到督促。

（2）要加强课堂测试与反馈。有的学生存在的问题没有充分反映出来。

（3）要加强学生之间的互帮互学，要发动学生"兵教兵"。

（三）反思多磨，锤炼教学细节

不少学科组都曾经有过通过不断打磨教学细节，最终帮助年轻教师荣获教学技能大赛奖项的案例。磨即研磨，磨课是教师在先进教学理念的指导下解读教材、设计教案、反复试讲、共同探讨，最终生成好课的过程。特级教师于漪说，她是用一生的时间在备一节课。[①] 这句话道出了每一节优质课都是经过精雕细琢的。那么，磨课究竟磨些什么呢？该怎样磨呢？

1. 磨教材：深入研读，准确把握

讲好一节课，教师首先要钻研教材，这里说的教材不仅包括课本，也包括课程标准、教师用书等参考辅助资料。

一是磨课标。教师是新课标的实践者，教学的实施必须用新课标来引领和指导。新课标是教学的基本依据，只有将新课标的理念融入课堂设计中，这样的课才是有生命力的。因此，磨课前教师必须充分认识新课标、解读新课标，把新课标倡导的教学理念转化为课堂教学行为。如果教师对新课标的精神把握不准确，教学难免会出现偏差，无法有效达成教学目标。

二是磨教材。课程改革要求教师"用教材教"，而不是"教教材"。教师只有在备课前反复研读教材，有了自己深入的理解，并结合年段特点、单元、章节所承载的任务，才能准确把握教材的编排意图、地位和作用、内容和主题，从而确立教学目标与重难点。

---

① 王立东.磨课的真谛——磨课案例引发的思考[J].思想政治课研究，2015(3)：105.

三是磨教参。教师反复研读文本,对教材才会有透彻的理解和把握,但还需要认真阅读教学参考书,了解对教材内容的解析、学情的分析,对教学目标、教学重难点、教法学法等提出一系列建议和要求。如此,教师才能准确制订设计意图、教学过程和教学方法。

四是磨教案。(1)要扣好主题设计教学(方向性):一是加强对教学整体性理解,完善学习过程;二是加强活动的多样化、系列化、体验式设计;三是重视评价的多元化、工具化设计;四是注重信息技术的融合、创新。(2)要根据格式撰写文本(规范性),认真撰写,反复修改,直至清晰、完整地呈现单元教学设计文案。

2. 磨过程:反复试讲,完善细节

一节公开课,无论交流展示还是参与竞赛,往往需要教师反复打磨。每一次试讲,对教师来说都是一个暴露问题和不断走向完善的过程,也是对自己教学设计进行熟练和优化的过程。

教师在反复试讲中验证目标定位是否准确,方法是否科学合理,重难点是否突出,课时容量和时间安排是否适切等。只有经过实践检验,才能判定自己的预设是否可行。

初磨,教师可先在教研组以说课或无生讲课的形式,把自己的教学思路讲出来,把教学流程演绎出来,让听课教师对自己的教学有一个初步了解,提出改进完善的意见和建议,使自己在正式走上讲台之前对教案进行深入修改。

再磨,教师可选取某个班级单独试讲一遍,将写在纸上的教学设计在试讲中演绎出来。通过首次试讲,把教学设想、教学流程真实展现出来,通过课堂反馈及时发现问题,对自己的课进行初步修正。

多磨,是一遍遍邀请其他教师听课,他们一定会观察到自己在课堂上存在的各种问题,并提出建设性意见。虽然见解并非一致,甚至有矛盾冲突的地方,但在这个过程中,教师可以充分梳理吸收,筛选出有价值的内容并融入教案的修改中。特级教师黄爱华曾说"磨课、磨人"。① 在磨课的过程中,不断试讲、倾听、评议、修改、否定、重构,对执教者和听课者均是一种历练。

① 王海燕.追寻教育梦想·秀峰区"名师工程"学员成长札记[M].桂林:广西师范大学出版社,2015:136.

3. 磨学情:直面差异,灵活应对

教师在磨课过程中,由于面对不同班级的学生,学情也是不同的。比如,在某个班教师采用了一些方法试讲效果良好,但换到另外一个班或另外一所学校再"如法炮制",可能会出现问题。这种现象表明,是学情决定了教学设计,而不是让学生来适应教师的设计。不同学校和班级的学生,其性格特征、知识水平、学习能力是千差万别的。因此,课前教师要有多种预案,使自己的教学设计更具开放性、包容性和灵活性,当遇到不同班级的学生时,一旦发现他们属于什么样的层次水平、什么样的学习特点时,就可以自然切换到与之匹配的教学方式,这样方能实现灵活应变的效果。"千淘万漉虽辛苦,吹尽狂沙始到金",磨课是教师集体成长的过程,也是每位教师锻炼和提升的过程。一堂课经过这种一波三折的打磨,才能真正磨好一节课。

(四) 完善写作,实践理论结合

课例研究的成果要写出来,在写作过程中,教师能深入思考,将经验性的体会,通过条理化、系统化,上升为理论性认识。在这个过程中,各学科组导师十分重视对教师写作的具体指导,就好比是助推他们"爬坡""登顶"。如数学学科组于 2022 年 3 月 26 日召开线上会议,对教师提交的论文给予详细指导。下面是对部分教师提出的修改意见。

• 孟俊老师 数列有关的概念教学,应结合孙四周特级教师的现象教学,要具体化论述概念教学中的相关细节是如何通过现象教学达到发展素养的目的的。

• 顾卫清老师 论文的主题是 HPM 视角下现象教学的选用原则——以基本不等式为例,要在突出如何提升案例的分析能力上再下一些功夫。

• 吴敏强老师 论文是有关圆锥曲线的原始定义,在圆中通过折纸折出椭圆,但与但德林双球模型不同,然后引导学生证明,用到了椭圆的第一定义。但是,将该问题数学化不是很容易的。另外,在圆外取一点折纸可构作双曲线,都是课本上的探究性课题。双曲线与椭圆之间可以横向类比,也是引领学生创造性用教材的举措。抛物线的折纸也可行,但与椭圆、双曲线的情况相似性不高,可让学生课后完成。课本上有过程,但证明需要学生完成。所以本论文的主题是"如何利用"教材启发学生思维。

• 黄雪林老师　论文是与空间角和距离有关的。从现象到形成意义再到应用，促成概念的结构化。建议距离与角选一个，不要面面俱到，要从关联和结构角度认识数学的本质。

• 封其磊老师　论文题目是"数学抽象视角下的现象教学——以同角三角函数教学为例"，让学生有问题意识。建议标题改为"现象教学视角下的数学抽象素养培养"。同角三角函数教学是建立在初中已有现象的基础上，并进一步把关系找出来。重点放在三个阶段究竟用什么现象来发现。初中是简约阶段，进一步抽象出来便于形成形象记忆的"八卦图"。

课例研究是一个贵在"合作与坚持"的过程，拥有导师的指导固然重要，但要实现"真发展"必须靠自身不懈努力。值得强调的是在自己身边形成有共同学科追求的团队是非常重要的。

第四节　以"自我反思"为明镜的培训实践

美国著名教育学家波斯纳曾提出一个教师成长的公式:成长＝经验＋反思。[1] 他指出，没有反思的经验是狭隘的经验，至多只能成为肤浅的知识。[2] 反思是一种积极的思维活动和探索行为，是一种创造性学习，也是教师自觉地对自己教学活动进行回顾、思考、总结、评价和调节的过程。在教学实践中，反思还是发现的源泉，是改进教学、提高自身能力的最好方法。[3] 教师只有在不断反思自己教学行为的基础上，不断学习，不断探索，才能与时俱进，促进教育教学工作有效展开。这既是新时代培养创新人才的需要，也是教师适应时代发展、自我成长的需要。

反思是成为研究型教师的必经之路，对于如何在研究中反思，在反思中研究也是我们接下来要回答的问题。

---

① 陈栋,吕玲.中国新世纪教育研究[M].北京:中国时代经济出版社,2012:211.

② 周小山,严先元.农村教师专业发展导引·给农村教师的建议[M].武汉:华中师范大学出版社,2006:35.

③ 夏宝霞,闫赤兵,李佳.教育教学知识与能力[M].北京:光明日报出版社,2015:368.

一、聚焦课堂,重在观察:教师反思力培养的主要阵地

下面,以历史学科为例,展示教师是如何通过课堂观察来提升反思力的。[①]

(一) 及时的课堂观察能提供客观的反思素材

课堂是教师的"自留地",教师必须立足课堂、观察课堂,并不断反思,将先进的教育教学理念内化为自己的教学实践。这种反思不是一般意义上的"回顾",它是指教师在教育教学过程中,把自我活动、教学活动本身作为意识的对象,不断地对其进行积极和主动的计划、检查、评价、反馈、控制和调节。这是因为课堂观察能提供客观的反思素材,为课堂转型与教师专业发展增添助推剂。

"师傅领进门,修行在个人。"一个人的成长离不开自己的努力,一个教师的专业成长也离不开个人的奋斗与努力。反思能力在教师专业成长过程中具有非常重要的作用,只有不断对自己的课堂教学进行反思,才能迅速实现专业突破。因为课堂教学中既有预设的一面,更有非预设、生成的一面,课堂教学的过程应是教学内容生成的过程。在课堂教学过程中出现的学生的问题、困惑等,应成为教学的重要生长点。适时发现学生的这些问题,及时反思并加以解决,真正体现教师的反思能力。这样的教学反思才能体现出以学生的学习、发展为主体,这样的反思才是有效的反思;只有以学生为出发点的有效反思,才能真正发挥提高教师的反思能力、增进教学智慧、塑造独具特色的教学风格等积极作用。

联系自己平时的教学实践与教学后反思,我们发现反思中存在很多问题,即大部分反思侧重于课堂的整体设计,对动态中的教学过程、师生之间的互动、教学过程中学生反映出来的问题等动态生成的现象则反思不足。例如,历史组一位青年教师在上完必修一第二单元"古代希腊、罗马的政治制度"的复习课后,作了如下反思:

在教学过程中创设历史情境,整合各项资源,采用课堂讨论等方法加以指导、培养和提高学生历史思维能力,使学生自主学习、合作探究。注意对比分析古希腊与古代中国在自然地理环境方面的差异,说明古代民主政治与专制政治

---

① 由凤丹.课堂观察——提高教师反思力的有效途径[J].新课程导学,2013(07):79-80.

产生的原因:古希腊多山、靠海,地势崎岖不平,平原占地面积小,粮食不能自给;海岸线曲折,岛屿密布,多良港。古代中国地处大河流域,平原辽阔,土地肥沃,最适合农业生产。当代民主政治源于古希腊民主政治,产生的主要原因是商品经济的发展、统治人口数量较少而且居住相对集中的需要,是海洋文明的重要特征;专制统治源于修建和管理水利灌溉工程、统治众多人口和辽阔大陆的需要,是大河文明的象征。要增强历史的时序性:公元前509年,是罗马共和国在意大利半岛建立的时间;公元前27年,是罗马帝国建立的时间。

这份反思初看起来似乎很好,没有问题,但仔细一分析,就会发现这样的反思没有基于课堂过程的观察,仅仅是对这一单元重点知识的简单概括,既没有突出教师教学设计的优劣之处,也没有对课堂上学生参与课堂讨论的过程进行详细分析。因此,对教师自身反思能力的提升、教学智慧的增长等方面的推动作用十分有限。假如这位教师能对学生参与课堂讨论、自主学习、合作探究等学生的学习过程上进行深入分析,反思学生在讨论、探究过程中出现的问题,教师如何在课堂上帮助学生一起解决等,那么,这位教师的反思一定成为他以后教学生涯中的一笔宝贵财富。当向这位教师询问原因时,才发现并不是教师不想去进行真正有效的反思,这当中存在一个很突出的问题:教师的反思并不是在课后立即进行的,由于种种原因,隔了一段时间后才去追忆、反思,这样反思的材料就相当有限,即便能回忆起当时课堂教学的情境,很多细节已模糊,反思也就不能有很好的针对性。通过调查发现,这种情况并非个例。因此,我们急需一种能在课后为我们的反思提供翔实资料的方法,如录像、听课记录、学生作品等。

(二)认真细致的课堂观察能提升教学反思高度

课堂观察能给我们提供一个反省自己教学经验的情境和条件,课堂观察是指研究者带着明确的目的,借助特制的观察工具,直接或间接从课堂情境中搜集资料,并依据资料做相应研究的一种教育科学研究方法。课堂观察研究的问题涉及课堂教学的各个方面,而每一个问题都可以利用我们所掌握的观察技术来进行较为规范的研究,在这种规范的研究中,我们可以搜集到反思所需要的资料。例如:①探讨师生互动与教育成效之间的关系;②观察学生的态度及行为表现(如投入学习或非投入学习);③观察学生行为的改变或习惯的建立(如学生学习策略的形成或改变）；④观察学生学习过程中某一或某些特定方面（如学生的课堂言语活动）；⑤观察教师教学中讲课的清晰程度；⑥观察教师教学手段、方法的变化；⑦观察教师教学过程中某一或某些特定方面（如提问或表扬）；⑧观察教育实验及课程开发的过程和结果，以便作出及时的反馈与评价；⑨观察学习氛围；⑩观察课堂管理。

这些问题还可以进一步划分为更小的点，以便更深入、细致、全面地对课堂进行观察。这样，教师通过课堂观察所搜集的资料进行有的放矢的反思，然后再用课堂观察的方法在教学实践中检验自己的反思结果，不断反复，必将不断改进教师日常的教学行为。可见，课堂观察这样一种科学研究方法是提高教师反思能力的有效途径，没有认真细致的课堂观察，就不可能有深层次的反思。

（三）课堂观察后的头脑风暴能有效增强教师反思力

要想课堂观察在教师的反思中真正发挥实效，还必须依靠具有研究意义的课后的观察研讨会议，这种会议的真谛在于为参与观察的教师提供一个平等交流与对话的平台。因为历史课堂具有很强的人文性、情境性与复杂性，每一种教学行为都有着不同的解读，单向的、个人的点评根本无法全面反映课堂教学的真实面目，也就难以产生令人心悦诚服的结果。课后会议的评析，并非是为了追寻一种普遍适用的教学技术或原理，而是为了形成一种基于具体教学情境和个人经验的理念。这不仅是对被观察教师的尊重，也是对其实践智慧的尊敬。只有在这种平等的氛围下，课堂观察才不会流于表面化、形式化；只有在这样的氛围中，才会产生思维碰撞，而有了思维的激发与碰撞，我们的反思才能真正落到实处，才能有效提高教师的反思力，才会形成对课堂教学意义和关系的深入理解与重构。对普通一线教师来说，这种基于集体智慧的反思，显得尤为可贵。

以下是一位教师在经过课堂观察的研讨会后，整理出来的关于人教版历史教材必修一"辛亥革命"一课的教学反思：

"辛亥革命"一课是本单元的重点，在单元中起着承上启下的作用。鉴于本课知识点比较零散，注重以思想来引领本课的教学过程。设计如下：

（1）历史与现实的结合。以伟人孙中山为主线贯穿整个课堂，循序渐进展开教学。从现实导入，展开历史教学，最后再回归现实。

（2）三段式问题教学。比如，背景部分，从必然性、可能性、偶然性，设计若干问题,如"资产阶级用革命手段推翻清政府是历史的必然吗? 改革行不行""如果革命是必然的,需要做好哪些准备""结合课本内容,指出辛亥革命为何锁定在 1911 年的武昌"……

(3) 文献教学,论从史出。提供若干史料,让学生在史料中分享历史。比如,本课提供了人教版《中国近现代史》摘录、《铁血华年——辛亥革命那一枪》摘录、鲁迅《阿 Q 正传》摘录以及辛亥革命后政治、经济、社会生活领域中产生的一些变化史料。在引导学生解读史料的过程中,培养学生正确的历史学习方法。

课堂反映出的问题还有:文献的摘录还是太少,不能让学生深入史料的"养分"中;某些结论的得出有些生硬,需要进一步加强与现实的联系,要仔细研读国家领导人关于辛亥百年纪念的讲话。

显然,这种基于课堂观察基础之上的反思,更能说明课堂教学中存在的问题,也更能体现反思的实践意义。如果这种经观察研讨后形成的教学反思能成为我们教学的日常活动,则参与其中的每一位教师都会有意识地、经常性地反思自己的课堂,不断搜集教学反馈信息,不断为解决问题而进行嵌入式学习、理解新的教育理念,形成教师个人的教育理论,充实和完善教师的实践性知识,从而促进自己专业知识的迅速成长。

总之,言之有物、有效的反思是一剂促进教师专业成长的"良药",而有着明确观察目的、详细记录教学过程的课堂观察,则为这剂良药提供了相当完备的"原料"。让我们在今后的教育生涯中,携手并进,利用好课堂观察的"原料",塑造出促进个体专业成长的"良药"。

二、主动比较,自觉改变:"自我反思促成长"的具体途径

教师的成长之旅离不开各种平台,身处其中或为学员或为导师,如何让平台助力自己成长? 本节给出的"主动比较,自觉改变"的反思之策或许是有效之法。

一般而言,项目组、名师基地、工作室等团队会开展一些丰富多彩的活动,如专家讲座、学员论坛、评优课观摩、研究课巡演等。并对学员作出规定:活动前针对活动的主题有自己的前期思考,活动中要认真听讲、仔细记录,每次活动要有不少于若干字(如一千字等)的书面反思并按时上交。下面记录的

是某位教师经历过团队活动后的自我反思。

　　一年多来，最令我难忘的是"研究课巡演"活动，这项活动让我由最初的无奈甚至恐惧到现在的激动与期待，是我收获最大的活动！研究课巡演是指我们基地的每位学员在一学年之内依次在自己学校开一节公开课，或称为基地内部的研究课。这是由两位导师、15 位学员、15 位专家共同参与和接力完成的一项漫长工程，尽管频度很高（几乎每个礼拜都有）很辛苦，但现在想起来的确令人热血沸腾！因为每节课都要与不同的专家（15 位专家，且几乎全部为数学特级教师）一起听课、共同评课、面对面交流。按照导师规定，评课时先由授课教师阐述这节课的设计思路及授课体会，然后由学员按导师随机指定的顺序逐个发言，最后由聘请的专家作总评。尽管每个学员起初都有很大压力且曾一度抱怨全体学员逐一点评"战线太长""重复较多""没有必要"，但随着活动的深入，每位学员都乐此不疲，因为我们真切地感到了这项活动对我们实实在在的锻炼，况且每次活动后都要写出"千字文"听后感，这项活动坚持下来，每位学员都见证了自己的进步！可以说，"研究课巡演"活动引领我们牢牢抓住课堂教学这个教师专业发展的生长点，让我们在"名师基地"这个广阔的平台上不断地磨练自己。

　　这项活动赋予我的最大进步是：使我形成"主动比较"意识，帮助我在自觉改变中不断成长。

　　1. 与专家比较，发现自己的不足与进步

　　在"研究课巡演"活动中，绝大多数情况下自己是观课与评课者，等待发言的时候心中充满忐忑和矛盾，担心自己最先和最后发言——最先发言还没有准备好，最后发言会发现自己准备的已经被其他学员说过了。因此，思考并讲出仅属于自己的观点是最重要的。这就逼着自己不管平时多忙都要挤时间把功课做在课前（刚开始几次活动前没有做好这项工作就很被动），事先对上课内容有所了解与思考，然后观课时根据课堂现象（尤其要关注转瞬即逝的教学细节）提炼出自己对这堂课的特殊感受，发言时才能从容不迫，讲别人所未讲，见别人所未见。但是，每次我都会发现，穷尽自己智慧讲出对课的看法后，总能在专家最后的发言中听到令自己眼前一亮的独到见解。如：

表 4-4-1

课题	关键概念或课堂现象	对关键概念或课堂现象的看法	
		我	专家
方程的根与函数的零点	"零点"是函数值为零时相应的自变量的值,不是点	1. 因为函数值已经为零,因此只需要把自变量定义为零点; 2. 生活中名不副实的现象有很多	1. 这本身是一个定义,零点就是零点; 2. 中国文字很奇妙,点就是时刻,零点就是函数值为零的那个时刻; 3. 查原文,看翻译有无问题
正方体的截面	教师讲得多,学生较被动	对学生的表现不敏感	将教师的教学行为概括为"问题驱动,自己分析"
等比数列的前 n 项和	学生在解决引例时就用了求和公式,而教师顺应了学生的思路	赞同教师的做法	要灵活处理预设与生成的关系,发挥学生主体作用没有错,但不可以跟着学生走; 把引例中的数字"2"改为"3",更能体现引例的价值
矩阵作用下的坐标变换	教师只介绍矩阵对一个坐标的作用;只介绍对称变换与旋转变换	1. 指出矩阵对多个坐标的作用功能,但对该项功能没有进行概括; 2. 赞同教师对教材的灵活处理,只介绍对称变换和旋转变换是正确的	1. 矩阵可以实现"批量运算"。 2. 矩阵的优势在于它可以把各种变换统一起来。因此,只介绍对称变换和旋转变换是欠妥的

这些不足更激励自己必须在平时加倍努力,不放过任何一次通过阐述自己看法并有意识与专家的见解比较的机会,如市里组织的"TI 图形计算器与高中数学教学"研讨活动、区里组织的高三数学教研活动、自己领衔的项目组开展的以"学案建设"为主题的观课评课活动等。这样反复几轮下来,我发现自己在专家引领、同伴启发、自身努力下有了明显的进步——不仅在公开场合"敢说"了而且"会说"了,还逐渐能发现表面看起来不相干的课堂现象之间有规律性联系,从而形成自己对课堂乃至生活的特殊认识。例如,在听过"幂函数的图象与性质""正切函数的图象与性质""函数 $y = ax + \dfrac{b}{x}$ 的图象性质及

其应用"三节课后,感慨于教师对图象与性质关系的处理,书写了短文《忽然想起了鸡、蛋之争》,从图象与性质的关系入手阐述了自己对学解题与学思想、争机会与求成长、世界的浮躁与惰性的滋长等辩证关系的理解。又如,见表4-4-2和表4-4-3所示。

表4-4-2

课例	公共的课堂现象	自己的认识
1. 用一元一次方程求解行程问题； 2. 平面图形的运动； 3. 正方体的截面	1. 授课教师备课充分,讲解流畅,知识有深度,方法成系统； 2. 学生课前领学案,上课埋头看学案,下课学案空大片； 3. 听课教师紧紧跟,个别题目竟不会,边听边议好疲惫	1. 不拘形式方能教在关键,换位思考方能准确把握,微火慢炖方能思维绽放； 2. 真正的教坛高手是此处无声胜有声,当我们真正把思考的权力交还学生,他们反馈的思维成果中会有我们意料之外的惊喜

注:撰写了文章《感慨于数学课的"厚"与"薄"》《欣赏"散慢"的数学教学——有感于课堂上的"后生无谓"与"教师迟钝"》

表4-4-3

课例	相似的课堂现象	自己的认识
1. 多面体的表面积； 2. 等比数列的前 n 项和	1. 在课例1中,当教师引导学生采用侧面展开法推导出直棱柱与正棱锥的侧面积公式后,学生解题时采用的方法仍然是逐个计算各侧面面积后相加； 2. 学生对教师在推导等比数列前 n 项和公式时强调的错位相减法的重要性并不感兴趣	1. "不是教教材而是用教材教",在教师的实际教学中仍被轻视； 2. 对重要方法的教学要敢于改变教材中的安排顺序,在必要时自然地引入,学生才能学得有兴趣有效果,才能真正做到以生为本

注:撰写了文章《做勇于跨越教材"为自然而教"的教师》

最令我兴奋的是,有几次我发现自己对课的看法竟与专家的看法不谋而合,如在听了"等比数列的前 n 项和"一课后,我写了评课文章《做勇于跨越教材"为自然而教"的教师》,其中阐述的观点后来在"矩阵作用下的坐标变换"的评课时发现竟与某位专家的看法相同;在"幂函数的图象与性质""多面体的表面积"现场评课时,我的看法竟引起了区教研员的共鸣;我在评课文章《欣赏"散慢"的数学教学——有感于课堂上的"后生无谓"与"教师迟钝"》中的观点也得到了专家的肯定。这给了我极大的信心,更坚定了我"通过与专家主动比较谋发展"的思路。不仅如此,这种"比较意识"在我身上产生了良好的连锁反应,使我逐渐养成了勤于阅读、思考与写作的好习惯。阅读让我知识广泛、思考让我不落俗套、写作让我的思考走向深入。阅读在让我心灵澄净的同时多了对事物的另样思考,思考在让我心灵沸腾的同时多了创作的冲动。"千字文"的要求刚开始就像一座大山压得自己应接不暇,现在,"千字文"成了一种期盼,盼望活动结束后将自己的感受及时写下来,不是为了完成作业,而是心中有话不得不说。

值得一提的是,通过比较不同专家的评课风格来完成自己与专家的比较会给我们带来别样的惊喜!这其实是我的一次意外收获,大概也是"比较意识"作用的成果吧。在写作《矩阵作用下的坐标变换》观课体会时突发奇想:听过曾专家对这节课的评论后,再用熊专家评"等比数列的前 n 项和"的风格审视这节课会怎样?如此一想马上发现自己的不足:在整个"研究课巡演"活动中,自己竟没有一次想到把上次专家的评课风格或某些学员的出色见解运用到下一次的听课活动中。这说明自己的思维仍然是狭隘的。一旦意识到这个问题,就有了惊喜的收获:

表 4 - 4 - 4

课题	评课风格
等比数列的前 n 项和	熊专家的一句话风格:由课题可知,本节课是"用基本量表示等比数列前 n 项和并会运用",我们以此为基础去分析整节课……
矩阵作用下的坐标变换	启发我这样点评:本节课是"通过矩阵作用实现坐标变换进而研究图形的变换"。至此,审视这节课的思路大开:(1)为什么用矩阵作用?(是否体现矩阵的优势:批量运算与统一处理);(2)如何作用?(作用的方式是什么? 谁作用谁?);(3)作用的对象?(由向量过渡到坐标,由一个坐标过渡到多个坐标);(4)作用的效果?(实现了位置、大小、形状等不同的变化:平移、对称、伸缩、旋转)

由上表可以看到,及时吸收专家的评课精髓是非常重要的,但很遗憾地看

到，在"矩阵作用下的坐标变换"评课现场，竟没有一个学员像上表这样如此清晰地完成点评。细细想来，缺乏普遍联系与相互作用等哲学思维习惯，大概是感觉迟钝、意识滞后是最根本的原因吧。推而广之，知识孤立、视野窄化不也是影响教师专业发展的重要因素吗？

2. 与学员比较，用心学习他们的长处

我们团队荟萃了来自全市各校的骨干教师，每次论坛或评课时，我在大家的精辟见解与彼此之间的争论中学到了很多，这些见解与争论开阔了我的视野，激励我在实践中不断完善对某些问题的认识，进一步锤炼自己的教学功底。令我印象深刻的是王老师的学术嗅觉与缪老师的文化气质。

王老师善于关注每节课中那些看似自然的结论或推理，这种良好习惯赋予他追根究底的学术精神，也因而使他对某些困难问题给出超越常人的解释，让人由衷叹服。例如，在"等比数列的前 n 项和"评课时他说，等比数列的前 n 项和公式可以在函数极限的意义下实现统一，即 $S_n = \lim\limits_{x \to q} \dfrac{a_1(1-x^n)}{1-x}$；在"矩阵作用下的坐标变换"评课时他借助欧式空间中的线性变换说明了矩阵对四种变换的统一作用。王老师的学术嗅觉启发我在某中学的一次听课活动中捕捉住了一个看似寻常的问题，由此问题出发展开的探索形成了论文《小问题大文章：对一道题目的争论、困惑与思考》，其中的研究成果获得市相关专家的认可，该文在上海市第十一届"TI 图形计算器与数学教学——解决问题"评选活动中荣获一等奖。

缪老师的文化气质赋予他儒雅的评课风格，他从史学角度切入，以数学发展的文化视角来审视每一节课，令听者眼界大开！受此启发我创作了短文《育校本数学文化　促教师分层发展》，该文也在某杂志发表。

3. 与自己比较，寻找新的生长点

我是一个内向得有些自卑的人，曾多次梦想自己是一个雄辩家，在万人大会上激情演讲，醒来后却发现自己还是那个讷于言的无名小卒。因此，在以前的区域教研活动上总是躲避发言，即使被叫到，讲出的话连自己都感到汗颜。参加"研究课巡演"活动短短一年多来，基地活动的开展影响了我对课堂教学的态度以及课堂观察的视角，赋予我不畏困难的坚强意志，并且在很大程度上改变了我沉默寡言的性格与曾经懒惰拖拉的习惯。让我由"不说"走向"敢说""会说""争着说",让我由"被动阅读""害怕写作"走向"喜欢阅读""期待写作",让我不断思考怎样做一个"明师"——看得明澈、想得明白、教得聪明、写得明快、做得明智、作用明显的教师。这些思考让我不断获得自己发展新的生长点,引领我持续走向成熟。

值得比较的对象还有很多,如与自己的学生比较、将数学与其他学科的教学比较、将自己的文章与杂志上的文章比较等,正所谓:三人行必有吾师,身边事皆启我心!入选团队以来,我写了32篇活动体会或读书笔记,绝大部分都有鲜明的主题,自我感觉质量越来越好,开设省级、市级、区级公开课各1节,主持(或参与主持)了4项教育课题(校级两项、区级两项),5篇论文正式发表,6篇论文获奖(其中市级一等奖一篇,市、区级二等奖各一篇,校级一等奖三篇),与人合作出版专著1部,自己任教的班级也在高考中获得佳绩。成绩虽然只能代表过去,但获得成绩的过程让我不断成长。马云说:"改变是我永远的不变!"相信"主动比较"与"自觉改变"的意识能帮助我在"名师基地"的平台及自己的工作岗位上越走越好。

三、探知问题,摸索规律:关于"一线教师如何做研究"的反思

(一) 为什么要做研究

1. 不研究不行

只有通过研究,才能探知问题解法的真相、现象背后的规律,以达成对学科更深的理解、对教育教学方式的完善。事实上,研究的价值还有一点,它既不是为了发表论文、申报课题,也不是为了参评获奖、考核加分,而是为了自身的生存、内心的满足,间接促进了学生的成长、自身的发展。这听起来很无奈又很"高、大、上",却是真实存在的。

一方面,在我们的教育教学中经常会遇到"不会做或解法不优的题""不满意的教学片段""暂时无法理解的教育现象"等,若这些问题得不到解决就会影响自己在学生心中的形象,远离"亲其师信其道"的古训,从而也就远离了学生,有失业的潜在危险。另一方面,当我们通过研究获得一个个问题的答案,驱散心中一团团迷雾,甚至最后收获一篇论文或一本书,这种满足远非美食、大片所能相比。我们的研究可带来自己素质的提高与课堂的改变,是非常值得的。

2. 做研究可行

一线教师做研究确实可行。相对于纯粹的理论工作者我们身边有大量的研究对象和可供随时随地实践的机会，这就为"理论与实践的相互修正、不断完善"带来了极大的便利。

一线教师做研究，贵在一个"做"字：我们研究的对象是"做"——对自己的"做"进行研究；研究的过程在于"做"——在自己"做"的过程中进行研究；研究的目的是"做"——通过研究让自己"做"得更好。因此，一线教师做研究，不仅可行，而且非常必要。

（二）如何做研究

金坤荣老师在论文《草根性：一线教师科研的特点》中指出：中小学教师的教育科研，不是为了验证某理论，而在于改进、解决教育的实际问题；不是研究别人的问题，而是研究发生在学校中的教育问题；不是研究某种理论假设，而是研究现实的教育问题；不是将教育与研究搞成"两张皮"，而是在教育过程中进行研究。因而，中小学教师的教育研究应是低坡度、低层次的研究，应结合教师的教育教学过程。草根性是一线教师科研工作的突出特点。

1. 顺——顺应实际寻找研究主题

（1）顺应自身特长，不蔓不枝

最终的研究主题或方向因人而异，一定要找准自己最擅长的地方下功夫。此时，最忌讳的是见异思迁，无法做到集中精力、从一而研。

（2）顺应教学实际，且思且记

曾听过顾泠沅先生的报告，他的160多本手写的《数学研究日记》让我们读到了大师的认真、踏实、智慧、热情……也告诉了我们大师成功的秘诀。我们都应养成记录当天教学心得的良好习惯，哪怕没有系统性，只是片言只语的教学感悟。但是，这必为今后个人论文、论著的出版提供极为有用的素材。反思的视角涉及解题与说题、教学设计、学法指导等。虽然都是一些难登大雅之堂的小文章，但这些研究的的确确解决了自己教学中发生的真实问题，研究的过程"累并快乐着"。

（3）顺应学校特色，随波逐流

大到市、区，中到每所学校，小到众多项目组、工作室，都有自己的研究方向或特色，若身处其中，就要自觉融入并寻找方向。例如，某位教师所在的学校是上海市 TI 数理技术实验学校，学校重点项目"TI 手持教育技术与数学教学的整合"，该教师积极投入这股洪流，每年都参加由市教育委员会教学研究室举办的 TI 图形计算器与高中数学教学整合的论文或"解决问题"评选，取得了骄人的成绩。后来出版了个人专著《掌中求索——高中学习中的 TI 技术》。

2. 学——多方学习锤炼研究功力

要想提高研究功力，最好的途径是攻读数学教育方向的研究生，接受系统的研究方法和研究技术的学习与训练。其实，世间任何事情莫不如此。就像练书法、打乒乓球等，接受过训练与依靠自学的人有明显的区别，而且这种训练经历越早越好。一线教师一般都是科班出身就投入教育教学实践，一路读完研究生再工作或工作若干年后再去读研究生的教师比例还是非常小的。这种现状说明"一线教师的职后进修主要靠自学"，研究功力的逐步提升，离不开向各方学习及反思过程。除了借鉴吸收身边教师的言传身教外，以下三点显得尤其重要。

（1）向专业书刊学，适时转化

所有成功和成才的数学教师、专家、大师都有阅读专业书刊的习惯，但长年坚持其实相当难。2017 年在微信公众号中看到介绍陕西师范大学罗增儒教授的文章，说罗教授每年会订阅国内所有的专业期刊，这也促成罗教授成长为中国的波利亚。

华罗庚教授主张读书要"从薄变厚，再从厚变薄"，并举例说他花了两年的时间学习外尔的《典型群》，终于弄懂了其中的精髓。并在他的著作《多复变函数论中的典型域的调和分析》中先消化群，再用自己独特的矩阵技巧表达出来。

（2）向活动、报告学，及时总结

一线教师在日常教学工作之余，肯定都参加过不少活动，常规的如市、区级教研，其他还有讲台上的名师、新秀教师在讲台、各种校庆日的主题教学展示等，肯定听过很多次专家报告或讲座。那么，这些活动对自身的启发何在？推动作用又体现在何处？产生了哪些看得见的效果？我的体会是很无奈的几个字"听过就算了"。为什么会出现这种情况，其实，我想回去后好好总结一下，但通常被其他事耽搁了，最后不了了之。于是，就形成了常态：不断地听讲座，留下照片，然后生活照旧。日复一日，年复一年，几十年就这么过去了。抽出时间来"及时总结"并进行书面记录大概是克服这一弊端的好方法。

（3）向成功人士学，随时应用

① 早与专

俗话说："一早三光，一晚三慌。"这句话从小视角说是"每天不要睡懒觉""早起的鸟儿有虫吃"，这样一天的事处理起来就比较从容。从大视角说是"凡事要趁早"，想好了就抓紧去做，要做到"人无我有，人有我优，人优我变"其实是很需要时间作保障的。否则人人，都不笨，为什么你就领先呢？应该说，赶早的人是时间的主人，是时间的寡头。赶早的人在精神上是满足者，看着那么多人步自己后尘，姗姗来迟，那种感觉真的是一种美的享受。

2012 年 11 月，童话大王郑渊洁接受采访时曾说："每天早上 4 点半起床写作是我坚持了 28 年的一个习惯。每天 4 点半到 6 点半，我都必须要搞创作，写我的《童话大王》。对我来说，这都形成生物钟了，到点自然醒。"1977 年开始文学创作的他，至今已有 40 余年儿童文学创作经历，但郑渊洁表示，他的童话创作从未受过其他作家影响，"虽然有很多佩服的童话作家，但我连安徒生童话都不看，因为看了别人的书就会受影响。我喜欢看写实性的社会、自然类书，可以开阔视野，对写作有帮助。"

其实，仔细观察高效的人和低效的人，就不难发现，那些真正厉害的人，一辈子只做一件事，一次也只做一件事。一辈子只做一件事，因为真正高效的人从来都知道自己想要什么，一次只做一件事是实现一辈子只做一件事最好的手段。当然，关键问题是，很多人其实并不知道想做什么。所以，找到想要做的事是第一位的。有人一辈子下棋，有人一辈子写字等。

② 坚与兼

一辈子只做一件事需要坚定的信念和一颗永不放弃、勇敢进取的心，这种执着的精神让人心无旁骛，同时也是清心寡欲，身处这种状态的人往往心理非常健康，能兼顾工作与生活，其实对他们而言"工作就是生活，生活就是工作"。

③ 乐与痴

一辈子专注做好一件事的人确实做到了以做这件事的过程为乐，孔子曰：

"知之者不如好之者,好之者不如乐之者。"即,对于学习,了解怎么学习的人,不如喜爱学习的人;喜爱学习的人,又不如以学习为乐的人。沉浸在所乐之中的人往往都如醉如痴。例如,宁波北仑中学数学教师甘大旺就痴迷数学与教学研究,著书立说,自得其乐,不谙世事。王书记一见面就聊数学,聊老师们上的课;记得有几次与桂老师一起参加活动回来,在地铁上桂老师总是拿着他的新技术向我演示他对某一问题的思考,真的是如醉如痴,让人由衷佩服。

3. 试——勇于尝试积累研究成果

勇于尝试是一线教师最应做的事。哪怕在生活、工作中遭遇挫折,学生同事纷纷质疑,心情极度失落时也应牢记这一点,对自己说,没什么,脸皮厚,再试一试。也就是说时刻都要满怀自信,让自己拥有不屈的心灵。

(1)试着多写,无问优劣

与理论工作者相比,一线教师缺乏的可能是写的习惯。写可以留下物化的成果便于更好地交流和永久地传播。写的目的不是发表或出版,而是记录心中那稍纵即逝的微光或困惑,以便迎接明天更好的工作。写是教的总结、集成与升华,是实践与思想积累到一定阶段的自然喷涌。

(2)试着比较,无惧改变

在反思过程中,要敢于与高手比试,与同伴比试,与自己比试。只有在比较中,才可能产生改变。

(3)试着参评,无论胜负

在工作中,经常会遇到参赛、参评的机会。例如,长教杯、希望杯青年教师教学大赛,爱岗敬业青年教师基础技能大赛,"青椒杯"、TI 图形计算器解决问题比赛,学生绘图作品比赛,学科带头人评选,专业技术拔尖人才评选等。建议不要怕失败,就像写文章一样,"播下种子,静待发芽"。如果平时没有种子播下,就换不来收获时刻的一份份喜悦。因此,教师要善于借平台、练内功、创特色,不断拓宽专业发展之路。

4. 斗——与己战斗保持研究活力

在专业发展的道路上我们会遭遇很多困难,随时会面临"被放弃"的危险。但是,只有战胜自己才能在起起伏伏中不断前行。

(1)务必看清自己,要清楚自己的特长与弱项。

（2）切勿看轻自己,始终相信自己能行,铸就"不以物喜不以己悲"之心态。

（3）坚持弃恶从善,丢掉自己的一些恶习,努力养成好的习惯。

（4）经常自我激励,要常对自己说:"我很慢但一直坚持;我很丑但追求特色;我很霉但不甘屈服;我很耿但懂得感恩;我很凡但进取常乐。"

（三）一个成功案例:高中政治议题式教学的反思研究

这是一个以小见大,反映教师在反思中做研究的成功案例,朴实而见功力,言简而见深度。①

议题式教学是指在尊重学生身心发展的规律和教育教学规律的基础上选定议题,通过师生互动、生生互动等形式,在议题的探究和解决中培育学生的核心素养。议题式教学不仅是对新课程教学理念贯彻的一种尝试,也是提升思想政治课教学的一种有效方法。但是,在实际教学过程中,议题式教学仍存在议题选择"形式化",议题设置单一,议题设计脱离生活实际等问题。鉴于此,笔者经过思考,对议题式教学提出下列改进建议。

1. 联系学生生活经验,让议题情景化

议题是搭建师生之间和生生之间相互交流、互动与发展的平台,而激发学生对课堂内容的兴趣则依赖议题设置。设置有效的议题会让学生有话愿说、有话可说、有话好说,低效设置或无效议题则会让学生缺乏讨论的兴趣,以至于使课堂"冷场"。由此,设置议题是一门艺术,设置有效问题能调动学生参与课堂活动的积极性,让学生积极主动地参与讨论和进行发散性思维,培养学生的核心素养。

例如,在学习"生活与哲学"第三单元"思想方法与创新意识"中的综合探究时,笔者以学生校园生活中最常见的食品——方便面为例:

主题:"唯物辩证法"的理解与运用。

主议题:如何理解"打败你的不是同行,而是跨界"。

议题情境:人们经常说,三年前你的选择影响了你今天的生活,那么今天你的选择也将影响三年后你的生活。今天网络上流行这样一句话:打败"康师傅"的不是"统一",而是"饿了么"、美团外卖;打败中国移动的不是联通和电信,而

---

① 蒋贤惠.高中政治议题式教学的实践与反思[J].中学课程辅导(教师教育),2020(03):95+10.

是微信。产生于 1985 年的方便面最早出现在日本,进入中国后,巨大的消费市场,一下子使我国成了世界上最大的方便面生产国,其产业链非常庞大。但是,自 2017 年以来,我国方便面销售出现了大幅下降,仅"康师傅"和"统一"方便面的销量至少减少了九亿包,作为方便面消费主体的城市白领和学生群体,他们当前更多的是选择口味和营养更丰富的外卖等快餐,方便面行业的萎缩已成为不可阻挡的趋势。电信行业与此相似。

议题一:为什么说"打败'康师傅'的不是'统一'而是外卖小哥"?(矛盾观、联系观)

议题二:方便面行业的溃败给相关行业带来什么影响?(联系观)

议题三:外卖打败方便面是食品界的倒退还是发展?(发展观、创新观)

在以上三个议题中,教师应紧扣"唯物辩证法的理解和应用"这一教学主题,通过创设体现学生已有的生活体验,反映时代背景的"真情境",选择具有一定综合性、开放性、思辨性议题,对激发学生思维和拓宽视野具有重要意义。在此议题的研讨中,学生通过情境议题的设置,观点的交流、碰撞,形成对"联系观""发展观""矛盾观""创新观"的精准把握,引导学生学会用辩证思维去思考,培育学生批判性思维能力、科学精神,进而发展思想政治学科素养。

2. 为学生搭建思维的台阶,让议题有深度

为了让议题有深度,教师在创设议题时,可从以下几方面入手:第一,依据苏联教育家维果茨基"最近发展区"理论,所设置的议题要契合"可及性"和"未及性",要与学生的认知结构和发展水平相符合,才能把学生思考的兴趣激发和调动起来。第二,所设置的议题要具有一定的层次性和针对性,即议题要针对教学内容的重点和难点,有一个由浅入深的梯度,同时也要兼顾不同层次学生的认知水平,体现思维及推理的过程。第三,所设置的议题要有一定的拓展性和启发性,这就需要学生结合教材知识经过一定的思维过程才能找到答案,同时不能把知识局限在课内,要将课堂问题拓展延伸至课外,用课外知识巩固和补充课内知识。

例如,在学习"文化生活"中的"文化创新的途径"这一课时,以暑假热播的国产动画电影《哪吒之魔童降世》为背景设置这样的议题:

议题情境:西方电影,尤其是美国好莱坞电影中的中国元素越来越多。其主要体现形式有：中国功夫、中国传统文化、经典人物、饮食服饰、美丽的自然风光、现代城市景观等。西方电影不断将中华文化渗透进电影制作、故事情节和事件逻辑中，在通俗、朴实的题材中打造新亮点。同理，中国动漫也受外来文化的影响。

议题辩论：外来文化的引进对传统文化的冲击很大，到底是学习还是抵制？

正方：在世界各国联系越来越紧密的今天，国漫电影应该面向国际化；

反方：中华文化历史底蕴深厚，国漫电影应立足民族性。

一个好的议题要有足够的思辨性，这不仅可以点燃学生的激情，激活学生的思维，而且还可以拓宽学生的视野。设置这样的议题，让学生在商议、辩论、展示中由浅入深地思考问题，整合课内知识并延伸到课外，调动学生的问题意识，引导学生对知识进行宏观分析、应用和创造，体现深度思辨的思维指向。

3. 关注学生的情感体验，让议题有温度

政治课不仅是一门学科课程，更是一门德育课程。议题的选择来自生活，也要回归生活。因此，在议题的讨论中，并不仅仅是运用和理解所学的政治知识，还应有情感的体验与价值观的引领，在议题的讨论过程中，让议题式活动充满温度。

例如，在学习"世界是普遍联系的"这一课时，笔者选择了学生熟悉的电影《我不是药神》作为探究背景，对电影中的人物故事、情节冲突、故事原型、教学重难点进行仔细思考，确定本课的主议题："寻找'药神'——探究当前天价抗癌药问题的解决途径。"接着，围绕这一主议题结合电影中的实际问题与教学中的知识设计了以下几个分议题：

分议题一：影片中的警察陷入"走私仿制药抓还是不抓"的两难境地。你是赞成还是反对贩卖印度仿制药？

分议题二：制药公司宁可背着骂名也不降低价格让更多的病人买得起药，是否存在什么苦衷（客观原因）才使制药公司在研制出抗癌药后无法使价格平民化？

分议题三：如何才能让原本与天价进口药无缘的普通病人也能用得起进口药？请出谋划策。

让学生在议题的讨论中学会从病人、企业和国家的角度对解决问题的各个路径进行思考,找出解决问题的有效方法,通过反思自己和了解他人的情感,不断提高自身的情感道德境界,尊重、善待生命。议题式教学方式不仅要阐述、分析知识和理论,更要有情感上的共鸣。通过情感的渗透,才能让学生在议题活动中有所感、有所悟、有所动,这样的政治课堂才会有思维的宽度、广度、厚度和情感的温度。因此,在议题的设计过程中一定要调动学生知情意行的真实投入,要有教师的总结提升。

第五章

课堂转型途径之二：校本研修的开展

校本研修的开展是吴江盛泽中学推进课堂转型的有效途径之二。学校十分强调研修对象的全员性、研修内容的针对性、研修方式的发展性、研修指向的明确性。在实施校本研修的过程中，其一，要提升教师的教学理念，引导他们破除"以教师为中心"的传统观念，确立以学习者为中心的教学观。其二，要优化教师的教学设计，帮助教师认识单元设计的重要性，把握学科教学的整体性，同时在单元设计基础上，科学设计课时教案与导学案，包括教学活动与课堂作业。其三，要增进教师的教学艺术，形成自己的教学风格，让教学变得更加富有灵活性、形象性与创造性。

第一节　研修模式的一般概述

人口高峰带来的地区学位需求使得增轨扩招成为必然的选择，在此背景下，教师群体规模不断扩大，新教师的比例持续攀升，多数学校均面临教师团队年龄结构不合理的状况，新入职教师需要专业培训，中青年骨干教师需要素养提升，师资团队研修平台建设迫在眉睫。

一、校本研修：教师专业发展和职业修养提升的途径

帮助新入职教师尽快进入教师角色，熟悉教育教学工作，成长为一名合格、进取、优秀的教育工作者；帮助中青年骨干教师在专业方面取得进一步突破，全面提升个人职业素养，发挥骨干教师的示范和引领作用，是每所学校迫切需要解决的问题，而具有校本特色的专业研修，是促成教师专业发展和职业修养提升的最佳途径。

（一）什么是校本研修

1. 校本研修界定及其意义

校本研修是在职教师的一种培训形式，即在教育行政部门或教师培训机构的规划和指导下，由学校组织进行，教师积极参与，以教师专业发展和职业修养为中心，规范教育行为、保障教学秩序、提升教育教学质量为主导方向的教师培训形式。

研修群体的全员性、研修内容的针对性、研修形式的发展性、研修指向的目的性，是校本研修具有的鲜明特征，也是校本研修的意义所在。

（1）研修群体的全员性

新入职教师的职业培训是校本研修的主要阵地，在尽快熟悉任职学校工作环境的同时，新入职教师也面临着人生角色的首次蜕变。由学变成教，角色的变化需要心态上的转换，也需要能力上的升华，从"理解、掌握、应用"的"学"到"融会贯通、体系完善"的"教"，需要学习、反思，更需要引领，校本研修是一个让

新教师获得专业引领的平台。

中青年教师是学校的中坚师资力量,是学校提升教育教学质量的核心动力,同时也是新教师的引路人,是校本研修的专业师资团队,更是校本研修的重要参与者。尤其是中青年骨干教师,他们拥有丰富的经验,对教学游刃有余,同时也存在进一步提升的空间,适时的、针对性的校本研修会成为打破瓶颈的强有力的手段。

在信息技术迅猛发展的背景下,课堂教学需求和教学行为模式有了翻天覆地的变化,教育理念也有了转变,帮助老教师尽快适应、融入新时代的教育教学工作,为培养新教师群体奉献力量,是校本研修的新任务。

（2）研修内容的针对性

校本研修具有本校特色文化的显著特征,从学校实际出发,指向学校的发展。研修的内容与日常教育教学活动紧密相关,以切实解决学校办学、教师教学面临的实际问题为方向,研修内容具有较强的针对性,涉及学校工作的方方面面。

学校开展的相关校本研修活动,内容丰富多样,涉及多个维度,既有帮助教师熟悉学校发展历史、校园文化建设的文化类研修,也有促进教师学科专业素养提升、教学技能水平提高的专业类研修,更有督促教师加强教育科研、参与全员德育的教育类研修。

针对性强、体系完整的校本研修有助于教师更快适应教育教学工作,积极主动投入教育研究,从"新手"型教师发展为"胜任"型教师,再成长为"熟练"型教师,最终成为"研究"型教师,更好地梳理自身成长轨迹、建立个人发展规划,成为一名于自身有为、于学生有益、于学校有功的新时代优秀教师。

（3）研修形式的发展性

校本研修作为学校主导组织进行的一项教师研修活动,其形式因研修目的、研修任务的差异而不同,存在明显的时空多样化特点。学校的文化背景、实际状况不一样,其校本研修形式也会存在差异,同时根据学校发展的不同阶段,研修形式也会因时而异,产生变化。因此,校本研修的形式,具有发展性特征。

建校于1943年的盛泽中学,拥有优良的教育教学传统,对校本研修,有着悠久的历史传承。每年9月,学校都会举行新教师欢迎会暨新学年师徒结对活动,以老带新的模式为每位新教师和每位新任高三教师配备一名优秀教师作为师傅,以帮助他们尽快融入盛泽中学大家庭,熟悉教育教学相关工作,完成角色转变的第一站。

随着时代的变迁,教育面临着很多新问题,学校将师徒结对模式发展为双导师制度,增设德育导师,为每位新任班主任的教师配备德育师傅。师徒结对是校本研修形式发展的一个缩影,在原有的基础上,校本研修也出现了很多新的内容,新的形式。

（4）研修指向的目的性

《辞海》中有关于"研修"的解释:研者究也,修者学也。所谓研修,就是研究和学习的统一,研究有方向,学习有目的,研修指向具有明确的目的性。校本研修的目的,即为实现学生的个体成长,成就教师的专业发展,促成学校的内涵提升。

因其目的性明确,研修群体须面向全体教师,只有面向全体教师,才能使全体学生受益,实现教育资源的均衡化和教育活动的公平性,实现学校办学品质提升;因其目的性明确,研修内容有针对性,才能更好地起到提升教师专业素养和职业修养的作用,实现一代又一代教育人高品质办学理想;因其目的性明确,研修形式须具备发展性,放弃经验主义和教条主义,激发创新意识,解放教育思想,才能实现优良教育传统的传承与发展,实现学校稳步提升、充满活力的可持续发展。

2. 校本研修的五大模块

学校的校本研修内容,主要分为五大模块:

（1）学校文化浸润、职业道德修养

教师对学校的归属感和对校园文化的认同是其提升专业素养和职业修养的基本动力,校本研修的首要任务是通过学校文化特色的解读和发展历史的介绍,使教师对校园文化产生共鸣,并吸引其主动参与学校文化建设,形成归属感,产生文化认同。

曾有人说过,如果把教育当作职业,请努力思考、努力体验、努力做事;如果把教育当作事业,请用心思考、用心体验、用心做事。职业道德修养是事业心形成的关键,也是"事业成功的前提"。[①]

---

① 胡以然等.社会主义市场经济与大学生就业[M].武汉:湖北人民出版社,1994:289.

（2）教师教育教学基本技能和能力、现代教育技术、教育心理学

课堂教学是教师职业的主阵地，教师在课前充分准备、课上努力呈现、课后积极辅导，完成教育教学的基本操作，赢得学生的认可，取得预设的教学效果，是每位教师应尽的教育责任。这要求教师不仅要具备扎实的学科基础、专业的教学技能，同时也要关注非智力因素在教育教学过程中的作用，而这些都将成为校本研修的主要内容，也是研修课程的组成部分。

学校通过校本研修，使新任职教师初步具备基本教学技能，从容应对教学任务，认真审视教学过程，积极反思、研究，形成科研常态；中青年教师也能通过相关研修过程反思自己的教学形态，完善和优化课堂教学，形成和强化教学特色。

（3）学科最新的基本理论及教改信息

学科教学是以新课标为指导，依据课程标准对教材进一步解读，并结合学生实际展开教学，从而培养学生的学科核心素养，考验的是教师的个人专业能力，同时也能显著地反映学校校本研修的效能。

校本研修应着力建设教师专业提升的培训平台，聚焦专业能力，为教师提供学科最新的基本理论及教改信息的学习资源。通过专家讲座、研修沙龙、资源提供等形式使教师充分吸纳本学科的最新教育理论及教改信息。

（4）现代教学方法、教学模式、名家教学风格

教师发展的终极目标："研究"型教师的形成并不是一蹴而就的，而是需要长时间的学习、实践、反思、研究。在完成教学任务的基础上，教师通过学习现代教学方法，形成自己的教学特色，再观摩名家教学风格，形成自己的教学模式。

校本研修的任务是为教师提供现代教学方法的学习机会、名家课堂教学的观摩机会，通过教学交流、科研交流，产生教育思想的碰撞，教师吸纳成功经验，反思教学得失，实现教育理念的升华，明确自己的发展目标，并为之不懈努力。

（5）现代教学理论、教育思想

理论对实践而言，具有重要的指导作用，通过教学理论学习，指导教学实践，教师才有可能取得教育思想上的突破，对自己的教学实践有更为理性的认识。

现代教学理论随着现代社会的发展而发展,教师要凝练自己的教学风格,首先要学习现代教学理论,吸纳名家教育思想,如美国教育家杜威的实用主义教学理论、布鲁纳的结构教学理论、德国根舍因的范例教学理论等都可以成为校本研修的研讨内容。

（二）校本研修的国际比较

1. 国外研究概况

教育代表国家持续发展的希望,而教师的综合素质则是希望得以实现的重要保障。以校本研修的方式提高教师综合素质,已成为世界各国各地区教育改革的共识。如何开展教师校本研修,各国各地区都有着传统的传承和创新的研究。

综合各国教师校本研修的形式和内容,可以发现这样的共性:在遵循国家教育总目标的前提下,学校在进行教师校本研修的过程中,更注重结合日常教育教学的实际需求,注重校本研修的实效性和发展性,并且有机结合教师自身专业发展需求、教育教学现实问题解决和国家或地区教育改革要求等。

世界各国各地区在进行教师校本研修时,普遍注重协作机构的多元互补、研修内容的整体考量、参与个体的主观能动、评价体系的全面推动等。

（1）协作机构的多元互补

在教师校本研修过程中,(1)教育行政管理机构起着至关重要的宏观指导、协调和帮助作用。例如,美国政府颁发的《国家为 21 世纪的师资作准备》《明天的教师》等研究报告,对教师接受校本研修并更好地教育学生提出了要求;日本制定的《教育公务员特例法》规定教师进修制度,实施继续教育,要求教师为履行教育职责必须不断努力进修。(2)作为专业培训的主力,大学或师资培训机构的作用尤其重要,扎实的理论知识基础和浓厚的研究文化氛围,都是其进行师训的优势,英国谢菲尔德大学教育学院设计的教师校本研修"六阶段培训模式"就是大学参与基础教育师资培训的产物。(3)专门的进修机构是教师校本研修的重要补充,与学校共同制订研修计划,组织教师参加研讨交流,创设骨干教师培训平台,为教师校本研修提供重要的支持。(4)教师专业团队是校本研修的重要参与者,也是积极的推动者,通过主办研讨会和交流活动支持和帮助学校进行教师培训。例如,英国有全国教师联盟、法国有全法教育联盟。校本研修的多元互补有效支撑和推进了各国的教师培训,为校本研修打下了扎实基础。

(2) 研修内容的整体考量

校本研修的目的是实现学生的个体成长,成就教师的专业发展,促成学校的内涵提升。这就要求对研修的内容必须有整体的考量,既要有教育理论的学习,涵盖教育心理学、教育社会学和教育哲学等,为教师的教育教学打下人文基础;也要有教学技能的培训,包括新时代的教育技术、课堂教学的技巧和学科教学技能,使教师更为自信地面对课堂;更要有教育研究能力的培养,使教师对课堂教学中出现的问题进行分析,反思自身教育行为,以达到不断优化改善教学的目的。研修组织部门应根据教师群体的特征进行相关研修内容的统筹安排,全面覆盖、逐层递进、整体设计,以提升教师校本研修的实效性,同时应契合时代特征,重点关注信息技术对教育教学的辅助作用,以提升教师校本研修的时效性。

(3) 参与个体的主观能动

教师的主观能动性是"校本研修的内在动力"[①],大多数国家都非常重视教师参与校本研修的积极性,制度保证是其重要举措。很多国家通过立法和行政指令对缺乏进取、变革不力的学校进行处罚,通过各种激励手段,鼓励教师参加校本研修,提升专业素养和职业修养。英国《1993 年教育法》推动了教师评价,督促教师积极参与在职培训;美国优秀教师资格认定制度给优秀教师提供政府层面的认同。英国将校本研修与晋级加薪挂钩,激励教师主动参与在职培训;墨西哥等国家的带薪休假学习制度也在一定程度上提升了教师参与研修的主观能动性。

(4) 评价体系的全面推动

评价体系决定了校本研修的内容和形式。传统的评价体系目标单一,着重关注校本研修对学生成绩的影响,新时代教育教学成效评价的目标有所变化,从原本的结果性评价走向更为合理的过程性评价,校本研修的评价体系也有相应变化。无论是美国的多元教师培训评价理论,还是英国的教师在职

---

① 马之军,丁振云.基于校本教研促进教师专业发展的策略[J].教育文汇(综合版),2019(2):10.

培训九项指标，都表明了各国对评价体系优化的重视。当校本研修评价体系的关注点放在研修群体的全员性、研修内容的针对性、研修形式的发展性、研修指向的目的性是否得以体现并取得相应实效时，校本研修就得到了全面推动。

2. 国内研究概况

国内的教师校本研修仍在路上，各级教育行政部门的推进使我国的教师培训发展迅猛，但学校所起的作用相对偏弱，影响了教师参与研修的积极性和主动性。从组织机构看，各层级的教师发展中心在研修中的确起到了较为重要的作用，教师发展中心会积极组织各级各类教师培训，如新教师的入职培训、骨干教师的提升培训、行政干部的管理培训等多种层面的多样化培训，但师资培训机构和教师任职学校的参与度相对不足。

国内教师校本研修的推进，需要具备三个保障：制度支撑、资金投入、资源保障。

缺乏政策和制度导向是实施教师校本培训的主要障碍之一。所以国家要把教师校本培训模式作为一项政策固定下来，把校本培训的工作质量作为校长考核的一项内容，以确保校本培训在全国范围内得到实施。[①] 制度支撑是推进校本研修的一大保障，学校也应将教师的校本研修作为学校发展过程中最重要的一环加以推进，并将其作为一项重要工作内容明确列入学校发展规划。

资金投入是校本研修得以顺利进行的重要保障，在教育经费投入有限的前提下，校本研修的财力支持比例也相对较低，这个现实严重制约了校本研修的开展。想要推进校本研修，除了增加传统的国家、地方和学校的师训经费投入外，还可以从以下几方面入手，巩固资金保障：寻求校际合作，整合培训资源，减少成本投入，提升规模效益；争取社会各界支持，接纳师训项目支援；引进竞争机制，发挥市场作用，优化培训机构合作策略。

校本研修资源的不足是实现研修全员性的限制因素。目前国内的师训资源存在良莠不齐、容量有限的现状，在研修过程中，培训内容也存在理论丰满、实践不足的现象，参与研修的教师积极性难以激发；此外培训形式单一，缺乏互

---

① 于建川.国外教师校本培训的经验及其启示[J].中小学教师培训,2003(02):60-63.

动,师训效果无法得到有效保证。当前状况决定了学校要开展教师校本研修,需要更多侧重于加强与知名大学或培训研究机构的联系,同时倚重地区名师工作室等优秀教师团队,充实校本研修的培训资源。

针对地区教师校本研修的现状,吴江区教育行政部门做了一些新的尝试,在组织教师培训时,引入北京师范大学等专业师资培训机构参与教师在职培训,鼓励各校开展特色化教师校本研修。另外,盛泽中学与上海中小学博雅教育研究所骨干教师培训项目也得到了上级主管部门的支持和帮助,在校本研修的改革发展之路上迈进了重要的一步。

(三) 校本研修路径的差异与类型

1. 地区差异与校际差异

不同地区的教师校本研修,往往因其历史传承、地域政策、校情实际等存在研修路径上的明显差异。历史悠久的学校,有校本研修的传承,往往会以传统研修路径为主,根据校情现状做相应的发展变化,以适应当前的教育教学需求,如盛泽中学的校本研修,多年来以师徒结对的形式作为研修的主路径,逐渐派生出教学、德育双导师制及骨干教师成长规划制度等研修辅助路径。新建成的学校,会以新教师作为学校开展教育教学工作的主力,因为缺乏中青年骨干教师作为中流砥柱,为尽快使学校工作步入正轨,对教师的校本研修有较为迫切的需求,研修的内容也会倾向于教育教学实践的培训。

2. 不同类型及其特色

通过梳理归纳后发现,校本研修的路径主要有以下几种:

(1) 主线型校本研修:主线型校本研修以课题为引领,以学校教育教学中实际存在的问题为切入口,以新课程改革为导向,确立学校的教育科研主课题,并通过教育调研、座谈研讨等方式确立相关子课题,明确各级课题负责人,教师全员参与课题研究。学校通过课题研讨引导教师关注和发现教育教学中的问题,学习反思自己的教育教学行为,并自觉阅读理论专著,撰写教育心得,从而达到吸引教师主动参与校本研修的目的。

(2) 主题型校本研修:主题式校本研修以条线为阵地,各行政科室为组织部门,开展主题型校本研修活动。教务处组织教师参与教学技能、教育技术等相关研修活动,以提升教师的专业素养;德育处组织教师参与德育管理、教育心理学等相关的研修活动，以培养教师的德育能力；教科室组织教师参与教育科研培训、教育理论学习等相关的研修活动，以形成教师的科研习惯，主题型校本研修内容的指向更明确，更具实效性。

（3）团队型校本研修：团队型校本研修以团队为载体，以名师工作室、发展共同体作为主要形式，教师间相互合作、交流，通过分配不同的任务，使教师在自己相应的发展阶段自主研修、集体研讨，取得进步。在团队中，教师分享自己教学中的得失、困惑，交流教学经验和教学观点，通过团队研究、合作、反思、交流的平台提升自我。

（4）阶梯型校本研修：阶梯型校本研修以发展为目标，关注教师个体发展的阶段特征，对应展开相关研修活动，从"新手"型教师的教学融入难关，到"胜任"型教师的职业动力缺失，"熟练"型教师的专业提升瓶颈，最后到"研究"型教师的教学风格凝练，阶梯型校本研修关照教师发展历程的每个阶段，助力教师专业成长。

二、校本研修：学校办学品质和内涵提升的基础动力

师生的成长是学校办学品质和内涵提升的具体表现，在成长过程中，教师是参与者、陪伴者，更是引导者，引导学生学会观察、学会合作、学会学习。校本研修则是学校师资团队的综合素养得以提升的基础条件，合理合适的校本研修模式可以确保教师的专业素养和职业修养稳步提高，也是学校办学品质和内涵提升的基础动力。

（一）校本研修的历程及主要举措

盛泽中学历来重视教师成长平台的搭建，努力构建具有盛中特色的校本研修体系。学校以"发展好每一位教师"为指导思想，以师德教育为根本，以全员参与和骨干带头相结合、理论学习和实践探索相结合、教学研究和课题研究相结合为主要方式，逐步形成符合学校实际的教师校本研修方案。为保障校本研修的健康发展，主要采取以下举措。

1. 立德树人，加强师风建设

学校始终将"立德树人"作为教育根本任务，积极开展"立师德、正师风、铸师魂"教育活动，充分发挥党员的先锋示范作用，以争先创优带动全体教师自觉

践行师德,通过树立一批师德楷模,签订一份师德承诺,定期开展师德教育活动,定期进行师德考评活动,鼓励教师爱岗敬业、无私奉献,形成良好的职业道德和精神风貌。

师德师风教育实践取得了良好成果,学校先后荣获"苏州市德育先进学校""吴江区模范学校""年度吴江区文明单位""区未成年人思想道德建设工作先进集体""党报文化建设先进单位"等荣誉称号。同时,涌现了一大批师德模范,吴粮钢老师被评为"江苏省优秀教育工作者""苏州市劳模",获得"苏州市五一劳动奖章";周丽芳、吴春良、彭欣欣老师获苏州市优秀教育工作者称号;许佳龙老师获"苏州好青年"称号。

2. 规划引领,促进专业成长

制度保障是教师校本研修顺利、高效开展的前提。根据学校发展规划,学校对应设立校长为组长、副校长为副组长、各科室负责人为组员的"盛泽中学教师发展工作小组"和青年教师指导小组,制定"吴江盛泽中学校本培训管理制度"和"吴江盛泽中学'名师·青蓝'工程五年规划"等制度和规划,对教师进行分层培训、分类指导,分步提高。

在学校规划的基础上,学校要求每位教师根据个人发展的情况,制定"吴江盛泽中学教师个人专业发展五年规划"和年度计划,形成相关成长记录册,每年梳理自己的成长轨迹,制定下一年度的提升计划。学校则对应给予校本研修平台的建设。

3. 多元研修,提高综合能力

(1) 科研活动常态化,使教师形成良好的教育科研习惯。学校历来主张教师应关注教学"微现象",实践"微研究",商讨"微策略",着力"微"方式,着眼"实"效益。每年开展"五个一"常规科研活动:阅读一本教育理论专著,教科室推荐结合自主选择,每年开展读书节活动;研究一个教学实践课题,结合学校主课题,关注教学实践,开展相关研究;完成一堂教学展示活动,就某个教学难点或重点进行科研和教研的融合尝试;指导一项学生研学课题,了解学生的学习视角,指导学生的学习方式;撰写一篇教育教学论文,尝试归纳所思所想,形成文字,优化自己的教育教学行为和教育科研方式。

(2) 专家引领体系化,使教师形成有序的专业成长轨迹。学校邀请华东师范大学、南京师范大学、苏州大学、浙江师范大学等高校专家学者来校，根据年度教育科研工作计划开设体系完整的教育理论及实践讲座，从教学实践指导到教育课题研究，从教学策略思考到教育思想研习，为教师传经送宝，拓宽理论视野，加强专业指导。

（3）科研沙龙主题化，使教师具有科研价值追求。以学校力推的"生态课堂""现象教学"为切入口，确立并开展主题科研沙龙，对课堂教学作"微格化"研究，通过实践、研讨、反思、交流，对具体教学行为进行剖析，发现问题、思考策略，使教学为科研提供素材，科研为教学提供指导。实践证明，学校研修模式强调德能并举、务实高效，促进了教师专业成长。学校现有江苏省特级教师 1 名，苏州市学科带头人 11 名，吴江区学科学术带头人 24 名，区级以上骨干教师 89 名，占专任教师人数的 44.7％；专任教师中有 75 人已获专业硕士和教育硕士学位，获得硕士学位所占比例为 50.3％；现有正高级教师 2 人，高级教师 73 人，占专任教师比例为 37.7％。

（二）新时代教师校本研修的新需求

为应对当前日益增长的普通高中学位需求，在吴江区教育局和盛泽镇政府的支持下，盛泽中学于 2019 年开始了为期三年的原址改扩建工程。校河以北的教学区、宿舍区、运动区以及食堂体育馆均拆除重建，随着 2022 年 8 月三期工程竣工并交付使用，校园改扩建工程顺利结束。

目前学校拥有 6 幢学生宿舍楼、3 幢教学楼，教育教学设施齐备，已经具备了增轨扩招的基本硬件条件。2022 年 9 月学校招生规模由 12 轨增至 16 轨，为缓解全区普通高中学位的紧缺起到了重要作用，但随之而来的问题是教师年龄结构发生了变化。

老教师的退休，招生规模的扩大，使得原本教师团队老中青的合理搭配出现了新情况。新教师逐年增多，比例迅速提高，对新时期的教师校本研修造成了明显的压力，新教师群体的现实状况也对教师研修提出了多方面的新要求。

1. 新教师的学习经历，对研修内容提出新要求

与以往招聘教师多为师范类专业毕业生不同，新时期新入职教师虽然学历层次多为重点大学本科毕业生或硕士研究生，但存在较多新教师并非师范专业

毕业的现象,因此对新教师入职培训的研修内容提出了新的要求,学校须更多考量教育教学方面的专业培训。

2. 新教师的思维方式,对研修形式提出新要求

新时期新入职教师的知识面广、思维独立,价值观、人生观和世界观与老教师有较大差异,对新技术应用较为熟悉,对新教育理念有自己的理解,这对教师校本研修的形式提出新要求,学校要更多地站在他们的角度考虑有效的研修形式。

3. 教师数量迅速增长,对研修资源提出新要求

教师数量的迅速增长对原本就相对欠缺的研修资源提出新要求,满足教师专业成长的需求必须寻求合作、谋求支持,引入专业培训机构及推进校际研修合作以弥补校内研修资源不足的状况,有计划、有步骤地推进教师校本研修。

4. 教师年龄结构变化,对研修规划提出新要求

年轻教师的比例增长对研修规划提出了新要求,金字塔形的校本研修年龄结构使学校对研修规划重心做出调整,挖掘骨干教师的示范引领作用,形成校本研修团队,将合作、共进作为教师校本研修的主要策略,以减轻校本研修的需求压力。

面对新形势,学校的传统研修模式面临巨大挑战,一方面,陈旧的研修模式缺乏创新意识,无法适应新时期教师的研修需求;另一方面,任务化的研修要求缺乏激励机制,不能有效激发教师的研修热情。为此学校须开启校本研修新模式的探索之路。

(三) 校本研修的新模式探索

1. 近年来校本研修的新尝试

为应对教师校本研修的新需求及传统研修模式面临的困境,学校成立了以吴春良校长为组长的教师校本研修领导小组,并由彭欣欣副校长牵头,组织各科室成员和各教研组长对校本研修的现状和教师的研修诉求进行调研,优化教师校本研修模式、内容和推进步骤。

吴江盛泽中学教师校本研修领导小组

组　长:吴春良(校长,苏州市学科带头人,苏州市青年拔尖人才)

副组长:彭欣欣(副校长,苏州市学科带头人,分管教务、校办)

　　　陆　勇(副校长,吴江区学科带头人,分管教科、基建)

　　　钱明霞(副校长,苏州市学科带头人,分管德育、体卫艺)

　　　许佳龙(副校长,吴江区学科带头人,分管总务后勤)

组　员:翁正学(教务处主任,区教学能手)

　　　陈月忠(德育处主任,区德育带头人)

　　　周丽芳(教科室主任,区学科带头人)

　　　陶兴荣(校长办主任,区教学能手)

　　　赵伟建(总务处主任,区教科能手)

专家团队:孙四周(特级教师,正高级教师)

　　　水菊芳(特级教师,正高级教师)

(1) 增强研修互动交流,优化主题型研修模式

新教师群体是校本研修的主要参与者,过往的传统研修模式形式单一,仅以专家讲座为主,缺乏互动,效果不理想。近两年由校长办公室牵头,制订新教师系统研修计划,各条线配合工作,定时定点有序地安排研修内容,增强研修互动交流,优化主题型研修模式。一方面,选聘一线骨干教师进行教育教学实践培训;另一方面,优化研修过程,鼓励新教师提出疑问,进行过程研讨,提升研修实效。这样既充分挖掘校内研修资源,又增强研修的感染力。

(2) 确立科研实践项目,探索团队型研修模式

为全力推进团队型研修模式的探索,学校成立了全学科的现象教学实践项目组,以科研实践项目的形式组建研修团队,借力特级教师孙四周老师的"数学学科的现象教学"研究资源,开展校本研修新模式的尝试。项目组成员既有各学科的骨干教师,又有刚参加工作的新教师,大家为了同一个研究课题聚集在一起,将主题型研修和团队型研修有机结合在一起,分工协作,相互帮助,共同成长,互促提升。

吴江盛泽中学全学科现象教学实践项目组织架构

一、项目实施领导小组

组　长:吴春良

组　员:彭欣欣　陆　勇　钱明霞　许佳龙

二、项目实施工作小组

组　　长:陆　勇

组　　员:周丽芳　刘　杨　陈栋梁

三、项目顾问

总顾问:孙四周(特级教师,正高级教师)

顾　问:任晓松(苏州市学科带头人,区教科室副主任)

　　　　徐建东(苏州市学科带头人,区教研室数学教研员)

四、成员(各学科)

数　学:许佳龙　顾卫清　孟　俊　吴敏强　张振浩

　　　　封其磊　黄雪林　程元元　沈惠华

语　文:刘　杨

英　语:杨晨洁　潘鸣琼　何良东

物　理:陈栋梁　徐小林　皋　春　田鹏程

化　学:陈　潇　王　艳

生　物:魏　朝　周素芬

历　史:由凤丹　张　任　刘宪敏　周丽芳

政　治:刘秀珍　陈月忠

地　理:朱广春　陆忆文　王　姝　王　敏　任永清

信　息:陶兴荣　周　莎　李　浩

(3) 寻求专家资源支持,推进阶梯型研修模式

在盛泽镇政府的支持下,我校与上海中小学博雅教育研究所通力合作,开展"骨干教师培养工程"项目,上海中小学博雅教育研究所为我校各学科配备了资深专家进行点对点的校本研修,在理论指导的基础上,同时也关注课堂教学实践的指点。既保障了青年教师在教学技能上的提高,也保障了骨干教师在专业发展上的提升,为学校推进阶梯型研修模式奠定了扎实的基础。

2. 校本研修发展之路的畅想

针对日益加剧的校本研修资源紧缺的现状,学校还将致力于寻求校本研修的校际合作,以发展眼光看待教师校本研修,未来会力推的校际研修合作方向主要包含以下两个方面:

（1）初高中衔接的校本研修实践

作为一所四星级普通高中，初高中衔接的校本研修实践，有利于教师更好地了解不同学段的教学实践状况，对教师专业素养的提升有着较好的借鉴作用，也有利于丰富学校的校本研修资源，更好地开展教师校本研修活动。

（2）普通高中的校本研修合作实践

普通高中校本研修合作实践有利于实现区域研修资源共享，便于学校间教师专业素养提升和职业修养养成的路径交流，帮助学校走出教师校本研修的困境，探索校本研修的新模式，更好地提升研修效益。

盛泽中学的校本研修会继续坚持传承与创新相结合的原则，全力探索符合学校发展要求、适应教师个体需求且具有学校特色的研修模式，以适应新时期学校的新发展。

第二节　教学理念的转变

教学理念是人们对教学和学习活动认识的集中体现，同时也是人们对教学活动的看法和持有的基本的态度和观念，是人们从事教学活动的信念。[①] 传统的教学理念主张课堂教学以教师为中心，学生被动接受知识，求知欲无法被激发，学习能力得不到明显提高。

先进的教学理念使教师在解读教材内容时更多地关注以生为本，关注学生学习能力的提升，从而选择合适的教学模式以提升教育教学行为的实效。

一、新课程改革理念下的教学追求

新一轮基础教育课程改革历经 20 多年，其三大基本理念：关注学生发展、强调教师成长、重视以学定教已深入人心，大多数教育工作者都希望成为新课改的参与者和见证者，为推进素质教育奉献自己的力量。

---

① 孙亚玲.教学理念辨析[J].云南师范大学学报，2004(04):134 - 137.

（一）新理念对课堂教学的指向

在新课程改革理念的指导下，很多教师不再满足于完成常规教育教学任务，而是通过课堂教学实践深化对新课改的理解，形成自己的教学追求，打磨自己的教学模式。新课程改革理念下的教学追求，主要有以下几个指向：

1. 引导学生建构知识体系

传统的教学模式着力进行章节知识点的传授，以突破教学重点和难点为重心，重在讲解透彻、解析到位，以学生理解和掌握及恰当运用知识解决问题作为教学目标，注重教学效率。新课改背景下，教师的教学追求出现了转变，教学设计的重心有了改变，从章节备课走向单元备课，甚至模块备课，不再着眼单独章节的知识点处理，致力于整本教材、整个单元的体系梳理，将琐碎的知识点用概念图或思维导图的形式整合成知识脉络，培养学生综合思维、知识建模的能力。

2. 促成学生学习能力养成

从传统的注重"教"到新课改的注重"学"，其实本质上仍然是教师"教"学生，只不过"教"的内容和方式有所变化。新课改强调教师要教会学生学习的能力，在教学过程中转变角色，成为课堂教学活动的组织者、设计者、指导者与参与者。教师要教会学生观察、思考、合作、归纳，以教学过程为依托，培养学生的思维能力、实践能力和创新意识。

3. 提升学生学科核心素养

新一轮基础教育课程改革旨在通过课程改革途径改变传统教学模式，重在培养学生的学习能力，形成合作探究意识，全面推动素质教育。作为学科教师，最重要的任务是根据新课改的理念，结合学生学情和教学实际，不断改进教学设计，优化课堂教学模式，使学生学科的思维品质和关键能力，即学科核心素养得以提升。

（二）认识误区：对新理念的干扰和影响

新课程改革过程中，很多教师在课堂教学过程中有意识地将学生的"学"作为教学活动的核心，将合作探究贯穿教学的始终，对新课改的落实起到了较大的促进作用，但同时也催生了很多认识上的误区。

1. 对知识教学理解的片面化、狭隘化

新课改推行过程中，很多教师对以往的知识教学全盘否定，认为知识教学是新课改的阻力。但事实上，认知结构是能力形成的前提，扎实的知识基础为学习能力的提升提供了可能。"强有力的知识"的获得与掌握仍然是学生的认知目标。[①] 我们不是反对知识教学，而是反对知识碎片化，反对脱离实际，重在机械记忆的知识教学。

《基础教育课程改革纲要（试行）》提出："改变课程过于注重知识传授的倾向，强调形成积极主动的学习态度，使获得基础知识与基本技能的过程同时成为学会学习和形成正确价值观的过程。"可以看出，新课改并不是要摒弃知识教学，而是要改变以往单一模式的课堂教学样态；不是要从一个极端走向另一个极端，而是要探索知识与能力相互转化的过程和途径，因此知识教学的转型也是新课改研究的重点。

2. 对新教学范式追求的表面化、绝对化

新课改的推进过程，应通过教学理念的转变推进教学模式的优化，不能反其道而行之，将重心放在形式改变而忽略实质变革。重视形式上的合作学习，忽略独立思考的重要性；重视提问频次，忽略问题指向的适配性；重视情境设置，忽略教学情境的合理性。这些都是新课改实践活动中存在的问题。

很多教师始终将教学设计的重心放在探究活动上，无合作探究不成好课，将合作探究看作推动新课改的唯一动力，实际上并不是所有学习领域和教学课题都需要用探究学习的方式来进行，而是应根据实际情况选择合适的教学模式。为探究而探究，容易导致活动的设计意图盲目，设计层次浅薄，所以探究活动的适度原则是新课改须坚持的原则。

二、唤醒教师转变教学理念的内驱力

尽管在新课改过程中，很多教师的做法存在对新课改理解上的偏差，但从另一个角度来说，只有在实践中才能发现问题，所以勇于探索值得肯定；反思才能找到对策，勤于学习必将成功。新课改的问题是有一定数量的教师仍对新课改一知半解，对教学安于现状，对课改尝试缺乏勇气和动力。因此，当务之急是唤醒教师群体转变教学理念的内驱力。

---

① 李柘远.学习高手[M].北京：北京联合出版公司，2020：33.

（一）摒弃思维惰性，强化理论学习

1. 经验的习惯依赖是转变理念的阻力

想要唤醒教师转变教学理念的内驱力，首先须对教师缺乏理念转变动力的原因进行剖析。对改变教学理念缺乏激情，存在课改思维惰性的教师有以下两种类型：一类是专业基础扎实、教学经验丰富、课堂教学掌控能力出色的教学骨干，常年承担重要教学任务，教学业绩突出，这类教师对自己教学具备充分的自信心，但同时也会产生盲目的自信；另一类是从事教学多年，教学业绩尚可，能自如应对常规课堂教学，对教育教学工作驾轻就熟的老教师，这类教师对进一步提升自己的专业素养缺乏动力，他们囿于经验，习惯于按照固有模式展开课堂教学，这种经验的依赖是转变理念的阻力。帮助教师摆脱经验束缚，是转变教学理念的前提。

（1）引导教师正确看待已有的教学经验。教师通过多年的课堂教学以积累教学经验，形成具有自己特色的知识教学模式。经验丰富的教师，会根据学生的实际情况对教学进行适当调整，这种教学上的积累是难能可贵的，也是卓有成效的。既然能有因人而异的改变，就一定会有因时而变的决心，学校应引导教师认识到时代在发展，学生在变化，教学策略和教学理念也应做出调整，以适应瞬息万变的时代发展。

（2）帮助教师客观分析当前教育形势。思维理念与思想意识观念正确直接影响行为的结果。任何改革都必须从改变人的固有思想观念做起。思想观念决定意识行动，所以新课改也应首先从改变思想观念做起。[①] 帮助教师客观分析当前教育形势，使教师直观感受到，学习资源获取的形式和数量、学生的理解能力和知识广度、学科的知识体系和综合素养要求，都有了翻天覆地的变化。直面现状，反思教学，教师才会产生课堂教学上的危机感，才会形成转变教学理念的迫切要求。

（3）促成教师教学经验和课改目标的融合。传统教学模式下的教学活动，教师在备课过程中，对教学各环节进行合理预设，课堂教学过程中把既定教学目标传达给学生，学生被动接受，缺乏学习的积极性和主动性，无法激发创造性。新课改的目标是将学生看作学习和发展的主体，倡导"自主、合作、探究"的

---

① 陈建华.新课改需要"改"什么[J].甘肃教育,2016(07):72.

学习方式,这就要求教师备课时要更充分,将备课的重心放在使学生自主地进行问题研究,组织开展课堂上的学习活动,也要求教师对教学内容有深刻的理解、更丰富的教学经验。因此,促成教师教学经验和课改目标的融合,是教学理念转变过程中化阻力为动力的最佳途径。

2.专业的成长诉求是转变理念的动力

教师的专业成长诉求是转变教学理念的动力。在教育现状决定专业成长客观要求的基础上,教师需要具备主观上的专业成长诉求,从而水到渠成,使教学理念转变成为必然,且具备强大的动力来源。

教育工作者应有针对性地制定长期发展规划和短期工作计划来明确自己的专业成长轨迹,不能故步自封,满足于现状。在“新手”型教师阶段,要夯实学科知识基础,完成常规教学任务,吸纳先进教育思想;在“胜任”型教师阶段,要改善学科教学技能,凸显个人教学特色,思考课改教育理念;在“熟练”型教师阶段,要强化学科核心素养,形成课堂教学模式,回应课程改革要求;在“研究”型教师阶段,要涵养学科教学艺术,培育课程教育风格,形成教育教学主张,将专业成长贯穿职业生涯始终。要让教师认识到:

(1) 教师专业成长的客观要求。21世纪是信息时代,也是教育的新时代,教师不可能再用教科书来定义学生的知识领域视野,学生获取信息的来源丰富多样,纷繁错杂、良莠并存,作为学习引导者的教师,必须了解这些可能被学生获取的信息并加以甄别,这就要求教师具有终身学习、持续发展的意识。这是教育新时代对教师专业成长的客观要求。

(2) 教师专业成长的主观诉求。学校教育教学管理应致力于引导教师形成专业成长的主观诉求。学校要求教师制订个人发展五年规划及年度计划,旨在使教师对自己的专业成长进行统筹考虑、整体设计,分阶段、有目标地推进专业学习、技能训练过程,目标明确地提升教师个人专业素养,以适应区域教育教学发展现状。

3.理论学习能叩开自我蜕变的大门

教学理论的形成是人们对教学实践活动认识不断深化、不断丰富和不断系统化的过程,来源于教学实践而又指导教学实践。通过教学理论的学习,教育工作者会形成对教学活动的看法、基本态度和观念,也就是教学理念,理论的学习是高品质教学理念形成的基本条件。

（1）理论学习帮助教师避开课改误区。过度否定知识教学、盲目推行合作探究等做法是教师在新课改过程中出现的一些误区，其产生源于教师忽视理论学习，对新课改理解出现偏差。而教育教学理论的学习有助于教师避开误区，科学实践课改。

（2）理论学习助力教师专业素养提升。理论源于实践并指导实践，教学理论是教育学家教学实践的成果和教育思想的体现，通过理论学习，教师对教学实践有更深刻的体悟，专业素养也得到提升。美国教育心理学家布鲁纳的认知结构理论让教育工作者明确教学的主要目的应是发展学生的智力；瑞士儿童心理学家皮亚杰的建构主义理论主张教学应以学生为中心，强调学生对知识的主动探索、主动发现和对所学知识意义的主动建构。通过教学理论的学习，教师能更好地领会教学的意义、明确课改的目标，激发转变教学理念的内驱力，有序开展课改教学实践，叩开自我蜕变的大门。

（二）借助教育科研，优化理念转变

1. 教育科研意识是推动理念转变的基础

制订计划、统筹把握，面对不同知识基础、学习经历、思维能力的学生，解读教材内容、设计教学过程、评价学习效果、调整教学策略，是每一位教师的日常教育教学工作，充实而有意义。但是，在脚踏实地干教学的同时，也应重视仰望星空搞科研。

教育科研意识促成教育科研习惯，教育科研行为催生转变教学理念的愿景和内驱力。通过三个阶段的推进学校教育科研达到了提升教育科研实效、推进教学理念转变的目的。

（1）拓宽科研广度。学校最初的教育科研工作策略是开展有广度的教育科研，通过主题读书节，提醒教师教学之余不忘阅读、不忘理论学习；通过微课题研究实现全员教育科研，鼓励教师关注教学中的细节，使高大上的课题研究更接地气；通过部门合作，实现教研与科研相融合，使科研成为触手可及的活动。做有广度的教育科研、有声音的教育科研，拓宽科研广度，充实科研群体基础，奠定推动教学理念转变的群众基础。

（2）成就教育科研深度。成就教育科研深度是学校教育科研工作的第二阶段，只有有深度的教育科研才能指引教学实践向着"转变教学理念，走向成功课改"前行。学校通过构建一体两翼[以江苏省"生态丝绸文化"课程基地（文化类）为体，苏州市"数学学科的现象教学"课程基地（学科类）和苏州市"STEAM科创教育"课程基地（技术类）为翼]为架构的校本课程体系以及以学校十四五主课题（省级规划课题"生活教育视域下'现象教学'的基本范式研究"，市规划重点课题"学科育人视角下'现象教学'引领课程建设的实践研究"）为中心的教育科研课题群为依托，努力成就学校科研深度，建立教师科研自信。

（3）提升科研温度。关注教师专业成长，满足教师研修需求，是教育科研的最终指向。因此，学校要做的是有温度的教育科研，通过开展不同层次、不同主题的教育科研活动，全方位满足教师的科研需求，更好地激发教师的科研意识。从科研内容的确定，到科研平台的创设，科研方法的指导，最后是科研成果的表达，学校教育科研部门全程跟踪，安排对应的专家进行指导，为有需要的教师答疑解惑，促成教师的个人专业发展。

2. 思维碰撞是促成理念转变的条件

科研要倡导独立思维，它是一项重要的能力，可以使学习者用一种全新的、洞察的视角，透过现象看本质，去思考问题，寻找答案，使学习者保有强烈的求知欲，建立强大的自信心，学习力和创造力得到提升。同时，也要提倡思维碰撞，因为在独立思维过程中，学习者容易出现思维盲点。

思考者要学会与同行者交流和讨论，进行思维碰撞，这样更容易发现问题，从而提升思维的深度，产生创造性的想法。在新课改过程中，同样如此，教学理念的转变离不开教育研讨，深层次的思维碰撞是促成教学理念转变的条件。

（1）与学生的思维碰撞可以发现问题。新时代的教学活动，学生不再是单向接受知识的容器，而是教学活动的共同构建者。教师在作为组织者、引导者的同时，也应作为教学活动的参与者与学生进行心灵对话、思想交流，碰撞出思维的火花，发现教学存在的问题，从而产生转变教学理念的诉求，提升课堂教学变革的主动性。

（2）与同行的思维碰撞可以寻找策略。学校通过集体备课、教研论坛、主题沙龙等形式创设教师间的教学交流和教育研讨，在确立讨论主题的情况下，鼓励教师畅所欲言，分享教育心得、交流教学设计、研讨教育教学思想。在教师间的思维碰撞中寻找教学策略、激发科研意识、形成科研习惯，为转变教学理念提供科研氛围支撑。

（3）与专家的思维碰撞促成思维冲击。教学理念转变需要理论的指引，学校应根据校内教育科研活动的开展计划定期邀请专家到校指导，以专题讲座的形式引发讨论话题，创设教师与专家对话交流的机会，使教师与专家进行深度的思维碰撞，给教师带来教改上的思维冲击。

3. 科研交流是优化理念转变的途径

学校历来重视教育科研交流活动，努力创设多形式、多维度、全方位的教育科研交流平台，为教师提供思维碰撞的机会。

（1）项目化的教育科研活动。学校立足科研项目成立研究团队，如"全学科现象教学实践项目"团队、"数学学科的现象教学项目"团队、课程基地建设项目团队等，以科研项目的进行过程为主线，开展教育科研活动，团队成员围绕项目开展过程中的问题，聚焦教学理念转变，展开科研交流，形成思维碰撞。

（2）主题型的科教融合活动。通过科室联动，教研与科研相融合，开展主题型的科研交流活动，是学校教育科研工作的一大亮点，也是学校一直坚持的教育科研发展方向，通过主题型科研交流，教师间进行以课堂教学细节为焦点的思维碰撞，真正实现科研为教学服务，教学为科研提供研究阵地的教育科研主张，使各自的教学思想越来越清晰。

（3）研讨式的课题交流活动。教科室是学校教育科研工作的组织者和引领者，而课题研究是学校教育科研工作的重心所在，学校教科室定期举行课题研讨交流会，让各级各类课题的主持人和核心参与者参与课题研讨交流活动，阐述课题的开展情况、发现的问题、做出的调整，并进行课题之间的交流借鉴。聆听、思考、交流、争论，通过思维碰撞不断优化课题研究的方向和策略。

第三节　教学设计的精进

教育进入新时代，教师只有不断自我精进，才能给学生提供更好的教学。教育者落实立德树人根本任务，在中小学阶段的教育中培育学生的核心素养，需要转变传统教育理念。而教育理念的更新与转变，在课前就带来了教学设计的转变与精进。教学设计是根据课程标准的要求和教学对象的特点，将教学诸要素进行有序安排。从以下几个方面结合具体案例来阐述如何践行教学设计精进化的。

一、单元设计

（一）对单元整体教学设计的正确认识

1. 单元整体教学设计是什么

单元整体式教学设计，是将一个单位视为一个相对完整的学习整体，在明确的学习目标指导下，将一个单位的学习内容与活动进行系统规划、统一设计，注重关联、注重发展，使单元学习的价值得以充分发挥和实现，使学生的素质得到有效提高。

2. 单元整体教学设计不是什么

单元整体教学设计强调的是总体思路的设计，而不是侧重于具体内容的综合设计。尽管在总体设计中不排除综合取舍，但是相对于"整合"来说，单元整体式教学设计具有更宽广的视角和更大的思考空间，针对当前学生的学情与发展核心素养的现实需求，重新开发与利用单元教材资源，重构教学内容体系与结构关联，整体设计教学方案并予以实施。

譬如，在语文学科中，它的初衷并非以"群文阅读"和"课文整合"为目标，而是要转变单一课堂的教学思路，强调整体教学，即从课程、学段、年级、单元等不同层面整体思考与设计每一节课的教学，使每一节课的教学基于课程层面，基于整体视域，基于学生的实际学情，基于语文核心素养的真正发展，建立一个整体有序的新的内部教学关系，建立新的结构——从顺应文本原有编排的教学结构，走向基于学生发展的教学结构。从将教科书视为"一成不变"的准则，到成为可以灵活处理的素材，进行利用、挖掘、重组、重构，为学生"量身定制"，使之真正符合学生的发展需求。在整体式教学设计的要求下，可以进行"整合"，但更多的是在整体的思考和结构下进行的。

（二）单元整体教学设计的整体架构

单元教学设计是一种创新的教学方法，也"是一个比较庞大而系统的工程"。[①]　该

---

① 上海市黄浦区教育学院.春华秋实·上海市黄浦区教研队伍建设与研修机制成果掠影［M］.上海：上海交通大学出版社，2019：170.

课程充分考虑到学生的实际发展需求,从整体上对单元教材资源进行开发、利用、重构和整体设计。这是一种彻底打破"照本宣科""按部就班"的传统思维方式,改变了以往"见招拆招"、各自为政的思维模式,也彻底跳出了教科书一体化的狭窄范围,以当前学生语文学科核心素养的实际发展需要(最近发展区)为单元整体教学设计的起点与目标,最大限度地利用与开发单元教材资源,从整体上以系统的相互关联的结构化与层递性的严谨的教学设计与序列安排,实现每一单元教学效益的最大化,真正做到"用教材教"而不是"照本宣科"讲授的习惯思维和方法。

单课教学的设计是遵循单元教材的自然安排和顺序,对本单元的每个课程进行"孤立"的教学。这种教学模式缺乏系统性和整体框架,难以真正立足于学生的实际学情,促进学科核心素养整体有序发展,而仅限于单一课教学的点状发展层面,其重心、关注点与真正落脚点并不能很好地突出以"人"(当前学生的实际发展)为核心,而以"文"(落实教材、实施课程)为核心。"以文为本"的单一课教学思想,不管在单一课的教学水平上如何钻研和改进,都很难突破它的局限,很难对教学产生整体性、结构化的深刻影响。而且每一课的教学内容、方式、过程都大同小异,学生很有可能在学习过程中失去学习的兴趣,缺乏吸引力和挑战性。但是,单元整体式教学设计不是以文本为首要的教学设计,而是将学生的真实学情(最近的发展区域)与语言的关键能力和核心素养的发展放在首位,针对当前的学情和发展需要,重构单元教学内容,挖掘单元教材资源,进行结构化、整体性的单元教学设计,是为学生量身定制的单元教学体系。单元整体式教学法,针对每个单元、每一课、每一天的教学,都是不同的,与学生最新的发展区相吻合,充满新意、吸引力和挑战性。

单元整体式教学设计对教师的要求也越来越高,挑战性也越来越大,要求教师不能只照搬教科书,而是要注重培养学生的核心能力和核心素养,要真正掌握当前学生的学情和发展需求,深入挖掘教材资源,采用整体的结构式的创造性设计,使单元教材资源得到最大程度的利用,使其核心价值最大化,突出单元教学的重点。教师不仅是课程的实施者,更是课程的研究者、开发者。①

---

① 洪亮.让每一颗星星都闪耀·星海小学"适合的教育"校本化实践[M].苏州:苏州大学出版社,2019:103.

（三）单元整体教学设计的课例实践

下面以高中历史学科第三单元"探索碰撞·走向整体的世界"的单元设计为立足点对单元教学进行理性化实践探索。

1. 设计理念

本课设计理念是在唯物史观的指导思想下，基于"探索碰撞"价值立意进行教学设计，以"全球新航路的开辟"为依托，聚焦"探索发现"，以时空观念为抓手，通过史料阅读、分析，培养学生的史料实证和历史解释能力及家国情怀、国际视野，突出时代精神。

2. 内容分析

（1）教学内容：本课的授课内容是《中外历史纲要（下）》第三单元"走向整体的世界"的第7课"全球航路的开辟"和第8课"全球联系的初步建立与世界格局的演变"。

（2）课标要求：通过了解新航路开辟所引发的全球性流动，人类认识世界的视野和能力的改变，以及对世界各区域文明的不同影响，理解新航路开辟是人类历史从分散走向整体过程中的重要节点。

（3）学情分析：基于学生初中已经学过新航路开辟的学情，高一阶段在学习这个内容时，重点要求学生理解新航路开辟对人类社会的全方位影响。不仅要尽可能全面立体地挖掘和阐述其具体影响，更要理解人类历史在这个阶段从相对分散开始走向联合，世界各国、各民族和地区开始逐渐连成一个息息相关的整体，培养学生的全局眼光和国际视野。

3. 教学重点和难点

重点：（1）全球航路开辟的动因、条件、经过；

　　　（2）新航路开辟对人类社会的全方位影响。

难点：理解新航路开辟是走向整体世界的开端。

4. 教学目标

① 充分利用部编新教材的史料，让学生更好地理解新航路开辟的背景，引导学生阅读材料，提取有效信息，培养学生对材料的概括能力。

② 利用地图时空定位新航路开辟的经过，运用时空定位概述迪亚士、哥伦布等开辟新航路的史实，掌握新航路开辟使世界空间和视野的变化。

③通过探索与碰撞,认识了世界历史从局部到整体的历史,教导学生抛弃狭隘的民族观、开拓广阔的世界观;为西方探险家的冒险、开拓精神而感动;为被奴役的黑人、被屠杀的印第安人而惋惜;明确爱憎分明的是非观和价值观。

5. 教学方法

材料解析法、问题法、学生探究法

6. 课时安排

1课时。

7. 教学过程

【导入新课】

师:《全球通史》中有经典性段落:1500年是人类历史上的一个重要转折点……严格的全球意义上的世界历史到哥伦布、达·伽马和麦哲伦进行远航探险时才开始。在这之前,只有各民族的相对平行的历史,而没有一部统一的人类历史。

师:由于新航路的开辟,人类社会发生了深刻的变化。今天我们一起进入第三单元"探索碰撞:走向整体的世界"的学习。

教学活动1:齐读课程标准,解析考点定位。

课程标准:通过了解新航路开辟所引起的全球性流动,人类认识世界的视野和能力的改变,以及对世界各区域文明的不同影响,理解新航路开辟是人类历史从分散走向整体过程中的重要节点。

考点定位:(1) 全球航路开辟的动因、条件、经过及意义。

(2) 新航路开辟对人类社会的全方位影响。

【新课讲授】

师:2019年至2022年,高考全国卷和地方卷上都有考题出现。江苏省近2年未有考查,同学们需要有所重视。希望这节课的复习能让你备考充分,信心满满。今天的复习从新航路的开辟开始。

1. 探索之因

师:人类在漫长的历史发展过程中曾不断进行交流。15世纪末期以前,中国人、阿拉伯人、欧洲人和美洲人等进行了不同程度的探索。但是,由于受经济和技术等因素限制，人类交往仅限于大陆和近海地区。15世纪末，欧洲人具备了向远洋进发的动力和技术条件。远洋进发的动力和技术条件在哪里？

教学活动2：结合教材，概括新航路开辟的动因有哪些？

生1：(经济根源)商品经济的发展和资本主义萌芽的产生。

生2：社会根源：欧洲人对黄金的追求。

生3：直接原因：奥斯曼土耳其帝国使传统商路受阻。

生4：精神动力：人文主义鼓励冒险精神和传播基督教的狂热。

生5：航行知识经验积累、地理知识普及、造船技术提高和王室的支持。

2. 探索之行

教学活动3：根据地图和所学知识，完成四条主要航路和其他航路开辟的线路图。

师：请大家根据教材内容，完成时间轴上应填写的内容。

教学活动4：根据所学，完成新航路开辟的时间的轴填空。

师：在这些伟大的航行开辟过程中，到底是快乐的还是艰辛的？航海家的哪些品质是值得我们敬畏的？

生：(齐阅)麦哲伦船队在经历了噩梦般的恐惧、饥饿、疾病、风暴、战争、叛变、凶杀洗礼后，最终只有7％的船员活着完成了航行。近乎虚脱的船员在出海将近整整三年后，乘着剩下的唯一一艘船回到了欧洲。许多历史学家把麦哲伦此行看作是史上最伟大的航海探险。这是第一次从欧洲出发，向西到达亚洲的航行——它实现了哥伦布于1492年未能完成的壮举。它也是第一次成功的环球航行，艰难困苦的全部旅程达到了惊人的60 440千米——这是史上最伟大的航海业绩。

师：同学们思考一下，这些航海家的哪些优秀品质是值得我们学习的？

生：坚定信念、勇于开拓、创新进取、不怕牺牲。(教学活动5)

师：15世纪至16世纪，因为新航路的开辟，全球联系初步建立，西方国家走上了殖民扩张的道路，改变了世界格局和历史发展进程。

3. 探索之局

教学活动6：直击高考

(2022·山东·高考真题)如图所示(图略)为世界物种交流过程中两种作

物的传播路线示意图,两种作物是(　　　)。

A. 小麦、玉米　　　　　　　B. 玉米、水稻

C. 小麦、甘蔗　　　　　　　D. 水稻、甘蔗

师:根据材料可知,白色箭头所代表的农作物以西亚、北非为中心,向其他地区传播,结合所学知识可知,小麦是人类最早种植的粮食作物,小麦原产于北非或西亚;黑色箭头所代表的农作物以东南亚和印度地区为中心,向其他地区传播,结合所学知识可知,甘蔗原产地可能是新几内亚或印度,后来传播到南洋群岛。C项正确。结合所学可知,玉米原产于中美洲和南美洲,进而向其他地区传播,与图示传播起源地不符,排除 A、B 项;水稻起源于中国和印度,与图示传播起源地不符,排除 D 项。故选 C 项。

师:全球联系的初步建立,物种交换:欧洲、亚洲、非洲、美洲之间的物种有了交换。除此之外,请看这张 15 世纪至 19 世纪的人口迁移图,这是在说明新航路开辟后,全球联系的哪一个表现?

生:人口迁移。

师:世界上族群混合程度最高的是美洲,这与新航路开辟有很大的关系。请思考:15 世纪至 19 世纪的人口迁移有怎样的特点?请同学们观察绿色线路与红色线路的走向。

生:有被动,也有主动。

师:为什么红色线路表示被动?为什么绿色线路表示欧洲人主动去美洲大陆?请同学们一起看 2019 年江苏省高考题。

教学活动 7:直击高考

(2019·江苏高考·23)(14 分)新航路开辟后,出现了物种在全球范围内的交流,称为"哥伦布大交换",其影响深远。阅读下列材料:

材料一　在美洲被征服的过程中,大量印第安人死于屠杀和被折磨。更悲惨的是,新大陆没有天花、白喉等疾病,印第安人对这些疫病毫无免疫力,欧洲人带来的这些疾病造成他们死亡的数量可能更大,有的村子全部被灭绝。据估计原来有 1000 万至 2500 万人口数量的新西班牙(阿兹特克帝国),到 17 世纪初时只剩下不到 200 万,同时期印加人从约 700 万减少到只有约 50 万……随着印第安人的大量死亡,劳动力来源日趋紧张,于是殖民者又从非洲运来黑人,

迫使他们在种植园里劳动。 ——王加丰《世界文化史导论》

材料二 （欧洲人）不但自己大发其财，同时一手塑造了整个新世界的风貌与历史……除了看不见的病毒以外，另一批因哥伦布航行引发的生物大交换，是由肉眼可见的生命形式组成的，从南瓜到野水牛等。这个大交换的结果——从人类角度分析——也是正负参半……时至今日，两半球之间的动植物交换并没有停止，依然在进行。

——［美］艾尔弗雷德·克罗斯比《哥伦布大交换》

完成下列要求：

（1）据材料一，指出欧洲征服美洲的后果。结合所学知识，说明欧洲征服美洲的经济动因。（6分）

（2）据材料二，概括"哥伦布大交换"的特点。（5分）

（3）据材料并结合所学知识，简析"哥伦布大交换"的积极影响。（3分）

【解析】（1）第一小问（后果），据材料一"大量印第安人死于屠杀和被折磨……欧洲人带来的疾病造成他们死亡的数量可能更大……原来有1000万至2500万人口数量的新西班牙……从约700万减少到只有约50万……殖民者又从非洲运来黑人，迫使他们在种植园里劳动"，从人口屠杀、疾病肆虐、奴隶贸易、种植园经济产生等角度归纳后果。第二小问（动因），结合所学知识从新航路开辟的背景，主要从经济根源、社会根源等角度进行分析。

（2）据材料二"一手塑造了整个新世界的风貌与历史……引发的生物大交换……以人类观点视之——正负参半……两半球间的动植物交换并未停止……"从欧洲发挥的作用、内容、范围、时间及历史影响等方面归纳特点。

（3）综合上述两则材料，结合所学知识从物种交流及人类生活丰富多样化、世界经济联系及文明的交流融合等方面进行分析。

【答案】（1）后果：大量印第安人被屠杀；新疾病肆虐；非洲黑人被贩卖；种植园经济出现。动因：商品经济的发展，资本主义的萌芽；对黄金等财富的渴求。

（2）特点：欧洲具有主导性；内容具有丰富性；范围具有全球性；结果具有两重性（积极和消极）；时间具有长期性。

（3）积极影响：促进了全球动植物（物种）的多样化，丰富了人类经济生活；

密切了世界经济的联系;有助于文明的交流与融合。

师:物品交换需要航线运输。在新航路开辟之前,传统海上贸易一般都在印度洋。随着海上航路的扩展和商品的世界性流动,世界各地区之间的经济联系不断加强,出现了哪两大新兴的贸易航线?

生:大西洋贸易航线和太平洋贸易航线。

师:三大贸易航线齐头并进,推动商品的世界性流动。请同学们看一下图(图略)上的"大西洋贸易航线",这里自然形成了一个类似的"三角形",这就是罪恶的"三角贸易"。请同学们解说一下"三角贸易"。(教学活动8)

(教学活动9)师:请同学们观察两张图片,新航路的开辟对中国经济也产生了一定的影响。请根据图片和材料,谈谈新航路开辟对中国经济产生了哪些影响?

生:(1)白银大量流入中国,进一步刺激了东南沿海地区经济的发展,逐渐形成一个以白银输入中国的贸易网络。(2)美洲高产农作物引入中国,中国人饮食结构发生变化。粮食产量的提高,加速了人口的增长。

师:通过对新航路的学习,我们知道,鸦片战争前,中国在正当贸易中处于贸易顺差。为了扭转贸易逆差,英国向中国输出鸦片。现在就很好理解了。

师:新航路的开辟,让西方国家走上了殖民扩张道路,拉开了欧洲海外扩张的序幕。葡萄牙和西班牙最早进行新航路的开辟,并且很快走上了大规模殖民掠夺的道路。但是两国在对外殖民的扩展掠夺中,彼此也有矛盾,教皇子午线就是西班牙、葡萄牙为争夺殖民地所产生的矛盾的尖锐表现。

(教学活动10)请思考:教皇子午线的划分实质上反映了什么?

生:西方列强瓜分世界,划分势力范围的开始。

师:殖民扩张打破了原本相对平衡的多元文明格局,逐渐形成以欧洲为中心的世界体系。

(教学活动11)美洲金银产地的发现,土著居民被剿灭、被奴役和被埋葬于矿井中,对东印度开始进行征服和掠夺,非洲变成商业性猎获黑人的场所——这一切标志着资本主义生产时代的曙光。这些田园诗式的过程是原始积累的主要因素。

——[德]马克思《资本论》

思考：新航路开辟对美洲、非洲、亚洲、欧洲及整个世界带来怎样的影响？

美洲：殖民灾难，文明打击；

非洲：黑奴贸易，殖民灾难；

亚洲：遭受冲击，白银入华；

欧洲：迅速崛起，社会转型；

世界：全球联系，走向整体。

（教学活动12）历史与现实。

师：回首历史，正视当下。新航路开辟后，西方大国走上殖民扩张道路，给其他大洲的国家带来深重的灾难，也改变了世界格局和历史发展进程，人类社会进入大变革时代。

当今世界正处于大发展大变革大调整时期。一方面，世界各国相互关系和依存日益加深，和平与发展的大势不可逆转；另一方面，世界局势依然存在不稳定性、不确定性，人类面临许多共同的挑战。中国为应对全球共同挑战和建设美好世界提出了中国方案——构建人类命运共同体。

（教学活动11）观看视频。

师：通过视频的观看，大家要认识到，只有建立相互尊重、公平正义、合作共赢的新型国际关系，倡导构建人类命运共同体，才能推动国际秩序和国际体系朝着公正合理的方向发展，应对全球共同挑战和建设美好世界。

在高中历史学习中，单元是"骨架"，是学习专题的线索和纲要；课时是"血肉"，是具体历史知识的学习内容。在学习高中历史过程中，要先搭建知识的框架，厘清历史发展的线索，然后在框架和线索中逐步丰富和拓展内容，进一步完善知识体系。

二、课时设计

什么是课时设计？课时设计就是针对某一课时内容进行的教学设计，根据课程标准的要求和教学对象的特点，将教学诸要素有序安排，确定合适的教学方案的设想和计划。精进的课时设计还需要从教学的各个环节进行合理的设计。

（一）起始环节

教学起始环节需要来自学生视角，也就是要在学生的最近发展区中让教学起始环节尽快触及激活学生的核心观念,促使学生迅速集中起自己的感受和体验,在不受干预情况下的感受和体验是弥散的和无意识的,但是有效的学习应该是主动的和聚焦的。比较好的方法是引起学生的好奇心、激起想象力以及引发他们的认知冲突。

(二)解析过程

通过对外界知识的获取、与同伴的交流及教师的帮助,学生的认知错误得到论证和纠正,进行了认知上的调整,这种调整不是自我否定,而是重建,是用新的创造取代原先的。调整的说法容易被误解为行为主义学习观中的试误,但从知识的来源上看,两者有根本性不同。试误是指知识已在那里,学生通过尝试逐渐接近它;生成中的调整是指新知识在生成之前并不存在,类似于顿悟。

(三)新知形成

在新知的形成环节,最重要的是自我意识,也是最容易被忽视的。难度深一点的知识都必须经过理性加工,明确意识到新知识的产生,还必须意识到自己的认知状态,并对自己驾驭知识做到心中有数。这就涉及元认知和人的自我效能感,还涉及接下来的学习动机。没有元认知,就不可能把新知识发展壮大。人类文明史上所有重大概念或理论体系的完成,都是有意识的自觉行为,经历了相当长的时期,克服了相当多的困难。

每一个概念都有独立意义,用于确立自己的实在性;每一个概念都有内部结构,用于组织起足够多的下位知识;每一个概念都与外部有联系,具有对照性、应用性和扩展性。要把这些都建立起来,就要用逻辑思维使它们清晰化,不能仅停留于表象化阶段。

(四)建立结构

任何概念都有内部结构,在规范表述时它是清楚的。结构化是要优化其内部结构,个人的重要任务是建立概念与外部的联系及把整个知识体系进行整合。孤立的知识是无用的,很容易被遗忘。科学知识都有完整的结构和稳定的形态,并在更大的结构中充当角色。

(五)应用拓展

应用不仅是巩固知识和加强记忆的环节,而且带着新意义进入新一轮感受和体验的环节,是更高要求、更高效率的学习。怎样才能做好应用拓展这一环节的教学? 需要具备两个要素:真实的任务和真实的活动。前者以现象形式提供,经师生合作转化为项目或任务;后者由学生完成,师生共同评估。两者互为依赖,互相促进。

教材是有用的,但任何教材都不可能给出完备的知识,不能给出体验和感受,因此教学一定是"用教材"而不是"教教材"。如果教材给出的是知识而不是现象,就要把它还原为现象或让学生凭借想象带着情感去体验和感受,这才是教学的起点。教师的创造性体现在这里,教师的重要性也体现在这里。

三、导学案设计

随着课堂教学改革逐步推进,怎样编写高效、实用的导学案,这是一线教师最为困惑的问题,也是影响课堂教学改革顺利推行、学生自主学习能力培养达成的关键环节。

(一) 导学案的实施意义

通过"学案导学"策略,能解决"以学生为中心"的主体参与、自主学习为主体地位的问题,变"被动学习"为"主动学习"。实现两个前置,即学习前置和问题前置。使学生在学案的引导下,通过课前自学、课堂提高、课后链接等环节的调控,降低学习难度。教师则借助"学案导学"的策略,将教材有机整合、精心设计,合理调控课堂教学中的教与学,从而极大地提高课堂教学效率。学生通过自主合作、探究、交流、展示、反馈等学习活动,真正成为学习的主人。

(二) 对导学案的正确认识

导学案是经教师集体研究、个人备课、再集体研讨制定的,是以新课程标准为指导,以素质教育要求为目标编写的,用于指导学生自主学习、主动参与、合作探讨、优化发展的学习方案。它是以学生为本,以核心素养的达成为出发点和落脚点,是学生学会学习、学会创新、自主发展的路线图。

导学案是学生自主学习的方案,也是教师指导学生学习的方案。它将知识问题化,能力过程化,情感态度与价值观的培养潜移化。按照学生的学习过程设计,将学习的重心前移,充分体现课前、课中、课后的发展和联系,在先学后教的基础上实现教与学的最佳结合。一份好的导学案能体现以下四个特点:

1. 问题探究是导学案的关键

问题探究起到"以问拓思,因问造势"的作用,并能帮助学生学会从理论阐述中掌握问题的关键。①

2. 知识整理是导学案的重点

初步目标是让学生学会独立地将课本上的知识进行分析综合、整理归纳，形成一个完整的科学体系。

3. 阅读思考是导学案的特色

学生通过阅读，养成习惯，形成能力，获取知识。

4. 巩固练习是导学案的着力点

在探索整理的基础上，让学生独立进行一些针对性强的巩固练习。

(三) 导学案的指导思想

导学案源于教材而高于教材，应是学习教材的有效辅助材料。它的编写必须符合新课改的指导思想，在形式、内容和问题的设计中集中体现"自主、合作、探究"的课堂教学模式。课外时间，导学案能引导学生自主高效地学习、练习、研究，是课外学习的"良师益友"；课内时间，导学案能进一步引导学生合作、讨论、展示，是教师了解学情、透析疑点的"重要依据"。只有站在"新课改、新理念"的角度编写导学案，才能真正实现学习方式和教育方式的根本性改变，真正实现"高效课堂"的目标。

(四) 导学案的编写原则与基本要求

1. 编写原则

编写导学案的学习内容时应注意以下五个原则。

(1) 课时化原则。在每个学科新教材中，一节内容用一课时是不能完成的，因此需要教师根据实际进行安排，分课时编写导学案，使学生的每一节课都有明确的学习目标，能有计划地完成学习任务，最大限度地提高课堂教学效益。

(2) 问题化原则。问题化原则是将知识点转变为探索性问题点、能力点，通过对知识点的设疑、质疑、解释，从而激发学生主动思考，逐步培养学生的探究精神以及对教材的分析、归纳、演绎能力。导学案的编写要遵循以问题为线索的原则。通过精心设计问题，使学生意识到：要解决教师设计的问题，不看书不行，看书不详细也不行；光看书不思考不行，思考不深不透也不行。要让学生真正从教师设计的问题中找到解决问题的方法，学会看书，学会自学。如何设

---

① 于文高，陈浩.中学物理教学设计与案例分析[M].苏州：苏州大学出版社，2018：258.

计问题？主要注意以下几点：①问题要能启发学生思维；②问题不宜太多、太碎；③问题应引导学生阅读并思考；④问题或知识点的呈现要尽量少用填空的方式，避免学生照课本填空，对号入座，不利于激发学生的思维积极性。⑤问题的叙述语应引发学生积极思考、积极参与。例如，你认为是怎样的？你判断的依据是什么？你的理由是什么？你发现了什么？等等。

（3）参与化原则。通过对导学案的使用创造人人参与的机会，激励人人参与的热情，提高人人参与的能力，增强人人参与的意识，让学生在参与中学习。相信学生，敢于放手发动学生，只要教师敢于给学生创设自主互助学习的机会，学生的学习潜能将会得到更有效的挖掘。

（4）方法化原则。导学案中应体现教师必要的指导和要求。教师指导既有对学习内容的指导与要求，又有对学习方法的指导。例如，在学生进行自主学习时，教师要明确具体地告诉学生看教材上哪页的哪部分，用多长时间，需要达到什么要求，自学完成后教师将采取什么形式和什么标准进行检查等。

（5）层次化原则。在编写导学案时将难易不一、杂乱无序的学习内容处理成有序的、阶梯性的、符合各层次学生认知规律的学习方案。要认真研究导学案的层次性，学案要有梯度，能引导学生由浅入深、层层深入地认识教材、理解教材。[1] 能引领学生的思维活动不断深入，还应满足不同层次学生的需求，使优等生从导学案的设计中感到挑战，一般学生受到激励，学习困难的学生也能尝到成功的喜悦。要让每个学生都学有所得，最大限度地调动学生的学习积极性，提高学生的学习自信心。具体而言，导学案设置为 ABCD 四层，A 层为基础知识层面，大多数为识记类内容，理科导学案一般为教科书上的基本概念、基本原理和公式的简单呈现；语文导学案则主要是生字的读音和含义，重点词的解释和应用收集整理。B 层为理解级，是在 A 层的基础上进行的简单应用。理科导学案主要是一些基础题结合基础知识的练习，语文导学案则是对文本的大体分析，如文章的中心思想、故事的大体过程、对人物的大体认识。C 层为应用类，是进一步的知识运用，理科导学案侧重于解题思路的厘清和解题规律的归纳，此时常常会设置几个一题多解的题目，使学生尽快形成一定的解题能力。语文导学案则是重点语句的整理，在人物特点塑造上的作用，反映了人物怎样

---

① 吴中民.构建高效课堂的理念与方法[M].长春:吉林大学出版社,2013:117.

的心理特征,反映了作者怎样的思想情感。D层是拓展延伸,为拓展级。理科导学案是一些与实践相结合的题目,用知识解决实际生活问题,一般比较难。语文导学案则是布置学生结合文章的写作手法进行个人创作。四个层级的内容面向不同的学生,A、B层级的要求,所有学生必须人人过关,重点考查学习困难的学生。C层主要面向中等以上大部分学生,D层面向优等生。

2. 基本要求

导学案的编制要遵循以下基本要求:

(1) 吃透教材是基础。教材是学生学习的媒介,导学案的编制必须深入研究教材,紧紧围绕三维目标的要求,提炼知识脉络,把握重点,研究新旧知识的内在联系和拓展提升点,找准关键,研究学法,探寻规律,深挖情感因素。

(2) 二度创作促转化。对导学案的设计要从教材的编排原则和知识系统出发,把握好对教材的开发和二度创作。把教材中深奥的、不易理解的、抽象的知识,转化成能读懂的、易接受的、通俗的、具体的知识,帮助学生更有效地进行学习。

(3) 紧扣目标抓落实。导学案的编写要围绕单元教学要求和课后练习,每课设置适宜的学习目标。整个导学案要以学习目标为中心,紧扣学习目标的落实来设置学习问题和学习过程。

(4) 逐级生成讲实效。一节课的好坏,不是学生停留在对课本知识的复制上,重要的是在课堂上让学生的思维发生碰撞,对问题产生质疑,对文本进行批判。导学案所涉及的课堂内容,要分层探究、有序引导,体现知识逐步生成的过程,要由低到高、由易到难、由简到繁、螺旋式上升。

(五) 导学案的基本结构

导学案的组成:学习目标、重点和难点、知识链接、学法指导、学习内容、学习小结、达标检测、学习反思等八个环节。

1. 学习目标

学习目标具有导向功能、激励功能、调控功能。目标的制订要明确,具有可检测性,使本节内容的当堂检测题与之相对应。

学习目标设置的具体要求:

(1) 数量以 3~4 项为宜,不能太多;

（2）内容一般包括学科核心素养的若干维度；

（3）将学生自学中涉及的重难点以及易错、易混、易漏等内容作出标注，引起学生重视；

（4）目标内容应明确具体，应具有可操作性，能达成。面对所教学生的实际水平，教师按照预设的教学目标，准确地为学生的学习目标定位。学习目标既不能设置过低，否则学生达不到基本的学习要求，也不能设置过高，否则大多数学生经过努力也很难达到目标。

学习目标：学习目标中不要用"了解、理解、掌握"等模糊性词语，要用"能记住""能说出""会运用""分析""概括""解决……问题"等可检测的明确用语，并指出重难点。

2. 知识链接

此环节即课前小测，有些教师称为：前置测评、诊断检测等。

该环节的作用：扫清学习新知识的障碍，为新知学习做好铺垫。

3. 学习内容

学习内容是导学案的核心，要体现导学、导思、导练的功能。

学生的自主学习，是包括学生自主读书、独立思考、自主操作、自主练习等在内的由学生独立获取知识和技能的过程。导学案的作用：提出学习要求、划定学习范围、指导学习方法、启发学生思考、帮助学生理解等。

4. 学法指导

两种常见形式：第一种是本学科的研究方法，如数学教材各章节中都有意识、有步骤地渗透了归纳、转化、数形结合等数学思想与方法，第二种学法是学生平时普遍的学习方法，如阅读的技巧、做笔记的方法、自主学习的方法、小组合作的技巧等。

5. 学习小结

学习小结，即知识结构整理归纳。

导学案中问题设计为本节知识的体系建构，按知识点之间的内在联系归纳出知识线索，具体的知识点尽可能留空，由学生来填。与其他章节知识联系紧密的，在归纳本节知识结构的基础上体现与其他章节知识的联系。同时还要引导学生对学习方法进行归纳。

6. 达标检测

达标检测题的编写及使用的具体要求：

（1）题型要多样。量要适中,不能太多,以5分钟左右的题量为宜。

（2）紧扣考点,具有针对性和典型性。

（3）难度适中,既面向全体,又关注差异。建议设置选做题部分,促进优等生成长。

（4）规定完成时间,要求独立完成,培养学生独立思考的能力。

（5）注重及时反馈矫正,学困生要及时辅导跟进。

下面以高中历史学科"秦汉——统一多民族封建国家的建立与巩固"来进行导学案设计的实践探索。

【案例 5－3－1】

"秦汉——统一多民族封建国家的建立与巩固"导学案

【学习要求】通过了解秦朝的统一业绩认识统一多民族封建国家的建立在中国历史上的意义;通过了解秦朝的社会矛盾和农民起义,认识秦朝崩溃的原因。通过了解汉朝削藩、开疆扩土、尊崇儒术等举措,认识统一多民族封建国家的巩固在中国历史上的意义;通过了解汉朝的社会矛盾和农民起义,认识两汉衰亡的原因。

【学习内容】

一、秦朝

1. 政治——君主专制中央集权制度的确立。

2. 经济——统一货币、度量衡、车轨,修驰道,编制户籍。

3. 文化——以法家为指导思想,统一文字,整顿社会风俗。

二、西汉

（一）存在时间:_____

（二）文景之治:_____

（三）汉武帝统治时期:_____

1. 政治强化:_____

2. 经济垄断:_____

3. 思想独尊：＿＿＿＿＿＿＿＿＿＿＿＿＿＿＿＿＿＿

一、秦朝

（一）存在时间：＿＿＿＿＿＿＿

（二）实现统一：＿＿＿＿＿＿＿

（三）巩固统一：＿＿＿＿＿＿＿

1. 政治——君主专制中央集权制度的确立。

（1）中央：＿＿＿＿＿＿＿

① 皇帝制：＿＿＿＿＿＿＿＿＿＿＿＿＿＿＿＿

② 三公九卿制：＿＿＿＿＿＿＿＿＿＿＿＿＿＿＿

（2）地方：＿＿＿＿＿＿＿

2. 经济——＿＿＿＿＿＿＿

3. 文化——＿＿＿＿＿＿＿

4. 开疆拓土：＿＿＿＿＿＿＿

二、西汉

（一）存在时间：

（二）文景之治：＿＿＿＿＿＿＿

（三）汉武帝统治时期：＿＿＿＿＿＿＿

1. 政治强化：＿＿＿＿＿＿＿＿＿＿＿＿＿＿

2. 经济垄断：＿＿＿＿＿＿＿＿＿＿＿＿＿＿

3. 思想独尊：＿＿＿＿＿＿＿＿＿＿＿＿＿＿

4. 开疆拓土：＿＿＿＿＿＿＿＿＿＿＿＿＿＿

（四）经济发展：＿＿＿＿＿＿＿＿＿＿＿＿＿＿

（五）文化发展：＿＿＿＿＿＿＿＿＿＿＿＿＿＿

三、王莽新朝：＿＿＿＿＿＿＿

四、东汉：＿＿＿＿＿＿＿

1. 政治：＿＿＿＿＿＿＿＿＿＿＿＿＿＿＿＿

2. 经济：＿＿＿＿＿＿＿＿＿＿＿＿＿＿＿＿

3. 文化发展：＿＿＿＿＿＿＿＿＿＿＿＿＿＿

【学法指导】

材料解析法、问题法、学生探究法

【学习小结】

一、总结：君主专制中央集权。

(1) 含义：是我国封建社会中基本的政治制度，包括君主专制和中央集权两个方面。君主专制是指君主独自掌握国家大权，主要特征是皇帝拥有至高无上的地位，表现为中央政权组织形式的变化。中央集权是从地方和中央关系角度来看，区别于地方自治，中央集权是指地方听命于中央，地方在政治、经济、军事等方面没有独立性，表现为地方政权组织形式的变化。

(2) 产生根本原因：由封建经济基础即自给自足的自然经济所决定，自然经济的分散性，要求建立一个强有力的中央政权来维护社会的稳定和生产的发展。

(3) 两大矛盾：皇权和相权的矛盾、中央和地方的矛盾。

(4) 两大趋势：皇权不断加强，相权不断削弱；中央对地方的管理越来越严密。

二、概括：秦朝中央集权的特点。

1. 以皇权为中心的中央行政体制。中央主要官职分工严密、各司其职，但都要围绕皇权来设置和运转。

2. 中央对地方的垂直管理。中央对地方管理日趋严密，地方绝对服从中央，加强了中央集权。

3. 充分体现"家天下"。九卿中奉常、宗正、郎中令、太仆、少府等官职就是为皇室专设的，是为皇帝私家服务的，"国"与"家"同治。

三、对比：郡县制与分封制的不同。

	分封制	郡县制
时间	商代出现，西周发展，东周瓦解	春秋晚期出现，战国发展，秦朝推行全国
标准	以血缘关系为基础	按地域划分
官吏的产生	世袭	由皇帝任命，官位不世袭

（续表）

	分封制	郡县制
中央与地方的关系	周王不干涉地方事务,地方只交纳贡赋,不交纳赋税（封土又治民）	地方完全服从中央,地方长官由中央直接任免,地方赋税必须上缴中央（治民不封土）
影响	诸侯国有很大的独立性,容易发展为割据势力	有利于加强中央集权,维护国家统一

四、理解：黄老之学。黄老之学始于战国,盛于西汉,假托黄帝和老子的思想,实为道家和法家思想结合,并兼采阴阳、儒、墨等诸家观点而成。在社会治理中,黄老之学强调君主应"无为而治""省苛事,薄赋敛,毋夺民时",其主张在汉初产生了重要影响,有利于文景之治的出现。

五、了解：豪强地主与庄园经济。

1.豪强地主：西汉初期出现,他们最初的来源是六国旧贵族后裔。在汉初,他们的力量并不强大,多以"富户"的形式存在,并且处于西汉政府严密的监控和管理之下。到文景之治时期,豪强阶层由于农业新工具和新技术的发展,在经济层面获得了突破。汉武帝时期实行打击豪强的政策,豪强势力有所削弱。在西汉中后期的儒学化和官僚化的进程中,豪强的实力明显增强。西汉灭亡后,追随光武帝刘秀一统天下的28员大将权倾朝野,并逐渐形成"累世公卿"新豪强地主集团。东汉中叶以后,豪强地主的经济和政治势力进一步扩大,到魏晋时期发展为门阀世族。

2.庄园经济：豪强地主占有大量的土地和人口,形成自成一体的庄园经济。到了东汉,庄园发展为一个相对封闭的社会政治经济组织,规模很大,内有依附农民（部曲）和家内奴婢,拥有家兵,筑有坞堡壁垒,不用缴纳租赋,属于自给自足的自然经济,逐渐演变为一种地方割据势力。

六、知道：党锢之祸。东汉桓帝、灵帝时期,士大夫等对宦官乱政的现象不满,与宦官发生党争的事件。因宦官以"党人"罪名禁锢士人而得名,最终宦官被诛杀殆尽,但也严重动摇了汉朝统治,为黄巾之乱埋下了伏笔。

【达标测试】（用双色笔勾画学案重点,并思考以下问题,写出关键词,课前检查）

1. 秦朝中央集权的特点。

2. 列举汉武帝的集权措施。

3. 说明庄园经济的特征。

四、作业与命题设计

随着中学课程改革的深入开展,高中课程不断变革,高中作业与命题设计适应新课程的理念,其功能、类型等也有了新的延伸。

作业与命题设计是高中教学活动的重要部分,教师要重视作业,让学生掌握学习的主动权,让学生喜欢学习。

在新课程背景下,作业布置是高中教师在教学活动中十分重要的一环,作业与命题设计让每个学生在完成基本学习任务的同时也能启发独立思考,要让每一个不同水平层次的学生在作业平台上得到应有的发展,这正是新课程所倡导的"在学习中主动参与,体现学生的主体性"。探讨优化设计学科作业,使学生在完成作业的过程中选择最适合的方法解决问题,进而解决实际生活问题,使学生的学科能力逐步提高,是目前中学教师在作业与命题设计方面的重点。

下面就高中数学作业的特点和精进高中数学作业与命题应遵循的基本原则,探讨新课程理念下创新高中数学作业设计的问题。

(一)高中数学作业的特点

因为高中数学学科有其本身的特色,高中数学作业也有其特殊性,所以高中数学作业不但具备其他学科作业的特点,也有其本身的特点。

1. 概括性

概括性是高中数学作业的一大特色,高中的数学知识比其他学科知识更抽象,数学作业中的许多题目使用了概括性的数学语言,给出了抽象量关系和空间关系,数学应用问题是建模求解的过程,也是具体—抽象—具体的过程。

2. 严密性

著名数学家华罗庚说过:"仅有数学学科能加上一个有力的演绎推理结构,从而不但可以确定结论正确,还可以确定正确地建构起来。"

数学学科本身就有这种严密性,因此数学作业才有了明显的严密性。

3. 频繁性

在高中教学中,每天都有数学课,数学作业比较频繁。

(二) 优化高中数学作业与命题设计应遵循的基本原则

1. 层次性原则

通过课后作业,可以让学生准确地了解自己对知识内容的掌握情况,从而有针对性地巩固知识,增强技能进而完善知识结构,提高自己的数学素养。数学作业的设计要体现新课改的基本理念,要面向全体学生,还要关注学生个体。数学作业设计以往采用统一作业的方式,这种方式通常忽略了学生之间的差异性。布置统一作业,对学习基础好的学生而言很容易,很难让他们提高做作业以及主动学习的积极性;但对学习基础差的学生又太困难,会让这部分学生对作业产生畏惧心理。因此,高中教师应了解分层作业设计,掌握数学作业分层设计的方法,根据不同教学内容设计不同层次的作业,使不同层次的学生都能在作业中获得成功的学习经验,从而达到加强自主学习的动机和培养持久的学习兴趣的目的。

作业 1:在人教版《数学必修 1》第二章第三节"二次函数与一元二次方程、不等式"的教学中,教师安排了以下三个层次的作业,让不同层次的学生完成:

A 组:解下列不等式。

(1) $5x^2-4x>1$　　　　　　(2) $6-2x^2\geqslant x$

(3) $x(x+2)<x(3-x)+1$　　(4) $-6x^2-x+2<0$

B 组:求下列函数中自变量 x 的变化范围。

(1) $y=\sqrt{x^2-8}$　　(2) $y=\dfrac{1}{\sqrt{12+x-x^2}}$　　(3) $y=\sqrt{-x^2+4x-4}$

C 组:已知不等式 $ax^2-2x+6a<0(a\neq0)$。

(1) 如果不等式的解集是 $\{x\,|\,x<-3\ 或\ x>-2\}$,求 a 的值;

(2) 如果不等式的解集是实数集 $\mathbf{R}$,求 a 的值。

分析:分层作业的设计充分考虑不同学生的认知水平,并从学生自己的能力出发选择适合的作业,使每个学生都得到相应的提高,从而增加每个学生的积极性。教师设计研究性作业,提高学生的学习主动性,有较强学习能力的学生有机会在他们的"最近发展区"中得到充分的发展。这样的分层设计作业体现了"因材施教"的原则,使不同层次的学生都能得到发展与提高。

2. 发展性原则

在数学教学过程中,教师应注重培养学生的自主学习能力和独立思维能力。作业设计应当具有启发性与思考性,要能促使学生在作业中产生对知识的渴望。设计作业应以基础知识为中心,设计符合学生认知水平具有开放性和探索性问题,让学生从为做作业而做作业真正转变为对问题的思考。

作业2:在学习了圆锥曲线的有关知识后,针对一道习题:在 $\triangle ABC$ 中, $B(-3,0)$,$C(3,0)$,直线 AB,AC 斜率乘积为 $-\dfrac{4}{9}$,求顶点 A 的轨迹方程。在点 A 的轨迹方程 $\dfrac{x^2}{9}+\dfrac{y^2}{4}=1(x\neq\pm3)$ 中,有 $-\dfrac{a^2}{b^2}=-\dfrac{4}{9}$。据此,我布置了一道探究性作业:本题中两个 $-\dfrac{4}{9}$ 是偶然的巧合,还是有其必然的联系?请学生进行探究,若有联系,能否给出一般性结论?

分析:探究性作业的设计,有利于学生主体性发展,使学生自主积累和学习知识,将群体智能资源转化为个体智力资源,使学生学会如何学习,培养和提高他们可持续发展的能力,自主探究和解决问题的能力。

3. 实践性原则

数学是一门抽象性学科,同时也是一门有着浓厚生活背景的学科,具有很强的实践性。如何在高中数学授课中培养学生的实践能力,是教师在高中数学授课中培养学生实践能力的一个难点。教师在设计数学作业时,要充分考虑学生在数学活动中的习得路径,贴近现实生活,加强数学教材与现实生活的联系,使数学生活化、生活数学化。这样的高中数学作业才能有益于学生了解数学、喜欢数学,只有对数学有学习兴趣,学生学习数学的动力才会增强。

作业3:在学习了解三角形的有关知识后,教师给学生布置了关于实际问题的作业。首先把全班学生分成六个小组,将卷尺和测角仪器分给每个小组,要求每组制订测量学校水塔高度的方案,并利用课外时间,按照方案测量水塔的实际高度。对所得结果的准确性进行评价,对各自的测量方案进行修改和完善。

分析:设计实践性作业,给学生提供实操机会,让学生利用课后时间去思考、探究、验证,能使学生在自己的实践操作中发现新知、获得新知。

4. 趣味性原则

兴趣是寻求理解和探索事物的心理倾向,它是人的内在趋势和内在选择性的客观趋势,是学生思维发展的动力,也是开启学习数学的关键。在兴趣的引导下，教师教得轻松，学生学得也轻松。因此，教师在设计数学作业时，可以故事或游戏的形式来呈现，让学生看到作业内容时就会产生强烈的求知欲，学习起来不枯燥，有乐趣，"乐学之下无负担"。

作业4：在学了苏教版《数学必修5》第二章"等比数列前 n 项和公式"后的练习环节，教师设计了这样一道问题：远望巍巍塔九层，红光点点倍加增，共灯一千五百三十三，请问尖头几盏灯？尽管这仍是一道常规的等比数列问题，但由于问题表示方法新颖，学生的积极性一下子被调动了起来，都怀着浓厚的兴趣来思考这个问题。

分析：通过把作业设计得更生动有趣，让学生从内心深处喜欢作业，将其视为一次活动、一项探究，并且乐意去完成作业。

5. 合作性原则

合作学习是新课程方案提倡的教学理念，从自主到合作是作业改革的必然趋势，数学学科更需重视。数学教学中经常会有调查数据和研究性学习，学生需要以小组为单位来完成研究成果，以这种方式学习与研究问题，能提高数学学习的效率。学生互相交流研究成果，给数学学习带来乐趣和动力。优等生通过为学困生讲解起到巩固知识的作用。学困生通过同学的讲解也会得到启发。这种合作交流的学习环境能激发学生的学习兴趣，让数学作业的解决过程充满动力。

作业5：学习数列前，教师为学生提供了一份作业。

数列作业要求：

1. 作业内容

收集家庭生活案例并用数学方法进行分析比较。

2. 作业目的

使学生感受到生活中有数学，学会对抽象进行总结和概括，学会通过建立数学模型来解决实际问题。

3. 作业时间

完成时间2周。

4. 作业成果

研究报告、小论文、网页等。

2周后,学生在研究交流会上,分享了"买哪家的电冰箱合算""按揭贷款购房研究""家庭理财研究"等研究成果。大家都感叹原来生活中处处有数学。

分析:研究数学作业主要是让学生学习如何收集信息、处理数据、制作图表、分析原因、介绍解决实际问题的结论。通过学习研究性数学作业,学生逐渐学会将生活问题转化为数学模型,通过数学建模的方法,解决数学问题,让数学语言得以表达和交流,有助于他们探究和思考作业,培养他们探索创新的精神,激发他们学习数学的兴趣和合作交流的意识。

苏霍姆林斯基说过:"在人的内心深处,都有一种根深蒂固的需要,这就是把自己想象成一个发现者、研究者、探索者。在学生的精神世界中,这种需要则更加强烈。"高中教师在精进高中作业与命题设计时应当引导学生积极主动地参与学科课程的学习探讨中,让不同水平层次的学生在不同类型、不同层次的作业中体会到发现问题、解决问题的乐趣,获得宝贵的学习经验。这不仅能激发学生做作业的兴趣,还能培养学生的能力,使不同学生有不同发展。

下面以高中历史学科"秦汉——统一多民族封建国家的建立与巩固"来进行作业设计与命制的实践探索。

"秦汉——统一多民族封建国家的建立与巩固"课时作业设计

◆ 皇帝制

1. 古代把皇帝称为"陛下"。"陛"本意指宫殿的台阶,后特指皇帝座前的台阶。臣民同皇帝说话,常常要通过站在"陛下"的侍卫传达。"陛下"称谓的由来反映了专制主义中央集权的突出特征是(　　)。

A. 封建等级制度森严　　　　B. 专制皇权不可逾越

C. 中央机关权力分化　　　　D. 皇帝推崇君权神授

2. (2012·海南单科卷·3)秦灭六国后,秦王嬴政兼采古史及传说中的"三皇""五帝"之名而称"皇帝",其首要目的是(　　)。

A. 宣扬托古改制　　　　B. 承袭华夏传统

C. 突出个人功业　　　　D. 标榜君权神授

◆ 三公九卿制

3. 秦朝的"九卿"中,奉常掌宗庙礼仪,郎中令掌宫殿警卫,少府管皇帝的生活供应,宗正管皇帝家族和亲戚等。这反映了秦朝( )。

 A. 职分细化,各负其责   B. 化国为家,君权至上

 C. 九卿制约,中央集权   D. 官员众多,政务繁杂

◆ 地方管理制度

4. (2018·重庆高三调研)中国古代的"乡里"发端于先秦,秦汉时期乡里体制渐趋成型,举凡地方赋役征派、狱讼治安、婚丧祭祀、选举教化等无不由其承担,被称为"治民之基"。由此可知,秦汉"乡里"( )。

 A. 属于地方自治机关   B. 职官由中央直接任免

 C. 属于社会经济组织   D. 履行宗法与行政职能

◆ 中外朝制度

5. 《后汉书》记载:"汉典旧事,丞相折请,靡有不听。今之三公,虽当其名而无其实,选举诛赏,一由尚书,尚书见任,重于三公,陵迟以来,其渐久矣。"上述材料主要体现了( )。

 A. 中央机构多次变迁   B. 皇权对相权的制约

 C. 中朝对外朝的制衡   D. 中央对地方的控制

◆ 王国问题及解决

6. (2020·安徽省庐江中学月考)汉武帝元朔二年朝廷规定,诸侯王除以嫡长子继承王位外,其余诸子在原封国内封侯,新封侯国不再受王国管辖,直接由各郡来管理,地位相当于县。朝廷这一做法( )。

 A. 引发了诸侯王武装叛乱   B. 形成了州郡县的体制

 C. 改变了皇位的传承方式   D. 削弱了诸侯王的势力

◆ 察举制

7. (2015·安徽文综)河南尹田歆的外甥王谌,以知人出名。田歆对他说:"如今应推举六名孝廉,多有贵戚书信相命,又不好违背,我想自己选一位名士以报效国家,你助我求之。"这体现了( )。

 A. 地方无选官权   B. 选拔官吏以品评为主

 C. 察举制的弊端   D. 自上而下的选官方式

◆ 独尊儒术

8. "国家将有失道之败,而天乃先出灾害以谴告之,不知自省,又出怪异以

警惧之,尚不知变,而伤败乃至"。这一学说(　　)。

　　A. 反映了国家衰败在所难免　　B. 成为皇权神化的理论依据

　　C. 对君权有一定的限制作用　　D. 有利于人与自然和谐相处

9.(2019春·河南月考)汉武帝时期的太学规模狭小,博士弟子仅五十人。昭、宣时期,博士弟子虽有所增加,不过一二百人。到元帝时,博士弟子则激增至千人。由此可知(　　)。

　　A. 道家、墨家等思想已经消失　　B. 儒学统治地位进一步巩固

　　C. 太学的教育质量得到了提升　　D. 完善的教学体系已经形成

◆汉武帝的经济措施(盐铁官营、重农抑商)

10.《汉书·食货志》记载:"贾人有市籍,及家属,皆无得名田,以便农。敢犯令,没入田货。"该禁令的主要目的是(　　)。

　　A. 限制商人经营范围　　　　　　B. 增加赋税收入

　　C. 加强商人户籍管理　　　　　　D. 保护小农经济

11.(2015·广东湛江高三调研)大英博物馆藏有一只汉代漆杯,其底部刻有六位不同工种工匠和七位监督人员的名字。这反映了当时的官营手工业(　　)。

　　A. 生产技术先进,面向市场　　　B. 生产人员众多,效率低下

　　C. 生产专业细化,官府掌控　　　D. 生产成本较低,官府出资

12.阅读材料,完成下列要求。

　　材料　汉初统治者汲取秦亡的教训,采取道、法结合的黄老思想。黄老之学主张清静无为,正好适应了当时的现实要求。但是,该思想不利于统治者的治理和中央集权制的巩固。因此,汉武帝最终接受了董仲舒的建议,奉儒家思想为正统。——摘编自戚怀洋《中国古代治国经验及启示》

　　根据材料并结合所学,归纳汉武帝奉儒学为正统的措施。(6分)

五、评价设计

　　教学评价是教学设计的重要内容之一,教学设计包括对解决教学问题的预想方案进行评价和修正的内容,评价是修改和完善教学的基础。

　　(一) 对教学评价的正确认识

　　教学评价是指按照一定的教学目标,运用科学可行的标准和方法,对教学

活动的过程及其结果进行测量和价值判断的过程。

教学评价的内容包括对教学目标指定情况的评价、教学设计中的教学策略正确地体现了相应的学习原理和教学原理、所设计的具体教学方案得到顺利实施。

1. 教学目标标准评价

对课堂教学目标的评价，一般可以从以下四个方面进行评价：一是清晰地反映某类知识的特定领域和层次；二是在进行某一具体目标的学习中兼顾了其他领域或层次的教学目标要求；三是符合学生身心发展水平的要求，即难易、复杂程度与学生的认知风格、一般特性的关系。四是具备专门的学习内容（教材或活动）来支持教学目标的实现。

2. 教学策略符合理性的评价标准

根据课堂内容的不同特点和不同呈现方式，教师应选择合适的教学策略。同时，不同的教学策略需要符合教学内容的特点；符合学生的能力水平；体现教学特殊认识活动的规律。

3. 教学设计方案有效性的评价标准

（1）教师进行教学设计时应充分分析学生原有的知识和技能基础，教学实施步骤清晰、明确，使学生有能力参与相应活动，同时又有一定的启发性，给学生提供发展能力的空间。

（2）教师设计的教学方案应具有针对性，即针对学生原有认知图示中的观念、思维定式、生活经验等与新知识之间的联系与矛盾，设置有效的问题情境及所取得的认识成果要揭示新知识与学生原有认知图式的联系和区别。

（3）教师要考察教学设计方案的可操作性。

（二）教学评价的依据和功能

1. 教学评价的依据

教学评价的依据是指开展教学评价活动所依据的教育方针、教育目的、教学规律，教学对象的若干项目的总和。一般包括以下几个方面。

（1）依据教育方针与教育目的；

（2）依据课程方案与课程标准；

（3）依据学生的身心发展特点；

（4）依据社会发展的要求。

2. 教学评价的功能

（1）导向功能（定向控制功能）。

教学评价在课堂教学中发挥指挥棒的作用，向被评价人公布评价标准，将对被评价人起到引领作用，对其下一步教学或学习有导向作用。

（2）调控功能（过程控制功能）。

教学评价对评价对象的教育教学或学习等活动具有调节的功效和能力。

（3）诊断功能（结果控制、评价鉴定功能）。

教师通过教学评价了解教学目标是否合适，教学方法和教学内容是否得当，教学重难点是否讲解清楚等问题，同时也可以了解学生的学习效果。

（4）激励功能（竞争意识、行为控制功能）。

教学评价对教师和学生形成促进和强化，调动教师教学工作的积极性，激发学生学习的内在动机。

（三）教学评价原则

教学评价原则，是指导教学评价活动的基本原理，是正确处理各种因素关系的规范体系。具体来说，教学评价应贯彻以下几条原则：

1. 客观性原则

客观性是教学评价的基本要求。进行教学评价的目的在于给学生的学和教师的教以客观的价值判定。

贯彻客观性原则，首先要做到评价标准客观，不带随意性。其次要做到评价方法客观，不带偶然性。再次要做到评价态度客观，不带主观性。这样才能如实反映教师的教学质量和学生的学业水平，并作为指导改进教学工作的依据。这就要求教师要以科学可靠的检测技术和方法为工具，取得真实可靠的数据资料，以客观存在的事实为基础，实事求是地进行评定。

2. 发展性原则

教学评价应着眼于学生的学习进步、动态发展，着眼于教师的教学改进和能力提高，以调动师生的积极性，提高教学质量。教学评价应是鼓励师生和促进教学的手段。

3. 整体性原则

教学评价应树立全面观点，从教学工作的整体出发，进行多方面的检查和评定,防止以偏概全,以局部代替整体。

贯彻整体性原则,一是要评价标准全面,尽可能包括教学目标和教学任务的各项内容;二是把握主次,区分轻重,整体性不等于平均化,要抓住主要矛盾,从决定教学质量的主导因素及环节上进行评价;三是要把分数评价、等级评价和语言评价结合起来,以求全面准确地接近客观实际。

4. 指导性原则

教学评价应在指出教师和学生的长处、不足的基础上,提出建设性意见,使被评价者发扬优点,克服缺点,不断前进。教学评价应经常给师生以教学效果的反馈信息,为教学指明方向。

贯彻指导性原则,一是要明确教学评价的指导思想在于帮助师生改进学习和教学,提高教学质量;二是要信息反馈及时;三是要重视形成性评价,起到及时纠正的作用;四是分析指导要契合实际。

(四) 教学设计中的教学评价

1. 对学习者的评价

信息技术环境下的教学,学习者是学习的主体,对学习者的评价主要体现在学习者以主动学习、合作学习、探究学习的方式参与教学,并在此过程中获得知识与技能,培养认知和元认知策略,最终获得发展。

具体来说,对学习者的评价主要包括学习者与信息技术环境的交互程度、资源利用情况,作业、答疑和考试情况等方面。

2. 对教师的评价

信息技术环境下的教学,教师不再是教学的主体,而是成为学习者学习的辅助者,对教师的评价一般包含师生交互程度、作业答疑情况、学习材料的提供等方面。

3. 对教学内容的评价

信息技术环境下的教学内容,包括为学习者学习提供的所有资源。以多媒体课件为例,对教学内容的评价包括课件的内容、练习与反馈、技术性、交互性等方面。

4. 对信息技术环境的评价

对信息技术环境的评价可分为对硬件设施的评价和对软件环境的评价。

对硬件设施的评价依据是在教学中为学习者提供安全、可靠、稳定的硬件设备,如高性能的 PC 等。

对软件环境的评价则是学习系统为学习者提供实现自主学习、协作学习、讨论学习、探索学习、问题解决学习等策略的支持系统。

第四节　教学艺术的提升

在课堂转型的学校研修活动中,教师教学艺术水平的提升是一个重要内容。教学是一项工作,更是一门艺术。[①] 这是因为"教学是一种复杂多变的过程"[②],它不同于流水线上按部就班的操作,也不同于熟能生巧的重复性工作,它需要教师有理论底蕴、实践能力、应对智慧与创造精神。

一、什么是教学艺术

(一) 一般概述

科学是符合客观的真,艺术是发自内心的美,教学既是一门科学,也是一种艺术。对教学艺术,不同的人有着不同的认识和理解。有人说教学艺术是教学过程中的一种技巧,也有人说教学艺术是某种创造性的教学设计,还有人说教学艺术是教师的动人表演。

爱因斯坦在谈到教师的修养时提出了三条基本要求:一是"德",即崇高的思想品德;二是"才",即知识渊博;三是"术",即高超的教学艺术技巧。[③] 他认为教师的创造性活动同尊重学生的独立性结合起来,才能掌握真正的教学艺术。所以,教学艺术是在教学过程中基于普通教学行为的一种高层次的能力和素养体现,它依托教学行为,又高于教学行为,最明显的是具有创造性特点。

从广义角度来说,教学艺术是指教师遵循美学、心理学、教育学、哲学等规

---

① 李闻海,张振宇.语言教学与文化研究上[M].北京:中国文联出版社,1999:44.
② 金亚文,龙亚君.音乐教学评价[M].长春:东北师范大学出版社,2005:229.
③ 王英奎.学校美育[M].沈阳:辽宁人民出版社,2009:38.

律和法则,针对教学对象,灵活运用语言、表情、动作、心理活动、图象组织、调控等手段和方法,善于启发诱导,发挥情感功能,创造性地组织教学过程,实现教学任务,从而取得最佳教学效果的一整套教学技巧的总和,体现教育者扎实的功底和内在素养。从狭义角度讲,教学艺术主要指课堂教学行为和过程中的智慧与创新。

从这样的描述中,我们可以看出,教学艺术不仅是一门熟能生巧的技巧,一次扣人心弦的设计,一次惟妙惟肖的表演,更是一种综合素养的呈现,在教学的组织过程中,有语言、有动作、有心理、有启发、有组织、有反馈,最终促使教学效果的提升。

(二)基本特征

教学艺术属于教学实践活动的范畴,是一种具有教育特质的高度综合的艺术,根据教学艺术的呈现形式,具有以下特点:

1. 教学艺术具有形象性

教学过程中,教师运用文字、图片、视频资料等表现形式生动、鲜明、具体地将教学内容展现给学生,来提升教学效果,达到教学目的。教学艺术会让学生觉得学习并不抽象且遥不可及,而是一个生动有趣的过程。

2. 教学艺术具有情感性

无论是课堂上还是课堂外,师生还是生生,知识内容学习还是作业任务探讨,都是情感交流、心灵碰撞的过程。教学艺术会让学生觉得学习并不是单向和被动的接受,而是高层次的深度对话和心理交融。

3. 教学艺术具有审美性

教学设计美、教学形态美、教学语言美、教学过程美、教学意境美、教学机智美、教学风格美、教师人格美等既以提高教学质量为最终目的,又使教学具有审美价值,让学生觉得学习并不枯燥无味,而是一种欣赏、一种美的享受。

4. 教学艺术具有表演性

通过机智幽默的语言和惟妙惟肖的表演,使教育教学寓于娱乐之中。让学生觉得自己并不只是看客,而是台上的演员。

5. 教学艺术具有创造性

教学的新颖性、灵活性能解决教学中出现的各种复杂问题,教师通过其特有的教学风格吸引着学生,让学生觉得学习不再是遵循标准模式的过程。

二、教学艺术的呈现

有人说:"教学作为艺术的特征:一是体现在教学过程中,综合运用教学方法体系的技能技巧;二是遵循美的规律进行创造性教学;三是体现教师个性和独具特色的教学风格。"[①]的确,教学艺术的呈现主要表现在教学过程中,但同时也包含了前期为教学过程铺垫的工作以及在教学后产生的反馈和影响等。

（一）课前准备中的教学艺术

在实施教学过程之前,教学艺术体现在前期准备工作中,主要包括教学设想和计划等。我们知道教学设计就是常说的备课,备课不能只备教材,还要备教学方法,更要备学生、备自己,根据学生的实际情况和自身优势选择合适的教学形态,能起到事半功倍的效果。比如,在高中物理必修二"天体运动"这个知识点的教学设计时,由于概念比较抽象,学生对抽象问题的理解还存在一定困难,可以通过图片、视频等方式呈现,既能给学生创设生动形象的情境,又能充实学生的见闻和经验,还可以提高学生的学习兴趣。同时,教师要考虑到整体的教学框架,每个环节之间的过渡,问题的提出以及引导学生的话语,都要经过精心的设计,形成一个有机的整体。问题情境的设计不能只是为了追求课堂效果而虚构一些不真实的场景,情境创设应贴合生活实际,回到问题本身,贯穿教学过程,并且在最后应用于解决问题,与收尾前后呼应。比如,讲到高中数学"基本不等式"时,教师引入"弟兄分田地"的情境,经过一节课的探究讨论,最后还要回到这个问题,用最优方法解决。

（二）课堂实施中的教学艺术

教学艺术在课堂中呈现的内容和形式比较多,主要包括材料的选用、问题情境的引入、师生的交流、板书的呈现、表情动作的寓意、心理的暗示教育、总结的方式以及突发情况的处理等。

1. 内容素材的选用

立德树人是教书育人的根本,青少年的意识形态工作尤为重要,在素材选择时,应充分考虑德育为先的重要性。例如,在音乐或美术鉴赏课上,教师挑选

---

① 陈晓端,张立昌.课程与教学通论[M].西安:陕西师范大学出版社,2017:367.

欣赏的材料要紧贴我国国情和学校实际情况，采用民族音乐、中国古代墨宝、丝绸艺术品鉴赏等方式，既寄托民族深厚情感，又弘扬民族传统文化，有利于强化学生的传统文化自信，避免对外来文化的盲目崇拜。

2. 问题情境的引入

在 2022 年颁布的义务教育课程标准中提及"真实情境"，在"情境"的基础上强化"真实"两字，教师在选择问题及情境时，要尽量从真实生活中选取。比如，高中数学中"三角函数的应用"一课，摩天轮的引入是比较合适的，但为了凑运算的数据，而将摩天轮距离地面最低点设计为不到 2 米，或者转动周期设计为不到 5 分钟，都不符合真实情况，这就需要教师对实际情况进行提前了解，对数据进行微调处理，保证情境的真实性。

3. 教学语言的表达

师生的交流、板书的呈现、表情动作的寓意、心理的暗示都在语言表达的范畴中。课堂中的提问、回答是师生交流的重要方式，而板书的呈现是文字图象语言，表情动作是肢体语言，氛围的营造、心理的暗示则是无声语言。教师的语言在教学艺术中起着重要作用，把它比作照亮学生心灵的五彩阳光、指点学子遨游知识海洋的重要工具也不为过。教师幽默的语言可以给学生带来欢笑、带来兴趣，教师肯定的眼神会给学生带来温暖、带来自信和憧憬。教师语言处理的技巧掌握得当，可以让学生全身心地投入主动学习的过程中，让课堂学习更加高效。

4. 课堂总结的改进

课堂总结提炼起到画龙点睛的作用。教师通过"教师引领总结""学生主导总结"或"师生合作总结"等方式，既突出学生的主体性，也能快速点明本节课的重难点。让学生参与，结合学科及自身特点总结反思，归纳提炼自己的所学、所感、所悟，提出疑问和见解，有利于学生主观能动性的发挥，同时也有利于提升学生发现问题、提出问题，分析问题、解决问题的能力。比如，在高中语文总结《将进酒》这首诗的教学时，学生讨论李白在怎样的背景下创作这首诗，代表诗人怎样的心情，教师引导学生提出以下问题：还有哪些诗人也是在类似的遭遇或心境下创作了类似情感的诗句。通过这个问题，有利于学生将文本串联起来，拓宽学生的思维宽度与视野广度。

5. 突发情况的处理

教学过程中常有突发情况,不在教学设计的范围之内,没有提前考虑和构思到,这就需要教师具备及时处理和化解矛盾的能力和素养,也体现了教师把控课堂的敏锐洞察力、准确判断力、冷静自制力和有效处置力。比如,在高中化学中讲到"金属钠的性质与应用"时,为了说明钠与水会发生剧烈反应,教师向学生讲解金属钠一般存放在煤油中。但是,有学生突发奇想地说:钠与水会有怎样的反应? 教师当时没有准备视频资料,刚好有酒精灯,于是靠着经验和反应能力,将一小块金属钠放置在灯芯上,再向灯芯上的钠滴了几滴水,马上点燃了酒精灯,学生大声欢呼,掌声四起。

(三) 课后指导中的教学艺术

课堂教学后,教学艺术主要体现在对课堂教学的延续上,包括课后作业的布置、对学生实行课后跟踪、课堂反馈及产生的影响。课后作业通过分层设计的方式,以目标分层、任务分层、难度分层为基本依据,既涵盖所有知识点,又尊重学生的个体差异。目前提倡情景化作业,如高中英语在讲述名著后,要求学生结合自己读过的英文名著制作读书卡片,包括书目名称,主要人物,性格特点,故事脉络等,使学生从不同角度、方式解读文本,更好地强化探究能力和类比思维。面批是课堂外的重要反馈交流形式,学生面批除了纠正错误,更具有个性化指导的好处,教师在面批时可以充分听取学生的意见,帮助学生把在课堂上不敢说的说出来,让学生体悟自己是学习的主人,使他们在接下来的学习过程中更加主动,更加积极。

三、教学艺术对教师专业成长的意义

苏联教育家苏霍姆林斯基曾说:"要领导好教育和教学过程,就是要精通教育和教学的科学、技巧和艺术。"[1]

教学艺术作为教师精通专业的一项重要指标,起着深化课堂改革、带动学生发展、促进学校提升的关键作用。课堂观念要转变,学生能力要发展,学校品质要提升,归根结底都离不开教师的专业成长,而教师专业成长的顺利推进,教

---

[1] 蔡汀,王义高,祖晶.苏霍姆林斯基选集(5卷本第4卷)[M].北京:教育科学出版社,2001:575.

学艺术水平有效提升起到了至关重要的作用。

（一）教学艺术的提升有助于教师观念的进一步转变

江苏省正处在新课程改革的背景之下，在高品质示范高中建设的大氛围中，教学艺术的提升更有必要。在我校生态教育的基础上，依托现象教学的全面铺开，对教师的课程观、知识观、教材观、评价观、教师观、学生观等的转变都有进一步的促进作用。

布鲁纳提出，教学生学习任何科目，绝不是对学生心灵灌输固定的知识，而是启发学生主动去求取知识与组织知识。教师不能把学生教成一个活的书橱，而要教会他们如何去思考世界，教他们学习如何像历史学家研究分析史料那样，在求知的过程中去组织属于他们自己的知识。①

教师观念转变能促进教学艺术的提升，反过来，教学艺术提升也会进一步促使教学观念深化。例如，教师在尝试引导学生自主学习、合作学习、探究学习的过程中，会进一步领会教师由"讲授者"向"合作者""引导者""促进者"角色转变的深刻意义。教师在德育渗透、跨科学习的过程中，能进一步体会到教书育人、立德树人的真谛。

（二）教学艺术的提升有助于教师能力的进一步提高

在江苏省人民教育家、"苏教名家"、特级教师、"四有好教师"团队等一系列教师发展的重点培育项目和工程的激励及促进下，教师的专业发展上升到空前的高度。而成为出类拔萃的教育工作者，在很大程度上都与教学艺术素养相关，教师在提升教育教学艺术水平的同时，极大地带动了自身业务能力的发展和提高。

教师教学业务能力主要包含教学设计能力、教学实施能力及教学反思能力。前面两个方面是教师的基本能力，是教师教学能力的基础，而教学反思能力是教师教学能力的核心和进一步发展的关键。

（三）教学艺术的提升有助于教师对教育价值的进一步认同

从教师专业发展看，形成教学艺术，可以实现教师长期的、有计划的全面发展。任何一种单一目标，如教学技能的提高，都不能实现教师的全面发展，而教学艺术的提升相当于在教师全面发展的基础上做到锦上添花。

教育的对象是人，最终是实现人的全面发展，教育就是把缺失的补足，做有

---

① 梁晶.乐雅育新[M].西安:西北大学出版社,2016:101.

意义、有价值的事,更可以看成是对美的追求。

1. 更深刻地认识到教育就是教人求真

陶行知曾说过:"千教万教教人求真,千学万学学做真人。"①教育的责任在于用正确的、科学的方法,通过教师的人格魅力达到对学生的正向影响,让学生通过一系列活动去生成知识,发展智力、能力与素养。教师的根本责任在于实现对学生最优化的教育,这也是教育的重要目的。一个探索教学艺术的教师,会懂得借助工具及案例让学生享受到真正的优质教育。

2. 更深刻地认识到教育就是与人为善

"教,上所施,下所效也;育,养子使作善也"②。教育,教师教授学生效仿,培养,使众多弟子从事有益之事。古时候强调上施下效,有一定的必行性和权威性,而如今的教育更提倡师生平等,和谐共处,但是向善、为善的目的并未改变。

受教育者在学校里和教师交流,和同学们一起学习生活,最终还是要走出学校,走进社会。但不管是课堂中还是社会上,教师都应教会学生平等和自由的待人处世方式,善待他人。有人说教育就是一个灵魂唤醒另一个灵魂的过程,引导学生向善,很大程度上取决于教师,教师应摆脱物质功利的诱惑,教书匠的困惑,漂浮无根的惶惑,使平凡的工作得以升华,这也是体验人生意义的关键所在。同时,受教育者不仅需要知识的学习,人格的完整、心理的健康也是为善的重要前提,所以教师在教育学生时要注意从多方面、多角度、多手段巧妙利用资源,让知识和情感、价值观渗透到学生的学习中,让学生充满激情地去追求科学和真理。教师对教育的理解不仅是传道、授业、解惑,还是使学生向善的共同追求。

3. 更深刻地认识到教育就是成人达美

教学的艺术化,一方面有利于教学质量的提高和人才的培养,另一方面让教师成为高尚且具有高度专业性和艺术性的职业。教师的职责不局限于对受教育者的教育任务,要想适应时代的发展,必须发展自身,完善自身,以卓越的工作能力、敬业的工作态度赢得社会的尊重。教学艺术的提升能增加教师的工作乐趣,教师的工作乐趣是职业认同的重要前提。教师在教学中感受愉悦,就不会觉得教学是一种负担。

---

① 顾亚莉.多向互动作文教学模式研究与实践[M].北京:光明日报出版社,2019:107.
② 刘道玉.教育问题探津[M].北京:北京出版社,2019:239.

四、教师如何提升教学艺术

康德说："人是需要教育的唯一生命。人只能通过教育而成其为人。因为人的天赋并非自然而然自行发挥，所以一切教育皆为一门艺术。"①教学艺术是指师生在课堂教学活动过程中促进彼此发展的交往，是教师所表现出的对教学活动本质的把握，是实施合理教学、实现高效教学的一种品质，是教学中求真、求善、求美的生活方式，是在教学中深刻洞悉、敏锐反应、机智应对、善于创造、正确解决教学问题的综合能力，是师生教学生活所表现出的一种自由、和谐、开放、创造的生态。

教学艺术在教学过程中能促进师生之间的相互尊重，形成热爱教学生活的工作状态，实现和师生共同成长的境界。教学艺术的最终指向是学生的全面发展。在促进学生全面发展的过程中，教学艺术的价值是多元价值的负载。教学艺术的追求与培养，可以使教师体验到人生的价值与意义，提升教师的生命境界，促进教师专业成长，使教师享受到职业幸福，以构筑教师的美好生活；教学艺术能促进学生认知发展，涵养德性，润泽生命和培育能力，引领学生的和谐成长。

（一）在精心备课中凝练教学艺术

在做事之前，我们会先在头脑中构想，再在现实中实施；先在想象中预设，再在现实中去达成。实践证明，一项活动开展得顺利与否、效果优劣，与活动前的准备环节关联性很大。教学是一项极其复杂的活动，教育专家指出："教与学是统一的，但不是同一的，教师的某一活动未必能使学生必然地产生相应的活动，即所期待的学生的反应，学习不是教授的简单的反射。"②在这项复杂的活动面前，教师只有做好课前设计，才能创造出适应学生身心自然节奏的教学，才能营造师生共盼的美妙课堂，有效地促进学生的成长。

教学活动的展开，教要先于学，教师组织好学习过程，但不能超脱学生的学习状况。杜威认为："教之于学就如同卖之于买。"③教师"卖"什么，会决定学生

---

① 王正平.中外教育名言新编[M].上海：复旦大学出版社，2013：26.

② 钟向丽，宋宏甲，王金斌.新工科背景下功能材料类课程教学实践探索[J].教育教学论坛，2021，(24)：114.

③ 朱维宗，康霞，张洪巍.数学质疑式教学的研究[M].哈尔滨：哈尔滨工业大学出版社，2012：101.

"买"什么,教学设计非常关键。格斯塔弗森(K.L.Gustafson)指出,教学设计包括分析教学内容、确定教学方法、指导试验和修改以及评定学生学习的整个过程。[①] 因此,教学设计的过程是一个集中体现教师教学艺术的过程,教学艺术的生成也常常孕育在教师课前设计的"百思奇想"中。就教学艺术的生成而言,课前设计技能主要表现为教师的解读和预设。

在讲授归有光的名篇《项脊轩志》时,教师要在课堂教学中帮助学生感受作者不事雕琢、简朴真实的文字背后隐藏着丰富的意蕴,领悟《项脊轩志》全文的浓重的悲情氛围,在教学中感受归有光以书斋"项脊轩"为线,将看似杂乱的人事有机串联起来,同时借助"项脊轩"抒发了他的满腹悲伤。下面介绍彭欣欣老师是如何在教学组织过程中将《项脊轩志》中的三重悲情进行梳理分析的。

首先,家族颓败与振兴是最根本的悲情。王锡爵在《归公墓志铭》中写道:"所为书写怀抱之文,温润典丽,如清庙之瑟,一唱三叹。无意于感人,而欢愉惨恻之思,溢于言语之外。"通读全文,我们可以感受到归氏大家族的衰败没落,而这正是触动归有光内心悲伤的根源。"迨诸父异爨,内外多置小门,墙往往而是。东犬西吠,客逾庖而宴,鸡栖于厅。庭中始为篱,已为墙,凡再变矣"。一个和睦的大家族四分五裂,进而相互隔离,形同路人,年轻时的归有光看在眼里,急在心中,个中滋味,难以言说。尤其是"东犬西吠,客逾庖而宴,鸡栖于厅",寥寥几字,把封建大家族分家后所产生的颓败、衰落、混乱不堪的情状一语道出,读来让人甚感悲凉。

其次,至亲期待与离世是最直接的悲情。在归有光年轻的生命中,三位至亲相继离世,让他饱受人生之苦。在行文过程中,归有光紧扣"项脊轩",选择了和三位亲人相关的几个片段进行简要描述,语句简单,言辞质朴,然意蕴丰富,读来让人潸然泪下。

作者首先选择通过家中老妪之口讲述"先妣"之事,"汝姊在吾怀,呱呱而泣;娘以指叩门扉曰:'儿寒乎? 欲食乎?'"母亲对尚在襁褓之中的女儿的深情呵护、担心与焦虑的神情姿态跃然于纸上,难怪作者"语未毕,余泣",这让他感受到了母亲的慈爱与母爱的温暖。林纾曾评价道:"震川之述老妪语,至琐细,至无关紧要,然自少失母之儿读之,匪不流涕矣。"接着作者回忆祖母来项脊轩

---

① 刘兴富,刘芳.教师专业化发展的理论与实践[M].北京:光明日报出版社,2010:33.

看望自己的情况，选择了祖母的三句话加以描述，每句话看似平常，实则意蕴丰富。"久不见若影，何竟日默默在此，大类女郎也。"有如此奋进之孙儿，祖母调侃之中倍感欣慰；"吾家读书久不效，儿之成，则可待乎！"面对家族颓败，忧心忡忡的祖母对孙儿充满了期待；"此吾祖太常公宣德间执此以朝，他日汝当用之。"面对家族曾经的荣耀，祖母用独特的方式激励孙儿发奋图强。三个细节，三个层次，依次如实道来，不事雕琢，但感人至深，尤其是面对祖母的殷切期望，作者怎能不"瞻顾遗迹，如在昨日，令人长号不自禁"。最后，作者在多年后补述了有关亡妻的生活片段，看似平常，但用心选择，用意至深。"时至轩中，从余问古事，或凭几学书。"这句话写出了妻子魏氏对读书充满了向往与渴望，对夫君充满了仰慕与崇拜。尤其是妻子省亲回家，向归有光转述妹妹们的问话"闻姊家有阁子，且何谓阁子也"，妻子委婉地表达了嫁给作者的幸福与自豪，也暗含了希望他学业有成，事业兴盛，这无形中给年轻的作者带来一定的读书压力，妻子如此看重，绝不可让其失望。

第三，功业渴望与未成是最重要的悲情。归有光从小肩负着振兴家族的使命，期望能通过读书入仕来改变家族的境况，这从其将书斋取名为"项脊轩"就可见一斑。据相关资料分析，取备项脊轩有三点原因：一为言其室小，如在颈项脊梁之间；二为怀宗追远，因其远祖在项脊泾住过；三为托物言志，意欲如项脊一般通过读书撑起家族荣耀。分析其二、三点原因，不难看出归有光对获取功名的渴望，对振兴家族的憧憬，像远祖那样恢复家族的荣光。

然而，无论是作者第一次写这篇文章的成年之时，还是第二次改写文章的而立之年，都没有取得功名来回报家人，这对肩负家族使命，面对至亲期待的归有光来说，痛彻心扉的愧疚感无法言说，满腹的悲情只有寄托在《项脊轩志》中。通读全文，三层悲情相互交织融合在项脊轩，让这间原本幽雅温馨的小屋溢满了悲情，也铸就了千古名篇《项脊轩志》。

充分的课前准备可以实现教师对教学内容的深度理解，也可以帮助教师将教学活动还原到创作背景的原点状态，回归到教学内容的本源境地，与学生产生发自生命与生命的交流共情，能更好地帮助学生理解教学内容中蕴含的对生命、科学、环境等更有张力的表达。

（二）在语言表达上锤炼教学艺术

语言是思维的外壳，是人们交流思想、沟通感情的工具。教师传道、授业、解惑离不开语言,高超的课堂教学语言艺术,是取得良好教学效果的前提和保障。语言具有传递信息、表情达意的功能。在教学过程中,知识的传授、思维的引导、能力的培养都离不开语言,语言是教师完成教学任务的主要手段。语言艺术还是教师综合素质、综合能力的体现。可见,"锤炼语言运用的技巧"①是教师提升教学艺术的重要方面。

精湛的教学语言表达,就是"要把语言家的用词准确、数学家的逻辑严密、演讲家的论证雄辩、艺术家的情感丰富都集于一身"。② 语言艺术能把模糊的事理清晰,能把枯燥的道理讲生动,能把静态的现象变为动态,启发学生去探索、追问、挖掘,使学生的思维处于活跃的状态,提高学习效率。教学语言艺术的重要性,很早就引起了国内外学者的重视。早在17世纪,捷克大教育家夸美纽斯就曾形象地指出:"一个能动听地、明晰地教学的教师,他的声音应该像油一样浸入学生的心里,把知识一道带进去。"③

孙四周老师在介绍"异面直线的距离"概念时是这样组织教学语言的:

师:请大家用两支笔代表两条直线,摆出它们在空间中的不同位置关系。(学生分别摆出相交、平行、异面关系。)

师:什么叫异面直线?(学生回答异面直线的定义。)我们已经知道,两条异面直线可以形成不同大小的角。那么,除了角以外,还有什么值得认识?(学生活动:摆放不同的异面直线,体会其中的位置关系和数量关系。在交流中,很多学生提到距离。)大家都认为异面直线之间是有距离的。那么什么是异面直线之间的距离呢?同桌的两个学生合作,一个摆好一对异面直线,另一个指出哪个能代表异面直线之间的距离。(学生所摆的异面直线基本上有一条或两条与桌面平行,有的则干脆把一条放在桌面上,另一条平行于桌面。负责指认的学生大多数在两条直线之间比画出一条最近的线段。虽然还没有给出定义和理由,但是他们凭直觉能感知到"应该是它"。)

师:请移动你的直线,把它们之间的距离扩大为原来的两倍。(学生移动一条或两条直线。大多数学生移动直线的方向就是刚才所比画的方向,也就是公

---

① 王星,朱茂.高中语文读本文章写作与修改[M].北京:北京教育出版社;北京出版集团公司,2009:140.

② 石红.物理课堂教学技能[M].贵阳:贵州人民出版社,2006:9.

③ 倪三好.优秀教师的语言艺术[M].芜湖:安徽师范大学出版社,2013:41.

垂线的方向,而移动的距离则把刚才那条"公垂线段"的长度加倍。少数学生移动的方向不对,教师示范正确的移动方向,并提问:"水平移动一条直线能不能把它们之间的距离加倍?"再让学生重新尝试。)

师:请依次把它们间的距离再加倍,再加 10 厘米,变为原来的三分之一。(学生活动。)

师:请把直线的方向调整一下,使任何一条直线都不与桌面平行,然后重新考虑上面的问题。(学生调整两条直线的方向,然后重新指认它们之间的距离。)同样地,把它们之间的距离加倍。(学生活动。)

师:我们体会了异面直线之间的距离,还对不同的距离进行了指认,远的近的、歪的斜的都没关系。那么,究竟什么是异面直线的距离呢? 我们需要给它一个严格的定义。

……

教学语言既是教学工具,也构成了教学本身。教学语言要具有教育性就应该符合教学的价值预设,即"向善、求真、趋美"。教学语言艺术能提升课堂教学中语言的表现力,实现教师与学生教学相长的生命力。教师掌握其艺术精髓,是激活课堂气氛、激发学生学习兴趣、出色完成教学工作的重要保证。如何提高一堂课的讲授效果是教师需要认真研究的问题。除了丰富的专业知识,教师在课堂上科学地运用语言艺术也会起到锦上添花的效果。

（三） 在智慧教育中彰显教学艺术

对教学智慧,雅斯贝尔斯曾深刻指出:"真正的教育是人的灵魂的教育,而不是理智认识和知识的堆积。"[1]无论是谁,若是将自己单纯地局限在认知和学习上,即使这个人的学习能力非常强,他的灵魂也是不健全的、匮乏的。教育的本义就在于,它是直面人的生命、通过人的生命、为了人生命质量的提升而进行的社会活动,是以人为本的社会中最能体现生命关怀的一项事业。真正的课程与课堂来自教师和学生心灵深处刻骨铭心的体验,这种智慧的教育与教学才会有意义,才是有效的。

由凤丹老师在讲授"抗日战争"的内容时,在"重回战争现场,反思战争创

---

[1] 首都师范大学教育科学学院.学会做研究 《教育研究概论》优秀作业选第 1 辑[M].北京:首都师范大学出版社,2010:108.

伤"教学立意的引领下,对教学资源进行了拓展:老师将假期去参观侵华日军南京大屠杀遇难同胞纪念馆的照片做成一个小视频,以此为线索对教材内容进行了重新建构,用视频在课堂中营造真实的历史场景,在这种可视、可感的情境中带领学生去分析"何以为战争"、重构"战争场景"、反思"战争结果"。这种将教师本身的经历活用作课程资源的方法符合历史学的发展规律,极大地提升了学生的兴趣,激发了学生的情感。随着教学活动的推进,学生或探讨日军侵华的相关原因,或认真梳理日军侵华与中国民众抗击侵略的相关史实,或体悟战争带来的伤痛,在参与、体悟中形成对抗日战争的新认识,从而激发对战争与和平的反思。这种反思难能可贵,它能拓展学生的思维,增强学生的价值体验,帮助学生感受自我成长的喜悦与幸福感。

朱维熙老师讲授"原电池的原理及其应用"时,在课的导入环节,朱老师用西红柿和两枚不同金属材质的钥匙做成原电池,导入新课,新颖富有创意,学生探究兴趣高涨。在课堂上,教师的问题设计富有启发性,根据学情进行适时点拨。语言幽默,教室里笑声不断。教学富有节奏感,收效很好。整节课,教师教得有味道,学生学得有乐趣。对教学中学生偶然提出的问题,朱老师给予耐心细致解答,体现了教师渊博的化学知识。在朱老师的课堂上处处闪动着智慧,感受到他的创造性,感觉到他对教学生活的热爱,享受着教学的幸福。

马克斯·范梅南认为,教育智慧和机智可以被看作是教育学的本质和优秀性。[①] 智慧是教育的一种内在品质、状态,是教学艺术的集中体现,也是教育理想境界的显著标志。

---

① 张亚妮.幼儿园教师实践智慧生成[M].西安:陕西师范大学出版总社,2018:15.

第六章

课堂转型中不同阶段的教师成长

一个学校的教学质量与教学样态在很大程度上取决于学校教师的教学形态与专业发展，学校要实现课堂教学转型的关键就在于教师的专业发展，而教师的专业成长既离不开学校整体的教学生态和提供的各种平台，更取决于教师个人的专业发展内驱力。教师的专业发展过程既是连贯性的又是阶段性的，每个阶段具有各自的特点与问题。研究者对不同阶段的教师类型的划分与命名不尽相同。本书采用"新手型教师—胜任型教师—熟练型教师—研究型教师"的表示方法。根据各类教师的特点，对他们进行专业引导与专业评价，会具有很强的针对性与实效性。

第一节　新手型教师的进步

一个学校的教学质量与教学样态在很大程度上取决于学校教师的教学形态与专业发展。学校要实现课堂教学转型的关键就在于教师的专业发展,而教师的专业成长既离不开学校整体的教学生态和提供的各种平台,更取决于教师个人的专业发展内驱力。对新教师而言,这种内驱力的生成与教师自我的专业定位和发展有着莫大关系。这是教师成长与发展的奠基阶段。新手型教师想在入职的时间内明确自己的专业发展方向并取得一定进步,会在实际工作中遇到诸多困难与挑战,其专业起步受到内外多种因素的影响。因此,厘清新手型教师的阶段特征,一方面可以帮助新手型教师更加理性地看待自身的优势与不足,正确分析自己的工作处境,并做出及时调整;另一方面也给学校领导提供样本,正确分析新手型教师的长处与困境,打造促使其迅速成长的平台,提供更有效的支持,增强新手型教师的获得感、成就感,壮大教师队伍,推动学校课堂转型,提升学校教学质量。

一、新手型教师的内涵

(一)"新手"界定

首先,我们这里讨论的新手型教师是指经过系统的高校教育,已经获得国家教师资格证书,大学毕业后进入教师岗位,从事课堂教学工作 1~5 年的青年教师。新手型教师虽是教师行业的新成员,但承担着与老教师相同的教学责任,是学校师资队伍的生力军,担负着学校教育教学发展的希望与未来。

(二)表现特征

尽管新手型教师有不同的背景,但仍有诸多共同的特征。

1. 具备丰富的专业理论知识

经过高等院校系统的专业教育,他们在学科专业上有着丰富的知识储备,所掌握的学科专业知识不仅程度深,且辐射面也较广。特别是近年来,我们学校引进的新教师 90％以上是硕士研究生毕业，对学科专业研究的前沿有一定了解。另外，这些新手型教师生活在信息社会时代，在学习生活中，不仅接触了大量的专业知识，且通过多种信息化渠道接触了许多其他方面的信息，形成了宽泛、广博的知识面。这对当前新课改背景下提倡跨学科、综合性的教学方式有着积极的助推作用。

同时，在师范院校的学习中，他们也进行了教育学和心理学等相关理论知识的学习。有些新手型教师尽管是非师范院校毕业的，但也进行了教育学、心理学的理论学习，具备一定的教育理论知识与先进理念。理论知识的掌握为新手型教师的课堂教学提供了专业支撑，可以满足其进入教师行业的基本需求。

2. 掌握娴熟的现代信息技术

新手型教师在现代信息技术的掌握与运用方面，有明显优势。经过高校学习及相应培训，他们在多媒体课件设计、文档编辑及处理、表格绘制、动画制作、视频剪辑等方面比老教师熟练。另外，年轻人利用互联网搜集资料，游刃有余，丰富的信息资源为他们的课堂添光增彩。这些技能在当今的时代背景下已成为必备的关键能力，这也是新手型教师的一大优势。

3. 年轻好学，积极进取

新手型教师刚完成从学生到教师的身份转变，对自己的教育教学工作与生涯充满了期待与憧憬，对学校安排的工作充满热情与自信，乐于做事。一方面，新手型教师对新事物、新现象有着较强的探究欲与学习热情；另一方面，他们刚从学生时代走过来，对学生及其学习有着同理心般的感受与理解，对学生的交流方式、兴趣爱好更加了解，因而在情感上、心理上与学生有着较少隔阂，有利于树立良好和谐的师生关系。

二、新手型教师面临的问题

由于学校教学工作面对的是不同学生，他们是有着鲜明个性、独特经历的生命个体，这种教学对象的个性化、差异化也决定了教育教学的复杂性与实践性，这就给新手型教师的适应与成长带来了一定困难与挑战。

（一）实践性知识的缺乏与不足

教师工作有很强的实践性，教师教学能力的培养与提升需要在漫长的教学实践过程中养成。有专家认为："教师对教学的了解不仅是事实和理论的延伸，而且在很大程度上是经验的和社会建构的，是通过参与教学相关的社会实践而获得的。"

新手型教师在规范的学校教育中接受的大多数是观念与理论，没有机会将所学的理论知识与实际教学相结合。一方面由于师范生就业形势严峻，不少师范生选择继续读研深造，没有把精力和时间投入教学实习。另一方面，教学实习时间短，教学实践的机会有限。因此，在面对复杂的教学对象以及不断变化的教学情境时，新手型教师的实践性知识显得捉襟见肘。

实践性知识不足表现在如何教的问题上，新手型教师具有教学法的一般知识和学科知识，但只是纯粹的理论知识。他们清楚教学内容，但无法将教学法知识融入学科知识的教学中，即如何把知识传授给学生。因此，新手型教师在教学目标的确立、教学重难点的把握、教学内容的整合设计上都会出现较大困难，教学实践中容易出现两种极端：一种是按照自己在高校接受教育时教师的教学逻辑展开，远超学生现有的知识、逻辑、思维，课堂教学变成教师独自"表演"的舞台；另一种则是低估学生，生怕学生听不懂，每一个知识点都细细讲、慢慢讲，剥夺了学生思考、参与、活动探究的可能性，课堂教学缺乏师生间的有效对话与互动，最后仍成了教师的"独脚戏"。

实践性知识不足还表现在新手型教师缺乏教学机智。这种教学机智也反映出教师对课堂教学的管理与调控，对教学预设与课堂生成之间的联系与关系处理不够熟练。这体现在当课堂教学中出现学生的反应与教师预设情况不一样时，新手型教师由于缺乏经验，为避免出错，仍按既定的教学计划进行，不会因势利导，及时调整教学策略来解决学生的问题与困惑。特别是当出现学生违反教学纪律或其他突发情况时，由于缺乏经验，新手型教师可能会因处理措施不当，非但没有及时控制课堂突发状况，反而造成课堂气氛混乱、教学效果低下。

同时，实践性知识不足还在于新手型教师专业学习与教学实践的脱节。学校在教师入职后会有大量培训，让他们汲取许多有关教育教学的理论、理念和原理，本意是帮助新手型教师将这些从实践中来的理论运用到实践中去，进而改进教学实践，促进他们的进步与成长。但是，新手型教师难以用所学理论知识去指导教学实践,更不善于将自己的教学实践与所学理论进行对比研究,因此难以将"在教育教学实践中依据其所获得经验以及遭遇的实践困惑和问题,积极主动地进行理论学习和研究,实现实践经验的理论化。"①

(二) 工作强度大,出现理想与现实的反差

其一,新手型教师初入工作岗位,就承担与老教师一样甚至更繁重的教学任务,每天的备课、批改作业、上课、辅导学生、管理班级、处理学生问题占据了他们的大部分时间。

其二,新手型教师需要参加各级各类的培训、研讨活动,工作强度之大,使他们感到巨大的压力和心理落差。

其三,教学实践的复杂性、教学对象的多变性、教学任务的繁重性、教学周期的长久性……使得教学效果难以立竿见影。这与新手型教师的期待、抱负有一定的距离,会使他们产生焦虑、失落、沮丧等负面情绪,对新手型教师的工作开展和进步产生了消极影响。

三、在课堂转型中助推新手型教师进步的策略

为了更好地帮助新手型教师扬长避短,尽快适应学校教育教学环境,引领他们学会学习、学会践行、学会探索,最终完成由学入教的蜕变,学校立足于本校历史文化传统、依据学校发展的实际需求,制订针对性强、内容丰富、实践效果明显的培训与研修措施,为新手型教师搭建成长的平台与助推的"脚手架",引导他们在课堂教学实践中"摸爬滚打",经受锻炼。

(一) 提出要求:引导新手型教师高度关注课堂

新学年开始,学校会迎来新教师的加入。新教师是学校的未来和希望,也是学校许多重要工作的承担者,新教师顺利进入角色,尽快成长起来,对学校的发展和未来至关重要。因此,新教师迈好职业生涯第一步的意义非常重大。②

新教师会面对很多新情况,产生很多新想法,以至于他们对进步的主要方

---

① 张燕,程良宏.教师的深度学习如何深入:学习要素的视角[J].当代教育科学,2019(8):45 - 51.

② 徐修安.给新教师的七点建议[J].云南教育(中学教师),2022(09):44 - 45.

向会认识不清。如何让他们迈好第一步？首先，学校会对新教师提出要求，同时也会让老教师讲述他们的体验与感受，老教师会分享自己的经验或教训，让新教师在专业发展道路上少走弯路，走得更快。在众多要求中，主要强调新教师应关注课堂、聚焦课堂，从课堂渠道寻找自己的发展方向。以下一些要求，对新教师尤为重要。

1. 了解教师发展的不同阶段，切实打好课堂教学基础

对教师专业发展阶段，不同专家有着不同划分。一般来说，教师按照发展的序列可分为新手型教师、熟练型教师、胜任型教师、研究型教师。但是，实际上，并不是每个教师都能走到后面几个阶段的。有的教师尽管教学业务熟练，但按照好教师的标准，在育人、科研等方面不够胜任。有的教师各方面的胜任力基本达成，但在研究与示范方面，离研究型教师的标准还差一点火候。有的教师发展到熟练与胜任后，就停滞了。必须认清，这些阶段的发展水平都是以课堂为基础的，尽管教师在职业生涯中或担任班主任，或兼任教育行政与教学服务工作，但其课堂教育教学的实际水平仍然是教师专业发展的主要标志。

2. 认清课堂是专业发展主阵地，首当其冲应站稳讲台

无论教师专业怎样发展，在基础教育阶段，他的主阵地一定是课堂。只要还是教师，就不可能脱离教师的根本，就必须把课上好。把课上好没有固定标准，就是：学生喜欢、方法科学、效果明显。

3. 珍惜公开课的锻炼机会，循序渐进提升教学能力

公开课是教师专业发展的催化剂。新教师一入职，学校就会安排青年教师上汇报课、组内公开课、学校公开课、市内优质课等。但是，有些年轻教师对此重视不够、准备不足。在规模大的学校，新教师上校内公开课的机会非常难得，因此，新教师要珍惜每一次上公开课机会，要么不上，要上就要做好充分准备。认真准备的过程，就是引发思考的过程，是不断挑战自我的过程，也是自我不断提升能力的过程。

4. 懂得课堂交流促进成长的意义，正视自己取长补短

新教师想实现专业发展，一定要学会沟通交流，尤其是围绕课堂教学的相互切磋。沟通交流，不仅和同事，还要和学生。在与同事合作交流中，分享课堂

实践的体验和成果,共同发展。在与学生平等交流中,从学生反馈中反思教学。这里有两点需要特别提醒:第一,交流是为了解决主观上存在的问题,而不是过分强调客观原因,如学生参与不积极,思维不活跃,只能以教师讲解为主;考试压力大,没法开展探究学习等。第二,交流不回避自己专业上的不足。作为新教师,由于职前学习时未重视,可能存在一些专业上的缺陷。例如,新教师中,有的板书较乱没有结构、没有美感;有的语言表达生硬、不连贯、不流畅;有的对学生的提问缺乏思路与应对策略;有的活动组织不熟练效果差……对于这些情况,正确的做法是:虚心接受不足,请别人指正和督促,制订计划,一点点解决。要善于学习别人好的做法,提升自己的专业水平。

5. 保持新教师的好奇状态,始终存有问题意识

新教师常常会羡慕经验丰富的老教师。经验会成为教师的优势,但有时会成为发展的羁绊。新教师不要过分迷信经验。在学校里,每天都会发生许多值得关注、值得思考的问题,这就是新教师发扬好奇心的时候,需要用心去观察、思考、记录、解决。用新办法、新思路解决这些问题的过程,就是新教师成长的过程,工作的快乐也随着一个又一个问题的解决而产生。当一位教师对教育教学问题熟视无睹、失去好奇心时,他的工作就会毫无进步地重复。

6. 联系课堂实际,主动参与技术革新与课题研究

信息技术水平高、课题研究能力强,是新教师的两大优势。现在不少新入职教师都是硕士研究生毕业,在读研阶段就已经掌握了一定的信息化手段与研究方法。当今,课堂转型需要信息技术融入学科教学,也需要结合课堂问题展开课题研究。新教师主动参与其中,选择与自己教育教学密切联系的课题,在老教师带领下边教学边研究,对新教师专业成长是有利的。

(二) 适应环境:帮助新手型教师尽快融入课堂

对新教师而言,适应学校环境,尽快融入课堂,是一项很重要的任务。教育教学的适应包括两方面内容:一是教学技能方面的适应,即教学准备、教学实施、教学评价、教学反思等;二是教学管理方面的适应,即课堂管理、班级(学生)管理以及课后与教育教学方面的管理等。[①] 同时,新教师融入课堂,还存在学校环境适应、人际关系方面的适应与心理适应等问题。学校环境适应主要包

---

① 彭洁,王浪.新教师入职适应的研究现状述评[J].中国包装,2023,43(01):94.

括物质层面适应、精神层面适应以及制度层面适应。物质层面适应包括工资收入、福利待遇、学校位置、设施配备等；精神层面适应是指新教师对学校的认同感、归属感；制度层面适应包括学校对新教师的培训、聘用、管理、岗位晋升、评价机制等。人际关系方面适应是指新教师与领导、同事、学生、家长及与教育教学产生联结关系的适应。心理适应是指新教师入职后在教育教学适应、人际关系适应、学校环境适应中表现出的情绪和意志等趋于相对稳定的心理倾向或个性特征，并能进行积极的反思与调整。可以说，新教师刚入职是摸索阶段，除教育教学外，他们还会面临学校环境、人际交往、心理适应等"现实的冲击"。[①]　为此，学校应从以下两方面关心新教师。

1. 实施温情"陪"护

新教师来到学校，对学校环境陌生，这就需要学校温情"陪"护，要让新教师感受到有亲人陪伴的温馨和情意。例如，安排好他们在学校的食宿与办公室问题，让他们生活无忧；开展"情暖新教师"系列心理团辅活动，从专业、心理、精神层面助力新教师阳光成长；组织新教师开展主题研修活动，聚焦爱国、励志、求真、力行，激励他们奋勇争先的教育理想。学校开展的各种教育活动，点燃了新教师理想与激情的火焰。他们在思想汇报中，有的用质朴的语言畅谈学习体会，有的用动情的歌声表达自己的决心，有的用激昂的演讲抒发豪情。

下面是一部分新教师的学习感言：

在刚才的讲座中，彭校长提到："教育的真正意义在于成全人，教师要做的是培养一个正常的人，一个有情怀，丰富而完整的人！"我想我找到了自己努力的方向！（胡冰老师）

吴菊英老师提出备课过程中新老师应思考如何让课堂多一些逻辑性、思维性、趣味性和情境性。在上课方面，吴老师建议新教师以饱满的激情带动学生的精神状态。对学生鼓励、期待等互动可以增加学生与教师之间的情感交流，增进师生关系。在课堂上还需增加对学生的学法指导，让学生学会用思维模型解决问题。这些都具有深刻的启发性。（陆忆文老师）

黄雪林老师探索一节公开课有哪些附加值，分析从公开课变为一篇论文的具体操作步骤。她一步步引领老师们学习捕捉教学中的科研切入点，如何查阅

---

① 王艳芳，苏陆琴.助力新教师"雏鹰起飞"[N].江苏教育报，2022‑12‑14(002).

资料、充分利用已有的公开课资源,通过巧妙加工,将公开课素材转化为论文、课题、微课、精品课程等,大胆多样化开启科研之旅。(吴俊成老师)

2. 做到三个"熟悉"

为了让新教师尽快熟悉工作环境,学校组织他们观看录像、现场参观、专题介绍,帮助他们做到三个"熟悉"。

(1)熟悉教研组。学科教研组是新教师的"家"。新教师要熟悉自己的"家人"——师傅与其他老教师,还有同伴、组友;要知道"家规"——平时的教研活动及其工作制度;要认识"家底"——教研组拥有的各种教学资源。

(2)熟悉学生。学生既是教师教育教学的对象,又是教师学习生活的朋友,教师在课堂中要与他们实现对话互动、同频共振。熟悉学生,就要了解他们的年龄特点、认知心理、兴趣爱好、价值认同等情况,要了解他们的长处,又要宽容他们的不足,因势利导,促进成长。

(3)熟悉课堂。新教师要熟悉课堂教学的环节与流程。把课上好,就要备好课、上好课、布置好作业、做好教学评价。第一,备好课必须以写好教案为抓手,不能写好教案的新教师,很难成为一个好教师。第二,上好课应以"讲、练、展"为抓手。"讲"是新教师的基本功,不能"讲"的老师肯定不是好老师。"练"是教师基本功和先进理念的结合,它不是仅仅发几张试卷或讲义让学生做,而是根据教学内容和学生情况设置不同的问题情境和活动形式,让学生去完成。"展",包括课堂上教师的展演和学生的展演。教师的展演能力是教师素养的表现,教师要会把抽象问题以具体形式展现出来,把复杂问题以简单形式展现出来。学生的展演,就是学生要会讨论、会演示、会汇报、会分享。第三,布置好作业。对作业的处理特别考验教师的智慧,尤其是在"双减"背景下,教师既能安排数量适当、形式多样的课堂作业,又能布置有利于巩固与应用的课后作业。第四,做好教学评价。评价是上好一堂课的重要保证。评价的主体不仅有教师,还有学生、同伴和家长等。但是,评价并不等于考试,评价是为了激励学生,而不是打压学生。教师要通过营造和谐向上的课堂环境,充分调动学生的积极性,启发学生的思维。

(三)发挥作用:鼓励新手型教师参与课堂变革

1. 理论学习上"先走一步"

课堂转型会遇到不少问题,需要用先进的教育教学理论去破题解题。新教师爱学习,对新生事物比较敏感,容易接受新思想。学校鼓励新教师在理论学习上"先走一步",多学一点。现在有不少新的教育名词概念,如深度学习、大概念教学、逆向设计、高阶思维等,许多老教师不理解,难以在教学中运用。而新教师会积极查找资料,在认真学习的基础上,为大家讲解学习的心得体会,帮助大家解决课堂教学中的难题。一些新教师还在各级教学杂志上撰写了不少结合教学实际的文章。

2. 信息技术上"崭露头角"

课堂转型需要学科教学与信息技术的整合,一些老教师在这方面恰恰不够擅长。新教师在信息技术上具有优势,他们喜欢钻研,操作娴熟,是教育信息化的生力军,不仅崭露头角,而且还能大显身手。例如,地理学科需要制作与呈现精美的课件、图片、动画、视频,进行地图、数据的信息处理与分析,对信息技术的应用必不可少。近几年,学校在地理学科充实了不少新教师,他们在教育教学信息化方面走在前面,制作了质量上乘的课件,并在教研活动中互帮互学,传授信息技术运用的经验体会,使地理学科的整个信息化水平有了大幅提升。

3. 课题研究上"小试牛刀"

课堂转型需要在研究过程中推进。新教师研究经验不足,需要引导他们尽快投入课题研究,在研究中打下良好的专业基础。基于新教师学过教育研究方法的背景,他们在文献、调查、统计与实证研究方面可以发挥一定作用。结合教学实际,研究一些小课题,对他们的专业进步具有明显功效。实践证明,凡是认真参加课题研究的新教师,进步就大,成绩就显著。有些新教师不仅积极参与校级小课题,还申报和主持了区级、市级课题,甚至还获得了科研奖项。

(三) 加强引导:带动新手型教师过好课堂"四关"

1. 过好"备课"关

备课是教师上好课的基本前提。新教师往往认为备课的重点是备教材,这是片面的。对教材固然要认真研究,做出合理的调整与处理,但还远远不够。备课要有很多的关注点,除备好教材外,首先是备好课程标准,以标为本,将课标要求作为依据,确定教学目标与教学内容。另外,还要备好学生,在分析学情的基础上,确定教学策略与方法,备好资源,如课件、器材、学具、习题等。在课程改革的新形势下,备课体现的是一个立体设计的架构:学期设计(宏观备课)—单元设计(中观备课)—课时设计与学案设计(微观备课)。学校会经常召开教学设计研讨会,尤其是组织新教师在这方面交流体会、分享成果,帮助他们提高教学设计水平。

2. 过好"基本功"关

"基本功"过关是对教师的基本要求,也是课堂教学的老生常谈。教学"基本功"是教师的看家本领与立足之本,它是不管课堂怎么变而其始终不会变的基础性功夫,包括讲解、板书、演示、提问、练习、讲评等。这些功夫需要教师在长期实践中进行磨练与捶打。在新手型教师发展阶段,学校特别重视基本功的训练,通过公开课展示、基本功比武,大力表扬基本功表现优秀者,帮助新教师发现问题并及时加以引导。

3. 过好"教学组织"关

新教师缺乏教学组织能力,课堂中容易出现纪律涣散,甚至失控的情况。课堂气氛需要活跃与热烈,但不是不需要一定的规范与次序。学校在这方面引导新教师处理好教书与育人、严格与慈爱、紧张与松弛、表扬与惩罚、预设与生成、节奏与速度、充盈与留白的辩证关系,科学提高自己的教学组织与课堂管理能力,而不是一味地靠训斥、施压来严管学生。

4. 过好"学业评价"关

有的新教师只盯着上课,一堂课下来,学生是否弄懂,他们心中没有数,也就是说不会采用反馈检测等手段对学生的学习情况进行评价。学校针对这一问题加强对新教师评价能力的培养,让他们明确上课的主要目标,要了解学生真实的学习状况,只有了解自己的学生,新教师才能有的放矢地去解决学生尚存的认知问题。评、教、学三者要结合起来,形成"学教融评"。课堂评价,包括诊断性评价、形成性评价、终结性评价、表现性评价、真实性评价。提问、讨论、活动、练习等过程都是进行评价的契机。教师还要认识到学生不是被评的对象,而是评价的主体,要让他们参与师生互评、生生互评,共同监督与管理学业,切实提高课堂教学质量。

第二节 胜任型教师的成长

经过 3～5 年的磨练,新手型教师度过了入职之初的不适、迷茫与懵懂,适应了自己身份的转换和角色定位,熟悉了学校的各项规章制度和管理机制,对教育教学环节和程序也已掌握熟练,能从容应对并胜任学校安排的各项教育教学任务,步入所谓的胜任型教师阶段。

综观以往各学校的做法,对新手型教师的培训和关注往往非常重视,而对已不再是新手的胜任型教师关注不多,也没有相应的政策和平台去帮助胜任型教师突破发展的瓶颈,迅速成长为熟练型甚至是研究型教师。调查表明,在教龄 15 年以上的教师中,60% 左右仍长期停留在胜任探索期[①],不能实现专业发展的突破与转型。但是,随着新课改、新课程、新高考的逐渐推进,对教师的思想道德、个性品格、教学观念及教学素养提出了更高、更严格的要求。因此,全面深化教师队伍建设愈来愈成为学校全面深入推进素质教育、提高教育教学质量的重要保证。胜任型教师及其发展时期作为教师队伍中的重要组成部分和教师专业发展的关键阶段,愈来愈受到学校的关注与重视。了解胜任型教师的内涵及其阶段特征,有助于学校更好地制订相应对策,助推胜任型教师更快地实现专业成长,从知识的传授者转变为知识体系的建构者,从课程内容的实施者转变为课程内容的开发者和研究者。

一、胜任型教师的内涵

(一)"胜任"定义

那么,什么是胜任型教师呢? 我们在这里所讨论的胜任型教师是指在教学一线连续从事某一学科的教学达到五年以上,度过了新手型教师时期的迷茫;对自己的教师身份有了一定的认同;对学校的教育环境和教学生态有了一定的了解;对学科教学内容和教学规范也已经熟悉了;在课堂教学管理上相对上手;

---

① 朱国河.从胜任型教师到骨干型教师的培养路径[J].中华民族教育,2020(06):57.

对学生有了一定的认识,在教育、管理学生方面不再生疏;与家长、同事的交流相对自如;能胜任常规教育教学工作。胜任型教师就是"基本站稳了讲台"。

（二）表现特征

在胜任型教师中,只有一部分教师能向更高层次发展成熟练型教师,少部分教师经过奋斗会成长为研究型教师,但大部分教师会长时间停留在胜任期,没有明显发展。因此,概括胜任型教师群体的共同表现特征,对胜任型教师的专业成长提供理论支持,为他们的发展提供切实帮助,显得尤为重要。

1. 职业认知更加深化

经过五六年甚至更长时间的教育教学实践,教师不仅对学校的教育环境、教学生态及管理模式等宏观方面有了更深入的了解,对微观层面的学科教学也有了一定的认知,对教师职业有了更切身的体会与感受。

首先,这种认知体现在对职业道德规范的领悟与践行上。经过 5 年多的磨练和亲身体验,随着教育教学实践的深入,胜任型教师对教书育人有了基本理解与认识,认识到教书是手段、是方式,最终目的是育人,进而在实践过程中去思考要育什么样的人,怎样育人,自己今天的教育教学行为对育人会产生怎样的影响……同时,身边同事的行为也会对自身产生一定的影响,什么样的行为、品质能获得学生的认可、同事的赞赏。好教师对待教育教学认真、严谨、科学的态度会影响学生价值观念的形成与发展,他们用耐心、细心和热心奉献赢得学生的尊敬和喜爱、同事的尊重与赞赏。

其次,这种认知还表现在对学情的了解与把握上。了解学生,把握学生的知识经验、认知特点、思维水平等影响学习效果的因素,有助于教师精选适切的教学资源、组织合理的教学活动、及时调整教学策略,以达成教学效果的优化,提升教学成效。这种对学情的了解与把握是对一个教师的基本要求,胜任型教师经过从高一到高三的多轮循环教学,对不同阶段学生的学情有了更清晰的认知。他们不仅会关注同一阶段学生相同的身心特征、思维特质、知识水平,还会立足于学生的个体差异性,关注每个学生不同的个性特征、兴趣爱好、思维偏好,进而在教学上采取灵活、多样的手段和策略,帮助班级中每一个学生通过教师的引导、课堂教学活动的开展获得进步与成长。

最终,这种认知体现在教师对学科教学深入的理解上。长期的教学实践使胜任型教师对学科教学的基本环节和相关要求都已熟悉。对教材内容也了然于胸,能根据学生情况和高考相关要求确定教学的重难点,并能根据学科内容的内在逻辑性与科学性对教学内容进行一定的重构与整合,从"教教材"探索走向"用教材教",从开始的"模仿化"倾向走向"个性化"。

2. 教学实践经验相对丰富

经过 5 年以上教育教学工作的磨练,胜任型教师已经熟练掌握常规教育教学的基本程序,具备了相当的教学经验,有了一定的教育教学专业素养,对学科教学内容也已相对熟悉,积累了一定的教学实践经验。

一方面,这种经验体现在教学策略上,胜任型教师能熟练运用各种教学技巧与教学方法来提高课堂教学中学生的参与度与专注度,并能根据学生的反应对自己的教学设计和教学行为进行调整,在教学技巧上表现出一定的自主性,在教学策略上具备一定的灵活性,使课堂教学显得更加流畅、自然、有效。另一方面,丰富的教学实践经验还体现在教育教学中能根据学生的实际情况选择更合适的教学方式,更加关心学生的感受与获得感。例如,根据高三艺考班学生学习主动性不强、自制力差,但踊跃表达的特点,教师不断进行摸索探究,总结出一套行之有效的教学路径:舍得放手。教师对课堂讲解内容进行大胆取舍,"舍弃"错误率低的题目以及词义辨析等零碎知识点,在课堂上少讲,留出一定的时间供学生自行思考消化;学会选择,从基础题入手,逐步树立艺考生的学习信心;课堂上分组合作,以少带多,通过"小老师"作用的发挥与同伴的互教互助实现知识的内化。

3. 教学管理上有一定的自主性

相对于新手型教师,胜任型教师的另一个特点是在教学管理上表现出一定的自主性。

首先,胜任型教师在教学管理上的自主性体现在能较好地处理教学预设与生成的关系。缘于课堂教学的目的性与针对性,他们在上课前一般对自己的课堂教学有充分的准备与教学预设,但教学活动中面对的是有着鲜明个性的学生,伴随教学活动的开展,势必会出现与教师预设不一样的情况,胜任型教师往往会利用自己积累的丰富的实践性知识及教学机智,对这种情况进行及时处理,帮助学生解决疑惑,使教学能正常进行,取得预设之外的效果。

其次,胜任型教师在教学管理方面的自主性还体现在对学生出现的认知障碍与问题迅速做出判断与抉择,及时进行帮助与指导。他们不仅关注自己的教学进程和教学内容,还关注学生在课堂上的学习状态和反应,并能根据学生的反应及时做出相应的角色转换,时而化身为学生学习的辅导者,时而化身为学生学习的促进者,关注教学过程的有效性和课堂教学的效率。

二、胜任型教师面临的问题

胜任型教师虽具有丰富的教学实践经验,但是在基本胜任日常的教育教学常规工作后,有很大一部分教师长久地停留在这个胜任探索阶段,未能进一步提高。他们存在的问题,主要表现在以下几个方面。

(一) 专业理想的迷惘

进入胜任探索期后,很多教师出现了专业理想的迷惘。一方面他们已成为教育教学中的胜任者,不再是学校重点关注的对象,缺乏针对性强的专业提升平台。另一方面很多胜任型教师要实现进一步提升也面临诸多困难:教师不仅要应付学校繁琐的日常教育教学工作,还要被家庭琐事所牵绊。这使得胜任型教师在谋求个人专业发展上总感觉"心有余而力不足",缺乏推动自我发展与提升的原发性动力,在专业提升上出现迷惘徘徊。

另外,重复的教育教学工作也在消磨着教师的激情,在职业发展与提升上没有太大动力,开始出现职业倦怠倾向。

(二) 满足于现有的知识储备

满足于现有的知识储备也是很多胜任型教师难以进一步提升的制约因素。胜任型教师有较扎实的教学基本功,相对完备的学科知识,丰富的教学经验,多样化的教学策略与手段,对学生也相当熟悉,但正是这种游刃有余反而可能制约了胜任型教师的进一步发展。随着新课改的逐步推进,教育教学理论有了日新月异的发展,特别是近些年来,关于新课标、新教材的研究日渐深入,有关核心素养与课堂转型的研究也在深入。如果教师在教学过程中不关注这些研究,只是依照以往的教学经验进行实践操作,就会陷入技能依赖的窠臼,不利于学生的生命成长和"立德树人"目标的实现。

胜任型教师长久停留在胜任探索期的很大一部分原因是很多教师在现实

压力下,缺乏自主学习的意识和能力,局限于原有的实践经验,缺乏足够的勇气和能力走出原有知识经验的"舒适区",以一种积极、开放的心态去学习新知识、新理论、新方法,以此来应对教育教学工作和生活中的各种挑战与困难。

（三）教学风格有待凝练

经过多年的教育教学实践,很多胜任型教师在教育教学上逐渐形成了能展现自己独特个性的教学状态。但他们的经验与行为还不足以形成明显的教学风格,更多地只是停留在教学技术及教学策略上,远没有上升到教学艺术的境界。这恰恰就是胜任型教师未能成功进阶成熟练型教师或研究型教师的一个重要因素。

在长久的教学实践过程中,许多教师逐渐将自己的个性特征、思维方式等带入课堂教学,使课堂教学具有教师本人鲜明的个性特征,但这种"带入"仍具有相当大的自发性,是教师无意识的教育教学习惯,还没有对自己的教学思路、教学方式进行深入反思,没有进行理论提升,从中提炼出相对稳定的教学特征,赋予教育教学活动以更深刻的意义与价值,最终形成与众不同的、能在教学实践中表现出来的稳定的教学式样与教学格调。

（四）教育教学研究的缺失

制约胜任型教师专业发展与成长的最大约束还在于缺乏相应的教育教学研究。俗话说"教而不研则浅,研而不教则空",教与研是教师专业成长的必由之路。要以教带研,以研促教,推动胜任型教师站在科研的角度去审视自己的教育教学过程,从中发现问题、分析问题并思考解决问题的策略、方式,在教育教学实践中进行验证及完善,一方面推动自己的教育教学逐渐走向优化,另一方面推动教师的教学素养得到提升,在专业发展上不再迷惘。但是,目前很多教师在进入胜任期后,没有将教育科研视为教育教学工作的重要组成部分,不再关注实践中不断出现的鲜活的新现象、新问题。久而久之,就会对日复一日的常规教育教学工作感到疲惫,进而产生职业倦怠,削弱教师的职业幸福感和成就感。

三、在课堂转型中助推胜任型教师成长的策略

为了切实提高学校教育质量,打造符合新时代要求与目标的优质学校,学

校越来越关注胜任型教师的专业成长与发展。为此,学校创新了多种形式的校本研修模式,助推胜任型教师尽快走出职业发展的"舒适区"和"倦怠期",通过丰富多样的研修实现自我教学素养的提升,尽快成长为熟练型教师乃至研究型教师。

（一）引领:助力胜任型教师突破课堂教学的迷惘

俗话说:一个人可以走得很快,一群人才能走得更远。教师的专业成长也是一样,在这条充满困难与挑战的道路上需要一群志同道合的人相互鼓励、相互扶持、相互帮助,而由于教育教学工作的特殊性与情境性,这群人的前进与发展需要学校创设相应的平台,引领他们在这个平台上充分施展自己的才能,获得专业素养提升的机会,进而实现专业发展的进阶。

基于以上思考,学校以备课组为单位,组成了各年级、各学科相应的备课组,由教学业绩较为突出、对教学有一定研究且取得一定教学骨干称号的熟练型教师或研究型教师担任备课组长,固定时间地点,组织备课组教师对教育教学过程中发现的问题与困惑进行有计划、有主题、有思考、有深度的教学研讨,利用备课组的同伴互助引领、助推胜任型教师对自己的教育教学工作进行深入的反思与总结,通过平等、民主、自由的探究方式激发胜任型教师对工作的热情与激情,助力他们突破教育教学工作中的瓶颈期,重新确立起自己的专业发展理想与成长目标,实现自己的专业提升,完成胜任型教师的专业转型。譬如,地理组在近十年的时间内,涌现出了一位苏州市学科带头人（钱明霞）,六位吴江区学科带头人（王文亮、陆勇、吴静、张雪冬、朱广春、陈勇）,其中王文亮、陆勇两位老师同时还是吴江区学术带头人。这样突出的团队成长成绩不仅为地理组其他教师的专业发展提供了借鉴和模板,也对全校教师起到了激励和推动作用。

胜任型教师的专业成长固然离不开教师自身的努力与同伴的互助,但更需要专家的引领。通过专家引领,教师可以接触到更先进的教育思想、教育理念、教育教学见解,打开自己的视野,获得教育启示,甚至可以使教师对教育问题的深入思考,重新激发起教师对教育教学问题的探究热情,改善自己的教育教学状态,在推进教育教学转变的过程中实现自我专业素养的再升级。对此,学校坚持"走出去"与"引进来"相结合的教师发展策略,鼓励、支持教师积极参与各级各类名师工作室,在名师的引领下找准自己的专业发展方向,并持续为此付出努力,走出专业发展的胜任探索期。

（二）充电:帮助胜任型教师充实课堂教学的知识

胜任型教师拥有丰富的教学实践知识,也能发现教育教学实践中出现的问题,但对这些问题的反思和解决总是停留在表层、零散的思考层面,缺乏深层次的挖掘与系统化的总结,这就制约了胜任型教师的发展。要解决这些困境与发展瓶颈,就得推动胜任型教师走出教学熟练的"舒适区",不断在学习中更新自己的教学观念,丰厚自己的学识,开阔视野,提高认知水平。

为此,学校积极组织教师参与各级各类教育教学培训,通过线上线下有针对性的培训与继续教育推动胜任型教师加强自身的学习,在不断学习中接触前沿的教育教学理念,开阔自己的眼界,进一步学习教育教学研究的方法与技能,进而反思自己的教育教学实践,对其中的问题与困惑进行相应理论指导下的系统研究,在研究中突破发展的桎梏,实现自己的专业发展与成长。

要真正推动胜任型教师的成功转型,就要加强教学反思的深度与广度,推动胜任型教师加强阅读。阅读是教师终身学习的主要保障和根本任务之一,通过阅读,教师可了解最新的教研成果和热点,加深对学科知识的理解与建构,加强对教育规律、教育理念及本质的把握与思考,这些理论性知识的丰厚势必会影响到教师的教育教学实践,推动教育教学实践朝向更科学、更理性、更人性的方向发展。学校每年会给40周岁以下的教师发几本教育教学理论的书,并要求教师制订相应的读书计划,定时开展阅读沙龙,推动教师在阅读中不断反思、提升自己。例如,孟俊老师经过长时间的积累,对高中数学教学过程进行了进一步的审视与反思,发现了高中数学教师教学行为存在的偏差:不重视培养学生的创新思维;不注重培养学生学习的积极性;忽视了学生遇到的数学问题。经过孟老师的实践探索与总结,归纳出"适合的教育"视域下高中数学教师教学行为改进的有效策略:(1)将课堂还给学生。在数学教学课堂上,教师需要活跃气氛,把课堂最大限度地还给学生,给学生适时的引导,让学生自己动脑思考和探究数学问题。(2)改变课堂教学方式。教师需要改变教学方法,在课堂上给学生提供更多的时间和空间思考,养成独立思考的习惯。(3)重视学生暴露出来的问题,及时指导。教师从学生的角度出发,根据学生的实际情况加强练习强度。重视学生在学习过程中暴露出来的问题,并及时给予指导,有效地保证教学顺利开展。这样的反思与探索既是孟老师不断积累和更新自己的教育教学知识的表现,也推动着孟老师继续学习,不断丰厚自己的学识,对教育教学中的问题给予持续关注与研究,推动自我的专业成长与提升。

(三)提升:带动胜任型教师提炼课堂教学的风格

教学风格的提炼过程就是推动教师不断学习与批判的过程,通过对相关教育教学理念及观念的学习,推动教师对自己的教育教学实践进行审视与反思,并站在一定的理论高度对教育教学实践活动进行解构分析,从中提炼出能反映教师个性特征的教学风貌和特征。这种特征和风貌能相对稳定地出现在教师的课堂教学中,并用于指导教师的教学实践,在一定程度上映射出教师的教育观、学生观等教育思想和教学见解。提炼过程本身就是推动教师专业成长的重要环节,对胜任型教师来说,学会提炼自己的教学主张是自我发展的一个有效方法。提炼教学主张的过程是教育教学艺术及生命品质不断提升的过程,提炼教学主张就是提振教师的思想,提挈教师的整体教育人生,是教师专业成长的深层次的蜕变与升华中至关重要的"阶梯"。[①]

作为学校,应该创设平台和条件,带动胜任型教师突破原有局限,深层次地思考教育教学的核心问题,提炼自己的教学风格。学校采用专家引领、同伴互助与自主发展相结合的研修方式,关注胜任型教师的工作现状,积极帮助教师提炼和展现有个性特征的教学风格。例如,由凤丹老师依托学校提供的学习平台,借助参加唐秦历史名师工作室、苏州市历史名师工作室、上海博雅骨干教师培训的机会,在唐琴等教育名家的引领下,凭借认真、严谨的治学态度,勤恳、坚持不懈的精神从事教学工作,积极致力于教学的改革实践,努力追求教学的有效性,积极探索学术型课堂教学的新路径,在帮助学生掌握基础知识的同时,也力求通过课堂教学及课后的潜移默化帮助学生塑造崇高的人格,帮助学生实现生命成长和个性发展。在十多年的努力探索与实践下,由老师已经形成了自己独特的"问题—协作—探究—建构"教学风格和课堂教学特色。

(四)研究:推动胜任型教师提升课堂教学的效益

教师在教学过程中面对的是有着自己独特个性和思想的生命个体,这就决

---

① 余文森.教学主张:打开专业成长的"天眼"(节选)[J].基础教育论坛.2015(32):21.

定了教育教学活动的动态生成性,在这个动态的发展过程中,并没有固定解法来帮助我们一劳永逸地解决教学中所出现的问题。这就需要我们对教学的各要素进行研究,研究教材、研究学生、研究课堂、研究教学甚至研究教师,通过持续的、系统的研究即课题研究找到其中的规律,指导并引领教师的课堂教学。

借助课题研究的方式能帮助教师发现教学中的新问题,深入提炼有价值的问题。课题研究的过程就是学习,教师在研究过程中运用教育科研方法有利于增强分析问题、解决问题的能力。通过课题研究还能提高教师的洞察能力、评判能力、创新能力,切实提升教师的专业素质,推动教师角色由教育者向反思者、研究者、成功者提升,最终推动课堂教学的转型升级,切实提高课堂教学的效益。

胜任型教师要想实现自我的专业成长与发展,离不开有效的、持续的、深入的课题研究。学校历来重视教师的课题研究,尤其是行之有效、便于操作的行动研究,包括案例研究、叙事研究等,积极引领、帮助胜任型教师参与各级各类课题研究,并努力搭建平台,助推教师的教育科研与课题研究。在研究中,不少胜任型教师,不仅取得了丰硕成果,而且爱上了研究、学会了研究。

第三节　熟练型教师的突破

熟练型教师具有稳重的个性:能全方位把握教材与课程标准,形成自己的教育教学特色,善于理智处理教育教学问题。其价值观念最明显的特征便是将教学本身作为问题思考与处理的出发点,以提高自身专业素养和教学能力为追求。

一、熟练型教师的总体特征

对于熟练型教师来说,教师是自己的职业,提高自身专业素养和教学能力是职业发展的重要途径。熟练型教师以提升课堂教学实效、实现学生学业进步作为实施教育教学行为的目标。拥有扎实的专业知识、具有发展的个体追求和显著的教育教学实绩是熟练型教师的共性表现。

（一）具有扎实的专业知识

熟练型教师通常已经有十年以上的教学经历，能熟练地应对各种常规教育教学工作，对课堂教学驾轻就熟、游刃有余。通过几轮教学，他们积累了丰厚的学科知识基础，教学基本功扎实，专业能力突出，在教学中有着充分的自信，在学生中有着较高的威信。

（二）自我发展走向成熟

熟练型教师通常具有较强的自我发展追求，能迅速实现成长，走向成熟，成为学校的骨干教师。纵观其成长历程，努力实践、刻苦钻研贯穿始终。对自己的教育教学工作，他们有着自己的追求，对未来的职业发展有着较高的期许，并将其转化为动力，鞭策自己，在教学中占据主导，为学生的学业进步提供助力。

（三）教学取得丰厚经验

熟练型教师的教学经验使其教学实绩在全校，甚至全区的同学科教师中处于前列。他们通常会被学校作为教学骨干委以重任，担任毕业班的教学工作，被聘为备课组长、教研组长，在各级各类教学展示活动和业务能力竞赛中往往表现优异，是同学科教师的标杆，也是新手型教师和胜任型教师学习的榜样。

二、熟练型教师容易出现的问题

经历新手型教师的进步和胜任型教师的成长，熟练型教师的专业发展取得了明显进展，但由于对未来专业提升尚未清晰明朗，有的熟练型教师对自己的专业发展之路会产生迷惘，职业倦怠和专业瓶颈期成为他们突破的最大障碍，教师专业发展出现停滞或倒退的不确定性，严重阻碍了他们在职业生涯上的进一步提升。

（一）出现职业倦怠情绪

职业倦怠是教师专业发展过程中的致命障碍。[①] 随着经验的积累与成绩的不断取得，一些熟练型教师在工作中可能会出现满足松懈的倾向，究其原因，一

---

① 苏智先，魏成富.立特色兴校之本　探创新发展之路[M].成都:电子科技大学出版社,2011:149.

是失去了继续发展的目标与动力;二是自我效能度不高,对自己继续发展缺乏自信;三是受客观条件的制约,认为在学校中提升的空间不大。

以上情况容易出现在熟练型教师的身上,能否于稳定中察觉危机,于危机中探寻出路,实现自我突破,是熟练型教师克服职业倦怠、迈向研究型教师行列的关键。

(二)进入专业瓶颈阶段

拥有多年教学经验的熟练型教师可能会面对瓶颈阶段,感到教学很难再深入,在操作中感到力不从心。之所以会进入瓶颈阶段,一是看不到问题,没有问题意识也就不会有进取的欲望;二是面对出现的教学新问题缺乏攻坚克难精神;三是在课堂转型中的创新智慧不足,特别是对学科教学的本质缺乏深层次的理解,不能有效地利用教育理论指导教学实践。

教育教学过程中往往会出现很多预设以外的问题,仅凭经验无法及时预判和应对,这就需要教师突破既有经验带来的思维定式,敢于尝试新的教学方法,改变教学方式。例如,数学组面对专业发展的瓶颈现象,在研究型教师孙四周老师的领衔下,认真分析教学中的问题,以现象教学理论指导课堂教学实践,在教学结构的建构、教学情境的创设、教学方法的运用、课堂练习的设计等方面,取得了一定突破。在实践中数学组教师体会到,熟练型教师也要积极参与研修,不断提高自己的理论素养,为形成研究型教师所具有的对未知问题的洞察力和对课堂教学的创造力而努力前行。

三、在课堂转型中促进熟练型教师突破的策略

熟练型教师是学校教育教学的中坚力量,是学校提升办学质量的有力骨干。帮助熟练型教师实现专业突破,不仅是教师职业提升的诉求,也是学校内涵发展的要求。成为个性鲜明的研究型教师,是熟练型教师的发展方向,在其发展过程中,需要外驱力与内驱力的共同作用。学校应帮助教师制订发展规划,开展基于实际问题的教学研究;教师个人也要通过研讨、实践形成教学特色、凝练教学主张、构建教学模式等。近年来,学校教师坚持以科研为导,聚焦专业发展进行了尝试,在课堂转型过程中引导熟练型教师从以下几个方面取得自身突破。

（一）弘扬以学科核心素养为导向的课堂文化

核心素养以培养"全面发展的人"[①]为核心,从文化基础、自主发展、社会参与三个方面,凝练出人文底蕴、科学精神、学会学习、健康生活、责任担当、实践创新六大素养。核心素养是学生"应具备的适应终身发展和社会发展需要的必备品格和关键能力"。[②] 熟练型教师在教学上的质量追求,不应只局限于分数的提高,而应凸显指向学生发展的学科核心素养培育,这是课堂文化的根本所在。

"Love me, love my English!"是学校英语组冯新峰老师一直恪守的教育信条。教育是一种陪伴、一种激励、一种润养、一种等待,教育更是一种成全。English teaching is more than teaching English! 冯老师努力用英语为学生打开另一扇认知世界、了解社会、感悟生活的窗,引领学生从哲学的高度和历史的阔度去看不同的世界。

例如,数学组封其磊老师,从教 13 年,担任了 13 年班主任,任教 7 年毕业班。用心教书,用情育人。封老师坚持"以生为本,因材施教,让每一位学生获得成功"的原则,潜心教学研究,将数学素养的培养巧妙渗透到每节课中,培养学生用数学的眼光观察问题,引导学生用数学的思维思考问题,鼓励学生用数学的语言表达问题,做学生数学思维的引路人。封老师先后获得吴江教育特聘人才、苏州市数学学科带头人等荣誉称号。

（二）凝练具有个性的课堂教学主张

教学主张是教师在个人的实践基础上产生的,它蕴含教师的理想、信念、情感、意志,是教师对什么是教学的目的以及如何开展教学等方面的见解和认识,是教师个人对教学实践经验的理性升华和概括化的认识。[③] 也可以说,教学主张是教师从教学经验中提炼出的独特的、个性化的教学见解和教学思想。教学主张有利于教师在专业发展过程中形成自己的教学风格,将教学理念转化为丰富多彩的教学实践,弥合教学理想与现实之间的落差。学校重视创设自由、民主的教学讨论氛围,让教师提出个性化的课堂教学主张,为教师的成长打开"天

① 钱伟长.钱伟长论教育[M].上海:上海大学出版社,2018:362.
② 丁丽辉.我的特殊教育治学概略[M].哈尔滨:哈尔滨出版社,2020:147.
③ 黄滨.语文在活动中生长[M].广州:中山大学出版社,2019:56.

眼",有利于引领教师从胜任型教师向熟练型教师突破,继续走向研究型教师。

例如,语文组彭欣欣老师努力开拓进取,初步形成自己的语文教学理念、教学特色和教学主张。彭欣欣老师从分析语文学科的特质出发,阐述了促进学生成绩与成人结合的教学思路,读、写、悟三者融合的学科主张,以本真濡染、对话开放、积累简约为特征的"生长语文"的教学主张。"生长语文"指语文教学要遵循自然规律,即要遵循教育规律、学生自身成长的规律以及语文学习的规律,强调语文教育必须顺应学生天性发展的自然历程。语文教育就是要追求语文课堂的生长力量,促进学生的生命成长、智慧增长、才干助长,这应成为语文教学的终极目标。正是在教学主张的支撑下,彭欣欣老师发展目标明确,课堂探索的步伐坚定不移,先后获评苏州市优秀教育工作者、苏州市学科带头人等称号,多次获得高考优良证书和嘉奖,记三等功一次。

英语组冯新峰教师在教学中,提出了"走向世界、拥抱未来"的英语教学主张,彰显其开阔的视野与崇高的情怀。冯新峰老师按照自己的教学主张,在课堂中不断实践,先后获得吴江区优秀教育工作者、吴江区优秀德育工作者、苏州市学科带头人等称号。

(三) 构建富有特色的课堂教学范式

课堂教学范式是指教师在课堂上针对学生学习而使用的科学的教学方式。它应符合因材施教原则,在不同课堂和面对不同学生时要采取不同的课堂教学方式,并在实践中证明是可行可信、可起到示范推广作用的。鼓励熟练型教师总结与创造具有个人特色的课堂教学范式,是学校一项行之有效的举措。

例如,"生长语文"不仅是彭欣欣老师的教学主张,而且发展成为独具特色的课堂教学范式。这一范式主要分为"入境—入文—入神—入心"四个方面。

入境:关注激发学习兴趣方式。根据语文教学的特点,采用有效的方法,调动学生的学习积极性,使学生迅速进入学习情境,激发学生的学习热情。彭欣欣老师在讲授《最后的常春藤叶》一文时,首先引用莎士比亚名言"There are a thousand Hamlets in a thousand people's eyes.",让学生朗读、翻译、解释内涵,说明"阅读的神奇和阅读结果的多元化",既激发了学生的阅读兴趣,又为文本分析张本。

入文:关注教学文本具体内容。彭欣欣老师在引导学生进入学习情境的基础上,组织学生进入文本阅读,熟悉文本内容,语文教学不能脱离文本,彭老师认为这是促进学生生长的基础。彭老师讲授《我与地坛》自然景物描写:"十五年中,这古园的形体被不能理解它的人肆意雕琢,幸好有些东西的任谁也不能改变它的。譬如祭坛石门中的落日,寂静的光辉平铺的一刻,地上的每一个坎坷都被映照得灿烂……譬如秋风忽至,再有一场早霜,落叶或飘摇歌舞或坦然安卧,满园中播散着熨帖而微苦的味道。"并进行了精读分析,很多教师在教学过程中都是一笔带过这段内容。但是,彭老师引导学生在课堂中细品文字,读出文本具体内涵,六个"譬如"蕴含六种生存态度,具体说来就是生命中即便遭受挫折也要乐观面对、要拼搏生存、要充满好奇心、要镇静坚持、要愉悦坦然、要有生命气息。作者借古园改变的是形体,不变的是精神,启示学生进一步理解作者残废的是双腿,坚强的是意志。细细读来,真为作者的细节描写叫好。

入神:关注把握文本深层内涵。教学中通过引导学生逐步设疑,逐步解疑,进而把握作者真正的情感,深入文章的神韵,彰显自己独到的理解。彭老师在讲授《最后一片常春藤叶》一文中,大部分人将文章主旨理解为信念与精神的重要性或是赞美自我牺牲的精神与人性的光辉,但通过深入研读分析文本,可以发现真正拯救琼珊的是艺术,最后一片未落的叶子救赎了琼珊对艺术生命的信念,文本重点突显艺术的价值与意义,"艺术可以使人获得真正意义上的救赎"才是本文真正的主题。能把在"艺术的价值与意义"的层面上理解主题,语文的深刻之美立刻凸显出来。

入心:关注文本主旨对学生心灵成长的积极意义。将文本学习与学生生活相联系,引导学生反思自己的生活,将知识化为促使自己心灵成长的精神动力。彭老师在讲授《渔父》一文时,一反常态,大胆地将"渔父"作为教学的主要对象,而边缘化了"屈原"形象。通过分析,可以让学生感悟,屈原与渔父的对话是一场关于乱世安身立命之道的思想交锋,屈原明知不可为而为之,毅然赴死,以死明志,是一位理想主义者,代表了儒家积极入世的人生态度;渔父引导屈原悟道是对心灵的关怀,与世推移,超然而活,以隐守志,是一位睿智的现实主义者,代表了道家出世思想,屈原与渔父之间其实是屈原精神和庄子哲学的碰撞。

又如,物理组陈栋梁老师在多年实践研究及反复研讨的基础上,结合概念图的四个结构特征,提出了利用概念图促进思维"深刻性"品质提升的教学范式:结构导入—思考辨析—概念生成—图式构建。

结构导入:利用书本中学习素材,在原有概念图中,发现生长点,形成新知识的直观感知,调动求知欲望。

思考辨析:利用概念图创设问题情景,引发学生的质疑猜想和探究的欲望。概念图逐步展示整个探究的思路和探究过程,引导学生的思维,为学生的自主探究把正方向。

概念生成:新授课、复习课的主要目标是使学生零散的、无序的知识得到有效的整合,构建完善的知识体系。学生通过概念图不断地进行合作交流、思考辨析、规范表达,逐步使知识结构化、系统化,从而逐步生成正确的物理概念、物理规律。

图式构建:将学生交流、探究、思辨生成的概念放入原有概念图中,建构更加完整的概念图式结构,使知识进一步结构化、系统化。利用生成的概念图,进行生生评价和师生评价,然后再次进入思考辨析、概念生成和图示建构,不断循环,完善知识结构体系。同时,利用概念图评价学生的学习情况,有利于教师了解学生掌握知识的深入程度、学习进展和内心思维活动的情况,以便及时诊断,改进教学。

陈栋梁老师努力研究自己的教学范式,课堂效果明显提高,先后获得江苏省教育系统先进个人(优秀教师)、江苏省教育科研先进个人、江苏省优秀辅导员、苏州市教育科研先进个人、吴江区青年拔尖人才等荣誉。

(四)打造以教育科研为支撑点的教师成长平台

教育科研着力提升教师专业素养,成为打造教师成长的支撑点。教师若能在课堂教学中创设课题,将课堂教学中的"疑"生"问",再将课题回归课堂教学中,由"研"生"问",教师的教育科研能力就会得到有效提升。这一点,对熟练型教师的专业发展尤为重要,熟练型教师应积极参与教育科研,学会研究,成为教育科研的行家,对他们走向研究型教师至关重要,同时对学校内涵发展具有举足轻重的作用和意义。

例如,彭欣欣老师在教学实践的同时,还积极投身于教育教学科研中,参与和主持的科研课题有 8 项,其中国家级课题 2 项,省级课题 2 项。通过课题研究,彭老师有意识地去分析解决教学中的各种问题,将教学经验加以总结,将具体的教学行为上升到理论研究。彭老师撰写的教育教学论文多次在全国省市级论文比赛中获奖,多篇论文分别在《文学教育》《中学语文》《生活教育》《阅读与写作》《江苏教育研究》等杂志上发表。彭老师还将自己的教育教学随笔和论文,汇编成册,书名为《行者的脚步》,并公开出版。

又如,刘杨老师是依托教育科研使自己从熟练型向研究型发展的一个典型。刘老师对教育科研有着独特认识,她将教育科研与教师内涵、学生教育联系起来,赋予教育科研与教育独特的关系。在谈及教育科研与教育关系时,刘老师做了这样的比喻:"一朵玫瑰是不需要布道的,它只是散发着它的芬芳,芳香就是它的布道。"她认为,阅读与写作是语文课程的两大核心内容,一个自己不读书而号召学生去读书、一个自己不写作而指挥学生写作的老师,在技术上是乏力的,在道德上是不高尚的。刘老师先后被评为吴江区优秀教育工作者、吴江区学术带头人,多次在江苏省教科院、省教研室组织的论文大赛中获特等奖、一等奖。

第四节 研究型教师的超越

研究型教师是指具有较强的研究意识和研究能力,并在某个领域中做出突出贡献的教师。研究型教师的典型特征是具有很强的超越精神与创新能力,对某一事物或某种想法会持续地探究下去,会为了真理而不懈奋斗,也会为了达到某种境界而不懈努力。研究型教师大致有两类:一类是立足学科的钻研提升,实现由学科教学向学科育人的跨越;另一类是立足学生的教育管理,实现由行为规范向素养培育的跨越。

一、研究型教师内涵解读

研究型教师在教育、教学和教育科研某一领域中已取得丰厚的研究成果,且在该领域中已有一定的知名度和得到同行的认同。吴江盛泽中学孙四周与吴春良就是研究型教师中的杰出代表。

孙四周,正高级教师,江苏省数学特级教师,苏州市教育紧缺人才,吴江区高中数学"孙四周名师工作室"领衔人。近五年来,孙四周在《数学通报》《数学教育学报》等发表教育教学论文百余篇;获国家专利一项;把多个著名数学定理向前推广;公开发表的定理被权威工具书《几何瑰宝》收录13个(全书共收录古今几何定理1000个);建立了宇宙学的数学公理化体系,对宇宙中的诸多现象进行解析,并给出一些预测;实现了"现象教学进课堂",是教学实践上的一个突破;提出了潜教育的概念并进行了初步探讨,对全面教育理论的研究有奠基意义。主要著作有《空间相对论——膨胀宇宙的数学原理》《思维的起源》《现象教学》。

吴春良,高级教师,苏州市物理学科带头人、苏州市名教师、苏州市师德标兵、姑苏教育青年拔尖人才。他以人才的内涵丰厚自己,先后参加省市合作的后备特级教师培训和省高中物理骨干教师培训。他以建构主义为理论基础,围绕核心素养的教育思想,以课堂教学改革为突破,积极开展以教学四步法为特色的课堂行动研究,使"教育科研成为第一教学力"。近年来他有二十多篇论文发表于《物理教师》《中学物理》《物理教学探讨》等省级以上刊物,多篇文章被中国人民大学书报资料中心全文转载。他获得江苏省评优课在内的各级奖项十多个,被聘为吴江市中小学课堂教学改革学术专家委员会成员。

研究型教师的内涵,概括起来主要有以下几个方面。

(一) 先进的教育观念

教育是一门科学,而且是最复杂的科学之一,需要先进的理论指导。一个教师凭干劲与经验可能在教学上获得一定成绩,在专业上取得一时进步,但不学习教育理论,没有先进的教育观念作指导,一定不会有更大的作为。

1. 教师观:不辱崇高职业与神圣使命

研究型教师对党的教育方针领会透彻,对教育工作的伟大意义与教师肩负的神圣使命理解深刻。他们通过研读皮亚杰、布鲁纳、奥苏伯尔的建构主义,能区分建构与生成的概念,并能践行杜威的实用主义理论和陶行知的生活教育理论。他们认为,教师的崇高不在于职业本身,而取决于你做了什么和没做什么。教师要有更高尚的人格与更丰厚的知识,才能更好地进行教育教学工作。教师的个人发展、教师社会声誉的提升必须是以专业化和技术化为基础,教师的人文和情感关怀超越其他行业。

研究型教师以热爱诠释对教育的理解，以坚守诠释为人师者的信念和职责。他们崇尚以和为贵，以融为境，以细求质，极其看重教育教学工作中的细节，将细节升华为教育的资源。作为学科骨干，他们携手同伴，无怨无悔地深扎课堂，把教学作成事业，把教育当作历练，辛勤地行走在教育的"田埂"间，执着地践行着教育的理想，享受着讲台前的那份激越与挥洒。

2. 学生观：坚持"学生为主体"的教学

研究型教师始终把学生发展作为教育的最终目的。他们认为"把学生培养成有独立人格、积极向上、身体健康的人"才是学校存在的价值，少年强则国家强，少年独立则国家独立。他们一贯鼓励学生积极思考，让学生充分地展示自己，在互动过程中促进学生的自我成长。

他们在教学中强调学生为主体，重视启发和体验在教育教学中对学生的意义，"体验世界比知道世界更重要，加入世界比听讲世界更重要。"要做到启发学生去体验知识，对教师而言既是挑战，更是要求。他们会迎着挑战而上，向着困难而进，努力形成自身的教学风格，让学生真正站在课堂教学的中央。

他们专注于对学生学习品质的研究，在他们看来，学习品质直接体现在人的思想和行为方式上，是在长期的学习习惯下形成的相对稳定的品质特征，师生的课堂中的教与学活动可以体现这种品质特征，反过来也能通过持久稳定效应造就它们。

3. 课程观：进行跨学科融合的探索

研究型教师是新课程理念的践行者，他们主张将课程进行融合，主张跨学科的教与学，不应将学生局限在某一门学科中。他们在跨学科的教学中十分重视学生的问题生成，将解决问题的思维方法运用与良好思维品质的培养结合起来，坚持从学生已有认知出发，让学生融合各科知识，充分对未知事物进行探究、分析、归纳、论证，从中发展自己的认知与元认知。

（二）很强的教育能力

学科教学的核心任务是学科育人。作为研究型教师必须具有很强的教育能力。

1. 课堂把控力：教师坚持正确引导

目前，教师普遍认识到教育教学的主体是学生，提倡"以学生为主体"的课堂教学,然而这并不意味着教学可以放任自流。"教与学是辩证的统一""教师的教为学服务""教师要以学习者为中心",这些观点告诉我们,虽然教师不能注重灌输,不能包办代替,但他们在引导学生学习方面仍要保持警觉心与责任感。教师的作用不仅是提供知识和观点,还要提供学生解决问题的情境与促进学生认知发展的机会。只有教师积极主动组织课堂教学,循循善诱,启发点拨,规范学生的认知程序,学生才会主动学习并让学习真正发生。

2. 教学探究力:促进学生能动学习

在教学中要尊重学生,引导学生主动参与,让学生学会学习与合作,以教师的教学探究力,推动学生的能动学习。能动学习是学生最佳学习状态,它是一种源于学生内驱力并且凸显自身潜能的认知过程。而这种状态与过程的产生,主要取决于学习是否有探究性。一般来说,教师设计一项具有探究性的学习命题,往往会引起学生的兴趣与好奇心。这样的每一次能动学习都可能带来一次创造,都可能促进知识的习得、能力的提升和情感态度价值观的塑造。

3. 课后反思力:师生产生共生效应

反思的意思是回头着、反过来思考,并从中有所得。在课堂教学中,教师与学生是辩证的统一体,学,是在教之下的学,教,是为学而教。一堂课,教师与学生既会有收获,也会有失误,教师会获得课堂教学的成功或不足的经验。同样,学生会用高阶思维学习新知识,将新知识与已有的知识经验建立联系,形成结构化知识,并将知识迁移应用到新的情境中去解决新问题。在课堂反思中,师生会产生共同生长的良好效应。

(三) 卓越的科研素养

教师从事教学研究,能提升职业生活的质量,使教学成为一种创造性活动,增强教师职业的价值感和尊严感。教师成为研究者,能使教师更加关注具体的教学情境,把教育理论应用于教学实践,提高教学的质量和水平,不断提高教师的自我更新能力。

研究型教师坚持"以研求精,以新求进",在教育科研的道路上走得十分扎实,从熟悉教材到研究教法,从熟悉学生到研究认知心理,从熟悉教研到研究课题,从熟悉教学设计到研究教学模式,将理论和现实问题结合起来,致力于教育本质的研究,用他们的教育智慧,驰骋在学科教育的王国。

二、研究型教师的辐射效应

（一）发挥对青年教师的带教作用

学校要在竞争中立足，就必须有一批名师支撑。没有教师的发展，就难以实现真正意义上的学校发展。名师从何处来？主要靠学校自己培养，靠研究型教师的辐射作用。他们在基础教育领域中工作数十年，除个人取得优异成绩外，一直关注着青年教师的成长，无私地给广大青年教师提供成长的平台，指导青年教师课堂教学和论文写作。他们还参与指导学校新教师的专业研修，每年都受邀对新教师进行入职和专业培训。此外，他们还受邀在国培项目中做培训，担任导师的角色。

例如，孙四周老师有着丰富的教学经验，熟悉课程标准，对教学的广度和深度把握有度，是学校青年教师指导小组成员。他认为教师的进步跟学生是一样的，需要不断学习，所有的学习都来自自身的需要，如果内心没有一种需要，就不会主动去学习。孙老师充分发挥了"传、帮、带"的作用，为青年教师提供观摩、学习和交流的平台，引领青年教师专业化快速成长。他用心指导青年教师分析教材的重点和难点，从教学目标、教学重点、教学难点、教法学法设计、教学过程、作业布置、板书设计、教学后记等环节，规范化地设计单元与课时教案。

在指导青年教师成长的过程中，孙老师认为教师发展的方式有两种：一种是读书，另一种是思考。他认为思考比读书更重要，他将弗赖登塔尔的三本书《作为教学任务的数学》《数学教育再探——在中国的讲学》《数学结构的教学现象》赠送给工作室青年教师。另外，工作室也会给成员订购杂志。以"现象教学"为主题组织青年教师撰写相关论文和编写案例集，让青年教师在写作中成长，在实践中反思。通过读书和思考，青年教师不断进步，孟俊和沈惠华两位青年教师在孙四周老师的悉心指导下迅速成长为学校骨干教师，先后获评"苏州市最美劳动者"称号。

又如，吴春良老师明确学校教育改革深入发展的最基础工程是教师队伍的专业化建设。而教师的个人成长规划与校本培训的有机融合则是促进教师专业发展的有效途径和抓手。吴老师引导青年教师在规划个人成长路径的过程中省视自我，唤醒教师对专业成长的意识，再结合校本培训激发教师对自己的职业规划萌生更为理性的思考,将专业成长内化为教师职业生涯中的自觉自律行为。

(二) 体现课程基地建设的核心作用

为深入贯彻中共中央、国务院关于基础教育改革的一系列文件精神以及全国、全省教育大会和基础教育工作会议精神,深化苏州市中小学课程改革,促进课程内涵发展,丰富学生多元化学习选择,满足学生多样化学习需求,改进教与学方式,引导学生高效学习,促进教师专业成长,推动学校特色发展,苏州市教育局启动了中小学课程基地与学校文化建设项目申报。

在这项工作中,研究型教师全力打造以文化类课程基地(省"生态丝绸文化"课程基地)为一体,学科类课程基地(苏州市数学学科"现象教学"课程基地)和科创类课程基地(苏州市 STEM 课程基地)为两翼的内涵发展项目,发挥了主心骨与掌门人的重要作用。

这些课程基地成为学校特色文化建设的品牌,同时,也是教师与学生迅速成长的舞台。

(三) 凸显教育教学成果的示范作用

研究型教师由于教育教学成果卓著,在教育教学理论上和实践中有着较大创新,对教育教学改革实践产生了广泛的示范作用,对提高学校教学水平和教育质量、实现培养目标具有明显成效,进而使学校在本市处于领先水平并在省内外产生重要影响。

三、研究型教师的自我超越

从踏上工作岗位开始,每一位教师都有自己心目中的理想定位。能成为研究型教师,必然经历了无数次现实困境的超越和突破,最后收获的是教师精神的挺拔与专业的成长。他们主要是从以下几个方面实现自我超越的。

(一) 要超越就要弘扬无私奉献的精神

教师是一份平凡的事业,要想在平凡的事业上造就不平凡的结果,重要的是潜心教育,无私奉献。研究型教师的一路走来,无论是教学工作的呕心沥血,教育科研的含辛茹苦,还是带教青年教师的无微不至,靠的是无私奉献的精神。他们的这种精神不仅是自己前进的不竭动力,也为青年教师的成长树立了榜样。一批批青年教师在研究型教师的引领下迅速成长,有的获评苏州市学科带头人,有的成为姑苏教育青年拔尖人才。

（二）要超越就要追求专业发展新目标

"追求"的意思是用积极的行动来争取达到某种目的。人活着如果没有追求,没有理想,没有目标,将会迷失自己。要成为一名研究型教师,一定会有自己的人生追求与事业追求。尤其是已经成为研究型的教师,更要为自己确立努力的新目标,这样才有继续前进的方向,针对性地制订新的发展目标,是研究型教师自我超越的重要策略。也正是由于他们不断用新目标激励自己,有的在学科教学领域中获得突破性研究成果,有的在追求有效教学与深度学习的探索中,引导学生不断取得优异成绩。

（三）要超越就要与时俱进永不停步

为实现自我超越,研究型教师在教育教学中,始终要与时俱进,跟上新时代的步伐。虽然他们已经在学科专业领域中取得了成就,但是在课程改革的新形势下,仍然要不断学习新的教学思想与教学方法,深入理解"大概念教学""大单元设计""项目化学习""跨学科融合""综合课程开发"等新要求,深入钻研课程标准与教材,努力挖掘学科内涵,实现课堂转型的新进展。作为研究型教师应具备丰厚的知识和技能,不仅在学科内容知识上要不断更新,还要拓宽视野,掌握更多的相关知识。孙四周老师认为,学科教师肯定需要学科的基本功,但还需要掌握心理学知识,如行为心理学、认知心理学、情感心理学和社会心理学相关知识。教师只有掌握丰富的学科知识、心理学和教育学相关知识,才能践行教育的使命,促进学生的全面发展。"学然后知不足",追求完美的吴春良老师,尽管学校管理工作繁忙,但为了继续提升自我,参加苏州市物理名师共同体研修班以进一步审视与完善自己的教育实践,决心在教育领域中勇攀高峰。

第七章

课堂转型的学科实践探索

课堂转型研究特别强调学科教学实践。一是课堂转型有赖于学科教学才能真正落地，课堂转型研究具有不同层级的概念系统，如处于高层级的通识教学理论、教学理念、教学模式等，处于中间层级的一般教学策略、教学方法、教学技术等，对课堂转型均会产生重要作用。但是，忽视底部层级的学科特点、学科内容、学科思维等，课堂转型可能会出现流于形式、不够深入、成效不大的问题。二是课堂转型需要关注学科的差异性，正如世界上没有两枚完全相同的叶片一样，每个学科都要从各自的特殊性出发，进行个性化研究，走出一条学科课堂转型的特色路径。基于这样的认识，吴江盛泽中学进行了艰苦的学科教学实践探索，从而为课堂转型提供鲜活的经验。

第一节　语数外学科课堂转型的特色路径

一、语文学科课堂转型的特色路径

（一）语文学科的核心素养与引导学生参与世界、改造世界

语文学科课程标准凝练学科核心素养，充分挖掘学科的育人价值，落实立德树人的根本任务。

对学科核心素养的研究，不应只是课程内容层面，更应涉及教与学方法的革新。从语文学科角度，既要研究"语言建构与运用""思维发展与提升""审美鉴赏与创造""文化传承与理解"[①]等具体内容，更要关注学生的学习行为，即语文学科的核心素养是通过怎样的课堂教学达成的。核心素养是个体在解决复杂现实问题过程中的综合性表现，如果没有教学方式的改革和学生的自主学习，再多的精选内容，学生也只是停留在"知道"的层面上。盛泽中学要培养的是适应未来发展需要、有创新精神与实践意识的自信自强的新一代公民，这决定了学生在需要的时候，怎样运用这些知识，如何参与世界、改造世界。

全面提高学生的语文核心素养，并非是语文课程标准淡化知识，也不是脱离语文运用的实际去进行"系统"的讲授和操练。没有任何素养的形成是不依托知识的。在教学中应根据语文运用的实际需要，从所遇到的具体语言实例出发进行指导和点拨。引导学生增强对语言规律的认识，重在过程的典型性，忌讳违背学生自主学习的精神，生硬灌输一些语言学条文。要由学生梳理和整合，将积累的语言材料和学习的语文知识结构化和系统化；结合作品的学习和写作实践。

语文学习不是将知识作为终点，而是借助知识达成学生的学科核心素养，

---

① 邓西谋.核心素养视角下再谈高中语文教材教法[J].语文教学通讯·D刊（学术刊），2023，No.1238（01）：19－21.

体现学生在真实的语言运用情境中反映出的语言能力及其思维品质。新课标更加注重"素养",强调学生综合运用知识解决实际问题的能力。

新课标倡导的教学中,课程目标不是静态的规定性知识,要考虑知识学习与过程的关联性,同时需要设计学习目标与学生的表现性行为,把知识呈现设计成学生主动、积极运用技能的动态活动过程和问题解决过程。围绕语文学科核心素养,针对学科重要知识概念,创设体现概念本质特征的情境,引发学生的主动学习,引导学生参与世界、改造世界。

(二) 身心安顿的课堂与语文教师的情怀

林清玄先生的书影响了多代人,特别是他的《身心安顿》和《清欢》,关联到语文课堂与课堂单元教学任务的探讨,有很多相似之处。

开启智慧的方法有许多,可以是保持超越的心,保持幸福的心,保有从容的心,保有生命的"会心"……还可以是保持梦想的心。没有希望、没有温暖、没有创造力,生命就变得可怕。同时在生活中更需要有一颗"承担之心",要让自己的人生即使不能做到"清欢",也要有饱满的喜悦——这是语文课堂最深的感悟。

林清玄所说的"承担之心",是让人"活在当下"。人只有活好每一个当下,才能活得饱满而不会失落。反观,一个人如果能在一杯清茶、一个煎饼中体会生命真实的滋味,便随时保有横亘十方、纵横三际的气势,行于所当行,止于不可不止的胸襟。那么生活从容一些,情感单纯一些,追求减少一些,效率舒缓一些,又有何妨。语文教学也是如此,舒缓坚定的课堂才能完成看似完不成的部编教材的大容量的单元教学任务,才能在学生的活动中让学生去领悟人生的真谛,去看世界……

"承担之心",除了"活在当下",也意味着责任,这是要求,更是动力和压力。作为新时代的教师,我们的"清欢",一定是与对社会的贡献、对自己所肩负的课堂责任、对生活的热爱联系在一起的。

什么是人生的本质? 人生的本质有许多内容,在谈到人生本质时,林清玄先生谈到了要认识到因果是真实的。有智慧的人面对人生的痛苦和没有智慧的人是不一样的,就是他们对苦乐始终保持一个很好的态度,"于苦不倾动,于乐不染着"。课堂亦如此。课堂是苦的,课堂也是乐的。唯有真正认识到语文课堂的苦与乐,才能找到语文学科课堂学习的突破口,对学生如此,对教师更是如此。

(三)高中语文课堂转型做法

1. 思考单元设计,落实核心素养

备课采用主备课制,同时备课组教师全员参与。讨论界定单元教育教学的主要目标和次要目标以及教学内容的课时安排。以"统编教材高一年级第一册第七单元"为例,图表式样的使用更清晰明确。

【案例7-1-1】

语文单元教学计划设计

表7-1-1 单元教学目标(通过课堂教学实践来参悟课程理念)

	单元教学目标	学习水平
主要目标(语文素养、人文精神)	1. 阅读文本,鉴赏散文优美的语言、意境和艺术手法的运用。初步掌握抒情散文的写作技巧。体会散文形散神聚的特点	
	2. 学习散文中表现出的积极的人生观和价值观,学习作者对大自然的热爱和散文中表现出的自然情怀和人文情怀。《故都的秋》《赤壁赋》《登泰山记》等多篇文章在写景状物的同时,反映了作者的审美倾向和人生思考,折射出民族的审美传统。从文本中感受民族审美心理、审美特点和赤壁、泰山背后的文化意义。阅读《赤壁赋》《登泰山记》等,探讨历代文人寄托在赤壁和泰山上的不同情思,探究其背后蕴含的文化意义。阅读《我与地坛》,体味生命之美	
次要目标(积累、知识技能提升、写作)	3. 赏析散文语言,理解其含义和蕴含的思想情感;分析散文用词特点、句式特点	
	4. 结合课文,分析文中的景和情是怎样完美融合在一起的。分析情景交融、情理结合的手法	
	5. 学写散文	

表 7-1-2　单元教学内容安排

课题	课时	课时教学目标	学习水平	落实单元教学目标(写单元教学目标的序号)
《故都的秋》、*《荷塘月色》	第1~3课时	1. 赏析散文语言,掌握以情驭景,以景显情,情景交融的艺术手法。 2. 体会散文形散神聚的特点以及严谨呼应的结构。 3. 把握全文的感情基调,理清文章的脉络,理解文章的主旨		134
《我与地坛》	第4~6课时	1. 品味文章深沉绵密的语言。 2. 培养诵读能力。 3. 感悟作者对生命的理性思考。 4. 理解母爱的深沉伟大		23
《赤壁赋》、*《登泰山记》	第7~8课时	1. 结合作者简介和文本注释,掌握基本的实词、虚词、词类活用、特殊句式等文言知识,了解《赤壁赋》《登泰山记》情景交融的特点,感受中国古代文人或显或隐地将个体思考寄托于山水之景中的文学自觉。 2. 以山水为代表的自然是中国古代文人的精神寄托。感受作者借山水书写世俗困境,于山水中寻求突围途径,最终在天人合一的理念中实现个体自由的生命历程		23
写作训练	第9课时	1. 培养学生细致观察景物的能力。 2. 抓住景物的特点,运用各种写作手法,体味景中之情。 3. 写作时明确中心,突出景物的特点,写出自己的感受,做到情景交融		5

说明:

(1) 课题包括单元内的阅读课文、写作、名著阅读、综合学习等。

(2) 课时主要指阅读、写作、名著阅读、综合学习等所占用的课内学习时间。

(3) 标注"*"号的是自读课。

2. 创设导学案，搭建教与学的桥梁

2020 年 6 月，教育部在 2017 年版课程方案和课程标准的基础上，发布了 2020 年的修订版。伴随着普通高中课程方案和课程标准的颁布，高中语文教学使用教育部组织编写的部编教材，为"培养德智体美劳全面发展的社会主义建设者和接班人"，盛泽中学语文组教师深入研究国家课程计划及课程标准，深入领会课程标准的指导思想和基本原则，理解课程性质与基本理念，明确学科核心素养与课程目标，熟悉课程结构与课程内容、学业质量与实施建议等具体内容，研究如何优化教学方法，使之更适合本校的学生学习，提高学生的学习能力和学习效率，创设导学案，搭建教与学的桥梁。

首先，关注"高中统编语文教材总体框架及编写思路"学习与落实，以及"教材各栏目设计与教学"研修与思考。编写思路为：（1）以语文核心素养为本，以学习任务为路径，强化学生学习的主体性和实践性。（2）重视整合与实践，创新单元内部组织方式，使语文学习更接近真实的语文实践生活。（3）以学习任务为核心，强调真实情境下的语文活动，追求结构化的任务设计。（4）既强调整合，又强调写作教学的相对独立性，让学生的书面表达训练落到实处。（5）重视语言积累、梳理与探究，以不同形式强化"语言建构与运用"这一语文基础素养。

其次，导学案的编写有利于研究我们教学中发生的问题。（1）新编部编教材与传统的语文教学的逻辑变化在哪里？（2）落实的单元目标任务找准了吗？如何找准？单元任务完成的关键点是什么？（3）课堂呈现的困惑问题。用文本教，用方法教或两种方法的互相转换教学，如何娴熟运用？如何理解课堂讲透彻问题？课堂教师的设计与学生问题的产生是否统一？如何理解培养学生的能力与走通文本之间的对比探究问题？如何引导学生感受文学作品的独特性？如何发现数千年前的文学作品带给我们的感受？输入后是否有输出？学生写短评时空发议论该如何引导？（4）拓展问题的思考。如何挖掘单元学习资源？如何处理单元目标与学习任务以及课时目标的关系？如何处理本单元与任务群中其他单元之间的关系？如何取舍本单元丰富的鉴赏知识和鉴赏方法？（5）教学容量之大与课堂时间之有限的矛盾如何解决？

在此基础上呈现出诸多的有意义、有价值的导学案，搭建起教与学的桥梁。学科知识形成的知识块，将流体知识串联。而在串联的过程中，学生通过实际

操作呈现出完整的学科思维方式,形成晶体知识。整个过程中所涉及的思维方式内化、融合成为个体的思维方式。这种思维的能力,有别于讲解分析结果的记忆。

导学案关注如何达到方法论与认识论层面的融合,提供操作性强的阅读策略、学习技能与方法,引导学生达到高层次阅读,同时创设一个师生思维生长的环境。在高中语文学科教学中进行课堂的实践研究,是一条寻求让中学生培养从认知论层面达到方法论层面的高阶思维的融合路径。

3. 探究文言文核心任务教学,提升思维品质

文言文是我国传统文化的精华,也是传统文化的重要载体。中华五千年辉煌灿烂的文化,正是因为有了文言文,浩如烟海的文学、历史、科技等典籍才得以记录下来,流传至今。也只有掌握了文言文才能继承、发展我国优秀的文化传统,才能展现我国优秀的传统文化,有利于增强文化自信,只有这样,中华民族才能屹立于世界民族之林。

课程标准在阐述语文课程性质时指出:"语文课程是一门学习祖国语言文字运用的综合性、实践性课程。"[①]"语言积累、梳理与探究"学习任务群贯穿必修和选择性必修课程。从这样的特点出发,高中教材力求创新单元内部组织,设计由单元导语、课文及注释、学习提示、单元学习任务组成的新型组织架构,其中课文的呈现方式、单元学习任务更多地体现出整合与实践的特征。例如,《语文(必修上册)》第六单元"学习之道",有《劝学》《师说》两篇文言文,需要教师有针对性地进行教学,既要体现单元文本阅读思辨性阅读与表达的特性,又要让学生学会最基础的文言文知识,全方位提升学生微观知识与宏观格局。

单元学习任务主要以核心任务为引领,整合单元全部学习内容进行设计,是从人文素养提升、阅读表达能力培养、综合实践素养发展等多个方面设计的结构化的语文实践活动。通过这样的单元组织方式,能更好地培养学生的语文核心素养。

思维发展与提升也是学生语文核心素养的重要组成部分,是学生语文素养形成和发展的重要表征之一。以第八单元为例就有《谏太宗十思疏》《答司马谏

---

① 中华人民共和国教育部.普通高中语文课程标准(2017 年版 2020 年修订)[S].北京:人民教育出版社,2020:1.

议书》《六国论》《阿房宫赋》。这个单元的主题叫作"倾听理性的声音",既然是倾听理性的声音,学生就要做到了解文章中作者的观点,提升解决现实问题的能力,鉴赏文章中说理的艺术,提升思辨性及思维能力。

审美鉴赏与创造是指学生在语文活动中体验、欣赏、评价、表现和创造美的能力及品质。[①] 语文活动是形成审美体验、发展审美能力的重要途径。通过阅读鉴赏优秀作品、品味语言艺术而体验丰富情感、激发审美想象、感受思想魅力,并逐渐学会运用口头和书面语言表现美和创造美,形成自觉的审美意识和审美能力,养成高雅的审美情趣和高尚的品位。以《语文(必修)》高一上第三单元《短歌行》《归园田居》《梦游天姥吟留别》为例,这个单元的主题是"生命的诗意",学生能感受中华古典诗词的魅力所在,能感受李白、杜甫、白居易等诗人的诗中所蕴含的情感,增强学生对传统文化的热爱,提升审美鉴赏能力。

文化传承与理解是指学生在语文学习中,能继承中华优秀传统文化,理解、借鉴不同民族和地区文化的能力及在语文学习过程中表现出来的文化视野、文化自觉的意识和文化自信的态度。学习《语文(必修下册)》第一单元的《子路曾皙冉有公西华侍坐》《齐桓晋文之事》这些篇目有助于学生了解中华传统文化的重要理念,领会人文精神,能让他们加深传统文化的认识,增强民族的文化自信。

在文言文阅读的教学中,确定核心任务至关重要。核心任务的产生建立在对每个文本进行分析,对单元进行打磨的基础上。核心任务的探究要突出语文核心价值,还要依据课程标准。例如,《师说》《劝学》中对学习之道的探讨,对比论证方法的运用探究,论证方法的针对性实践,都是语文学习实践核心任务的不同切入点。

课堂上文言文核心任务探究的教学如何有效开展,教师教学方式的策略改变,课堂活动的创新性设计研讨商榷,都有助于提升学生的思维品质,如小组合作,论题辩论,思维导图,情境表演……告别传统教学以教师讲解灌输为主的方式,转向以学生为主体的探究。

---

① 郑军亮.自能写作:高中生语文思维力的"融合生长"[J].全国优秀作文选(写作与阅读教学研究),2022:20-23.

4. 作文审题探微，问题聚焦、透视与突破

【案例 7 - 1 - 2】

作 文 写 作

【作文回顾】

请根据下列材料，自选角度，自拟题目，写一篇文章。

要求：(1)不少于 800 字；(2)不要写成诗歌；(3)不要透露个人相关信息。

逃离，或许是旧的结束新的开始，或许又是一次无奈的挣扎，那些想从日常生活中逃离的瞬间，无法预知；很多时候，逃离的念头很快被日常生活所淹没……

【问题聚焦】材料中的关键词不难把握，那就是"逃离"，容易把握却未必能把握得准，分析得透。对于逃离什么？学生容易界定不清，造成泛泛而谈，主旨不明确；为什么逃离，原因记不清楚，东扯西拉明显；思想浅显，思辨性不强。其实，"逃离"有被动与主动之分，人们曾经对生活充满希望，只是当逐渐成为生活的奴隶，慢慢开始有了想要"逃离"的心。逃离的意义不局限于离开某个地方，更多的是逃离现有的困境，给自己的心灵一个解脱。逃离也不等于逃避，逃避是以一种消极的态度去面对对自己不利的事情或自己不喜爱的事物。而逃离，则是抽身离开，去迎接一段新的开始，或者等到心情平复后再以全新的态度去面对该事物。

【问题透视】作文教学的审题立意训练是关键：一定要整体把握，重点分析关键词句，理解材料主旨，然后多角度立意，进行比较，才能选择最佳立意点。

首先，要引导学生考虑为什么要"逃离"，答案很简单：梦想被现实所累，现在过的不是自己想要的生活。逃离现状，也许会有新的开始。其次，是否每一次"逃离"都能达到想要的目标？非也。逃离可能只是一次小小的逃避，对现实的发展不会有任何影响。再次，引导学生思考什么样的行为算作"逃离"？一次旅行，一次放纵，一次欢唱……这样的念头时常会浮现在我们的脑海中，它不难实践，但是真的要迈出去，或许又会迟疑。最后，引导学生深入辨析是否真的能"逃离"？未必。因为，当没有足够的资本，就根本不可能逃离现实。逃离的念

头,也许在一次的犹疑中,就被接踵而来的事情淹没;即便是真的逃离了,也终究要回到现实中来,继续未完成的事情,完成人生意义。

【问题突破】分析完关键词后,引导学生联系自己的生活,是否有过类似的念头或事情,是如何进行逃离的? 根据问题,引申新的立意。

人们之所以不能做到真正的逃离,是因为大家都生活在这个社会中,与周围的人和事之间有着千丝万缕的联系,不可能完完全全为自己而活,要考虑的事情太多,很多时候,个人的言行并不能完全发自自己的内心。

反之,如果逃离能结束一场困顿,带来新的开始,那么即便只有百分之五十的机遇,若不去尝试,也永远不知道结果如何。与其被愁绪所困,不如拿出破釜沉舟的勇气,努力一搏,追求一番新的天地。

对于困难,需要有足够的判断力,不能遇事就习惯性地退缩、逃避,而是要充分考虑自己的能力,再来作出决定,只有直面一切困难,才是勇者的作为。

【案例 7 - 1 - 3】

优 秀 习 作

然而,就在当下,我们的灵魂变得脆弱了,我们不敢面对人生的阻挠,我们下意识地"逃离"。我想悄悄地提醒:别在匆匆"逃离"的时候抛弃了灵魂。

面对如山似海的作业,我们想要"逃离";面对国内暂时不完善的教育制度,我们想要"逃离"。然而我们为什么不曾试图留下,"刷光"那些作业,抑或是留在国内,勇敢面对学业的压力。即便我们成功"逃离"了,但我们的灵魂依旧在繁忙的学业中奔波,在华夏的大地扎根,在另一个平行世界与我们的肉体互相关照。

有人说川端的死与王国维有一种雷同。然而非也。川端太明白自己的"美丽日本"的结局,他不愿自己与"驹子""雪子"一同沦为工业文明的奴隶,面对如银河般倾泻而下的美丽日本,他听到自己灵魂抗争的呐喊,他选择了以死的方式殉一种逝去的美;王国维,象牙塔里的一介书生,旧文化的守墓人,在汹涌而来的新文化浪潮面前不堪一击,只是他没有抗争,没有为旧文化作任何辩护,便匆匆投湖了。

同样是死，川端不是"逃离"，而是抗争，王国维却是对未知的恐惧与"逃离"。所以，听到了灵魂的呐喊，让灵魂的抗争外化于生命，人生的境界也就非凡了。

不过，"逃离"有时也是有所裨益的。张悦然曾这样评论《安娜·卡列尼那》：正是安娜的死才让现世里挣扎在道德审判中的女人得到救赎。诚然，安娜对于出轨的"逃离"在某种意义上从一个虚幻的道德世界里拯救了许多人。这或许是"逃离"的某种价值吧。

是生是死，是面对还是逃离，这似乎是一对被捆绑的命题。我无意评判渊明"逃离"官场的做法，因为那是他的灵魂所指引的方向；我也无意评判大卫·赛林格归隐麦田做一个守望者的做法，因为这是来自灵魂对时代的抗争；我更无意评判鲁迅避追捕，四处迁居"逃离"的做法，因为这是为了积聚力量，为了正义而战。

因此，无论是否"逃离"，都不要被恐惧与未知所裹挟，站稳了，跟着灵魂走，做出自己应有的"抗争"。

统编高中语文教材变化很大，温儒敏先生用"守正创新"来概括它的特色，这套教材"守"的是中国语文教育传统的优秀成分。编写遵循党中央提出的"立德树人"的指导思想，通过"整体规划，有机渗透"的设计，结合语文学科特点去落实社会主义核心价值观教育；贯彻高中语文课程标准的精神，更新教育观念，改进教学方式；教材更加符合语文教育的规律，也更加适合新时代公民基础教育的需要。

教师在为新教材备课实施课堂转型时，首先研读《普通高中语文课程标准（2017年版）》，加深对教材编写理念和设计意图的理解，如此才能"既见树木，又见森林"。整套教材以人文主题和学习任务群两条线索组织单元。人文主题的设计聚焦"理想信念""文化自信"和"责任担当"，每个单元的人文主题都会突出其中某一方面。学习任务群是单元组织另一条线索，每个单元都有指向语文核心素养的学习任务。

统编高中语文教材格外重视读书方法的养成，扩大阅读面，提升阅读品位。统编高中语文教材改革力度大，课堂教学的主体转换，读书的要求高，教学的难度增加，对语文教师是挑战，对语文课堂亦是挑战。语文教师的角色，由主要讲授转变为引导学生在语文中实践,即活动中学习。把教学的落脚点放在安排好学生的自主学习,让学生在活动中建构自己的学习经验。教材的活动设计大多数还是在课堂教学中实施的,课堂教学依然是主要形式,但更需要注意学习主体的转换,调动学生学习的主动性与创造性。统编高中语文教材的特色与使用的研究一直在路上,高中语文课堂的转型做法也一直在探索中。

二、数学学科课堂转型的特色路径

(一)逻辑的思辨,思维的体操

数学是一切科学之母,它是研究数量关系和空间形式的一门科学,具有高度的抽象性、严密的逻辑性和应用的广泛性。

数学抽象是指抽取出同类数学对象的共同的、本质的属性或特征,舍弃其他非本质的属性或特征的思维过程。苏联数学家亚历山大洛夫曾经说过,抽象性在简单的计算中就已经表现出来。我们运用抽象的数字,却并不打算每次都把它们同具体的对象联系起来。我们在学校中学的是抽象的乘法表,是数字的乘法表,而不是男孩的数目乘上苹果的数目,或苹果的数目乘上苹果的价钱等。同样,在几何中研究的是直线,而不是拉紧了的绳子,并且在几何线的概念中舍弃了所有性质,只留下在一定方向上的伸长。

因为数学有高度的抽象性,所以结论的正确性,就不像物理、化学等学科,一些结论可以用实验来确认,数学结论只能依靠严格的推理来证明。而且,一旦经推理证明的结论,这个结论就是正确的,这就是数学严密的逻辑性。对任何数学结论,必须严格按照正确的推理规则,根据数学中已经证明和确认的正确的结论,如公理、定理、定律、法则、公式等,经过逻辑推理得到,这就要求结论不能有丝毫的主观臆断性和片面性。数学的抽象性也决定了数学具有很广泛的应用性。事实上,数学本身只是一个工具,它不对应任何具体的事物,但许多具体的事物如计算机、金融等,甚至去菜市场买个菜,都需要运用数学,因此它具有广泛的应用性。

用数学的观点去思考问题和解决问题的能力即数学思维能力,简称数学思维。比如,转化与划归,从一般到特殊,从特殊到一般,函数和对应的思想等。具体来讲,数学思维能力就是:会观察、实验、比较、猜想、分析、综合、抽象和概括;会用归纳、演绎和类比进行推理;会合乎逻辑地、准确地阐述自己的思想和观点;能用数学概念、思想和方法,辨明数学关系,形成良好的思维品质。

数学思维渗透于社会和生活的每个角落,每时每刻都在影响着我们的行为和思维模式,每个人都有意无意地用数学的思维方式。在现实世界中,政治、经济、企业经营、组织管理、军事、社会生活等领域中的复杂问题都需要用数学思维来解决,学好和用好数学思维,才能活得更有智慧。

学习数学,更主要的是培养思维能力。数学是锻炼思维的"体操"。很多人在学生时代,在数学上获得了不少奖项,当他们从事不与数学有关的工作后,他们仍然会凭着活跃的思维和扎实的数学基础,在其他领域中也取得惊人的成就。

数学的上述特征决定了数学学习及数学教育的特殊性:培养思维是硬道理。具体来讲,数学教育能帮助学生掌握现代生活和进一步学习所需的数学知识、技能、思想和方法,提升学生的数学素养,引导学生用数学眼光观察世界,会用数学思维思考世界,会用数学语言表达世界,促进学生思维能力、实践能力和创新意识的发展,探寻事物的变化规律,增强社会责任感,在学生形成正确的人生观、价值观、世界观等方面发挥独特的作用,而高中数学课程应为学生的可持续发展和终身学习创造条件。

(二) 以"留白创造式"教学为引领,以学科核心素养为导向

1. 数学"留白创造式"教学简介

数学"留白创造式"教学范式是特级教师、正高级教师、上海市晋元高级中学王华书记领衔的上海市第四期"双名工程"高峰计划数学项目的一项研究成果,是新时代中小学数学课堂教学改革的一种范式、一种有意义的尝试。

高峰计划课题组自 2018 年 12 月启动"上海市中小学数学专家型教师课堂教学表征"项目研究,从"讲练导学式"到"互动掌握式"再到"留白创造式",一步步提升数学课堂教学范式,并将"留白创造式"数学教学移植到盛泽中学。下表是从师生关系、学习方式、相关理论等方面对三种范式的比较①:

---

① 王华,汪晓勤.中小学数学"留白创造式"教学——理论、实践与案例[M].上海:华东师范大学出版社,2023:27.

表 7-1-3 "讲练导学式""互动掌握式""留白创造式"比较表

名称	结构	师生关系	学习方式	相关理论	目前状况
讲练导学式	动宾结构	教师为主；学生接受为主	听讲、思考、回答、练习	赫尔巴特"明了、联想、方法、系统"；赞可夫"五环节"；因材施教；启发式	义务教育少见，高中多见
互动掌握式		教师、学生平等	听讲、思考、对话、体验、练习	赫尔巴特"明了、联想、方法、系统"；布鲁姆"掌握学习法"；因材施教；启发式	教学常见课型
留白创造式		学生为主；教师引导、补白	阅读、思考、交流、提问、发现	弗赖登塔尔"再创造"；布鲁姆"掌握学习法"；因材施教；启发式	今后努力所为

2. 数学"留白创造式"教学对发展核心素养的作用

（1）"留白创造式"教学可能解决的问题

首先，确立信念。创新需要解放思想、放飞思维，创造机会、正确引导、放手前行，不断地通过自我实践（活动）达成自我实现。

其次，树立理念。教学的目的是"陶冶品行，立德树人"，而对于如何学习，我们的回答是：明确目标，自主学习，创获知识。

再次，变革教学观念。第一是把握教学内容，思考学生认知，为学生自主学习"留白"。教学目标设计具有一定的高观点，要把握教学内容的一般需求与本质属性，明确知识体系和结构的准确表达，较好地体现知识的深刻性。能根据学生的认知需求，创设情境，将教学内容的思维过程按照一定的顺序清晰地进行问题呈现（思维过程问题化或活动式），较好地体现必要性（动机）。第二是课堂再现数学过程，"留白"中呈现学生活动，为发现知识、创新思维"补白"。课堂教学依赖问题设计分组交流、师生互动，组织教学再现数学过程与认知过程，会解决相关问题，为学生"再创造"学习提供准确、有效的机会，体现有效性。学生完成以问题串为主要内容的学习任务，且在解决课堂问题所提供的活动中（回答问题、上台演示、生生互动等）表现优秀（超过半数的学生参与），体现主体性。第三是准确鉴别引导，及时反馈调节，为达标、激励而评价。组织教学中，准确判断学生"补白"语言、行为,评价、反馈、引导,保证练习等行为的准确率达60%以上;保证半数以上学生参与;在师生对话中,促进课堂高阶思维,有鉴别、判断,有纠正、调节,有激励、引导;体现教学的可行性。

（2）"留白创造式"教学与核心素养培育

在"留白创造式"课堂中,教师善于根据学科内容与学生特点灵活创设现实情境、数学情境或科学情境,并鼓励学生基于情境提出合适的数学问题。在问题分析与解决过程中,学生逐步用数学语言直观地解释和交流数学的概念、结论、应用和思想方法,并能进行质疑、评价、总结与拓展,使学生的高阶思维品质不断得以优化。课程标准指出①,以下四个方面最能体现数学学科核心素养:情境与问题、知识与技能、思维与表达、交流与反思。"留白创造式"教学将其落实在各种具体的空间、时间或思维之白中,帮助学生在获得必要的基础知识和基本技能、感悟数学基本思想、不断积累数学基本活动经验的过程中,逐步提高发现和提出问题的能力、分析和解决问题的能力、发展数学实践能力及创新意识,提高数学学科核心素养。

（三）以六"到"促进高中数学课堂转型

1. 认识学科本质:提升教师对教学内容的理解水平

教师在"留白创造式"教学中的作用主要体现在何处? 我们认为围绕数学概念的核心展开教学,在概念的本质和数学思想方法的理解上给予点拨、讲解。想做到这一点,"理解数学,把握数学对象的本质属性"是关键。

【案例 7-1-4】

"三角函数诱导公式"的核心

以往我们从"三角恒等变形"的角度理解三角函数诱导公式,把它当成是"将任意角的三角函数化成锐角三角函数"的工具。教学中,因为诱导公式太多,学生记不住,许多教师又将其进一步概括成"奇变偶不变,符号看象限"。实践表明,教学效果不是很理想。是什么原因呢?

---

① 中华人民共和国教育部.普通高中数学课程标准(2017 年版 2020 年修订)[S].北京:人民教育出版社,2020:75.

主要原因在于这样的教学没有抓住诱导公式的核心。其实，$x=\cos t$ 和 $y=\sin t$ 是单位圆的自然的动态（解析）描述。由此可以想到，正弦、余弦函数的基本性质就是圆的几何性质（主要是对称性）的解析表达。诱导公式本质上是圆的旋转对称性和轴对称性的解析表达，它是三角函数的一条性质"对称性"。围绕"对称性"这一核心展开教学，就可以实现诱导公式教学的以简驭繁。

例如，教师可创设问题之白，出示问题"如果任意角 α 的终边与任意角 β 的终边关于原点对称，那么它们有什么关系？它们的三角函数又有什么关系？"，在该问题引导下，学生可以容易地得到：$\beta=2k\pi+\pi+\alpha$。由于 α 的终边、β 的终边与单位圆的交点关于原点对称，因此 $\sin\beta=\sin(2k\pi+\pi+\alpha)=\sin(\pi+\alpha)=-\sin\alpha$。

类似地，在问题"如果 α 的终边与 β 的终边关于 x 轴对称，它们有什么关系？它们的三角函数又有什么关系？关于 y 轴，或关于直线 $y=x$，或关于直线 $y=-x$ 对称呢？"的引导下，很容易得到其他诱导公式。

综上所述，我们认为，三角函数诱导公式教学有三个要点：依据三角函数的定义；凸显变换（旋转、对称）的思想方法；以单位圆为工具。

2. 备课拓到单元一体：强化教师对教学内容的整体把握

由于数学教材是高度结构化的，学生的数学问题大多数是他们数学认知结构和数学教材结构逻辑发展的结果，因此无论是教还是学，站在数学学科结构和单元题材结构的高度，在备课时用结构的观点把握教材，用结构化的方法处理教材是非常重要的。我们应该让学生在"见树木，更见森林；见森林，才见树木"的情境中学习数学，引导学生充分感受和把握数学的知识结构和方法结构，体验数学知识的发生发展过程。

【案例 7 - 1 - 5】

随机变量的期望与方差

新课标背景下，高中数学课程内容突出四条主线：函数、几何与代数、概率与统计、数学建模活动与数学探究活动，它们贯穿必修、选择性必修和选修课程。对于概率与统计内容，不仅学生普遍感觉内容多、难度大，其实也是很多教师颇感头痛的一大单元。特别是"条件概率与全概率、随机变量的分布与特征、常用分布、成对数据的统计分析"等内容更是如此。我们认为"整体把握、类比推进"是克服难点的较好对策。

在"统计估计"单元，学过"估计总体的数字特征"，如样本平均数、样本方差与标准差，并且强调了公式的结构特征，推导了它们的一些基本性质。在教学"随机变量的期望与方差"时，诸如沪教版教材中给出的方差的定义 $D[X]=E[(X-E[X])^2]$ 以及派生出的计算公式 $D[X]=E[X^2]-(E[X])^2$ 是学生理解的难点，不宜直接给出。教师可在与学生共同回忆前述数字特征的基础上，放手由学生自己独立展开对随机变量的期望与方差的学习——类比给出定义，类比得到性质，类比完成证明，类比记忆应用。通过上述类比探索过程，学生在"恍然大悟、原来如此"的美好体验中实现了学习"由厚到薄"，使前后知识不再孤立，全新概念不再抽象，性质呈现不再突兀，新知应用不再陌生。

3. 研题达到系列递进：拓宽题目对师生成长的多重效能

美国数学家哈尔莫斯说"问题是数学的心脏"，因此培养学生解决数学问题的能力是学生数学学习的核心，也是教师教研，促进自身专业发展的重要内容。

【案例 7 - 1 - 6】

数学好题研讨

数学项目组开展了持续的好题研讨。王华提出了研究好题独特的视角：不烦、不怪、不死、不生、不超。师前老师通过报告"好题标准之我见"阐述了"什么叫题？什么叫好？研讨'好题的标准'的目的是什么？如何鉴别好还是不好？"等。该项研究为数学教师指引了一条重要的专业发展之路——解题，讲题，命题，研究题，欣赏题以及论文等物化成果。

【案例 7 - 1 - 7】

学生讲题改革

孟俊、吴敏强两位老师,从高二开始做了一学期的学生讲题试验,还在学校开了观摩课,收效良好! 他们也分享了自己的做法:提高学生的关注度,让学生上黑板讲题,增强仪式感;教师随机点名;以学定教。该项实践使学生参与课堂的意识与习惯得以优化,助力了近两年的数学高考;改善了教师的课堂教学方式,提升了课堂教学能力。

4. 主题回到现象本源:启发学生对数学对象的直观理解

顾泠沅先生说:"数学源于直观,走向抽象。"直观想象是六大数学核心素养之一,是发现和提出问题、分析和解决问题的重要手段,是探索和形成论证思路、进行数学推理、构建抽象结构的思维基础。"紧扣教学主题,创设真实情境"是促进学生理解数学对象、实现意义建构的有效手段。美国、芬兰等国家风靡的现象教学即是如此。孙四周老师认为[①]:现象是世界呈现出来的表象,知识是用于解释现象的图式。现象教学法是让学生通过对现象的探究而形成能力和知识的教学方法。根据一定的目标和计划,利用包含特定教学任务的现象,通过现象教学法对学生进行的教学,称为现象教学。

【案例 7 - 1 - 8】

二面角及其平面角教学

本案例选自吴江盛泽中学孙四周工作室编写的《现象教学案例选》。

让学生拿出一张矩形纸(也可以用书本或笔记本电脑、门等),进行下列活动:

活动 1 你能把这张纸折成 90°度的角吗?(说明:这时学生还没有"二面角"的概念,但是我每次这样要求时,学生都能折出 90°的角——这就是人的直觉,数学符合直觉。哪怕是最高深的数学,最初也都来自直觉。)

----

① 孙四周.现象教学[M].吉林:吉林教育出版社,2018:200.

活动2 你能把这张纸折成60°的角吗?(说明:同样能完成。)

活动3 你是怎样确保折成的角是90°或60°的?或者,你怎样向我证明你折出的角符合要求?(说明:学生会去度量矩形与折痕垂直的那一边被折成角的度数,他们的折痕普遍地与某边垂直,因此他们度量的其实就是二面角的平面角。)

活动4 再折出120°、150°,可以吗?(说明:这必须去度量其补角,有难度,但实物易于观察和操作,最终还算"顺手"。)

至此,学生已经对"二面角及其大小"有了真实的感知,现在需要的是在二面角中生成平面角的概念,从而连接学生的数学现实。

活动5 请把纸撕成不规则的形状,如树叶形(也可直接用树叶)。重复上面的活动1~4。

说明:这时已经没有现成的、与棱垂直的射线可用,也就是说材料中没有现成的平面角。在更原始的材料中,学生感知到要度量的是什么角。在他们把三角板插入折过的纸片中时,就已经真实地构造了二面角的平面角。用90°、60°、45°完成真实感知后再用120°、150°和135°加以强化,前者是可以实测的,后者体验到必须作出与棱垂直的射线,从而建构清晰的"平面角"意义。以下进行严密的数学化概念形成。

活动6 用实物操作,在树叶形的纸片上把二面角的平面角制作出来(说明:两次对折,后一次折痕与前一次折痕垂直,沿后者剪开)。

二面角教学的关键在于"平面角"意义的建构。学生能看见二面角,但二面角的平面角是看不见的。树叶形纸张上那两条与棱垂直的射线,不是发现,而是构造,二面角的平面角不是具体的,而是抽象的,是在学生的头脑中生成的。在概念抽象意义形成的过程中,矩形纸张、笔记本电脑、书本的纸页这些具体事物,为学生的概念生成做了具体化理解的铺设,但仅限于此是不够的,需要由特殊到一般、具体到抽象,所以仅止于诸如笔记本电脑开合的情境设计,无法促使学生对数学问题的深入思考,必须用去除了特殊性,有抽象意义的材料促进学生的数学建构,以引发对概念本质的深度理解。在树叶形纸张中,学生基于对矩形纸张的研究经验可以自然联想,在数学直觉思维的指引下,凭空设计两条与棱垂直的射线,从而引出一般意义上的平面角概念。这就是思维的创造,是意义的自然生成,是真实学习的发生。而且在生成时,树叶上两条垂线的位置是不固定的,学生存在对"等角"问题的自然疑问,疑问又进一步促进了思考,在他们自行论证、得到"角与位置无关"的结论后,其成功的喜悦已卓然可见。这样的学习过程,使学生有了探究能力、情感态度的双重体验,这对学生数学素养和全面素质的提升都大有好处。

5. 教学做到活动留白:促进学生对数学知识的深度学习

数学教学过程是教师引导学生进行数学活动的过程。《普通高中数学课程标准(2017年版 2020年修订)》特别提出了数学教学是数学活动的教学,学生要在数学教师的指引下,积极主动地掌握数学知识、技能,发展能力,形成积极的学习态度,同时使身心获得健康的发展。"留白创造式"教学提倡以活动为载体,在活动中创设"发现之白"与"超越之白",实现深度学习。

【案例7-1-9】

"球的体积"课时教学

本节课我们设计了三个活动,两次实物实验留白和一次思维拓展活动留白,使全体学生经历了物理感知、量化估计、方法创用的全过程,思维逐渐走向严密、发散与深刻。三次活动详述如下:

表7-1-4 第一次活动:课前活动,热身体验

活动目标	探索体会测量球体积的方法,引出本节课内容,催生思维的严密性
活动设计	1. 任务布置(学生利用课余时间完成): 在生活中找一个球体,并测量它的体积。写出你的测量方案,记录你的测量过程和测量结果。 2. 上课之初简单展示部分学生的方法(播放学生拍摄的视频)。 预设可能活动: (1) 将球浸入盛满水的容器里,通过球溢出水的体积可求得球的体积。 (2) 将球切成均等的两份,用半球装水灌满,然后根据灌入水的体积求出球的体积。 3. 教师指出利用这类方法求出的是球体积的近似值,如何才能求出球的体积的精确值呢? 引出本节课需要解决的重点问题:球的体积公式

（续表）

活动目标	探索体会测量球体积的方法,引出本节课内容,催生思维的严密性
设计说明	该活动由学生在课前完成,经历球的体积求法的探究过程,深入思考几何体体积的求法,有排水法、容积法、等积法、浮力法等,这样能充分调动学生的思维,将学生已有的经验融入数学学习中,使学生有迫切想要探究球体积公式的需求,从而自然引入本节课的课题。在该探究活动中,学生通过设计实验方法,记录实验过程,也进一步提升了思维能力和解决问题能力。在实践中学生会想到利用球的对称性将球的体积问题转化为求半球的体积,这也是本节课中利用祖暅原理实现转化的思想来源

表 7-1-5　第二次活动:实验探究,形成感知

活动目标	实验探究等底等高的半球和圆柱体积的关系,学会用语言表达思维
活动设计	问题1:等底等高的半球和圆柱体积的关系如何? 学生分成小组,各自通过倒水或装米的实验,发现半径为 3 cm 的半球里装满水后倒入半径为 3 cm,高为 3 cm 的圆柱中没有倒满水,通过测量高度发现圆柱高的 2/3,从而推测等底等高半球的体积是圆柱体积的 2/3。 问题2:等底等高的半球体积比圆柱的体积少了圆柱体积的三分之一,少掉的会是什么? (预设)生:一个柱体的体积里去掉 1/3 个柱体体积,联想到 1/3 个柱体体积恰好是等底等高的圆锥的体积。 问题3:通过实验,你能猜测什么样的结论。 (预设)生:半球的体积等于等底等高的圆柱内挖掉一个圆锥后得到的几何体的体积
设计说明	通过具体实验先去推测半球体的体积与等底等高圆柱的体积之间的关系,既能感受数学学习不是枯燥的"纸上谈兵",同时又能在获得数学结论中避免直接告知,而是让学生自己经历观察、分析、归纳、概括等数学思维活动来获得。另外让后续构造圆锥体内挖去一个圆锥体变得顺理成章。其中,学生经历了"感知—探究—实践—生成"的完整学习环节,落实了直观想象、数学运算的核心素养。这里需要学生对现象进行归纳总结,帮助学生学会用数学的语言表达世界

表7-1-6　第三次活动:迁移创造,学以致用

活动目标	创用前面推导球体积的方法解决实际问题,培养思维的深刻性
活动设计	1. 创设生活情境 师:每天早上我女儿因喝多少牛奶而跟我争论不休。她每天都说要喝"半碗"牛奶,于是我就给她倒了"半碗"。没想到我的"半碗"和她的"半碗"不是同一个"半碗"(播放视频)。 2. 师生共同提出问题 师:你们认为的半碗是哪一种,请选择你的站队: (1) 高度是一半;(2) 体积是一半。 如果你选择的是(1),请计算这个"半碗"与整个半球体积的关系。 如果你选择的是(2),请求出该几何体的高与半球半径之间的关系。 3. 教师指定三个小组研究问题(1),另三个小组研究问题(2)(教师提供书写笔及白板纸)。 4. 学生分组分享结果,帮助教师解决问题
设计说明	这是对球体积的探究拓展,其实两个问题的本质是一样的,通过这样的方式,既能让学生再次经历用祖暅原理解决与球相关的体积问题,又能落实数学运算、数学抽象、直观想象的核心素养。通过该活动的设计,判断学生能否将经验进行扩展、迁移,并应用到其他类似的情境中解决新的问题

在上述第二次活动"实验探究,形成感知"的基础上得到猜想,进而在此猜想启发下构造合适的参照体,利用祖暅原理求得半球的体积公式是本节课的第一个重点环节。第二个重点环节是推导方法的创用,即如上所述的第三个活动。这样,我们以活动为载体,在活动中创设并践行了"发现之白"与"超越之白",实现了深度学习。

6. 训练做到既变又不变:引领学生对思想方法的反思领悟

王华老师提出了核心知识点的"三步骤"认知范式[①]:明确本质属性、归纳基

---

① 王华,任升录.高中数学核心知识的认知与教学策略[M].上海:上海教育出版社,2020.

本模型、实施变式训练。变式一般分为概念性变式与过程性变式。概念性变式多用于数学概念的理解与应用,对于掌握概念的本质意义重大。过程性变式是指在教学中从一道源问题出发,通过改变源问题的条件、结论,或改变源问题设计的数学情境,重新进行探讨。

【案例 7 - 1 - 10】

数列问题的变式设计

本案例选自《高中数学核心知识的认知与教学策略》一书第二章"高中数学核心知识的认知"。

《庄子·天下篇》中的"一尺之棰,日取其半,万世不竭"表达了中国古人的物质无限可分的思想,抽象其数学模型就是首项为 $\frac{1}{2}$,公比为 $\frac{1}{2}$ 的无穷等比数列:$\frac{1}{2}, \frac{1}{4}, \frac{1}{8}, \cdots, \left(\frac{1}{2}\right)^n \cdots$。基于此历史可出示如下例题。

例 已知无穷等比数列 $\{a_n\}(n \in \mathbf{N}^*)$ 满足 $a_n = \left(\frac{1}{2}\right)^n$,求:

$a_1 + a_2 + a_3 + \cdots + a_n + \cdots = ?$

分析:这是求无穷等比数列的和,可由求和公式直接求解。

解:设 $S_n = a_1 + a_2 + a_3 + \cdots + a_n$,$S = a_1 + a_2 + a_3 + \cdots + a_n + \cdots$,则

$S = \lim_{n \to +\infty} S_n = \lim_{n \to +\infty} \left[1 - \left(\frac{1}{2}\right)^n\right] = 1$。

此例是上面古文的数学表达。若逆用求和公式,可出现如下问题:

变式 1:已知无穷等比数列 $\{a_n\}(n \in \mathbf{N}^*)$ 的公比为 $q = \frac{1}{2}$,且 $S = a_1 + a_2 + a_3 + \cdots + a_n + \cdots = 2$,求 a_1。

若变换条件,设 $S = a_1 + a_3 + a_5 + \cdots + a_{2n-1} + \cdots = \frac{8}{3}$,可得:

变式 2:已知无穷等比数列 $\{a_n\}(n \in \mathbf{N}^*)$ 的公比为 $q = \frac{1}{2}$,$S = \lim_{n \to +\infty}(a_1 + a_3 + a_5 + \cdots + a_{2n-1}) = \frac{8}{3}$,求 a_1。

变式2改变了源问题中的条件,将无穷等比数列$\{a_n\}$($n\in \mathbf{N}^*$)改为奇数项之和,相当于改变了公比,难度增加了,但求解的思想方法没有改变。

三、英语学科课堂转型的特色路径

(一) 探索世界的工具,传播中国文化的途径

"英语不是课本,不是试卷,是能力,是世界。"①

在中学各学科中,英语具有一定的特殊性。它既是一门技艺与实践紧密结合的语言学科,又是一门包罗万象、涉猎广泛的知识学科,同时还是一门集人生哲理与人类成长经验于一体的文学学科。学习英语可以帮助我们在学习语言知识的同时扩大知识面,把握时代脉搏,提升自身文化素养。它具有应用性、人文性、思辨性、社会性及综合性等特点。

《普通高中英语课程标准(2017 年版 2020 修订)》(以下简称《高中英语新课标》)中强调普通高中英语课程具有重要的育人功能,旨在发展学生的语言能力、文化意识、思维品质和学习能力等英语学科核心素养,落实立德树人根本任务。②

根据高中英语课程的总目标以及高中生的思维特点,高中阶段正是培养学生文化品格和思维品格的重要阶段。这一阶段的学生既有思辨能力,又有接受能力,是培养具有健全人格、人文情怀的人的关键时期。而英语教学正是达成这一目标的实施途径之一。

上外版高中英语教材第一页上有一封"致同学们的信",信中写道:"掌握一门外语意味着多一双看世界的眼睛,多一双听世界的耳朵,多一个探索世界的工具,也多一条传播中国文化的途径。"由此看出,新教材在编写设计上不仅侧重语言知识与技能的传授,更是让学生获得一双探索文化的眼,拥有一颗传承文化的心。实施普通高中英语课程应以德育为魂、能力为重、基础为先、创新为上,注重在发展学生英语语言运用能力的过程中,帮助他们学习、理解和鉴赏中外优秀文化,培育中国情怀,坚定文化自信,拓宽国际视野,增进国际理解,逐步

---

① 姚蓉娟.以读促写构建文化意识的教学模式——高中英语教学探究[J].新课程(下),2019(08):8-9.

② 中华人民共和国教育部.普通高中英语课程标准(2017 年版 2020 年修订)[S].北京:人民教育出版社,2020:2.

提升跨文化沟通能力、思辨能力、学习能力和创新能力,形成正确的世界观、人生观和价值观。

基于英语学科的特性,教师在帮助学生了解中外文化的基础上,要引导学生加深对祖国文化的理解,认识祖国文化的多样性和历史发展,不断提高学生的文化认同感和归属感,增强学生的民族自尊心和自信心,帮助学生逐步形成传承中华文化的意识和能力,并形成弘扬中华文化的责任感和使命感。

(二) 构建以"融合"为特点的整合性单元教学模式

英语单元教学可以采用以主题为引领、以语篇为依托、以活动为途径的整合性教学模式。整合性的单元教学要凸显五个"融合",即:一是核心素养与单元教学的融合,二是单元不同课型之间的融合,三是单元不同阶段学习任务的融合,四是教学各环节的融合,五是教师"教"与学生"学"的融合。

1. 指向核心素养的单元设计

英语学科的核心素养包括语言能力、文化意识、思维品质和学习能力等。教师在做单元教学设计时要深度研读教材,挖掘文本的育人价值,把握时代脉搏,将核心素养的培育融合在单元教学设计的各环节中。单元设计时突出"三主"原则。

(1) 主题聚焦:挖掘单元主题的内涵,拓展主题的外延。探究单元主题意义,在主题意义的引领下,使单元各课时之间的目标设计、活动设计、评价设计等具有延续性和递进性。教师应把握单元的主题语境和意义,通过整个单元课内外活动的设计,让学生明晰单元学习目标,习得主题内容词汇,训练主题语境思维,参与主题意义探究。

(2) 主线设置:新课标倡导指向英语学科核心素养的英语学习活动观并明确指出:"学生在主题意义的引领下,通过学习理解、应用实践、迁移创新等一系列体现综合性、关联性和实践性等特点的英语学习活动,使学生基于已有的知识,依托不同类型的语篇,在分析问题和解决问题的过程中,促进自身语言知识学习、语言技能发展、文化内涵理解、多元思维发展、价值趋向判断和学习策略运用。"[①]所以在单元教学,不同课型设计时要把握好每一节的

---

① 中华人民共和国教育部.普通高中英语课程标准(2017 年版 2020 年修订).[S].北京:人民教育出版社,2020:13.

主线。

（3）主体地位：英语教师应把学生放在主体地位，把学生的困难点作为突破点，给学生足够的语言支架，给学生提供充分的表达机会。

2. 提供真实体验的学习情境

教师的"教"只有落实在学生的"学"上，教师的劳动才是有价值的。什么样的情境可以称为真实的学习情境？这是一个十分重要的问题，唯有在真实的学习情境中，有效教学才有可能取得实效。

英语课堂上要拥有丰富的、有内在逻辑联系的学习资源。学习资源既包括知识，也包括信息。教师和学生都可以是优质学习资源的提供者。教师在课堂中的职责之一是提供并帮助学生发现学习内容的内在逻辑联系，进而内化为学生的认知结构。教师提供的学习情境应具有活动性、生活性、真实性、情感性、主体性、可变性等特点。教师情境的创设应把复杂的问题简单化，达到"四两拨千斤"的作用。

在课堂教学中，教师可以通过联系生活情境（Personal Touch）、创设模拟情境（Speaking）、创建故事情境（Extended Writing）、提供观察机会（Listening & Viewing）等方式，帮助学生形成结构化的理解，鼓励学生生成个性化的思考，指导学生实现有意义的表达。

3. 促进"教""学"连接的课后任务

明确且适当的学习任务需要教师了解学生，基于学生的已有水平来进行教学。教学是有明确的目标追求和任务驱动的。普通高中英语课程倡导指向学科核心素养的英语学习活动观和自主学习、合作学习、探究学习等学习方式。课后任务的布置，是课堂教学的延续，教师应设计具有综合性、关联性和实践性的英语课后学习任务，使学生通过学习理解、应用实践、迁移创新等一系列融语言、文化、思维为一体的活动，获取、阐释和评判语篇意义，表达个人观点、意图和情感态度，分析中外文化异同等。在布置课后任务时，教师应注意调动学生的非智力因素，帮助学生建构自己的自主学习模式，让课后学习自然地发生。

课后任务应当减量增质，通过多种形式凸显英语学科的能力要求——听、说、读、写。教师可以布置学生主题语境写作、主题交流展示、海报文案设计、采访视频拍摄等任务。通过组织不同的学习体验活动,有意识地引导学生学习并尝试使用不同的学习策略,逐步形成适合学生自己的学习方法,提升学习能力。

4. 转向关注"学会"的自我评定

学习应由学生进行自我评价。学生最清楚怎样的学习方式能满足自己的需要,有助于得到想要的知识,弄明白自己原先不甚清楚的知识。《高中英语新课标》指出:"高中阶段是学生学习能力发展的重要时期,教师要把培养学生的学习能力作为教学的重要目标,在教学过程中为学生发展学习能力创造有利条件、帮助学生在英语学习的过程中,学会如何进行自我选择、评判和监控,培养学生自主学习、合作学习和探究式学习的能力。"①

新教材在每个单元都设计了学生自我评价板块"Self-assessment",自我评价板块反馈学生通过这个单元的学习,到底学会了什么,理解了什么、掌握了什么。教师可以充分利用"Self-assessment",结合课堂教学目标,设计每个课时的学生自我评价表。通过学生当堂反馈的自评信息,教师可以调整下一课时的重点和难点。通过关注学生学习的自我评价,教师也会逐渐从"教什么"转向帮助学生"学会什么"。

(三) 以四"巧"促进高中英语课堂转型

1. 巧用导学案,传授学习策略

《高中英语新课标》将"学习策略"定义为"学生为促进语言学习和语言运用而采取的各种行动和步骤",并进一步将其分类为元认知策略、认知策略、交际策略和情感策略。

以陈卓琦老师撰写的高二选择性必修三 Unit 1 导学案为例,教师在设计导学案时就十分注重在单元教学中渗透学习策略。

(1) 元认知策略

元认知策略是指学生为了提高英语学习效率,计划、监控、评价、反思和调整学习过程或学习结果的策略。

---

① 中华人民共和国教育部.普通高中英语课程标准(2017 年版 2020 年修订).[S].北京:人民教育出版社,2020:68.

【案例 7 - 1 - 11】

单元自我评价表

表 7 - 1 - 7

1 What is the author's major focus and which aspects about Canada are highlighted accordingly?

2 Did you have any difficulty writing the email with a travel plan to foreign guest? If yes, what was it?

3 What impresses you most when you read the travel journal about an adventure in Africa?

4 What is the best part in your brochure on a foreign country? Why?

5 What new words have you learnt from this unit? List some of them. *

6 What grammar have you learnt from this unit? Make a sentence with the grammar.

7 What tip have you learnt from this unit? Provide an example to show how it helps you with your learning.

8 How are you going to improve your overall performance? Make an action plan.

　　陈老师利用本单元"Self-assessment"板块,培养学生用元认知策略进行阶段性反思和总结,以开放性问题要求学生对该单元的学习情况进行自我评价,除掌握运用习得等方面,还要求学生找出自己在学习中存在的困难,并指导他们有针对性地改进和调整,使学生认清自己的学习状况,用元认知策略来监控和优化自己的学习过程。

　　(2) 认知策略

　　认知策略是指学生为了完成具体语言学习活动而采取的步骤和方法。在"Grammar"板块教学过程中,陈老师以"旅游的利弊"为话题创设情境,要求学生在此情境中探究非限制性定语从句的语法规则。为了指导学生运用认知策略,理解句与句之间的有效衔接,陈老师在导学案中设计如下题型:

【案例 7 - 1 - 12】

语法规则导学

表 7 - 1 - 8

Sustainable tourism, ___(1)___ also about connecting with people and their cultures, making a positive impact on the places we visit and enhancing opportunities for the future. So, how can we be sustainable tourists? It is important to travel in an environmentally friendly manner. Getting to a tourist destination by airplane, ___(2)___, has a huge impact on the global environment. While avoiding flying is not always practical, we can help improve the environment by travelling on local public transport or even on foot wherever possible. When at the hotel, we can reduce our impact by cutting back

on water consumption and not having our bedding and towels washed every day. We also need to protect the local culture. When visiting temples or churches, ___(3)___, we should dress appropriately. While travelling, we should respect the right to privacy, We must ask for permission before taking pictures of the local people, ___(4)___.

In summary, being a sustainable tourist comes down to respect- -for nature, culture and people.

A. which greatly increases our carbon footprint

B. who are human beings and not on display

C. which is becoming increasingly popular nowadays

D. where a strict dress code may be required

E. who may make a living by selling handmade items

陈老师设计的专项练习与新高考题型七选五相似,引导学生运用认知补全篇章信息,帮助学生领悟语法规则,在语篇中得体地使用非限制性定语从句。

（3）交际策略

交际策略是指学生为了争取更多的交际机会、维持交际以及提高交际效果而采取的策略。

【案例 7-1-13】

恰当表述有效讨论

表 7-1-9 **Work in pairs to talk about the special activities to enjoy at the tourist destinations.**

Tourist destinations	Possible activities
The Nation Grand Theatre	Enjoy grand operas
The Confucius Temple	Take a boat tour, taste the local snacks
Dr Sun Yat-Sen's Mausoleum	Walk along the leafy streets, admire the spectacular mountain view
Tip Slowing down the discussion When your partner wants to move on to the next topic, but you think you still have something to say, you can slow down the discussion, e.g. Sorry, may I add something before we move on? Sorry, shall we talk a bit more about … before we move on?	

本单元"Integrated skills"板块要求组织学生讨论如何设计自己家乡的旅游计划,这需要培养学生在讨论过程中运用有效的交际策略。陈老师在导学设计中,不仅关注讨论内容,还聚焦讨论方法、帮助学生梳理恰当表述的语句。

（4）情感策略

情感策略是指学生为了调控学习情绪、保持积极的学习态度而采取的策略。单元话题"旅游",通过单元语篇的学习,能培养学生对外部世界的好奇心与探索意识,提升学生对不同文化的包容度。依据情感策略,在"Project"和"Further Study"板块导学设计中,陈老师基于学生想了解"旅游"话题的兴趣和愿望,设计课后探究活动,引导学生主动参加学习。

【案例 7 - 1 - 14】

课后深入探究

表 7 - 1 - 10

Task 1. As a group, research your chosen country. Use the ideas and make a travel brochure on a foreign country.
• Basic information (location, population, natural environment, etc.) • History • Culture • Tourist attractions • Specialties (food, cultural products, etc.)
Task 2. Books about travel experiences provide us with exciting tales of adventure. Read a travel book.
Task 3. Watch a travel documentary and experience the wonder and beauty of the world

以上的导学设计要求学生依据自己的兴趣自主搜索相关资源,对小组成品进行完善,培养学生综合运用语言能力、合作学习能力和自我调控及资源策略能力等,自觉完成对"旅游"主题的自主探究。

2. 巧设问题链,提升思维品质

【案例 7 - 1 - 15】

课堂片段 1:以问促思,巧搭支架育高阶思维

潘鸣琼老师在《英语选择性必修三》Unit 1 阅读教学前,针对文本标题、插图提出了 2 个有效问题:(1)How can you learn about foreign customs and traditions? (2) Describe a festival you have experienced. What happened? What was it like? 学生带着问题有针对性和有目的性地去阅读,让阅读更高效,从而为深度学习做好铺垫。在阅读教学中,潘老师针对语篇描述的活动,提出了问题:(1) Which part impresses you most in an Indian wedding ceremony?

(2)How does Alex feel about the Indian wedding ceremony? 通过探索类型的问题,让学生在阅读语篇中去感受作者所感,同时也表达自己的情感体验。进而又向学生提出问题:What's the difference between Indian wedding and Chinese wedding? 这一提问让学生将新知识与原有知识进行比较,并去思考中西方之间的文化差异。

教学过程中教师设置问题的广度、深度与关联度对引发学生的思考起着决定性作用。在阅读开始前、阅读进行中、阅读活动后的三大环节中,教师设置的问题应有连贯性且挑战性逐渐增加。通过构建一个完整的问题链,以问促思,循序渐进地促进学生对语篇的深度思考能力。同时,设置问题时,教师要考虑到新旧知识的联系,充分利用学生已学知识,在对学生提问时进行及时追问,形成知识迁移。唯有在精心设计的问题的引导下,学生通过生生互动、师生互动等方式,从多角度进行想法的碰撞,进而引发自我判断与自我反思,促进学生思维品质的发展。

【案例 7-1-16】

课堂片段 2:读写结合,创新迁移助思维提升

读后续写是新高考背景下的新题型,冯新峰老师深入研究"基于问题链的读后续写教学策略",以 Ollie & Ruby 读后续写教学为例,取得了不错的实践效果。

(一) 锁定关键词,抓住故事主要矛盾或冲突设计问题链

1. 快速进入文本并梳理故事情节,还原真实考场作文(5W+H)

1) As a student, have you ever copied others' homework?

2) Have you ever been caught and punished by your teacher because of copying others' homework?

3) If not, have you ever seen your classmates copy others' homework?

4) Will you report it to your teacher or headmaster? Why or why not?

以上四个问题,结合学生已有生活经验,由易到难,拾级而上,逐步推进,迅速进入文本话题,激发学生阅读兴趣。

2. 从学生立场和已有经验出发,解读人物性格及情感

1) What do you think of Ruby? Why do you think so?

2) What do you think of Ollie? And why do you think so?

故事中主人公的性格特征和情感走向,是隐藏在具体的故事情节中的,在理解文本情节发展的基础上,冯老师设计了一些引导学生生成评价的问题,使学生从自身立场和已有经验出发,设身处地与故事主角产生共情,更好地理解人物性格特点,把握故事走向,为下一步故事的合理发展奠定基础,达成故事情节和任务情感的协同性和合理性。

3. 一个故事一个世界,挖掘故事主题意义

What can we learn from ... in the story?

一个好的故事续写,往往文本通俗易懂,接近学生实际生活,平凡的小事中蕴含人生的道理,具有哲理性和教育意义。

问题链创设的优势在于环环相扣,在日常的读后续写教学课堂中易于操作,可以科学有效地设计问题,清楚梳理文本信息,适当拓展文本,培养学生的批判性思维能力,让学生充分发挥想象力,使文章内容更合情合理,逻辑性更强。

有思维品质的教师,才能设计出提升学生思维品质的问题链,才能培养出具有卓越思维品质的新时代未来社会公民。

3. 巧设学习活动,培养语言能力

高中英语教师应主动探究基于理解性技能和表达性技能来设计教学活动,基于主题,践行英语学习活动观,从而提升高中生英语学科核心素养,尤其是语言能力和高阶思维能力。课堂学习活动大致分为以下三类:(1)深度理解类学习活动;(2)应用实践类学习活动;(3)迁移创新类学习活动。

【案例 7 - 1 - 17】

课堂片段3:创设生活化活动情景——深度理解和应用实践类学习活动

以潘鸣琼老师教的"Comfort Food(治愈系食物)"为例,这是牛津译林版

（2020）选修第一册第一单元的阅读语篇，主题是"饮食文化"，重点分析了治愈系食物背后的情感和文化属性：家庭的情感属性和民族认同感为核心的文化属性。"民以食为天"，食物不仅是满足我们生活的必需品，更是联结个人幸福记忆的纽带。潘老师通过课堂讨论、故事分享、演讲展示等课内外活动任务，引导学生深入品读语篇，让学生透过现象看本质，并且理解饮食背后的情感与文化因素。

课堂讨论：在进行语篇阅读的教学时，考虑到学生对饮食话题非常熟悉且喜爱，但对食物蕴含的治愈性功能不会深究。因此，在准备教学内容时，教师收集了学生爱吃食物的图片和一段 2 分钟有关中国饮食文化介绍的短视频，并在展示图片与观看视频之前提出问题：(1)What's your favourite food? (2)What do you think the article will talk about according to the title? 由于图片和视频内容与学生的日常饮食生活息息相关，易吸引学生注意力，提升学生的学习兴趣，激发学生的表达欲与分享欲，使学生在课堂上畅所欲言。同时，在谈论的过程中学生会对 favourite food 与 comfort food 之间的区别进行辨析。学生会依据自己的理解，对内容进行预设，在阅读文本的过程中进行比较、判断、体会，对 comfort food 的感受也会更具体、更形象、更深刻。

故事分享：在"Comfort Food"语篇中，作者用鸡汤来说明某些特定的食物跟积极情绪之间的关联性。比如，我们经常把鸡汤与快乐的童年联系在一起，它的味道与被关爱的感觉相关。当再次喝到鸡汤时，我们就会回想起受到长辈疼爱与关怀的时光，这会让我们的情绪变好。在这一环节，教师让学生结合自己的生活，积极思考以下问题：(1)What does chicken soup have an impact on your feelings? (2)What food can bring you happy memories? 在日常生活中，每个人都喝过家人用心熬制的鸡汤，每个人都有能带来幸福回忆的食物，让学生主动分享治愈系食物的故事，在具体情境中分享、体会个体故事之间的异同。分享的食物可能不同，但食物背后的功能是相同的，即治愈功能。

演讲展示：在针对激发学生思维的教学活动环节中，教师对"Comfort Food"阅读语篇设计的教学环节是让学生根据英语谚语"you are what you eat"来阐述自己的观点，并且要求学生课后准备三分钟的演讲活动。这样的活动既可以提高学生的英语组织表达能力，又可以让他们通过深入解读与探讨，学会透过现象看本质,有条理地用英语表达个人观点,培养学生良好的学习习惯,在阅读过程中收获的批判性思维品质,对提升学生学习英语的效率有很大益处。

【案例 7 - 1 - 18】

课堂片段 4:创新师生合作的写作反馈活动——迁移创新类学习活动

在段荣老师的读后续写作文讲评课上,段老师对读后续写样本的评价分为两个任务进行实施。通过教师"讲"和学生"评"两个阶段,教师循循善诱,解决学生疑问,完成评价任务。学生在了解评价标准、完成评价任务后,进行修改,完成第二稿。"评"是为了让学生明白样本的不足之处及有针对性地进行修改。"讲"是为了让学生明白根据要求写和为什么这么写。

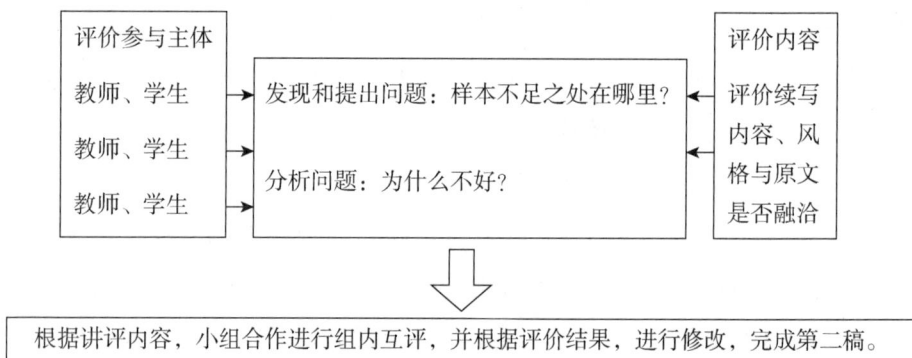

图 7 - 1 - 1 讲评步骤

这节课是一次师生充分互动的活动。实施师生合作评价模式过程的各阶段,都有需要重视和注意的环节。比如,课前:目标精准,例子典型。课中:鼓励合作,提高热情。课后:注重总结,形成经验。在过程中,教师要善于发现学生的闪光点,给予及时的反馈和表扬,形成正强化,保持积极性,让学生积极主动地参与合作评价,从而更好地提高他们的修改及完整地写作的能力。师生合作评价后,教师需要进行阶段总结,看到在实施过程中的优缺点,并有针对性地进行完善,将优秀习作进行汇编,形成示范作用,更加直观地展现师生合作评价的成果。

【案例 7 - 1 - 19】

课堂片段 5：在环环相扣的活动中内化语法规则——应用实践类学习活动

Learning procedures：

Step 1. Connect

Q：Looking to the starry sky，what do you always wonder about?

Group work：List as many questions and thoughts as you can.

_____

_____

_____

Step 2. Construct

Free talk：Among so many questions and thoughts，which one interests you most or leaves you in deep thought or makes you feel _____?

1. _____ interests me most.

2. _____ always leaves me in deep thought.

3. _____ makes me feel _____.

Step 3. Contemplate

Exploring the rules.

A. Read the feature article in Part A on Page 20 and find sentences with subject clauses.

1. That Hubble is based in space allows it to see further than grounded-based telescopes.

2. _____

B. Working out the rules.

Step 4. Continue

Apply the rules in group competition.

Turn the rest of the questions and statements into subject clauses.

Circle the mistakes and correct them in Part B to work out more rules.

Give linking words to complete subject clauses.

Complete the passage by selecting subject clauses available.

Step 5. Create

Fly your imagination to give an ending to a story according to the picture and given beginning, using subject clauses.

Chinese astronaut meets with Martian on Mars

That Chinese astronaut Li Hua met with a Martian on the Mars excited the whole world. What surprised Li Hua was that the Martian was very excited at the sight of Li, too. It is strange that he should speak Chinese, telling Li that he had been waiting for him for 3.5 billion years. It turned out that _____.

在这节语法学习课上,冯新峰老师运用了英语 5C 教学法,即联系(Connect)、建构(Construct)、反思(Contemplate)、延续(Continue)和生成(Create),围绕单元主题语境,在每个环节设置相应的课堂活动,环环相扣,将语法课上得生动有趣、有料、有效。

4. 巧识文本语言,文化育人无声

学生从阅读中获得的不仅仅是语言知识与信息,更重要的是思维、价值观的发展。在阅读教学中,学生的深度学习离不开教师的正确指引,而这对教师钻研、解读文本的能力提出了更高要求。教师对语篇进行解读是阅读教学设计的基础与前提,即教师深度解读文本是其指引学生进行深度学习的关键且重要的一环。这就要求教师不能过度关注语篇中的语言知识,而是要从语篇整体去分析教材,深入挖掘教材的内涵与意义,灵活地实现教材与学生知识之间的整合,促进深度学习。

【案例 7 - 1 - 20】

课堂片段 6：掌握世界语言，讲好中国故事

段荣老师的这节课是单元第一课时，学习目标是理解文章的主要内容，了解"家"对中国的意义。

Step 1. Warm up and lead in

Step 2. Pre-reading

Q：What Spring Festival traditions do you observe?

Step 3. While-reading

1. Fast reading

The article can be divided into 3 parts according to chronological order.

Before the dinner	Para.
During the dinner	Para.
After the dinner	Para.

2. Careful reading

（1）Summarize each paragraph in one word.

（2）Complete the chart（略）

Step 4. Post-reading

Q1. Why the dinner is precious?

Q2. To Luo Yan，home is where all family members are together.

What home means to you?

e.g. Home is where my heart lies.

Home is a place where I can have a rest physically and mentally.

Home is a gas station where I can be refreshed by forgiveness and unconditional love.

Home is where/a place/the destination …

Home is where I can relax/feel comfortable/…

Home is _____

Q3. Why do the Chinese people attach so much importance to reunion during the Spring Festival?

Assignment：

假如你是李华,你的美国朋友 Tom 很想了解中国春节的习俗以及中国人的家庭观念,请你给他写一封信,字数不少于 100 字,其中应包括:

1. 春节的简介;2.春节期间中国家庭的活动;3.中国人的家庭观念。

Dear Tom：

_____

_____

_____

Yours sincerely

本堂课通过读前、读中和读后三个环节引导学生对文本进行层层递进解读。读前通过问答唤醒学生对春节期间各地习俗的记忆,培养学生梳理、概括信息的能力,提升学生的理解性技能。读中要求学生对照文本中的信息,进行细节信息的寻找和填空,锻炼学生的语篇阅读能力。读后阶段,通过问题追问引导学生细品文本语言和主旨,让学生感知并体验文章的内涵和立意,让学生明白家庭在中国文化中的特殊地位,从而达到深度理解。理解是为了更好地表达,最后段老师布置学生写信给外国友人介绍中国春节的习俗以及中国人的家庭观念。从输入到输出,学生掌握好语言工具,成为更好的中国文化传播者。

【案例 7 - 1 - 21】

课堂片段 7:多一双看世界的眼睛

潘鸣琼老师根据语篇的类型(旅游日记)和话题(节日与风俗),在研读内容的基础上进行教学设计,从作者描述的活动内容、人物心情、文化差异三个方面挖掘语篇主题意义、写作目的、文化内涵等体现高阶思维的内容。

Teaching Procedure：

1. Lead-in

（1）Do you like travelling?

（2）Why do you like travelling?

Part 1：Journal 1

1. Read for information

What event did Alex take part in in India?

2. Read for details

The place of wedding ceremony	
People	
Dress：	All： The bride：
Activities	Put the events in the correct order：_____ a. The bride's father led her to the bridegroom. b. The couple took seven steps. c. The celebrations began. d. The bridegroom arrived on a horse. e. The couple joined hands and walked around a fire.
Celebrations（after the ceremony）	

3. Read for further understanding

（1）Which part impresses you most?

（2）How does Alex feel about the Indian Wedding?

4. Read for critical thinking

What attitude should we take when facing different cultures and customs?

根据语篇特点，潘老师在课堂教学设计中，引导学生从主旨信息阅读到细节阅读，再到深度理解阅读，最后上升到批判性阅读，整个过程从信息输入梳理，到应用、判断、赏析，最后帮助学生形成正确的价值取向。学生在阅读中了解不同文化并对这些文化产生兴趣，在心中播下一颗向往的种子。

拓宽国际视野，增进国际理解，逐步提升跨文化沟通能力、思辨能力、学习能力和创新能力，这是一个潜移默化的过程。

第二节　社会学科课堂转型的特色路径

一、思想、政治学科课堂转型的特色路径

（一）一门落实立德树人根本任务的关键课程

2019年3月，习近平总书记在北京主持召开学校思想政治理论课教师座谈会中强调，思想政治理论课是落实立德树人根本任务的关键课程。《普通高中思想政治课标准（2017年版2020年修订）》强调，高中思想政治课程以培育社会主义核心价值观为目的，是帮助学生确立正确的政治方向，提高思想政治学科核心素养，增强社会理解和参与能力的综合性、活动型学科课程。①

思想政治理论课程作为一门落实立德树人根本任务的关键课程，首先体现在其正确的政治性。一方面，思想政治课培养学生坚定的政治信仰和缱绻的家国情怀。党的二十大报告指出，当前，世界之变、时代之变、历史之变正以前所未有的方式展开。思想政治理论课对高中生进行马克思主义基本理论教育，用习近平新时代中国特色社会主义思想铸魂育人，深刻阐述了"马克思主义为什么行、社会主义为什么好、中国共产党为什么能"等重要问题，帮助学生牢固树立正确的理想信念，拥护党的领导，坚定"四个自信"，把爱国情、强国志、报国行自觉融入建设中国特色社会主义现代化和实现中华民族伟大复兴的奋斗之中。另一方面，思想政治理论课给学生提供正确的价值引领和行为选择。高中阶段，学生的理性认识水平明显提升，自我意识更加强烈，是拔节孕穗的重要时期。面对纷繁复杂的社会变革和各种思潮，学生很容易受到多方面的影响。思想政治理论课就是要用科学的世界观和方法论，帮助学生明辨是非，进行价值选判，形成正确的选择，以积极进取的人生态度和果敢有力的行动，树立正确的世界观、人生观和价值观，扣好人生第一粒扣子。

---

① 中华人民共和国教育部.普通高中思想政治课程标准（2017年版2020年修订）[S].北京:人民教育出版社,2020:1.

思想政治理论课程作为一门落实立德树人根本任务的关键课程,其次体现在其深厚的思想性。一是,思想政治理论课具有理论性强的特点。思想政治理论课堂上,除了学习马克思主义的科学真理,还要学习中国发展内含的基本原理、中华优秀传统文化蕴含的主要事理、为学为事为人的重要道理。[①] 这些理论本身是鲜活的,具有生命力和感染力,能有效解决现实生活中的实际问题。通过教师讲清讲透讲好这些理论,学生学懂学实学活这些知识,能有助于学生感悟理论的魅力和价值,内化于心,外化于行。二是,思想政治理论课具有思辨性强的特点。孔子说,学而不思则罔。马克思说,思考是一切。思想政治理论课堂上,通过辨析、讨论、探究国际热点、社会难点等话题,引导学生学会用辩证的思维思考问题,学生思维的广度、深度、厚度得到极大提升,思维的敏锐性和对问题的洞察力、判断力大幅度提升。

作为一门落实立德树人根本任务的关键课程,思想政治理论课程最后体现在其明显的综合性。就学科内容而言,思想政治学科涵盖经济、政治、文化、社会、法学、哲学、逻辑学等内容,还包括时事政治教育、劳动教育、爱国主义教育等,像百科全书一样丰富。就教学方式而言,有合作学习、探究学习、自主学习、讲授法等。就评价方式而言,采用多种评价方式,综合评价学生思想政治学科核心素养发展的状况。就培育目标而言,培育政治认同、科学精神、法治意识和公共参与等学科核心素养[②],培育"有信仰、有思想、有尊严、有担当"[③]的社会主义建设者和接班人。因此,思想政治理论课要遵循教材的编写逻辑、遵循教育的规律和学生成长的规律,整合教育资源,优化教育方式,创新学习路径,创造学习情境,不断提升思想政治理论课的吸引力、感染力。

上好思想政治理论课关键在教师。作为一名高中思想政治课教师,第一要有学科自信、理念要深,即站位高、情怀深,有定力、有方法,牢记思想政治理论课教师的使命,理直气壮地上好思想政治理论课;第二要专业自强,好学力行,

---

① 谢石生.深刻理解"思政课的本质是讲道理"的三个维度[J].肇庆学院学报,2023,44(01):8-14.

② 中华人民共和国教育部.普通高中思想政治课程标准(2017年版2020年修订)[S].北京:人民教育出版社,2020:1.

③ 中华人民共和国教育部.普通高中思想政治课程标准(2017年版2020年修订)[S].北京:人民教育出版社,2020:42.

即要有扎实的学科功底,把握学科育人规律,坚持反映时代要求,讲好中国故事,弘扬中华优秀文化;第三,要发展自觉,勇于突破,即拥有整体把握新课标、新教材的大视野,具备精细处理新教材、新课程的实践力,具有开展因材施教、分层教学、个性化指导学生学习的主动性。

(二) 主题情境视域下的议题式教学构建

自新版《普通高中思想政治课程标准》出台以来,议题式教学已经成为高中政治课堂教学常态化的形式,相较于以往注重创设主题情境、设计主题问题的主题情境式教学,议题式教学更侧重于围绕主议题设计情境,来推动活动型课程的建设。盛泽中学政治教研组结合自己的教学实践,积极探索在主题情境视域下进行议题式教学,用议题这个支点来撬动整个思想政治课堂的变革。

1. 主题情境议题化

议题式教学主要以议题的形式推进,存在于每个教学环节中,这就需要一个由学科知识迈向学科素养的载体,这个载体就是主题情境,它促进了学生思维的发散、能力的成长、知识的生成、素养的养成。主题情境要围绕着议题,带有一定的"议味",实现主题情境议题化,从而实现高中思想政治课主题情境视域下的议题式教学。主题情境可以从以下几个方面着手:

(1) 情境议题的思辨性。思辨即思考与辨析。思辨性问题即呈现的问题要能让学生进行全面思考并在辨别中作出分析与评价。正因为问题带有思辨性,才会让学生围绕问题开展判断、比较、思考、讨论等活动。有思辨才有深度,有深度必须要有思辨。

(2) 情境议题的开放性。开放性议题通常情况下是指不能用"对"或"错"来直接回答的简单议题,而是答案多元化,既立足于教材又不拘泥于教材,需要学生从多维度来思考问题的复杂议题。借助于丰富的想象力,让学生的创新精神和开放性思维在思考和讨论中得以提升,在进行深度学习的同时,也发展了学生的政治学科核心素养,体现了课程改革的要求。

(3) 情境议题的逻辑性。向学生直接传授知识,学习就显得比较被动,学生很难把所学到的知识联系起来,发现其内在的逻辑性,更难学会用逻辑思维去解决生活中现实问题。为此,需要设置带有一定逻辑性的情境议题,促进学生的逻辑思维能力和解决实际问题的能力的提升。

2. 核心议题素养化

无论主题情境式教学还是议题式教学都少不了情境的预设,但是情境承载的任务不同。主题情境式教学中创设的情境是为了引导学生身临其境地探究知识,提高能力,实现情感共鸣。议题式教学中情境承载着为议题服务、提升学科核心素养的任务,具有可议性和素养化的特征。

(1)通过设置生活情境,提升学生的公共参与意愿。实践是一切认识的来源,无论主题情境式教学还是议题式教学都不能脱离生活实践,情境只有植根于生活的沃土,回归生活,使学生设身处地,才能激发学生主动参与课堂活动的热情,引燃学生思维的火花,让教学更灵活、更出色、更高效,更大程度地实现主题情境具有"议"境的持久魅力。

(2)通过设置复杂情境,提升学生的科学精神。复杂情境具有主体多元、事件多样、观点可议的特性。所以,复杂情境可以让学习者与复杂的社会情境之间产生联动,让学习者在辨别与判断中作出正确选择,引导学生学会从多角度思考问题,增强学生对复杂事物的深刻把握,体会辩证思维的特征,增强辩证思维能力。

(3)通过设置两难情境,提升学生的政治认同和法治意识。两难情境可以带给学生认知冲突、价值冲突和思维辨析,让学生在矛盾中做出科学思考和辨别,逐步培养学生道德情感和文明礼貌的行为习惯,提升学科核心素养。

3. 活动任务系列化

主题情境式教学和议题式教学都会根据教学的需要设计自主学习、合作学习和探究学习等活动,看起来活动形式丰富,课堂热闹,但是如果不能真正地实现学科课程与活动形式的有机结合,活动目标不明确,也会影响教学效果,为此必须正确理顺活动内容和活动形式的关系,让活动形成一定的逻辑体系,实现活动任务系列化。

(1)活动内容系列化。活动是有内容的活动,内容在活动中得以展开,反映了活动型学科课程的根本属性,而活动型学科课程实施的关键就是要开展议题式教学。首先,围绕议题开展活动。当活动有了议题统领时,活动便有了主题内容,活动要为议题服务,从议题的提出到议题的解决,在此过程中解决系列化问题群成为活动的任务。其次,围绕课程内容开展活动。新课标中课程内容分为必修课程、选择性必修课程和选修课程,每个模块中都列举了内容要求和教学提示,以及学业要求,这些使活动的开展有章有法、有理有据,实现了活动内容课程化的目标。最后,围绕核心素养开展活动,当活动内容与素养内容保持一致时,在活动中培育核心素养就不再是空话。

(2)活动形式系列化。当前思想政治理论课活动形式从单一走向多样,呈现出多层次、多渠道、多系列的特点。根据活动地点不同,活动可以分为课内活动(如课堂辩论)、校内活动(如参观校史)和校外活动(如社会调查)三种类型。多种形式的活动形式中必须能围绕一个主题内容有序开展,适时应用。

(三)深化议题式教学,以四个"走向"促进课堂转型

1.议题启迪思辨:引导学生从浅层学习走向深度学习

一个好的议题要有足够的思辨性,不仅可以点燃学生的激情,激活学生的思维,而且还可以拓宽学生的视野。课堂上,学生围绕富有思维含量的议题开展自主学习、合作探究,将知识积累、生活体验和思维过程进行分享。通过思想政治课堂进一步解读和释疑,调动学生的问题意识,促进师生间和生生间的思辨激荡、共学共进、层层深入,体现深度思辨的思维指向。

【案例7-2-1】

思辨与问题

不仅在新课学习时,可以根据议题设置思辨,在复习课上也能通过合作与探究、辨析与分析,促进学生对教学内容的学习与巩固。在复习"唯物辩证法联系观"这一模块时,教师以"长三角一体化"为背景,设置以下几个情境议题。议题1:有人说:"联系具有普遍性,世界上任何两个事物都存在联系。"你是否同意这一观点?为什么?议题2:与自在事物的联系不同,长三角一体化发展实现的联系是一种什么联系?这种联系是如何建立的?议题3:人与事物的联系具有"人化"的特点,是否违背了联系的客观性?为什么?议题4:请用整体

与部分或系统优化的相关知识,分析长三角的苏沪浙三地如何实现 $1+1+1>3$ 的协同效应。这四个情景议题由点到面、由浅入深、逻辑严密。通过这些议题,学生梳理了联系观的相关知识,加深了对学习内容的宏观分析、应用和创造。

2. 议题创设活动:引导学生从单一学习走向综合学习

以往的思想政治课堂教学方式比较单一,以教师教授为主;教学内容比较单一,以书本知识为主;教学评价比较单一,以总结性评价为主。通过开展基于议题的丰富多样的课堂活动,从学生的认识水平和生活经验出发,尊重学生的主体地位以及自主构架知识的过程,调动学生学习的积极性,主动参与学习。在活动中,学生的学习方式发生了改变,学习内容从课内延伸到课外,评价可以随时发生,学生的沟通能力、协作能力、分析能力都得到了综合性发展。这让思想政治理论课堂充满活力和灵动,也让学生愿意学、乐于学。

【案例 7－2－2】

活动与探究

在思想政治必修2《经济与社会》的2.1"使市场在配置资源中起决定性作用"学习中,围绕"市场在资源配置中如何发挥决定性作用"的总议题,把共享单车引入课堂,设计了四个合作活动:(1)课堂小调查:你骑过共享单车吗? 你选择共享单车的理由是什么? 你知道哪些共享单车的品牌?(2)企业纷纷进入共享单车市场的原因是什么? (3)大量企业进入共享单车市场,会产生怎样的影响? (4)针对共享单车产生的一系列社会问题,该如何解决? 每个活动要求:四人一组,每组设立主持人、发言人、计时员、记录员,讨论结果进行整理,时间4分钟。共享单车当前已成为学生日常生活中随处可见的事物,契合学生的实际生活,学生积极开展活动、讨论热烈,激发了学生的兴趣,活跃了课堂气氛。

活动的形式可以多种多样,如辩论、演讲等。在思想政治必修3《政治与社会》的"综合探究 始终走在时代前列的中国共产党"一课学习时,立足建党百年的时代背景,以"为什么中国共产党执政是历史和人民的选择"为议题,设计"画一画、演一演、说一说、唱一唱"四类活动,探究中国共产党带领中国人民革命、建设和改革的奋斗历程。"画一画"是以思维导图的方式描绘百年大党的发展历程;"演一演"是以小品剧或电影配音的方式还原中国共产党的一些大事件;"说一说"是以口述方式讲述身边的党员教师、老党员的感人故事;"唱一唱"是以歌唱的方式齐唱歌曲"没有共产党就没有新中国"。在"演一演"环节中,学生演绎《觉醒年代》《建党伟业》等影片的经典片段,角色情绪饱满,表演极富张力,一个个历史人物跃然眼前,仿佛让人一下子穿越到那个风起云涌的年代。最后的"唱一唱"环节,更将本节课推向了高潮。整节课中,同学们不仅用到思想政治理论课的知识,还用到历史、艺术、语文等跨学科内容,学生从不同角度加深了对党的认识,增强了对党的领导的政治认同,较好地实现了本节课的教学目标。

3. 议题导向价值:引导学生从机械学习走向有意义学习

罗杰斯的学习理论中,有意义学习不仅是增长知识,而且是一种能使个体行为、态度,以及在未来选择行动方针时发生重大变化的学习。[①] 基于主题情境的议题从社会中来,从学生中来,能解决学生的实际问题,给学生提供价值的引领,在价值引领中增强学生的获得感,让学生体会到生命的意义、学习的价值,进而激发学生自主学习的内驱力。每一课议题之间并不是孤立的,而是在单元框架下有着内在逻辑关系的,能改变那种盲目的、片段的机械学习方式,学生的学习效率和成效将大幅度提升。

【案例 7 - 2 - 3】

价值与方法

高三学生即将步入大学,需要制订职业发展规划,选择大学专业。有位学生找到政治教师,倾吐烦恼:自己选择的专业和父母期待的方向发生分歧。一方面是父母的期待,自己深受父母的养育之恩,不想违背他们的期望,另一方面是自己的梦想,自己苦心奋斗十几载,一心想追求自己的生活,实现自己的人生

---

① 陶新华.试论创新性学习的形成[J].上海师范大学学报(哲学社会科学.教育版),2002,31(01):31-36.

价值。同时，教师也从侧面了解到遇到同样问题的，还有不少学生，这是一个共性问题。思想政治必修 4《哲学与文化》第二单元第六课由三部分组成：分别是"价值与价值观""价值判断和价值选择""价值的创造和实现"，教师可以设置系列议题：为什么不同人有不同的价值观？面对价值冲突应如何选择？如何成为新时代"可爱"的人？引导学生深刻认识社会存在决定社会意识，理解价值观的形成与时代、环境密切相关，分析价值冲突产生的主客观原因，进而引领学生进行合理的判断和选择，探寻人生价值实现的路径。从怎么看到怎么做，引导学生用历史的眼光、辩证的眼光、发展的眼光分析问题，并且为学生化解矛盾、指引方向。学生在层层递进议题带领下，一方面学会的是科学的世界观和方法论，了解事物发展的一般规律和解决问题的普遍方法；另一方面学会的是思想政治理论课的学习方法，课内的框与框之间、课与课之间、单元与单元之间、模块与模块之间有内在联系，知道要从历史的逻辑、理论的逻辑和实践的逻辑对新教材进行把握，慢慢培养单元意识，对学习内容进行梳理和整合。这就是学法指导。

爱国，是中华民族永恒的主题，也是思想政治理论课的主旋律。在学习思想政治必修 4《文化与生活》中"永恒的中华民族精神"这一课时，陈月忠老师以港珠澳大桥的建设过程为背景，设置议题情境：祖国，爱你的方式千万种。[①] 南宋：文天祥誓死不当亡国奴，"留取丹心照汗青"是爱国；清末：中国近代状元实业家、教育家张謇先生，主张实业救国，将南通打造成中国近代第一城，是爱国；今天：大桥人克服许多世界级难题，集成了世界上最先进的管理技术和经验，保质保量完成任务，是爱国。议题：如今，年轻的我们，又该怎样爱国呢？学生各抒己见。教师最后价值引领：好好学习，是一种爱国，但不能只是挂在嘴上，而应落实在每节课、每次作业的每一个环节中。少年强则国家强，你们有多强，祖国就有多强！爱国还需要爱我们的班级、爱我们的校园、爱我们的家乡；哪怕是捡起脚下的那片纸屑，也是拾起自己的责任与担当……该事例的举隅，除激发学生的爱国主义情怀，让学生心灵受到震撼外，更能教育学生要重视生活中的细节，把爱国主义融入日常生活中的方方面面，付诸实际行动，把更多教育教学

---

① 陈月忠.探寻高中思想政治课议题式教学的生活化路径[J].中学课程辅导（教师教育），2020，No.214(09)：55.

的正能量释放出来,让思想政治学科素养真正落地生根。

4. 议题推进实践:引导学生从文本学习走向生活学习

思想政治理论课的理论具有一定的概括性和抽象性,与高中生的认知能力和水平存在一定距离。在推动思想政治理论课转型发展的过程中,要坚守课程的理论性,还要与生活实践相结合。通过议题将理论和实践相结合,把思政小课堂同社会大课堂结合起来,一方面可以把学生有关思想理论的热点难点问题引入思政课实践教学环节,引导学生进行研究型学习。另一方面,可以鼓励和支持学生走向社会、深入基层,培育社会参与意识,锤炼意志品质。

【案例 7 - 2 - 4】

实践与生活

教师可以将抗击疫情、脱贫攻坚、载人航天工程、长三角一体化、中美贸易等社会大事件引入思政课的小课堂中,结合政治课教学内容开展深入讨论,既拓宽了学生的学习视野,也帮助学生形成一种更大格局的国家观念。同时,社会大课堂为教学提供了更广阔的空间、更丰富的资源。学生走进社会主义新农村,开展田野调研,走进创业园区,感受高新技术产业,收获到的是"劳动光荣、劳动伟大"的体验。学生进行参观访问、专题访谈等,对中国特色社会主义事业有一个全面深刻的认识,明理增信、崇德力行。

在思想政治课导学案中,政治组教师充分利用好乡土资源,鼓励学生进行社会调查,开展学习研究。在思想政治必修 2《经济与社会》的"坚持两个毫不动摇"这一课中,教师设计了"破解一个乡镇崛起两家世界 500 强民营企业的秘诀"的议题,鼓励学生走访民营企业,了解企业发展壮大的原因。《财富》杂志公布 2020 年世界 500 强排行榜,江苏有 4 家企业上榜,其中吴江有 2 家企业上榜,均来自盛泽镇,向世人展示了吴江民营企业的硬核实力,堪称中国乡镇经济史上的一大成就。学生在走访中发现,好生态里长出参天大树。在吴江区民营经济自由生长的热土上,有着良好的营商环境,得天独厚的纺织产业集群、市场功能等优势。当然,企业的发展更得益于自身坚持创新驱动以及现代化的管理方式。学生在社会实践的过程中，对书本所学知识进行印证，不仅丰富了自己所学，还多了一份对家乡认同和自豪。

二、历史学科课堂转型的特色路径

(一) 历史学科与思辨力培养

1. 历史思辨力的内涵

关于思辨力的研究，我国古已有之。《礼记·中庸》中记载："博学之，审问之，慎思之，明辨之，笃行之。"明代王守仁在其传世之作《传习录》中对思辨力作这样的解释："此则非有学问思辨之功，将不免于毫厘千里之缪。"可见思辨力是学习过程中的必备能力之一。而历史思辨力属于人文思辨力，由于人文学科的内容多具有争议性，其研究过程往往强调的是解释和论证，最终目的是通过对所选材料的解释和论证，从而选择或创造出符合意识形态和行为准则的价值观念。

历史学科思辨力，顾名思义是关于历史学习所需要和培养的思考及辨析能力，即运用辩证唯物主义和历史唯物主义观点，对历史事物(实物史料、音像史料、图片历史、口述史料、文献史料等多种史料)[1]进行鉴别分析，从而认识历史发展的本质，把握历史发展的内在理路，即从对历史问题的辨别和分析角度解决现实问题，甚至能够认识或预测未来潜在的问题。

历史思辨力的培养目前主要体现在学科五大核心素养上，即唯物史观、时空观念、史料实证、历史解释和家国情怀。[2]"唯物史观"强调运用唯物论的观点探究现实问题；"时空观念"要求因时制宜，研究事物要放在其特定的时间和空间内；"史料实证"强调对史料去伪存真，史论结合，论从史出；"历史解释"是在对史料进行客观合理运用的基础上得到逻辑严谨的历史认识；"家国情怀"则是要求我们具有正确的个人理想、集体观念、国家荣誉、人类命运共同体等理念，尽管五个核心素养的内涵各有所异，但贯穿了历史思辨力的核心要求。

---

[1] 中华人民共和国教育部.普通高中历史课程标准(2017 年版 2020 年修订)[S].北京：人民教育出版社，2020：1,2.

[2] 中华人民共和国教育部.普通高中历史课程标准(2017 年版 2020 年修订)[S].北京：人民教育出版社，2020：1,2.

2.历史教学是培养思辨力的重要途径

历史学科思辨力外延是问题解决能力,其核心是历史思维能力。其内在蕴含的逻辑要求是逐级提升的三种能力:一是辨析鉴别能力,即对纷繁复杂的史料能辨析真伪,通过对多种史料的鉴别和研究,找出最具有史料价值的材料加以正确使用。在选择史料的过程中,需要对史料进行分类、整理和综合。二是推演解释能力,即通过对史料的鉴别,运用概念、判断和推理等多种方式,能客观合理地描述或还原相关历史情境。这个过程需要我们用相关的历史概念,通过自己的主观判断,根据已有的史料最终推理还原出一个相对客观的历史原型。三是评价创新能力,这要求我们在史论结合的基础上客观地评价历史,这既是对传统历史结论或历史认识的合理质疑,也是在创造全新的历史观点,而新的历史观点需要有根有据、逻辑严谨、因时制宜才能获得认可。这三方面的本质要求就是要有一定的思辨力,通过历史学科的学习有效地培养学生的思辨力。

(二) 基于核心素养培育的思辨课堂构建

1.思辨课堂的内涵与价值

首先,思辨课堂应着力于学生历史思维的发展,促进学生智慧的发展、生命的成长。新课改一再强调,要引导学生通过历史课程的学习逐步形成具有历史学科特征的正确价值观、必备品格与关键能力。这些价值观、品格、能力的取得不仅通过历史知识的单向输出,还离不开学生历史思维的发展。思辨课堂通过丰富的历史资源激发学生的思维,引导学生在综合、比较、分析、辨析等思维活动中不断提升自己的思维品质,提高历史思辨力,帮助学生在高质量运转的思维与浓郁的思辨氛围中逐步发展智慧,形成正确的价值观、必备品格与关键能力,促成自我生命的成长。

其次,思辨课堂离不开有效的学生活动。思辨力的提升、学生思维的发展并不能简单通过教师“满堂灌”的方式而获得,它必须通过教师精心设计并组织的课堂探究活动,推动学生积极、主动地参与历史问题的解决,在参与中形成师生、生生间的互动,在互动中激发学生的思维潜能,在思考、辨析中感受历史,体悟历史情境和情感,在感悟中形成自己的历史认识,提升思辨的深度与厚度,促成学生的成长。

思辨课堂还应是一个意义建构过程。所谓"好的教学……既让学生理解透彻，又让学生生发问题"。① 思辨课堂不仅关注学生参与问题解决，更应关注学生思维参与的过程，在引导学生思维参与中进行深入探究，帮助学生调动起手脑等多器官来观察问题、分析问题、解决问题，逐渐形成对历史的科学性、个性化的解释，实现历史教育的意义建构。

2. 思辨课堂的特征与流程

基于以上分析和实践的经验总结，我们归纳了思辨课堂的特征，具体表述如下：

一是情境性。思辨课堂主张通过学生主动参与活动，让学生在探究中激发思维活力，提升思辨力，逐渐养成历史学科核心素养，促进自我生命的成长。历史是过去的人和事，无法再现，因此，为促成学生自觉、主动地参与，教师就得合理利用各种历史资源，在遵循历史发展的逻辑、考量学生的身心发展逻辑、遵循历史教育逻辑的前提下，营造出一种激趣、质疑、启思的学习情境。通过真实的情境探究引导学生积极参与课堂教学进程，在寻求问题解决的过程中感受、理解历史，促成学生思维的提升、生命的成长。

二是探究性。思辨课堂立足于学生的发展与成长，主张学生思维的深化与思辨力的提升应通过学生对历史问题的探究与解决。因而，探究性是思辨课堂的重要特征。正如著名物理学家费曼所说："凡我不能创造的，我就不能理解。"历史学习也同样如此，要想通过历史课堂教学帮助学生学会全面、客观、辩证地看待历史问题，就得创设适切的探究情境，让学生在参与探究中沉潜到历史情境中，在师生、生生互动中去观察、分析、解决历史问题，在亲身体验中感受历史的厚度与温度，进而达成思辨力深化与立德树人的最终目标。

三是过程性。思辨课堂鼓励学生从不同角度、不同层面、不同方向来反思和认识历史问题，激励学生积极主动地调动自己的思维，开阔眼界，勇于探索，对历史问题形成自我的认识与理解，这着眼于学生思维的过程。即通过学生对历史问题的探究、解决，引导学生在比较、分析、推理、概括等思辨活动中激发思维，在观点的碰撞与探讨中获得顿悟，达成历史学习的意义建构。在建构过程

---

① 赵亚夫.历史教学设计的流程、诊断与策略(第八讲上)[J].中学历史教学参考,2015(7):45-46.

中,我们固然期待学生通过课堂教学形成有创意、有价值的新看法,但特别注重的还是学生思维的参与,利用教师的教学智慧引导每一个学生在课堂探究活动中获得体验感、参与感、成就感。

为了更好地构建思辨课堂,推动思辨课堂在培养学生历史学科核心素养上发挥积极作用,盛泽中学在结合学校实际的情况下,设计了思辨课堂的流程,提出了"问题—协作—探究—建构"的操作与践行方式,并在教学实践中加以推行,随着实践过程的逐步推进,学校也在不断完善操作流程的具体细节,如在问题提出环节,我们摸索出了要确定教学立意,在教学立意的统领下构建逻辑清晰、层层递进的问题链,引领学生随着问题的逐渐深入加强思辨的逻辑性、深刻性。在协作探究环节,为保障探究的实效,我们主张以小组为单位,甄选负责人,由小组自主协商,负责人主持探究过程,汇总探究结果并向班级同学进行展示,争取让每一位学生都有展示自我的机会。而在建构环节,我们尊重每个学生的思维特质,在表现方式上尽量做到个性化、开放性,如构建思维导图、概念树、历史漫画……

(三) 思辨课堂的构建路径

1. 在时空框架中培育思辨力

《普通高中历史课程标准(2017 年版 2020 年修订)》提出:"时空观念是在特定的时间联系和空间联系中对事物进行观察、分析的意识和思维方式。任何历史事物都是在特定的、具体的时间和空间条件下发生的,只有在特定的时空框架当中,才可能对史事有准确的理解。"由此可见,时空观念不是时间或者空间的线性关系,而是两者的叠加效应。基于此,下面以统编版《中外历史纲要(上)》第 22 课"南京国民政府的统治和中国共产党开辟革命新道路"为例,谈一谈基于时空观念培养的课例设计。

【案例 7 - 2 - 5】

"南京国民政府的统治和中国共产党开辟革命新道路"课例

从标题看,本课分为两部分,将这两部分统合到一个大主题下,它们反映的是 1927～1937 年十年间中国政治、经济、社会发生的重要变化。第一部分是南京国民政府的统治,这一部分较难,涉及的方面也较多,可以表格、时空坐标形式将"宁汉合流""济南惨案"、皇姑屯事件、东北易帜等事件串联起来,由此得出结论:此时日本帝国主义的野心正在膨胀以及国民政府在这一时期形式上统一了全国。但是,也要引导学生注意,在国民政府统治初期,民族工业在夹缝中求生存以及官僚资本的迅速膨胀。第二部分是中国共产党在大革命失败之后所面临的道路的选择。通过思维导图,梳理中国共产党在面临困境时解决问题的方式,从而得出结论:工农武装割据和革命根据地的建立开辟了中国革命新道路;通过地图标注和视频动态演示的讲解,让学生直观感受红军长征的时空意义和历史价值,从而对打开中国革命新局面有更深刻的认识。

2. 在史料实证中培育思辨力

根据普通高中历史课程标准的要求,史料实证是高中历史学科必须掌握的能力之一。史料实证是指对获取的史料进行辨析,并运用可信的史料努力重现历史真实的态度与方法。通俗来讲,主要达到两个要求:一是要认识史料的重要性,且能收集、辨析史料。二是能运用史料进行实证,并据此提出自己的历史认识。史料,亦称历史资料,反映过去发生、存在过的所有事情的文字资料和一切物品都可以作为了解、认识历史的资料。人类文明源远流长,在时间的长河里,祖先给我们留下了璀璨而辉煌的历史痕迹,这些痕迹以多种方式存在,如何准确地辨析并使用这些史料,是我们必须掌握的能力。只有客观合理地运用史料,我们才能得出相对科学的历史认识。如果武断偏颇地使用史料,那最终得出的历史认识则会贻笑大方。历史教师在教学时需要不断地创造机会,耐心地引导学生,通过不同途径收集某一主题的相关史料,经过分类、整理、辨析、讨论等方式,充分利用收集的多种史料,得出他们自己的历史认识。

【案例 7 - 2 - 6】

"国家出路的探索和列强侵略的加剧"课例

在收集、辨析史料方面,以部编《中外历史纲要(上)》第 17 课"国家出路的探索和列强侵略的加剧"为例:该课讲述了太平天国运动。教师可以建议学生收集关于太平天国的图象史料、文献史料、实物史料、现代音像史料等多维度史料。其中苏州博物馆忠王府遗址是展现太平天国运动的实物史料,鼓励条件允许的学生实地走访忠王府,将自己认为有研究价值的史料拍摄成照片,分类、整理、归纳后使用。在这个过程中,学生会逐渐分辨出哪些是对本课学习有研究价值的史料,哪些是与本课学习关联性不大的史料。忠王府遗址内还存放了很多太平天国运动的历史文献,并且有专业人士进行讲解,这能有效地帮助学生收集和辨析史料的价值,让学生感受太平天国将领的生活环境,百年前的历史一隅让学生对历史学习的内涵有更丰富的体验。

在史料实证方面,以分析本课"太平天国运动失败的原因"为例:

材料一:播放视频:……2014 年 4 月苏州吴江文博工作人员整理一批吴江境内发现的铁炮,炮身上可见模糊的英文字母和太平天国字样,苏州博物馆中一些记录着相关内容的文件证实这批铁炮来自一百多年前的太平天国运动……

——《苏州史纪》第 25 集《天国遗梦》

材料二:太平天国没有一点进步意义。

——马克思

材料三:伪天王轿夫六十四人,伪东王轿夫四十八人,依次递减,至两司马轿夫八人而止。洪逆从不出行。惟杨逆每出行必盛阵仪……

——[清]《贼情汇纂》

教师提出问题:"请同学们结合视频中实物史料、忠王府拍摄的图象史料、课本内容,从多角度契入尝试探究太平天国失败的原因。"学生已有实地走访的经验,面对史料,学生的思辨热情很快被激发。这时教师循循善诱地帮助学生打开思维,继续提问:"太平天国虽是农民起义,且拥有了当时较为先进的武器,那为何还会被湘军打败?""太平天国真的没有任何可取之处吗?""洪秀全从不出门,为何杨秀清却屡屡仪仗盛大地出行?"在教师的引导下,学生对史料的科学性、合理性进行辨析,并从唯物论角度认真审视史料,从而得出自己的历史认识。在这个过程中,学生对史料的收集、辨别、分析、整理、归纳的能力得到显著提高,学生在面对不同的史料时,会有意识地加以辨析。在掌握多种史料的基础上,学生能更好地还原太平天国运动的历史面貌,从而证实自己的历史解释。

3. 在历史解释中培育思辨力

《普通高中历史课程标准(2017 年版 2020 年修订)》指出:历史解释核心素养是"以史料为依据,以历史解释为基础,对历史事物进行理性分析和客观评价的态度、能力与方法"。历史解释核心素养强调,学生需要对基本史实有一定的梳理和把握能力,同时也需要不断培养自身思辨力,做到融会贯通。教师需要在培养学生历史解释核心素养的过程中,不断培养学生的思辨意识与能力,从而促进学生的全面发展。

【案例 7－2－7】

"中华文明的起源与早期国家"课例

以《中外历史纲要(上)》第一课"中华文明的起源与早期国家"为例,由于"文明"是一个比较抽象且复杂的历史概念,所以教师需要通过一定的史料,合理引导学生对此概念进行分析和解读,从而使学生对其有更深刻的理解。教师在教学过程中向学生展示了一则史料,并请学生根据书本提供的史料,分析构成文明的标志有哪些。材料如下:

现今史学界一般把"文明"界定为:……除了政治组织上的国家以外,已有城市作为政治(宫殿和官署)、经济(手工业以外,又有商业)、文化(包括宗教)各方面活动的中心。它们一般都已经发明文字和能够利用文字作记载,并且都已知道冶炼金属。文明的这些标志中以文字最为重要。

——夏鼐《中国文明的起源》

学生根据材料及姜寨遗址,红山、良渚文化遗址的对比,探究中华文明起源的相关问题。分析得出文明形成的标志有:国家的形成、城市、文字、冶炼金属等内容。

学生通过具体的文物和史料研究,将原来抽象的历史概念逐步具体化,在加深对历史概念理解的同时,提高自身历史思辨力,在历史课堂潜移默化的影响下,逐步提升历史解释核心素养,学以致用。

4. 在情怀涵养中培育思辨力

《普通高中历史课程标准《(2017 年版 2020 年修订)》提出:学习和探究历史

应具有价值关怀,要充满人文情怀并关注现实问题,以服务于国家强盛、民族自强和人类社会的进步为使命。这种情怀与价值的涵养是历史知识、能力、方法、思维等方面的综合表现,是实现"立德树人"目标的重要标志,指导并决定了学生在解决历史问题及相关问题时的思维方向与行动选择,这个过程恰是历史思辨力提升的过程。因而,高中历史教学中要培育学生的历史思辨力,需要有情怀、价值观的渗透与彰显。而随着情怀、价值观的培养与涵育,学生的历史思辨力也在不断得到提升。

【案例 7-2-8】

"鸦片战争"课例

以《中外历史纲要(上)》第 16 课"鸦片战争"为例,这节课作为中国近代史的开端,在涵养学生的情怀、价值观等方面有着非常重要的地位与意义,我在一开始就展示给学生以下材料:

那次战争我们称之为鸦片战争,英国人则称之为通商战争,两方面都有理由。关于鸦片问题,我方力图禁绝,英方则希望维持现状:我攻彼守。关于通商问题,英方力图获得更大的机会与自由,我方则强硬,要维持原状:彼攻我守。就世界大势论,那次战争是不能避免的。

——蒋廷黻《中国近代史》

并据材料提问:你赞同哪种说法? 理由何在?

这种与以往经验相悖的问题一经提出,激起了学生探究的欲望与思辨的热情,学生的思维也就紧紧围绕着这场战争展开了:这场战争因何而起? 与鸦片、通商有怎样的联系? 为什么中英会各执一词? 当时的世界大势又是什么? 为什么会说战争不可避免? ……这些问题的设置,一方面基于学生情怀、价值观培养的立场,避免因线性、单一的叙事将学生带入激进民族主义的窠臼,而力图引导学生以更全面、理性的视角来正确看待这场战争,指引学生站在当时世界发展的潮流,以全球史观、整体史观、唯物史观的视角来审视这场战争的发生、发展、结果及带给近代中国的深远影响,进而帮助学生反观现实,加深理解面对社会剧变所带来的挑战,一个主权国家所应有的态度与作为。另一方面借助开放性问题,在体悟中更好地促进学生思辨力的发展,学生在探究问题过程中需要搜集多方面的史料,辨析史料的价值,从这些史料中找到有效信息、证据来论证自己的观点。随着搜集、解读、分析史料进程的推进,学生的思辨力也在不断得到提升,在问题解决过程中思辨力的深刻性、全面性都有发展。

三、地理学科课堂转型的特色路径

(一) 地理:一门研究格局与过程耦合的学科

地理学科要实现课堂转型,首先需要认清地理学科的学科特性。如果仅仅是从一般的学科原理出发,地理课堂难以发生实质性的转型。因此,研究学科特性是一件很有意义的事。那么,如何提炼关于地理学科的基本特性呢? 地理学是"以地球表层系统为研究对象"①,探究人类活动与地理环境关系的学科,研究的目的"是更好地开发和保护地球表面的自然资源,协调自然与人类的关系"②,携手构建人与自然的命运共同体。

《地理教育国际宪章 2016》指明,地理不仅是学习许多事实和概念。它关注的焦点是格局和过程,这有助于我们理解这个持续变化的星球。③ 牛文元认为,"在地理空间中的能量扩散、物质扩散与信息扩散,随着时间进程的改变,将会产生不同的表现范围以及新的空间分布格局。尤其对地理事件的随机传播而言,不同的'时间断面'上所表现的地理空间特征,也就是地理时空耦合问题,是理论地理学多年来研究的课题之一"。④ 傅伯杰院士提出地理学综合研究的重要途径和方法应当是"格局与过程",并指出"格局影响过程,过程改变格局"。⑤ 就格局而言,可以从大小、形状、数量、类型和空间组合上进行描述。比如,全球的风带与气压带、全球的自然带、全球的洋流流动路径等,一个区域的地形分布、河流分布、人口分布、城市分布形态等,一个城市的面积大小、人口规模、功能分区、交通与市政设施布局等,均可被视为地理格局。就过程而言,可以分为自然过程(如河流的分布与迁移、物种的分布与迁徙、径流与侵蚀、能量的交换与

① 郑伟大.道听"图"说:高中地理学科中的图象教学[M].宁波:宁波出版社,2012:2.

② 朱国君.务实,开拓,创新　培养专业化教师队伍[M].上海:学林出版社.2009:96.

③ 张建珍,段玉山,龚倩.2016 地理教育国际宪章[J].地理教学,2017(19):6.

④ 许学强,多姆勒斯.中德地理学发展与地理教育[M].广州:中山大学出版社,1990:19.

⑤ 李兴科,辛凤娇.格局、过程与尺度[J]教学考试　高考地理,2020(3):65.

转化等)和社会文化过程(如交通、人口、文化的传播等)。这些地理格局不是一成不变的,随着时光与岁月的流逝,它们会发生演化与变动。袁孝亭认为:"地理过程是指地理事象随着时间的推移而展现出来的动态变化过程。"①而地理过程的时间尺度也是长短不一的,有的长达数亿年,有的短则几天甚至是几小时。

以上对格局、过程概念及两者耦合的解读,有助于进一步明确地理学科的主要特征,有助于对地理学科核心素养培养的目标要求的理解。同时,它对当下的地理课堂转型具有重要启示:在地理格局与过程耦合的思想引导下,我们可以创设情境展示地理现象,运用地理综合思维揭示、解释地理空间分布与地理事物发展的过程,促进对地理耦合问题的研究。

(二)以大概念为引领,以学科素养为导向

1. 课堂教学设计要以地理大概念为引领

课堂教学让学生掌握学习的程度可以简略认为有以下三个层级:了解、理解、见解。② 了解,表现为认识和记忆性学习,包括具体概念、作用和意义等,倾向于粗略知道并把握单一的事情;理解,是基于人的大脑对事物的分析从而对事物有着一种本质上的认识,偏向于更深层的思想内涵;见解,通过学习,在具备对事物的观察、认识后,凭自己的理解所产生的看法,并体现能将所学知识内化为学科思想与理论体系,以及将其外化为面对实际问题所拥有的迁移运用的能力。显然,见解,是课堂教学的高阶目标。

在新课程标准引领下,基于核心素养的培养目标,需要教师积极转变教学理念及教学策略,感悟教学内涵,通过创新教学设计,并在教学过程中,引导学生实现从体察地理之"形"到参悟地理之"神"的历程,进而把握地理学科的本质。过程中让学生对地理学习从了解,到理解,再到见解的"台阶式"提升。为此,以大概念为引领的单元教学设计与实施是实现深度教学、参悟学科内涵或思想的重要途径。

(1)大概念教学的内涵及优势

大概念体现的是地理学科本质的思想方法和观念。大概念具备以下特性:统摄性——在学科或单元知识中位居核心地位,反映学科本质;持久性——它

---

① 王雪丹,王向东,梁秀华."格局与过程耦合"思想及其在高考试题中的考查视角与教学启示[J].地理教学,2021(12):34.

② 王恒富.过有品位的课堂生活[M].南京:南京师范大学出版社,2015:132.

是学生走上工作岗位,进入社会后,忘却了知识本身,但仍然留在脑海中的学科思想或学科理念,能解释现实中遇到的问题的知识及原理,如地理位置、地理区位等。迁移性——掌握大概念,有助于培养学科核心素养,实现学以致用,可用于现实问题的解决。

以大概念为引领的教学,关注学科知识的整合,使课程内容结构化、体系化,对发展学生核心素养具有重要意义。地理学科核心素养培养的目标是让学生能运用地理思维、方法和观念解决生产生活中的实际问题;理解和运用大概念,有助于实现从知识与技能的掌握到核心素养的形成。因此围绕大概念的单元教学是落实地理核心素养的重要路径。

以大概念为中心优化教学内容,避免了传统知识教学的碎片化与浅表化,有利于学生加深对知识的理解,促进学生对现实问题的见解。有助于学科知识体系化、逻辑化、整体化,有助于学生全面地、整体地、准确地分析问题,从而提高地理思维能力,促进深度学习,使课堂教学有效、高效。

(2) 大概念与单元教学的融合

概念是抽象思维的产物,立足于单元教学,将大概念背景下的概念层级分为单元大概念、重要概念、具体概念,以及地理事实概念。大概念是单元大概念之上的概念,是上位的概念,而单元大概念构成单元教学的核心,能统摄地理原理、规律、概念和地理事实,将学科知识与真实世界有机结合,具有重要的应用价值和迁移意义。单元大概念可以理解为单元教学最本质的内容或知识,是在教学过程中需要传递给学生的学科思想和观念,如地球运动的地理意义。重要概念是单元教学的主体内容或知识,如昼夜交替、时差、正午太阳高度的时空变化、昼夜长短的时空变化等重要概念。具体概念是重要概念的下一级概念,或说是子概念,它对地理事实进行抽象性概括,是基于地理事实形成的。如昼夜现象、晨昏线、正午太阳高度角、昼弧、夜弧等具体概念。地理事实概念是指生活中存在的地理现象,是真实的客观存在,它是具体概念的认知基础。如黑龙江比新疆早看到日出、夏季昼长夜短、冬冷夏热、冬季北方比南方寒冷等,这些实例是对地球运动的地理意义等具体概念的诠释。由此看出,以大概念为中心的单元教学,有助于学生构建知识体系,完善认知结构;有助于学生对所学知识的理解与深化,掌握解决具体问题的能力,建立学科思维和提升核心素养;有助于促进深度学习,提高学生地理思维;有助于学生将所学知识运用于现实生活,提高应用能力;有助于提高学生学习兴趣,助力课堂提质增效。

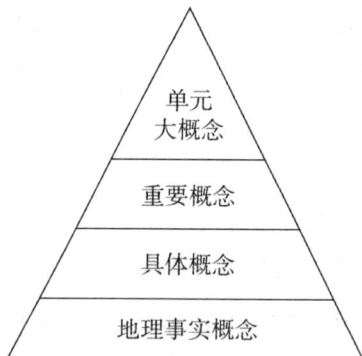

图 7 - 2 - 1　概念层级示意图

(3) 设计以大概念为引领的单元教学

单元教学是通过连续多个课时的主题教学,促使学生完成学习任务的教学模式。以大概念为中心的单元教学设计,遵循素养导向、学生本位、整体统筹和层次递进等原则。基于大概念的单元教学具有结构化、问题化、情境化、活动化、迁移化等特征。

建构主义理论为以大概念引领的单元教学设计提供指导。在教学设计中,要体现以学生为中心,认真分析学情,从学生已有经验出发,合理设置单元目标,创设真实的问题式情境,设计多种教学方法和评价方式。在教学过程中,要调动学生积极性和主动性,使他们参与知识的建构过程,树立主动思考的意识,促进对大概念的持续性理解和迁移运用,提高教学效率。

开展以大概念为引领的单元教学设计,基本流程为:确定单元主题,提炼单元概念;梳理概念层级,组建学习框架;梳理单元内容,编写教学目标;创设单元情境,设计问题探究;多样评价结合,构建评价体系;设置单元作业,促进迁移应用。

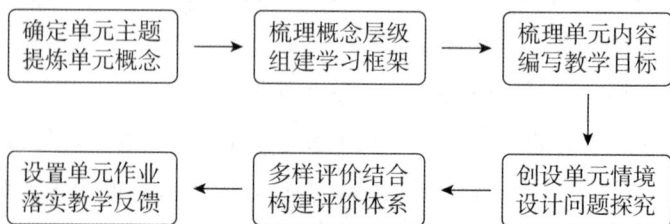

图 7 - 2 - 2　以大概念为引领的单元教学设计操作流程

2. 地理教学过程要以学科核心素养为导向

教师在每节地理课中一般都会设计几个学习任务,且务必要明确这些学习任务的目标是什么。有的地理教师往往赋予一个任务较多的目标,这样就会分散学生的注意力。因此,任务目标的适当聚焦有利于突出重点,更好地落实核心素养培养。比如,在引导学生探索秘鲁寒流成因与影响时,有教师将目标设计得过多,既要读图落实地理实践力,又要讨论成因发展综合思维,还要讨论寒流影响突出区域认知与人地协调观。一节课下来,时间不够用,最后目标的达成度较低。此后这位教师调整了策略,将任务目标锁定在综合思维的培养上,课堂讨论深入了,学生的理解也更深刻了。有学生从东南信风的角度,谈到信风将秘鲁沿岸的表层海水推离近海岸,导致深层的冷海水上升加以补偿,使水温变低。有学生谈到秘鲁海岸线向内凹陷,海流流动中受到惯性力与地转偏向力的影响产生一股向外(离岸)甩出来的力量,从而加剧海水推离海岸的现象。还有的学生谈到秘鲁寒流除了垂直补偿原因以外,还有水平补偿的原因。由于东南信风的持续影响,使南美洲西侧赤道附近的海平面降低,引来西风漂流北上形成水平补偿流,也使水温变得更低。在讨论秘鲁寒流对地理环境的影响时,有学生谈到寒流降温减湿,导致沿岸地区气流下沉,降水稀少。有学生提到寒流使热带沙漠气候从南纬 30°延伸到南纬 5°。有学生说,由于寒流造成这里多大雾天气。有学生谈到,上泛冷水与表层海水混合,多样化的营养物质成为鱼类的饵料。因此,容易形成渔场,渔业资源丰富。有学生说,鱼多了,鸟类也多了。寒冷的岛屿环境,还可以使企鹅在这里生存。通过这样的讨论活动,学生在综合思维上得到很大提升。

(三) 以五个"起来"促进课堂转型

1. 让学生置于地理情境,"问"起来

《普通高中地理课程标准(2017 年版 2020 年修订)》关于"教学与评价建议"部分,强调对地理核心素养的落实,并解决地理教学中的重要问题,进而提高地理教学育人效果的导向作用。由此看出,问题教学是课堂转型的重要路径,其显著特征是在教学活动中以"问题"为线索,基于问题创设情境,发现问题,掌握技能,从而让学生学会思考、学会学习、学会创造,促进学生核心素养的发展。

教学中,按照学生的认知规律组织教学[①],包括创设情境、提出与分析地理问题、提出地理解决方案以及展示评价四个部分。在教学实践中,我们以问题教学为导向,同时另辟蹊径,先由教师进行情境创设并呈现给学生,然后由学生自主思考并提出相关地理问题,供全班学生分组讨论;教师依据课堂情况组织教学,或引导、或启发、或解惑、或设疑等,让学生自主发现问题,自主提出问题,并以自主学习、合作探究等方式围绕问题,提出解决方案;在整个问题教学活动中学生进行自我引导、主动建构,充分发挥问题教学的针对性、实效性,推动课堂教学中地理核心素养培养的落实。

【案例 7 - 2 - 9】

地理视域下的阿根廷渔场

(1) 创设问题情境

播放阿根廷丰富水产资源的视频;

出示阿根廷渔场分布的地图与图象;

阅读文字材料三则(略)。

(2) 自主提出问题

布置学习任务:从"洋流对地理环境的影响"的视角提出与讨论地理问题。

分组开展活动:结合以上材料,小组讨论商议,提出若干地理问题。

图 7 - 2 - 3　阿根廷渔场

以下摘选的是各小组讨论并自主提出的一系列问题。各小组均能围绕本课主题提出相关问题，其中不乏质量较高的问题。

1. 为什么索饵场与产卵场不在一个地方？

2. 索饵场是如何形成的？

3. 为什么外海的鱼比近海鱼的产量高？

4. 中国渔民为何不远万里，去阿根廷捕鱼？

5. 从地理角度分析阿根廷渔场与北海道渔场的异同点，并简要分析形成差异的原因。

6. 产卵场与索饵场的海水性质有何差异？

7. 假若福克兰寒流势力减弱，索饵场规模及位置将如何变化？

8. 索饵场与产卵场沿岸气候差异的原因是什么？

9. 为什么阿根廷鱿鱼如此美味？

......

（3）合作学习探究

针对各组提出的问题，由师生共同筛选与主题契合度高的提问，对相似的提问加以合并，精选出 5～6 个问题。接着围绕这些问题，各小组合作探究，展开讨论。

（4）成果展示评价

各小组将讨论结果形成文字，组内代表在班级展示或解答。其他组作补充或质疑，教师小结。最后，教师引导学生从多角度把握并理解洋流对地理环境的影响，总结洋流对地理环境的影响思维框架，加深学生对人地关系的认识。

2. 让学生直面地理图象，"读"起来

地理图象不但包括各种地图，还包括统计图、模式图、流程图、示意图以及地理景观等。教学中，教师要引导学生掌握读图技巧，以一双地理锐眼观察地理图象与捕捉地理信息，用一颗地理慧心思考地理现象的形成原理及其发展变化规律。

【案例 7－2－10】

读出景观图象中的地理味

以"太阳高度的变化"为例,围绕本课教学目标与任务,创设地理情境,以一张景观照片为线索贯穿课堂始终,着重训练学生的读图能力,进而达成地理核心素养的培养。

一、教学流程

流程一:教师提出问题:这是一张拍摄于天津市区某条东西走向街道的景观照片。从地理角度,你看到了什么? 想到了什么?

图 7－2－4　天津市区某条东西走向街道的景观

流程二:学生读图,说出图象中反映的地理现象。

学生 1:阳光照到的大楼窗户是朝南的。

学生 2:建筑物的影子遮挡了一半的道路路面。

学生 3:人们身着浅色、短袖衬衣。

学生 4:街边树木枝繁叶茂,此时为当地的夏季。

学生 5:双层大巴自东向西行驶。

学生 6:照片在当地正午前后拍摄的。

……

流程三:运用地理原理解释地理现象与问题。

1. 道路为东西走向,影子的朝向与道路基本垂直;天津在北回归线以北,结合太阳直射点一年中在南北回归线之间往返运动,可判定太阳在当地头顶的南方天空;可进一步推测该照片拍摄的时间在当地正午前后。

2. 道路为东西走向,太阳在南方天空,结合方位判读法则(上北下南,左西右东)可知,双层大巴自东向西行驶。

3. 天津为温带季风气候,对应自然带类型为温带落叶阔叶林带。从照片中道路一侧树木苍翠,枝繁叶茂,人行道上的路人身着浅色短袖衬衣、撑着遮阳伞等信息可以推测为夏季。

⋯⋯

流程四:根据已知条件进行计算:影子长度约为 21 米,照片右侧楼高 70 米,此时的太阳高度为多少?天津的纬度约为 39°N,该日太阳直射点纬度为多少?该日最接近于二十四节气的哪一天?

学生经过计算,答出:该日天津的中午太阳高度为 73°;该日太阳直射点的纬度约在 22°N;最接近夏至日。

3. 让学生参与地理活动,"动"起来

具身认知理论明确了身体活动在学习认知中的重要作用,强调身体与环境互动,进而达成身心合一。具身学习对传统身心分离的教学活动起到必要的补充与促进作用。地理知识存在于我们生活的世界中,这使地理知识具有真实性、客观性、生活性等特征,由此可见,地理具身教学的空间广阔。将具身认知理论与地理学习活动融合,有利于促成理论与实践的有机统一,而社会调查、野外考察、地理实验、地理制作等,是地理实践活动实施的有效渠道。因此,我们依据具身认知理论,创设"具身"情境、组织"具身"活动、进行"具身"反思等。

【案例 7 - 2 - 11】

校园"观影"地理实践活动设计

一、活动准备

1. 分组开展活动,全班分成 4 个小组;确定小组长,明确组员任务分工(按学号)。

表 7 - 2 - 1　各组任务分工表

组别 \ 分工	组长	辨认方位	木杆定方位	太阳视运动轨迹观测	测正午太阳高度角
A 组	1 号	2、3	4、5、6	7、8、9	10、11、12
B 组	13 号	14、15	16、17、18	19、20、21	22、23、24
C 组	25 号	26、27	28、29、30	31、32、33	34、35、36
D 组	37 号	38、39	40、41、42	43、44、45	46、47、48

2. 分发"学习活动单"。

3. 活动器材准备:木杆、粉笔、指南针、直尺、卷尺、校园平面图。

二、活动场地

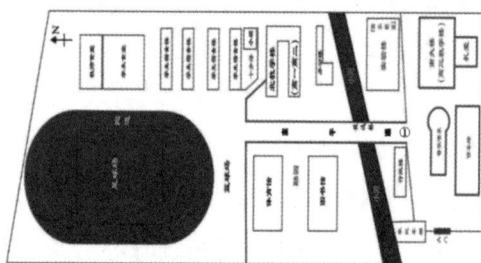

图 7 - 2 - 5　校园平面图

三、活动过程

【活动 1】辨认方位

借助校园平面图上的指向标,结合人体站位,辨认校园方位;利用指南针对辨认方位进行验证。进一步辨认学校大门、教学楼、图书馆、实验楼、餐厅、宿舍楼等的朝向。

学生填写观测记录。

表 7 - 2 - 2　观测记录表

建筑物朝向
校大门:(坐＿＿朝＿＿南)　　图书馆:(坐＿＿朝＿＿南)　　教学楼:(坐＿＿朝＿＿南)
餐　厅:(坐＿＿朝＿＿南)　　宿舍楼:(坐＿＿朝＿＿南)　　实验楼:(坐＿＿朝＿＿南)

小组汇报、讨论,并提出疑惑或见解。

【活动2】木杆测定方位

活动过程:各小组选定平整的水泥地面,竖立木竿,立竿见影。在木竿影子的顶端做标记;15分钟后,影子位置发生变化,再次对木竿影子顶端做标记。用粉笔将两次影子顶端的标记连接,再作该连线的中垂线,则中垂线指向方向为南北方位,标记连线方向为东西方位。利用指南针对此方位测量结果进行验证。

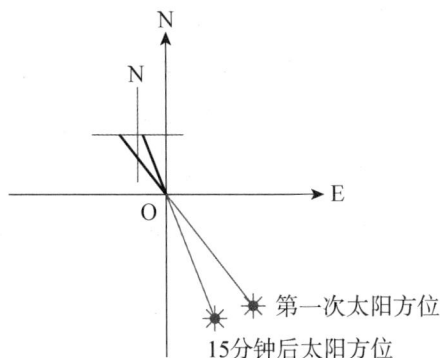

图7-2-6　上午观察示意　　　　图7-2-7　下午观察示意

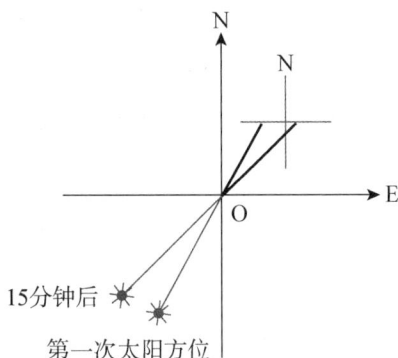

小组汇报、讨论。

【活动3】太阳视运动轨迹观测(略)。

【活动4】测算当地地理纬度(略)。

4. 让学生表达学习体会,"讲"起来

围绕学习目标与教学主线,让学生表达学习体会,包括讲地理现象,描述地理特征,探究地理现象成因,并提出解决地理问题的措施等,是落实表现性评价的重要渠道与策略,它不但弥补了终结性评价的不足,而且让地理学科核心素养的培养具体化、全面化、落地化,以此培养学生自主学习、合作学习、主动探究的学习精神,以及语言表达、沟通交流、抒发见解的意志品质。美国教育专家曾经做过这样的实验:学生通过听、读、看等学习活动,能记住学习内容的5%~20%不等;通过教师演示、讨论、实践等学习活动,能记住学习内容的30%~75%;通过教授给其他人,能记住学习内容的90%。可见学习最好的方法是让学生当小老师,让学生表述学习的过程,大声"讲"出来。

【案例 7 - 2 - 12】

让学生成为习题讲评课的主人

一、缘起

以往的地理习题讲评课,一般都是教师一讲到底,学生被动听讲,效果不够理想。一次,专家在听完地理模拟考试讲评课后,建议教师改进教学方法,在另一节课上完全由学生来讲评。专家认为,讲评课既不是新课,也不是复习课,学生应有基础自主讲评,要充分相信学生的能力,习题再难总有学生会做对,他们可以结合自己的解题体会做讲评的小老师,同时做错的学生也可以讲,讲自己解题思路中存在的问题。教师在专家鼓励下对教学方法进行调整。

二、改进

在接下来的课中,教师改变了讲评课的模式:

1. 不是题题都讲,而是重点讲评问题较多的题目。

2. 教师坚持不先讲,每题都由学生来讲评。开始学生不太适应,对做小老师信心不足。但在教师的鼓励下,学生慢慢放开了。

3. 讲评不仅要讲评解题的过程,还要讲解知识的逻辑关联与思维过程。有的学生讲得很连贯,有的学生讲得磕磕绊绊,这些差异的存在是很正常的。

4. 讲评采用多种形式。有的学生在座位上讲,有的学生被请到讲台上讲,有的学生还在黑板上边写边画边说。

5. 讲评后教师不马上讲,而是通过生生互评,进行补充与完善。比如,在讲到深圳发展区位、新疆棉花生产条件等题目时,学生考虑不全,容易产生疏漏,而学生间的相互帮助,可以弥补不足。

6. 改变教师总结的惯例。原先一道题讲评完后,最后总要由教师总结"一锤定音",现在学生讲评到位了,教师不必再重复发声。当然,在重要之处教师还是要适当强调的。

三、收获

这样的讲评课模式坚持一段时间后,学生反映:收获很大,进步不小。

1. 自主学习的能动性体现了,讲评课"被动听""对答案""重结果"的倾向消除了。

2. 成果表达与分享的意识增强了,学生敢讲、善讲、乐讲,表达能力明显提高。

3. 在生生互评中学会了反思,学生在讲评过程中,发现了自己的问题,并找到解决问题的路径。

5. 让学生探究地理奥秘,"思"起来

地理深度学习的关键是培养学生的高阶思维。鉴于地理事象具有比较、联系、尺度、综合、形象、时空耦合等特征,尤其要关注比较、拆分、辩证、尺度、形象等思维的培养。

(1)比较思维:针对两个或两个以上的地理区域或地理要素进行横向比较,或者是对同一地理区域的不同时间的地理事象进行纵向比较,可全面获得相关地理事物的特征、联系、成因机制及发展变化规律,从而培养学生的比较思维能力。

(2)拆分思维:鉴于地理事象的综合性、整体性、复杂性、联系性的特点,在对地理问题进行分析的过程中,采用拆分的思维方法,像"庖丁解牛"一样,对地理要素、地理区域、地理过程进行拆分,分而析之,然后全面归纳地理事象的整体特征,进而深入把握地理事象的特征、成因、发生原理及发展变化规律。

(3)辩证思维:地理事物总是相对的,存在有利有弊、有优有劣的两面性。运用辩证思维,能全面掌握地理事物的发生发展规律,以及对人类活动的影响等。

(4)尺度思维:地理事象具有时空尺度特征,分析地理问题需要以适宜的时空尺度与之相对应,一般而言,宏观问题大尺度,微观问题小尺度。在研究区域地理问题时,要关注不同尺度的地理背景的影响。

(5)形象思维:教师应提供尽可能直观感性的地理情境,包括图文音像材料,演示实验,以及带领学生进入真实的地理环境中,引导学生在形成形象、具体的感性认识的思维过程中,对地理问题进行分析、综合、概括,从而上升到抽象思维,完成对抽象的地理概念、地理规律、地理原理的理解和掌握。

【案例 7 - 2 - 13】

"沙尘暴"学习中的多元思维

这是一堂体现深度学习与思维培养的地理课"沙尘暴"。教师调动了各种思维方法,引导学生探究地理问题,获得了很好的效果。主要亮点如下:

一、播放视频,呈现图片。教师创设情境,让学生在形象思维过程中获得对"沙尘暴"的感性认识,并在此基础上归纳"沙尘暴"的基本特征。

二、分析背景,探究成因。教师要求学生运用尺度思维的方法,分析形成"沙尘暴"的地理背景。学生从全球气候变化与我国西北地区变暖变干的角度具体分析"沙尘暴"产生的原因。

三、划分区域,关注过程。为了深入研究"沙尘暴"发生的过程与规律,教师引导学生采用拆分思维的方法,将"沙尘暴"发生的地带具体拆分成若干地区:发源区、运行区、降落区,逐一研究各区的"沙尘暴"的运动规律。学生提出了"沙尘暴发生的物质来源是什么""风力来自何方""在沙尘运移过程中对途径地区的地理环境会产生什么影响""沙尘降落后又会带来哪些后果"等问题,并进行热烈探讨。

四、客观评价,全面认识。教师提出"我们应该如何看待沙尘暴",起先,学生比较多地关注到其危害性一面,如对人体健康、交通安全、生产生活的不利影响。教师启发大家运用辩证思维想一想"沙尘暴"是否存在有利的一面,并且给出了一些研究资料。学生最后归纳出"沙尘暴"在缓解酸雨、塑造黄土高原、提供降水凝结核、增加海洋营养盐并促进藻类生长等方面的有利作用。

五、对比现象,掌握趋势。教师要求学生通过对不同年份"沙尘暴"的影响范围图的对照与"沙尘暴"频次、天数统计图的比较分析,总结我国"沙尘暴"影响程度减弱的总趋势,并说明其人为与自然的可能原因。学生说,我国在植树造林、改造沙漠方面取得了伟大成绩,这是"沙尘暴"减弱的重要原因。我们要继续做好生态保护工作,让祖国的天更蓝、山更绿、水更清。

第三节　科学学科课堂转型的特色路径

一、物理学科课堂转型的特色路径

（一）格物致知，探索真理

物理学的英文名称 physics 来源于希腊文 physis，原意是自然。从古希腊时期尚属于哲学范畴的自然哲学，到文艺复兴后期伽利略等人的工作，将数学与实验相结合，逐步建立了经典物理学，再到 20 世纪初才得以发展的相对论、量子论，物理学的发展始终引领着人类对大自然规律的探索。物理学的进步不仅推动了数学学科的发展，而且对化学、生物、地球和宇宙科学等诸多领域产生重要的推动作用。

在我国古籍《礼记·大学》篇中有"致知在格物，格物而后知至"的说法。就是通过研究事物的原理而获得知识。① 所以中文最初将 physics 译为"格致"，取其研究自然规律、掌握相关知识的意思。

可以说，远到宇宙深处、近到咫尺之间，大到广袤宇宙，小到原子、质子，都是物理学的研究范畴，它不仅预言物质如何运动，而且研究物质为什么做这样的运动。物理学是关于"万物之理"的科学。正如国际纯物理和应用物理联合会第 23 届代表大会的决议《物理学对社会的重要性》所指出的那样，物理学是一项国际事业，它对人类未来的进步起着关键性作用：探索自然，驱动技术，改善生活以及培养人才。

教育部颁布的《普通高中物理课程标准（2017 年版 2020 年修订）》提到：物理学是自然科学领域的一门基础学科，研究自然界物质的基本结构、相互作用和运动规律。物理学基于观察与实验，建构物理模型，应用数学等工具，通过科学推理和论证，形成系统的研究方法和理论体系。从古希腊时期的自然哲学，

---

① 李亚舒.酷爱科学　格物致知——访诺贝尔物理学奖金获得者丁肇中教授[J].中国科技翻译，1992(5)：1.

到 17、18 世纪的经典物理学,直至近代的相对论、量子论等,物理学始终引领着人类对自然奥秘的探索,深化着人类对自然界的认识。物理学对化学、生命科学、地球与宇宙科学等自然科学产生了重要影响,推动了材料、能源、环境、信息等科学技术的进步,促进了人类生产生活方式的变革,对人类的思维方式、价值观念等都产生了深远影响,对人类文明和社会进步作出了巨大贡献。

高中物理课程是普通高中自然科学学科中的一门基础课程,旨在落实"立德树人"根本任务,进一步提升学生的物理学科核心素养,为学生的终身发展奠定基础,促进人类科学事业的传承与社会的发展。高中物理课程在义务教育阶段学习的基础上,帮助学生从物理学的视角认识自然、理解自然,建构关于自然界的物理图景;引导学生经历科学探究过程,体会科学研究方法,养成科学思维习惯,增强创新意识和实践能力;引领学生认识科学的本质以及科学·技术·社会·环境(STSE)的关系,形成科学态度、科学世界观和正确的价值观,为做有社会责任感的公民奠定基础。

高中阶段的物理学教学,不仅要教授学生相应的物理学知识,更重要的是要体现物理学科本质,培养学生物理学科核心素养。高中阶段所教授的物理学知识具有基础性、选择性和时代性的特点,既要为学生今后进一步学习和工作做好相关的知识储备,又要关注科技进步前沿以满足今后的社会发展需求。总之,高中物理学科的教学应立足于通过对物理学相关内容的介绍来培养学生物理学科核心素养,从而实现为国家培养人才、为家庭培育希望。

(二) 以能力培养为目标,以学科素养为导向

随着《普通高中物理课程标准(2017 年版 2020 年修订)》的落地实施,物理学科核心素养"物理观念""科学思维""科学探究"和"科学态度与责任"也逐步深入人心。物理教学目标也从知识立意向能力立意,再从能力立意向素养立意转型。而为了实现这样的教学目标转型,物理学科课堂教学也在逐步发生转变。

1. 单元设计整体化

单元设计理念主要是指从学科全局角度出发,整体而全面地审视一个学段的教学内容,重组学科教学的内容和顺序,进行跨单元甚至是跨年级的内容联系或知识迁移,使课堂内容组织更有机而丰富,教学进度更紧凑而高效,授课逻辑更自然而活跃。所以,通过单元设计整体化,可以更好地将各部分知识内容依据其内

在逻辑和发展历程进行串联,从而呈现在学生面前的不是孤立和分裂的一个个知识,而是具有内在逻辑的知识链。通过整体化的单元设计,不仅可以帮助学生更快、更好地掌握所学的知识,还可以激发、提高学生自主学习的兴趣和能力。

采用整体化的单元设计,不仅有利于学生学习效果的改善,还有利于教师业务水平的提升。首先,为了进行整体化的单元设计,教师必须对课程标准进行认真研读、对教材进行仔细阅读,提高教学设计的站位,思考知识整合和体系构建。其次,整体化的单元设计和实施必然促使教师加深对知识内容前后联系的理解,推动教师思考各知识间的内在联系。最后,进行整体化的单元设计,教师必须要认真分析学生的现有水平,有利于督促教师更好地了解学生。①

2. 教学设计项目化

国务院办公厅于 2019 年颁布的《关于新时代推进普通高中育人方式改革的指导意见》明确提出深化课堂教学改革,强调"积极探索基于情境、问题导向的启发式、探究式课程教学,注重加强课题研究、项目设计等综合性教学"。随着教育改革的推进,教学设计项目化也逐渐受到关注。

项目化教学是一种以学生为中心的学习方式。项目化教学倡导学生从现实生活中发现真实问题,在问题驱动、任务引领下展开合作探究,通过动手实践,设计制作产品、生成成果,并参与展示交流活动,以此实现学生综合素养的发展。②

中学阶段的物理问题往往源于生活,物理知识与生活现象息息相关。在进行单元设计时,首先应紧扣课程标准要求,依据核心素养目标结合学生学情和认知起点制订项目单元的目标;其次认真研读教材相关单元主题,对整个单元的教学内容进行分解、提炼与整合;再次通过挖掘一系列由"低阶"向"高阶"过渡的诱导性任务,驱动学生在解决任务的过程中进行有目的、有意识的探究学习;最后通过任务完成、项目作品等多样化的评价手段,在评价学生学习效果的同时,激励学生学习兴趣,激发学生学习热情,培养学生科学态度和责任。

3. 实验教学系统化

物理实验是物理学的重要部分,对与实验相关的科学探究方面,新课标中明确其水平 5 要达到"能面对真实情境,从不同角度提出并准确表述可探究的物理问题,

---

① 宋庆通.大单元教学在高中物理教学中的应用研究[D].青海:青海师范大学,2022.
② 桑韶飞.基于项目式学习的高中物理单元教学设计与实践研究[D].河南:河南大学,2022.

作出科学假设;能制订有一定新意的科学探究方案,灵活选用合适的器材获得数据;能用多种方法分析数据,发现规律,形成合理的结论,用已有物理知识作出科学解释;能撰写完整规范的科学探究报告,交流、反思科学探究过程与结果"。显然,从课标要求角度看,对实验部分,从提出问题到设计实验方案、选择实验器材、进行实验、数据采集与处理、得出结论、撰写实验报告并进行反思和交流都提出了要求。

实验教学系统化,并不是简单机械地对每个实验的每一个环节都施以完全相同的关注程度。一方面是由于课时有限;另一方面是为了更系统而高效地实现教学效果。从整个高中物理教学角度看,教师需要梳理各本必修教材和选择性必修教材中规定的必做实验和学校有条件开设的选做实验,对不同的实验根据其所在学期、前后涉及知识的关联以及学生的学情确定各实验中需要特别突出的环节或内容。比如,绘制实验数据图、利用图象法进行数据处理的方法,教师可以结合各学期不同实验,整体设计相关技能的培养和训练计划,做到稳扎稳打、循序渐进,将涉及的具体细节分解为如图 7-3-1 所示的几个培训阶段,融入不同的实验中,逐步培养。①

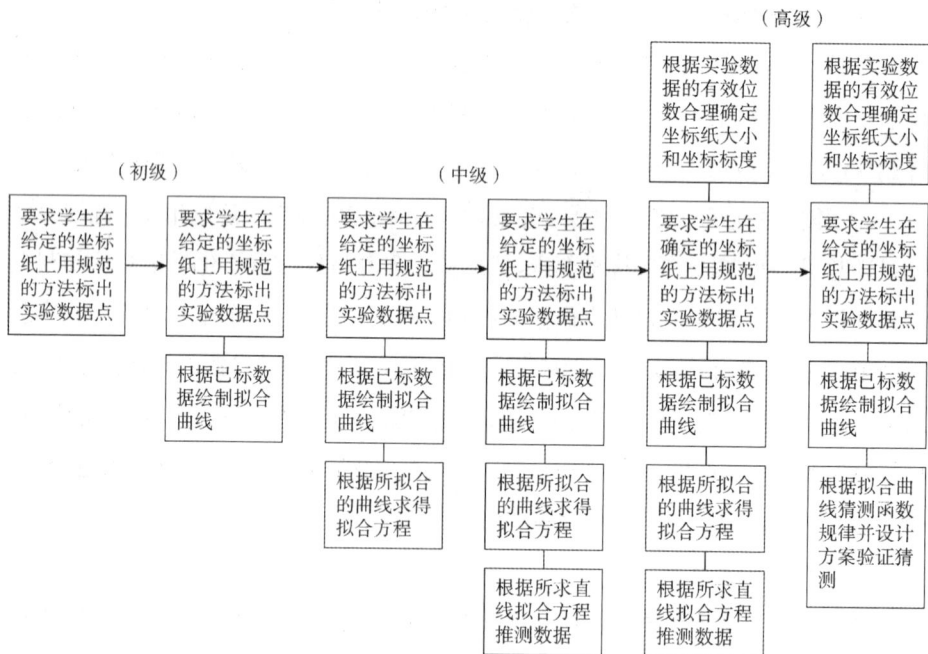

图 7-3-1 实验教学系统化的培训阶段

---

① 吴俊.基于新课标 面对新教材[J].物理教学,2022,44(06):12-14.

（三）以四"精"提升教学效果

1. 精细组织演示实验:激发学生学习热情

演示实验不同于学生实验的最明显之处在于它是教师在讲台上做给学生看而不是学生自己动手做。因此,要精细设计演示实验,而不能仅仅满足于做出了实验效果。首先,演示实验是在离学生较远的讲台上做,所以演示实验一定要做到现象明显且易于观察。这就要求教师在设计时精细考虑实验方案、选择实验器材,甚至为某一演示实验定制大号实验器材,目的是让现象明显、直观。其次,由于演示实验是教师操作而非学生自己动手,所以实验现象气势规模夺人眼球,或是实验现象惊艳异常,或是实验结果出人意料。因为演示实验不是学生自己动手,所以如果效果一般往往不能给学生留下深刻的印象,进而影响教学效果,因此教师在设计演示实验时要精细考虑实验现象的呈现方式。

【案例 7-3-1】

实 验 演 示

在介绍感生电动势之前进行如下演示实验:

在电磁炉上放一个装满冷水的铁盒,在铁盒上绕几匝线圈,线圈和小灯泡构成闭合回路,接通电源,小灯泡发光。

小灯泡发光,说明有感应电流产生。而整个过程中,线圈、电磁炉根本没动。至此,学生肯定已经意识到初中所学的部分导体切割磁感线产生感应电流这一推断有问题,至少不完善,需要修正。[①]

这个实验选择了微波炉、导线、小灯泡等生活中常见的设备作为实验器材,拉近了学生和实验者之间的"距离"。实验现象是小灯泡被点亮,这一现象非常明显,即便离讲台较远的学生也能明显观察到实验现象。该实验现象不仅明显而且与学生已有知识相矛盾,能很好地激发学生思考。

2. 精巧设计课堂提问:调动学生深度思考

课堂教学的重要组成部分之一就是提问。好的问题能激起学生思考的欲

---

① 陈栋梁.例说知识教学、情境教学和现象教学[J].教育与装备研究,2018(3):44.

望、提升学生思维的品质、培养学生表达的能力。精心设计的一系列前后密切相关、环环相扣的链式提问能促使学生思考原理并逐步深入、举一反三,从而逐步提升学生的思维品质,有效培养学生的物理观念、科学思维、科学探究等方面的学科核心素养。①

【案例 7 - 3 - 2】

话 题 讨 论

徐小林老师在高三复习课上对一道力学题的讨论:

【原题】 如图 7 - 3 - 2 所示,竖直平面内长为 l 的细直杆 AB, A 端紧靠在竖直墙面, B 端沿水平地面以速度 v_B 向右做匀速运动,从 AB 杆与竖直墙面夹角为 30° 时开始,到夹角为 60° 时结束,求此过程中直杆中点 P 经过的路程。

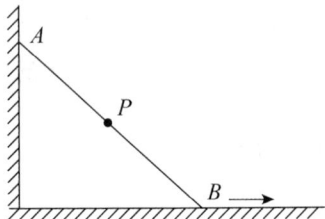
图 7 - 3 - 2

问题 1: P 点究竟在做一段什么运动? 判断的根据是什么?

问题 2: 动杆上 P 点之外的其他动点,在做什么运动?

问题 3: 杆上做椭圆运动的动点包括 A 和 B 端点吗? "此过程中" A 端的速度变化可求出吗?

问题 4: B 端保持向右做匀速运动,能一直到 A 端沿竖直墙面落地吗?

问题 5: B 端保持向右做匀速运动,能一直到杆中点 P 做圆周运动落地吗?

问题 6: 如图 7 - 3 - 3 所示,在竖直平面内,长为 l 的轻质直杆 AB,两端各连有一只质量为 m 的小球, A 球靠在竖直光滑墙面上。从杆竖直静止状态开始, B 球沿光滑水平面运动, A 球滑到何处会与墙面分离?

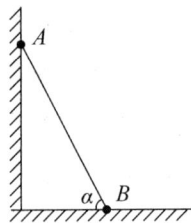
图 7 - 3 - 3

问题 7: 需要创设什么条件,直动杆中点 P 才能做完整的圆周运动?

通过上述一系列精心设计的链式提问,可以培养学生思维的深刻性、提高

① 徐小林.探究链式问题 提升思维品质[J].物理通报,2022(11):48.

学生思维的灵活性、培植学生思维的批判性、建立学生思维的逻辑性。①

3. 精致筛选例题习题:提高学生学习效率

习题练习是学生巩固已有物理知识、实践物理思维方法的重要途径。但是,在有限的课堂教学过程中,教师所能列举的例题又是非常有限的。所以,如何从茫茫题海中精致地挑选出最具典型性和针对性的习题进行高效指导和示例,对高中物理教学是非常重要的。

第一,针对重点、难点、常见的易错点进行例题精选,可以在有限的习题课内最大限度地帮助学生巩固所学内容、避免跌入"陷阱",以提高教学效率。

第二,结合学生学习能力,针对巧妙的解题思路和技巧方法精心挑选例题,有利于开拓学生思维、培养创新能力。

第三,针对陈题精心改编、精致打磨,设计具有新意和针对学生学习力的习题,做到"度身定制""量体裁衣",能更高效地针对学生薄弱环节开展教学,大大提高学生的学习效率。

第四,"精致"还体现在习题文字表述严谨而精练、条理清晰、术语规范,试题配图科学且合理、简洁且有意义。

【案例 7-3-3】

习 题 分 析

对于"单摆"一节,根据重点、难点以及学生可能犯的错误,精心设置"陷阱",设计的例题。

原题:如图所示,一小球在光滑槽内做简谐运动,下列方法中可使小球振动加快的是(   )。

图 7-3-4

A. 减小小球的振幅　　　　B. 增大光滑圆槽的半径

C. 增大小球的振幅　　　　D. 减小光滑圆槽的半径

原题考查学生对单摆做简谐运动的理解并定性考查单摆做简谐运动周期

---

① 徐小林.探究链式问题　提升思维品质[J].物理通报,2022(11):48-50.

性规律。但是"单摆"一节中小角度单摆振动周期公式是重点,且对"振动"一节,运动方向的周期性变化也是重要的内容,所以针对以上考虑,设计了以下习题作为例题:

图 7 - 3 - 5

如图 7 - 3 - 5 所示,ABC 是一段自然下垂的光滑圆弧轨道,相距 0.62 m 的 A、B 两点等高、距轨道最低点 C 的竖直高度为 0.01 m。一小滑块自 A 点由静止释放并开始计时,其速率 v 随时间 t 变化的图象可能为( )。

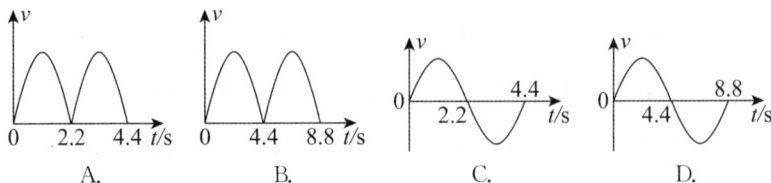

图 7 - 3 - 6

本题在设计时,考虑到学生往往审题不够仔细、忽视速度与速率之间的差别,所以有针对性地考查速率随时间的变化关系。

通过精致筛选和编制例题,可以避免例题繁多而缺乏针对性和覆盖面,提高学生的学习效率。

4. 精心安排课堂环节:活跃课堂学习气氛

在教学过程中,结合教学内容精心设计和安排不同的课堂环节,用于调节课堂气氛、调整课堂节奏。有趣的教学活动有利于保持学生学习兴趣、有利于促进学生积极主动学习。

精心设计有趣的课堂环节,一方面要求教师在教学预设时要从教材、生产生活、学生的前概念、学生的未知世界等方面精心挖掘教学的"趣点",夯实与学生心灵相通的物质基础,并在课堂教学时敏锐捕捉学生的即时生成,深挖其中的"趣点"和教学价值,从而形成师生课堂共振的一致兴趣追求。[1] 在教学表达过程中也可以穿插结合相关物理学史的知识、相关物理学家的轶事、相关科幻电影的情节等,既可以开阔学生的视野,又可以使学生了解相关概念的来龙去脉,还可以拉近教师与学生间的情感距离,提高学生学习物理的兴趣。

---

[1] 冯建敏,王荣华.趣教:物理教学的"新常态"[J].湖南中学物理,2020(4):8.

精心设计有趣的课堂环节,还包括考虑如何调动学生思维和撩拨学生心灵深处的动情点,激发学生思考。

【案例 7‑3‑4】

课 堂 活 动

冯建敏老师在讲授"超重与失重"时,精心设计了以下教学环节。

在用自由落体运动研究完全失重时,教师准备一个装水的矿泉水瓶,拿掉盖子。

问题1:如果在瓶底打一个小孔,水会流出来吗?

学生:肯定会流出来。

问题2:如果瓶子做自由落体运动,水会流出来吗?

学生猜想:会? 不会?(学生犹豫不决。)

教师让学生动手用实验验证:水不会流出来!(学生的学习兴趣被激发了。)

问题3:瓶子向下做自由落体运动时水流不出来,瓶子向上抛出,瓶子在空中运动的过程中,水会流出来吗?

学生:当然会流出来。

教师又让学生动手做实验,以验证猜想,结果水还是流不出来! 学生既困惑又兴趣盎然,教师因势利导,教学水到渠成圆满完成。激发学生的"趣思",根据教学内容、教学情境、教学机制灵活设计,步步深入,从而使教学问题迎刃而解。[①]

通过精心设计教学活动的各个环节,可以活跃课堂气氛,调动学生思维,从而提高教学效果。

二、化学学科课堂转型的特色路径

(一) 一门搭建起联系宏观世界和微观世界桥梁的学科

化学是在原子、分子水平上研究物质的组成、结构、性质、转化及其应用的一门基础学科,其特征是从微观层次认识物质,以符号形式描述物质,在不同层面创造物质。[②]

---

① 冯建敏,王荣华.趣教:物理教学的"新常态"[J].湖南中学物理,2020(4):9.

② 中华人民共和国教育部.普通高中化学课程标准(2017 年版 2020 年修订)[M].北京:人民教育出版社,2020:1.

化学学科核心素养包括五个方面，即：宏观辨识与微观探析、变化观念与平衡思想、证据推理与模型认知、科学探究与创新意识、科学态度与社会责任。在这五个学科核心素养中，"宏观辨识与微观探析"承载着表述"变化观念与平衡思想"以及培育"证据推理与模型认知"的功能。因此，"宏观辨识与微观探析"是化学学科核心素养中最基础的核心素养。

物质的性质包括宏观性质和微观性质，微观性质决定宏观性质，宏观性质是微观性质的具体体现。微观性质又分为金属性、非金属性以及物质结构。金属性和非金属性涉及元素周期律部分，物质结构涉及元素的电负性、电离能、原子的电子排布式、轨道杂化、价电子、分子和离子的立体构型、分子的极性、晶体的类型、金属晶体的堆积方式等。宏观性质包括物理性质和化学性质，物理性质包括物质状态（固、液、气）、颜色、挥发、升华、熔沸点、硬度、导电性、导热性、金属的延展性等；化学性质包括酸性（强酸和弱酸）、碱性（强碱和弱碱）、氧化性（价态高于稳定价态，常见的氧化剂如高锰酸钾、氯水、双氧水、氧气等）、还原性（价态低于稳定价态，常见的还原剂如活泼金属、硫离子、碘离子、亚铁离子等）、热稳定性等。

通过宏观辨识与微观探析，可以知道各种物质是什么微粒通过什么作用力形成的，它们的空间结构如何；可以知道为什么物质会具有特定的物理性质和化学性质，它们的物理性质和化学性质和构成物质的微粒和作用力之间有什么关系；可以知道物质在发生物理变化和化学变化时，作用力有什么变化；可以知道化学反应变化规律和构成微粒之间的关系；可以知道原子结构与元素的性质关系；可以知道有机化合物官能团与有机化合物的性质关系等。在宏观与微观相结合的学习过程中，形成"结构决定性质，性质决定应用"的观念，并能根据物质的微观结构预测物质在特定条件下可能具有的性质和发生的变化，以及解释其原因。

由此可见，化学是一门培养学生抽象思维和思考推理的科学，是一门搭建起联系宏观世界和微观世界的桥梁的学科。通过化学的学习，学生可以跳出化学知识的简单组合，理解和掌握化学的本质，对化学学科乃至物质世界形成科学和积极的认识，将学到的化学知识与技能应用到日常生活中与化学有关问题的思考与解决上来，最终帮助学生形成适应未来发展需要的正确价值观、必备品格和关键能力。

（二）构建以"教、学、评"一体化的单元教学

1. 关注情境创设和注重结构的"教"

任何化学问题都是有情境的,倡导真实问题情境的创设,真实、具体的问题是学生化学学科核心素养形成和发展的重要平台,为学生化学学科核心素养提供了真实的表现机会。根据不同的培养目标进行创设,立足于学生适应现代生活和未来发展的需要,教师可以从建构性化学学习情境和迁移性学习情境入手,充分发挥学习情境的"激思""激疑"的基本功能,注重引发学生的认知冲突,使学生产生各种化学问题。

课堂教学是达成课程与教学目标、落实课程与教学内容的重要途径。教学设计要充分发挥化学课程的整体育人功能,基于核心素养发展的学科主题设计需要树立整体观。教学设计要充分发挥主题下核心概念的统摄性,将教学内容的设计由"散点"变成"结构化",形成大概念下的层级清晰的知识结构,从而实现化学知识的功能化和素养化,从整体上设计学生学科核心素养的发展进阶。一般遵循从生活现象到化学本质,再到社会问题,符合"从生活走进化学,从化学走向社会"的理念。

教学过程中重视教学内容的结构化设计,开展以化学实验为主的多种探究活动,激发学生学习化学的兴趣,促进学生学习方式的转变,培养学生创新精神和实践能力,落实学科核心素养的培养。

2. 培养创新精神和实践能力的"学"

"创造真实而有意义的化学学习情境,注重转变学生的化学学习方式,引导学生积极主动地开展建构学习、探究学习和问题解决学习。"[①]学生学习能基于真实情境理解其中的本质和原理,并用原型进行概括、提炼和延伸,形成迁移能力。学习过程中加强物质组成、结构、性质与真实素材之间的联系,尝试从化学视角看待和解决实际问题,通过对与化学密切相关的社会议题的讨论,学会辩证地看待问题,朝"知、情、意、行"统一的方向努力。通过化学知识的积累,能从问题和假设出发,发现和提出有探究价值的问题,学会依据探究目的,设计探究方案,运用化学实验、调查等方法进行实验探究,最终形成勤于实践、善于合作、

---

① 中华人民共和国教育部.普通高中化学课程标准(2017 年版 2020 年修订)解读[M].北京:高等教育出版社,2020:190.

敢于质疑、勇于创新的良好品质。

3. 发展学生学科核心素养的"评"

化学学科核心素养是学生发展核心素养的重要组成部分，明确了学生学习化学课程后应达成的正确价值观、必备品格和关键能力。基于核心素养"评"的目的在于引导学生关注人类面临的与化学有关的社会问题，培养学生的社会责任感、参与意识和决策能力。教师应紧密围绕"发展学生学科核心素养"进行评价，依据化学学科学业质量标准，评价学生不同学习阶段化学学科核心素养的达成情况，积极倡导"教、学、评"一体化，使每个学生的化学学科素养得到不同程度的发展。发展学生学科核心素养的"评"，应注重如下几点：

评价注重目标性，评价目标与教学目标要一致，落实于教学过程中，要充分利用课堂教学中的课堂提问，课堂提问的问题设计要与教学目标、评价目标有机融合。教学评价的根本目的是促进学生的发展，而不是简单地进行优劣区分，应注重发展性评价，充分发挥评价的反馈性，展示激励、反思总结、记录成长、积极导向等功能。

评价注重参照性，基于化学学科核心素养的评价是在化学学科核心素养建构过程中关注"学习本质、学习过程与学习特征"等方面的表现，可以参照"直接评价有价值的学业成就""提供公开、明确的质量表现标准""创设整合性和情境下的不良结构任务""收集多方面的评价证据""重视同伴和自我评价作用""学生对自己的表现或学习成果进行自我论证或答辩""提供具有实质内容的反馈结果"等评价特征。

评价注重灵活性，可以灵活选择或结合纸笔测试、活动表现评价和学习档案评价，将学生自评、同学互评和教师评价相结合，充分发挥评价促进学生学科核心素养全面发展的功能。

（三）以四个"一致性"促进高中化学课堂转型

1. 教学目标与课程标准的一致性

课程标准是规定某一学科的课程性质与理念、学科核心素养与课程目标、课程结构、课程内容、学业质量、实施建议的教学指导性文件。顾名思义，课程标准是对一门课程的总规划，"是教材编写、教学、考试评价以及课程实施管理的直接依据"。教学目标是教师在教学中预期达到的目标，教师根据课程标准来确定教学目标。教材是教学活动实现教学目标、课程目标的重要载体。为此我们在教学目标的制订中做到以下几点：

教材要活用。课程标准中的有些课程目标在教材中没有明显地反映出来；教材中有些内容是要让学生在后续学习中进一步理解、实践的，但教材中篇幅较小，教师容易忽略。鉴于以上原因，我们在确定教学目标时，一定要认真学习课程标准，对课程目标做到了然于心，能把课程目标分解到不同的教学活动中，还要认真分析教材、吃透教材，不仅是本区域使用的教材，还有其他区域使用的教材，通过对比，加深对教材的理解，从而由"基于教材"的教学发展到"超越教材"的教学。

目标要深远。"立德树人"是教育的根本任务，而发展学生的核心素养是党的教育方针的具体化表现。在平时的化学教学中，教学目标制订要紧紧围绕"发展学生化学学科核心素养"这一主旨，注重学生对已学知识的理解和整体规划。

如化学组陈潇老师在苏教版《高中化学（必修第一册）》专题 4"硫与环境保护"的单元教学设计中，不仅分析了苏教版教材，同时仔细研究了人教版、沪科版等不同教材对该内容的编写，再根据化学课程目标制定了旨在发展学生宏观辨识、模型认知、证据推理、科学探究与创新意识、科学态度与社会责任的教学目标。

【案例 7－3－5】

"硫与环境保护"教学目标

1. 能描述硫、二氧化硫、硫酸的重要物理性质和化学性质。

2. 能从物质类别、元素价态角度，依据复分解反应和氧化还原反应原理，构建硫及其重要化合物之间的转化，并能用相应的化学方程式、离子方程式正确表示。

3. 能依据硫及其重要化合物的性质，设计简单的实验方案验证、推测、解释有关实验现象或制备、分离、提纯与测定相应物质，提高学生证据推理能力。

4. 能认识二氧化硫对环境的影响，有意识地运用所学知识了解防治酸雨和雾霾的方法与措施，增强学生的社会责任感。

2. 教学活动与教学目标的一致性

教学目标在课堂教学中，居于核心地位，教学活动的设计将围绕教学目标进行,怎样的学习目标决定了设计怎样的学习任务。根据教学目标而设计的教学活动,又促进了学生某一方面的发展,以此达成预设的教学目标。为此在教学设计中做到以下几点:

多一点活动。在课堂中引入贴近生产生活的情境,在活动中,学生通过视觉、听觉、触觉、嗅觉、空间感知等在大脑指挥下协同获取知识,将知识问题化,问题情境化,让学习变"被动"为"主动",让抽象的化学知识具体化,枯燥的内容生动化。

多一点探究。要发挥化学实验教学在高中化学课程中的重要作用,变"做实验"为"探究实验",通过实验让学生更好地掌握物质性质,提高动手能力和实验技能,通过探究让学生学会依据证据分析问题,推出合理的结论,形成认知模型,激发对化学的浓厚兴趣。

多一点引导。在问题的设置上充分考虑学生现状:学生的认知规律和年龄特征、已有的知识水平、不同学生的知识层次等。将以往教学中的"告诉"变为"引导",让学生采取自主、合作、探究、展示、质疑、反思等方式参与学习活动,让学生在回忆旧知、理解并应用旧知、处理新的信息、应用新的知识解决问题和进行自我反思中走进课本,建构知识,掌握方法,培养能力。

如化学组朱维熙老师在苏教版《高中化学(选择性必修1)》专题1第三单元"金属的腐蚀与防护"一课中,以港珠澳大桥在设计、施工中遇到的问题和解决方法为主线,课堂活动采用暖宝宝在较强酸性和弱酸(或中性)两个不同条件下的电化学腐蚀对比探究,在探究中巩固原电池原理,并提高科学探究意识,树立金属防腐意识。

【案例 7 - 3 - 6】

"金属的腐蚀与防护"情境创设

表 7 - 3 - 1

教学目标	1. 了解金属腐蚀的原因,能结合生活及实验探究理解电化学腐蚀的原理,正确书写析氢腐蚀和吸氧腐蚀的电极反应式,提高科学探究与创新意识。 2. 掌握金属防护的方法,能利用电化学知识进行金属的防护,树立防止金属腐蚀的意识,培养科学态度与社会责任感。

（续表）

引入	观看《港珠澳大桥》纪录片片段,港珠澳大桥是世界上最长的跨海大桥,设计使用寿命 120 年。 思考:为什么要寻找耐腐蚀性能更好的钢材? 学生:回忆初中时学到的钢铁在潮湿的空气中生锈的现象。 展示金属腐蚀图片。 设计意图:创设情境,激发学生的学习兴趣,引导学生进入课堂
······	······

教学过程

二、电化学腐蚀

【探究活动 2】钢铁的吸氧腐蚀和析氢腐蚀

拆开一包暖宝宝,分别取少量固体于 2 支试管中,在 1 号试管中滴加 2 滴蒸馏水,在 2 号试管中滴加 2 滴稀醋酸,将 2 支试管的试管口用带导管的单孔橡皮塞盖好,导管伸入滴加红墨水的水中。观察导管中水柱的变化,试分析原因。

现象:＿＿＿＿＿＿＿＿＿＿＿＿＿＿＿＿＿＿＿＿＿＿＿＿＿＿＿＿。

结论:＿＿＿＿＿＿＿＿＿＿＿＿＿＿＿＿＿＿＿＿＿＿＿＿＿＿＿＿。

设计意图:正确描述现象,根据现象合理推断,最后加以验证,培养科学探究思维。

完成表格:

	实验1:＿＿＿＿＿	实验2:＿＿＿＿＿
环境条件		
负极电极式		
正极电极式		
总反应		
后续反应		
联系		

设计意图:培养知识迁移能力,从氧化还原角度分析电子得失,从理论上解释实验现象。

三、金属的防护

资料:全球每年因金属腐蚀造成的直接经济损失占生产总值的 2%～4%,2014 年我国因金属腐蚀造成的损失约 2 万亿人民币,是自然灾害损失总和的 4～6 倍。

(1) 表面覆盖保护层。

(2) 电化学保护法。

(3) 改变金属组成和结构。

设计意图:认识金属腐蚀的危害,认识到金属防护的重要性。能利用电化学知识进行金属防腐,树立金属防护意识,增强社会责任感。

3. 教学实施与教学设计的一致性

教学过程是在教学目标的指引下,按照学生的认知规律,设计教学活动,并实施的过程。课堂教学既要基于教学设计,也要做到随机应变,为此在教学过程中须做到以下几点:

(1) 分层教学。针对同一班级中不同层次的学生,既要在教学设计中强化目标意识,抓住基本目标,面向全体学生,又要有兼顾优、后进生的环节,把握课堂提问层次,根据学生具体发展水平,让不同层次的学生在课堂上都能有所收获。

【案例 7 - 3 - 7】

各取所需的提问

在"元素周期律"一课中,通过罗列常见元素的原子结构示意图、半径等让学生找规律,归纳得到元素核外电子排布及半径的周期性变化,这两个问题可以面向班级所有学生;在找元素金属性和非金属性变化规律时,从原子得失电子能力方面入手,通过引导让学生自行设计方案进行验证,展示个别较好的方案,通过点评,既可以帮助掌握较好的学生进一步提高方案设计能力,也可以帮助其他学生加深印象。

(2) 因势利导。教学过程应从学生角度出发,在教学过程中的各个环节都要贴近学生实际,将教师的"教"与学生的"学"有机统一。这里的势包括"认知势"与"情感势","认知势"是指认知结构中各知识点之间的相互关联,即知识点组织的内在逻辑性,是新知与旧知的联系。教师通过引导学生进行类比掌握新知识,巩固旧知识。"情感势"是指对学生有益的情感因素被激发起来、求知积极性被调动起来所呈现的良好的倾向和趋势。面对未知与神奇的事物,可以自然而然地引起学生的好奇心与求知欲,在此基础上教师进一步引导学生进行深入探究,适当地给予肯定与纠错,从而提高课堂效率。

【案例 7 - 3 - 8】

"酸碱中和滴定"复习课

本节课作为高三复习课,利用二氧化硫含量的测定这一任务为线索,将滴定方法的合理选用、实验方案的设计、滴定操作的注意事项和数据的处理串联起来,巩固学生旧知识。同时选用葡萄酒这一生活中常见的物品,调动学生的积极性与求知欲,提高课堂效率。教学设计片段如下:

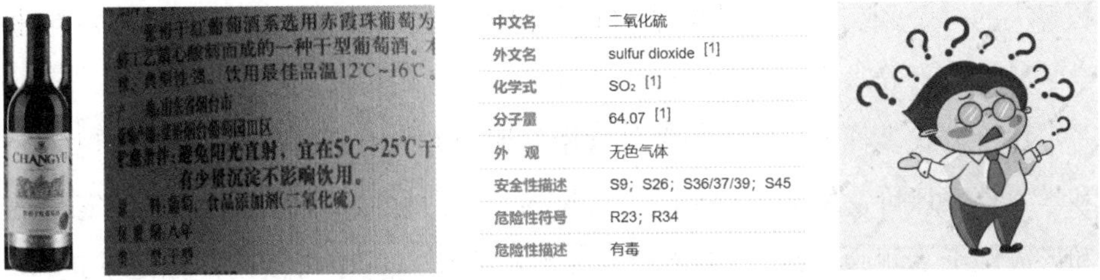

图 7 - 3 - 7　酸碱中和滴定复习课中的教学插图

【资料卡】 二氧化硫是国际上通用的葡萄酒添加剂,具有防止葡萄酒氧化、防腐并保持葡萄酒香味的作用。但二氧化硫的残留量必须严格控制,含量过高时会使葡萄酒产生像腐蛋一样的难闻气味,不仅影响葡萄酒的品质,对人体的健康也会产生不良影响,过量摄入会对人体的肠胃有损伤,长期饮用含过量二氧化硫的葡萄酒还会对肝脏造成损害,使红细胞血红蛋白减少。因此,葡萄酒中的二氧化硫含量属严格监控的检测项目。我国 GB2758 - 2005《发酵酒卫生标准》及 GB15037 - 2006《葡萄酒》均对葡萄酒中的总二氧化硫含量进行了规定,即小于等于 250 mg/L。

【问题解决】 如何检测市面流通的葡萄酒中 SO_2 添加量是否超标?

方法一:碘量法。

方法二:氧化法。

方法三:现代分析方法(电位滴定法、高效液相色谱法……)。

4. 教学评价与教学内容的一致性

教学评价是高中化学课程实施的重要环节,在课程改革与发展中起着导向与质量监控的关键作用。传统的教学评价中,一般通过纸笔测验的方式单一地对教学结果进行检测和评价,这种简单、鼓励的教学评价方式,使化学教学评价远离实际的教学过程,导致化学教学评价与教学实际完全脱节,使教学与教学评价无关,学生对教学评价及其意义没有直观感受,教学评价促进学生改进学习、完善学习的功能没有得到充分发挥。为此在教学评价过程中应做到以下几点:

评价目标细致。评价目标是用于判断学生在某一学习阶段达到相应教学目标的程度和质量水平而确立的标尺,由反映学生实际学习能力、指向真实问题解决的一个(或一组)具体的学习任务构成。具体评价目标的确定必须与化学学科核心素养水平、内容标准、学业要求和学业质量标准水平保持一致。

评价方式多样。日常学习评价常用的评价方式有纸笔测验、活动表现评价和学习档案评价。纸笔测验是较为常见的一种评价方式,包括诊断性纸笔测验和形成性纸笔测验,诊断性纸笔测验一般在学生新的学习活动开始之前进行,形成性纸笔测验是在学习过程中持续多次开展。活动表现评价包括课堂学习表现评价、实验探究表现评价和社会实践活动表现评价。在具体实施过程中,可依据教学内容进行合适的选择。

【案例 7 - 3 - 9】

多样化评价

日常对学生知识掌握情况的评价包括上新课前简单知识点的提问;新课结束后对应的习题;下节课开始前 2～3 分钟对上节课内容的随机提问;几节新课内容结束后的巩固练习;对掌握情况不佳的学生可进行当面批改,帮助他们消除薄弱知识点;对个别学生一错再错的知识点记录后进行针对性检验等。

评价标准具体。为确保评价的信度和效度,应在评价任务和评价目标的基础上制订具体、清晰、可操作的评价标准。应体现化学学科核心素养相应水平和学业要求、学业质量标准不同水平的要求,关注学生的创新精神和实践能力,维度要全面,界定要清楚,表现水平的规格要客观具体,要有可操作性。

评价反馈及时。教师应根据评价任务和相应的评价目标及评价标准,直接向学生及时反馈和解释评价结果。反馈评价结果时,教师应尽可能客观、准确、全面地阐释结果的内涵,让学生了解评价结果的适用范围,引导他们用发展的眼光看待评价结果。

三、生物学科课堂转型的特色路径

(一)感受生命现象,探索生命规律

随着科技的发展,被其所推动的社会变迁越来越快;人类知识的总量在加速增长,旧知识被淘汰的速度也在加快,就教材论知识的教学早已无法跟上学生知识增长的速度。在此背景下,生物学科核心素养的培养成为生物教育界的讨论焦点。生物学科核心素养是学生在生物学课程学习过程中逐渐发展起来的,在解决真实情境中的实际问题时所表现出来的价值观念、必备品格和关键能力,是学生知识、能力、情感态度与价值观的综合体现。

生物学是研究生命现象和生物活动规律的科学[①],是自然科学的一个门类。生命现象是指生物所呈现出来的可被我们感知的特性,如形态特征、生理特性、生活习性等,这些特性很多都是由蛋白质的特性决定的。虽然生命世界多姿多彩,但所有的生物都有共同的物质基础,遵循共同的规律,这为我们探寻生命现象和生物活动规律提供了方向。生物科学是一门专门研究生命的科学,区别于一般的物理和化学学科。生物学学科有其独特性,主要体现在生命性、系统性、科学性、延展性等方面。

生物学学科的生命性贯穿生物教学的整个过程,体现在细胞、新陈代谢、稳态与调节、生态系统、遗传与变异、进化等方面。生物学学科的生命性包括:生物体结构和功能相适应,是长期进化所形成的,是生物适应环境的体现;物质合成与分解总是伴随着能量的吸收与释放,生态系统的物质循环与能量流动密不可分;适者生存,不适者被淘汰,生物不断进化,适应环境;生物适应环境具有普遍性和多样性;生命系统是一个稳态和平衡的系统,稳态和平衡是通过调节实现的。

---

① 中华人民共和国教育部.普通高中生物课程标准(2017年版2020年修订)[S].北京:人民教育出版社,2020:1.

生物学学科的系统性统领结构、功能等概念,细胞是基本的生命系统,是生命活动的基本单位,生命活动离不开细胞,如果没有细胞结构,就不能独立地进行代谢活动;单细胞生物独立地完成各项生命活动,而多细胞生物则通过内环境与外界环境进行物质交换,正常机体通过调节作用,使各个器官、系统协调活动,共同维持内环境的相对稳定状态;生物个体通常以一定的形式与其他个体产生联系,在一定的空间范围内,与同种生物个体形成的集合,即种群;在相同时间聚集在一定地域中各种生物种群形成群落;在一定空间内,由生物群落与它的非生物环境相互作用而形成统一整体,即生态系统。

生物学科思维方式主要体现在理性思维,思维方式对学科学习质量和学习水平具有明显的制约作用,能反映学生认识事物的立场和视角,也能决定解决问题的思路和方向,是一种理性的思维方式。理性思维是综合运用概念、判断和推理等思维形式所形成的一种确定的而非模棱两可的思维。理性思维要尊重客观事实和实验证据,需要拥有严谨务实的求知态度,在认识事物、处理实际问题时积极通过运用多种思维方式加以解决。科学思维不但有能力因素,也有态度因素,即解决问题时愿意运用科学思维。科学思维是尊重事实和证据,崇尚严谨和务实的求知态度。

生物学学科的延展性分别体现在沿时间发展的纵向延展及以多学科互助的横向延展。对科学史的回顾,有利于学生全面、系统地掌握生命科学知识及其产生和发展的规律和特点,有利于培养和提高学生的科学素养和独立分析问题的能力。

(二)以"活动"为载体,结合大单元教学促进学生核心素养发展

1. 生物"大单元"教学对优化学习的意义

从教育产出角度看,教与学均要追求高效,一方面,要追求教育投入的高效益;另一方面,要追求学生发展的高质量。以此为出发点,单元教学从一章或一单元的角度出发,根据章或单元中不同知识点的需要,综合利用各种教学形式和教学策略,通过一个阶段的学习让学习者完成对一个相对完整的知识单元的学习。单元教学区别于按课时教学,在教学目标的设定和教学内容的整合上有其优势,容易实现教学过程的优化。

大单元教学在单元教学的基础上进一步提升,不仅从一章或一单元的角度

出发,甚至从一个教学模块出发,关注不同章之间、不同层次之间、不同学科之间的联系,关注科技与科学的发展关系,多学科联动,发展生物学科素养。大单元教学是一种系统化的教学形态,由教师选择单元主题,并在教学前准备好学习内容与活动。这些学习内容与活动不仅与单元相关,且涵盖各领域,教师利用与单元主题密切相关的教学材料及工具,拓展学生的认知经验。

大单元教学需要深入解读教材,根据学生的学习规律对教学内容进行结构化重组,根据"教—学—评"一体化要求进行综合设计,还要面对不同的学习任务群,从任务群角度去思考,对教师的素养有较高的要求。

高中生物学所传授的基础知识和技能是从浩瀚的生物科学知识海洋中选取出来的最基本的、学生能接受的和作为一名学生应具有的生物科学知识和技能,知识琐碎而庞杂,如果教学缺乏系统化,学生的学习就难以内化,且容易导致思维碎片化。碎片化学习常常因学习不得法、不系统,对各类新旧信息整合不力,容易使学生产生挫败感和焦虑感。大单元教学的优点在于容易达成系统化学习,教学可以做到不重不漏,可以很好地形成知识网,知识网一旦形成,其内部逻辑关系也清晰可见。大单元教学的优势还在于较易达成学习的广度。

2."以活动为载体结合大单元教学"对培养生物学科核心素养的作用

生物学是研究生物的结构、功能、发生和发展规律的科学。生物学科的这一性质决定了生物学教学离不开课题研究及生物实验等探究活动。探究活动是学生有效学习和掌握知识、学习方法的必要途径,也是发展学生科学素养的重要途径。课题研究及生物实验等探究活动是理论知识与实践活动、间接经验与直接经验、抽象思维与形象思维、传授知识与训练技能相结合的过程,因而具有独特的教学价值。教师通过对探究活动的研究能更好地服务于课堂教学、服务于课程改革。进行科学探究的每一步都对学生提出了不同的要求。科学探究从学生提出问题开始,要求学生善于观察身边的现象,提出有探究价值的问题;针对问题做出合理假设,要求学生根据生活及学科经验对提出的问题进行大胆猜想;根据假设谨慎设计实验,要求学生运用智慧合理安排;实施实验的过程更要求学生有较强的组织和动手能力;观察和记录实验现象,要求学生实事求是,以科学严谨的态度面对实验事实;得出结论并交流,要求学生具备较强的判断推理能力及抽象概括能力。不同环节的不同要求体现了生物学教学培养学生相关能力的目标及采用的不同学习方法。

（三）以探究活动为载体，促进高中生物课堂转型

1. 生命观念：厘清结构与功能

【案例 7 - 3 - 10】

结构与功能的学习

下列关于营养级的叙述中正确的是（　　）。

A. 营养级的位置越高，归属于这个营养级的能量通常越多

B. 自然生态系统中的所有绿色植物都属于生产者营养级

C. 营养级是指处于食物链同一环节上同种生物的总和

D. 食物链中的各营养级之间能量传递效率是相同的

答案：B

某同学选的答案是 A。

同学：老师，你上课时曾提及菟丝子是消费者，"自然生态系统中的所有绿色植物都属于生产者"为什么正确？

教师：你认为菟丝子应该是生产者还是消费者呢？

同学：菟丝子是植物，植物应该属于生产者。

教师：菟丝子的确是植物，但植物并不代表它是生产者。

同学：教材上有这么一幅图，图上说生产者是自养生物，主要是绿色植物。

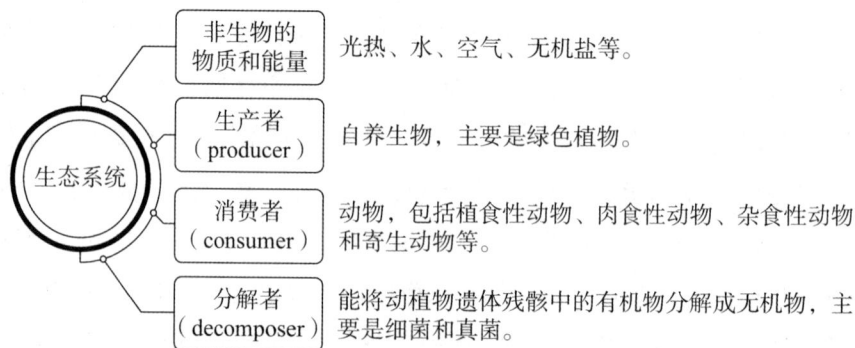

图 7 - 3 - 8　生态系统结构示意图

经过交流,教师发现该学生混淆了植物和绿色植物的概念:绿色植物是含有叶绿体,可以进行光合作用的植物(并不一定是绿色)。也就是说,植物是一个大的类别,绿色植物是植物中的一个分类。菟丝子由于缺少叶绿体,不能进行光合作用,虽然它属于植物但不是绿色植物,营寄生生活。可以说该学生的错误是有代表性的,我们习惯从事物的表象角度进行分类,发现菟丝子和蘑菇等在外形上和大多数植物相似,就认为它们可以进行光合作用,属于自养生物,实则不然。生物学科的学习一定要把握住"结构决定功能"这一准则,该生物具有进行光合作用的结构才是它能进行光合作用的区分依据。逆向思考,虽然蓝藻是原核生物,不是植物且没有叶绿体,但其有进行光合作用的结构(光合作用片层)和色素(叶绿素和藻蓝素),所以蓝藻能发生光合作用,也属于生产者。

通过一节节课将生物学相关知识与技能分享给学生,却往往会忽略每一节课都是由一条主线贯穿在生物课堂教学中的,那一条主线就是科学而系统的生命观念。如果把课堂比喻成一颗颗珍珠,科学而系统的生命观念就是那串起颗颗珍珠的线。这一条线的存在使得珍珠不再凌乱而显得规则、有序,并拥有特殊的美感。

2. 单元教学:注重系统化学习

很多新教师对教材内容不熟悉,且学校要求新教师要按课时备详案,许多新教师常常教到哪里备到哪里,这样会导致教学出现碎片化、割裂且无章法。学生获得并建构的知识体系比较杂乱、松散,随着时间的推移,学生在解决实际问题时会发现自己的知识体系有很多漏洞。教师在教新内容时,不能仅将每一节课的内容孤立地拿出来备课,而应将其放在"大单元"中,从整体上把握,从整体入手感知知识结构,在学习具体内容前先明白这个单元的教学目标,前后教学的联系,教学内容的呈现顺序,其内在的联系。

【案例 7－3－11】

系统化的学习

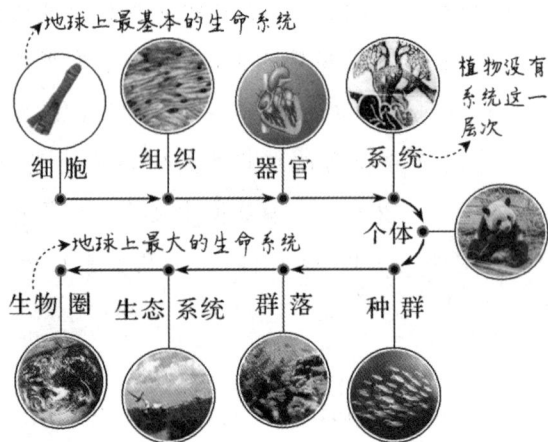

图 7－3－9　从系统的视角看生命世界

从系统的视角看生命世界,细胞、组织、器官(系统)、个体、种群、群落、生态系统、生物圈,是不同层次的生命系统。由于细胞是生命活动的基本单位,生物科学要研究各层次的生命系统及其相互关系,首先要研究细胞。

细胞学说中细胞分裂产生新细胞的结论,不仅解释了个体发育,也为后来生物进化论的确立埋下了伏笔。

教师可以逆向考虑教学顺序是否可以调整,如果不可以调整,原因是什么。通过这样的逆向思考,或许会让我们更容易理解各板块之间的逻辑关系,从而运用整体性和系统性原理对学习内容进行有逻辑的重组与整合。学生经过系统化学习获得大量的科学知识,这些知识的组织方式反映了学生经过系统化学习对学科的理解深度。

3. 深度挖掘:聚焦生物大概念

追求课堂改革切不可因噎废食。生物课堂转型要求一线教师懂得获取、挑选和吸收,即学会选取古今中外一切有用的、有益的、好的东西,"恰如吃用牛羊,弃去蹄毛,留其精粹"。现在很多教师在提及课堂改革时一味强调创新,觉得谈概念就是知识灌输,一味摒弃,也是不可取的。高中生物学教材中概念很多,要对概念进行分类——次位概念、重要概念、大概念。分清概念层次,合理分类,记忆相当简单。生物学科中的"大概念"是生物学科领域中最精华、最有价值的内容。"大概念"教学往往是对"大单元"教学的补充,是对"大单元"教学中难以深入学习的弥补。

【案例 7‐3‐12】

大概念的学习

高中生物选择性必修1《稳态与调节》模块的学习相对抽象。从表面上看,各章相互独立,实则有其内在逻辑:前四章以人体为例探讨高等动物的内环境与稳态的调节机制(神经—体液—免疫调节),最后一章探讨植物生命活动的调节。

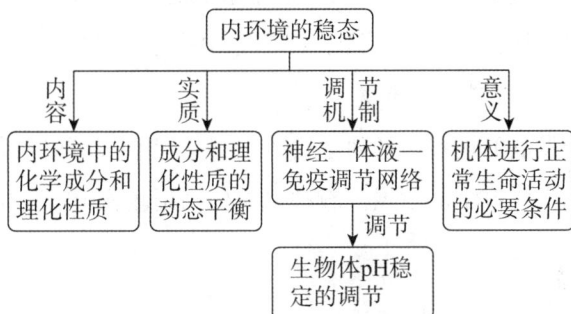

图 7‐3‐10 人体内环境与稳态的调节机制

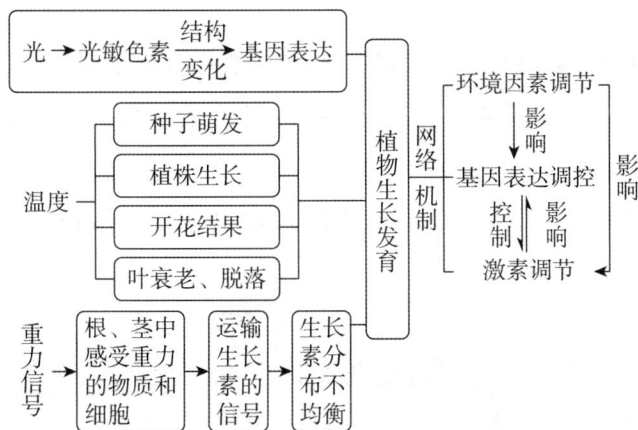

图 7‐3‐11 植物生命活动的调节

本教材紧紧围绕稳态这一大概念展开,稳态是指正常机体通过调节作用,使各器官、系统协调活动,共同维持内环境的相对稳定状态。内环境保持相对稳定是生物体自由生存的条件。随着生理学及其他学科的发展,稳态的概念进一步得到巩固和发展,其内涵也不断充实。研究发现,不同层次的生命系统的活动都存在类似于内环境稳态的特性。微观如基因表达、细胞代谢、酶活性,宏观到种群数量的变化、生态系统的结构和功能,这些均离不开稳态。随着控制论和其他生命科学的发展,稳态已不仅指内环境的稳定状态,也扩展到有机体内保持协调、稳定的生理过程;也用于机体的不同层次或水平(细胞、组织、器官、系统、整体、社会群体)的稳定状态及在特定时间内(由几毫秒直至若干万年)保持的特定状态。稳态不仅是生理学,也是当今生命科学的一大基本概念。它对控制论、遗传学(基因的稳态调节)、心理学(情绪稳态等)、病理学、临床医学等多种学科都有重要意义。可见,在生命系统的各个层次上,稳态普遍存在。对这类概念学习的优势在于其兼具学习广度与深度。

4. 纵向延伸:学习科学发展史

科学是一个发展的过程。任何学科的发展必定有其历史,新课标教材中有多处向学生呈现生物科学的发展。教师可充分利用教材中的科学史开展教学。

【案例 7 - 3 - 13】

科学发展史的学习

某教师在进行《高中生物(必修一)》中"降低化学反应活化能的酶"一课的教学时,其中有一板块探索酶的本质,教材提供了关于酶本质的探索的相关科学史资料:

请学生带着以下问题阅读教材中"关于酶本质的探索"的材料,并通过小组讨论的形式解决问题。

1. 巴斯德和李比希的观点各有什么积极意义?又各有什么局限性?

2. 在科学发展过程中出现争论是正常的。巴斯德和李比希之间出现争论的原因是什么?这一争论对后人进一步研究酶的本质起到了什么作用?

3. 从毕希纳的实验可以得出什么结论?

巴斯德之前

发酵是纯化学过程，与生命活动无关

巴斯德　　　　　　　　李比希

发酵是由酵母菌细胞的存在所致，需要活细胞的参与

引起发酵的是酵母菌细胞中的某些物质，但这些物质只有在酵母菌细胞死亡并裂解后才能发挥作用

毕希纳

酵母菌细胞中的某些物质能在酵母菌细胞破碎后继续起催化作用，就像在活酵母菌细胞中一样

萨姆纳

酶是蛋白质

切赫和奥尔特曼

少数RNA也具有生物催化功能

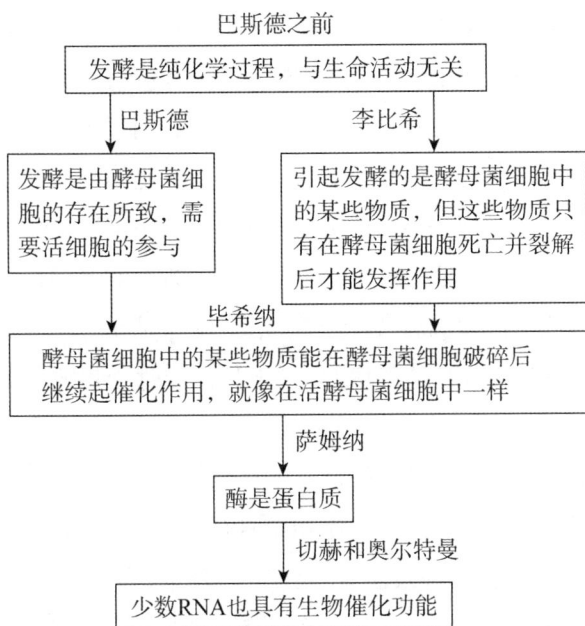

图 7 - 3 - 12　对酶本质探索的相关科学史资料

4. 萨姆纳历时 9 年才证明脲酶是蛋白质,并因此荣获诺贝尔化学奖。你认为他取得成功靠的是什么样的精神品质?

5. 请给酶下一个比较完整的定义。

　　教师通过展示科学家探索酶本质的过程,使学生沿着科学家探索酶本质的道路,理解科学的本质和科学研究的思路和方法,学习科学家献身科学的精神;通过问题串的形式让学生带着问题回顾酶的发现历程,认同技术在推动科学发展中的作用;通过分组讨论,博采众长,正视并认同科学发展过程中出现争论的价值,感受科学发现的艰辛,认同科学发展的道路是漫长而曲折的;通过分享萨姆纳最终荣获诺贝尔化学奖的喜悦,激发学生学习科学的热情和动力,树立信心,感受成功的喜悦;学生关注有关酶研究的最新发展及应用,培养科学精神和科学态度。

　　关于酶本质的探究历程也给我们另一些提示:巴斯德与李比希在观念上的差异是否和其身份有关,巴斯德作为微生物学之父,很多时候会习惯性地从细胞(生物)角度看待和解决问题,而李比希作为化学家考虑问题时更多地倾向于从物质的角度思考问题。生物科学发展史上被类似情况困住的还有"囿于定论

的沃泰默",从沃泰默所做的关于胰腺能分泌胰液的实验结果来看,小肠上皮细胞分泌促胰液素的原因呼之欲出,但因囿于自己身份与经验,沃泰默并没有发现促胰液素调节胰液分泌的方式与神经调节的方式有哪些不同,最终他与生物学发展史上的重大新发现失之交臂。抛却身份(职业等)限制,重温科学历史、感受经典实验,从不同角度看事情,我们或许会有意想不到的收获。

好的课堂教学应培养学生的几种能力:探究、理解和学习能力,教学过程中应注意适当留白,留给学生个人思考与小组交流的时间与空间,让学生发挥自身能力。教师的参与要有合适的度,太过于具体或过于粗放,均无法达到理想的教学效果。

5. 横向联结:多学科融通建模

高质量教育体系是具有高度自组织特性的教育有机体。生物学科教育的高效推进,离不开各学科的联系互助。物理学、化学、生物学等自然科学的研究内容、方法运用、基本原理都有着密切的联系;数学、技术、工程学、信息科学作为工具性学科给生物学研究较大助力;历史学、政治学、地理学等人文社会学科对理解生物科学发展规律也有着重要作用。任何一门学科的发展都不可能独立存在。生物科学同时向微观、宏观以及应用等多个方向迅速发展,获得了不少突破性发现和成就,提出了许多新观点,开辟了不少新领域,这都离不开多学科互助与渗透。

【案例 7 − 3 − 14】

多学科建模的学习

有一条多肽链,分子式为 $C_x H_y O_p N_q S$,将它彻底水解后,只得到下列四种氨基酸,分析推算可知,该多肽的肽键个数为(　　　)。

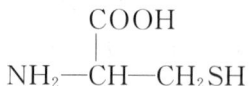

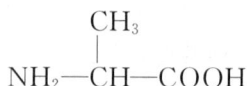

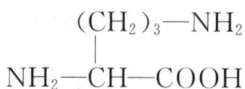

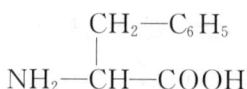

$$\begin{array}{c} COOH \\ | \\ NH_2{-}CH{-}CH_2SH \end{array} \qquad \begin{array}{c} CH_3 \\ | \\ NH_2{-}CH{-}COOH \end{array}$$

$$\begin{array}{c} (CH_2)_3{-}NH_2 \\ | \\ NH_2{-}CH{-}COOH \end{array} \qquad \begin{array}{c} CH_2{-}C_6H_5 \\ | \\ NH_2{-}CH{-}COOH \end{array}$$

A. $q-2$　　　B. $p-2$　　　C. $q+2$　　　D. $p+2$

生物学与化学有着密不可分的关系,细胞代谢的本质是细胞内发生的生物化学反应,所以所有的代谢活动都应遵循科学基本规律——质量守恒。以上四种氨基酸有一个共同的特点:每个氨基酸中均含一个羧基,即每个氨基酸含两个氧原子。根据质量守恒,多肽中 O 原子数=肽键中的 O 原子数+游离的羧基中的 O 原子数=肽键数+2,假设该多肽链由 N 个氨基酸,则:$p=(N-1)+2$,故肽键数为 $N-1=p-2$。

学科的核心素养是现代科学教育育人价值观的集中体现。学科间的横向联系,跨学科的科学大概念形成,有利于学生理解科学发展规律及本质、科学的思想方法和过程;有利于学生建立科学的生命观;有利于学生形成正确的世界观;有利于学生多层次、多维度发展生物学核心素养。

第四节 体育、信息技术课堂转型的特色路径

一、体育学科课堂转型的特色路径

(一) 体育:文明其精神,野蛮其体魄

1917 年,毛泽东在《体育之研究》中提出"文明其精神,野蛮其体魄"[1]的历史命题,深刻揭示了体育运动的内在规律与本质功能、个体体育健身与强国强种的辩证统一关系。跨越百年时空,习近平总书记先后两次重提这一历史命题,真切表达了提升民族素质、振奋民族精神、凝聚民族力量、促进民族复兴的时代诉求,赋予其丰富而深邃的时代价值意蕴,同时也对新时代实践这一历史命题提出了新的更高要求。[2]

作为体育教育工作者,深知"少年强,则国强",应该着力推动学校体育高质

---

[1] 毛泽东.体育之研究[M].北京:人民教育出版社,1979.

[2] 雷鸣等.新时代"文明其精神,野蛮其体魄"的价值意蕴及其实现路径[A].体育学刊,2022-09.

量发展，打造其体魄与精神的价值共同体，全面发展学校体育，促进学生健康及全面发展。

《普通高中体育与健康课程标准(2017年版2020年修订)》强调学生综合素养的提升，突出核心素养的培育。核心素养是体育与健康课程的灵魂，是学生养成终身体育习惯和健康生活方式的基础。培育和践行体育学科核心素养对于落实"立德树人"根本任务和"健康第一"教育理念，凸显体育与健康课程健身育人的本质特征，解决学校体育中存在的现实问题，促进学生身心健康、体魄强健、全面发展具有重要的意义和长远的影响。

体育与健康课程教学要从"知识中心观"向"素养中心观"转变。培养学生核心素养的目的就是引导学生形成正确价值观、必备品格和关键能力，体育与健康课程通过聚焦培养学生运动能力、健康行为和体育品德三方面核心素养实现这一目的。要改变重技术、轻能力，重知识、轻育人，重体育、轻健康的倾向，将单纯传授知识和技术的过程转变成培养核心素养的过程，促进学生养成体育锻炼的习惯和健康的生活方式。

体育与健康课程教学的所有要素或环节都要围绕核心素养开展。学习目标的设置要基于核心素养、教学内容要针对核心素养、教学情境与方法要利于核心素养、学业质量与学习评价要考评核心素养，每一个环节都不能脱离核心素养，并重视不同要素或环节之间的相互联系，从而形成完整的核心素养培养体系。

(二) 立足学科核心素养，聚焦"学练赛评"一体化课堂

1."学练赛评"一体化体育课堂的含义

2018年9月10日全国教育大会，时任教育部体育卫生与艺术教育司司长王登峰指出，一体化体育课程研究对我国学校体育课程改革发展将起到积极作用。①

在"学练赛评"一体化课堂教学中，"学"不再是以单一的身体训练为主的体育训练，而是包括单个动作和多个单一动作的组合练习为主，并且把习得的知识或技能迁移到学习和生活中，以实现从"学会"到"会学"。

---

① 黄凤等."学、练、赛、评"一体化教学模式培养学生体育核心素养的研究[A].学校体育,2021-03.

"练"这一环节是基于"学"所衍生的,两者属于相辅相成的关系。在"练"的过程中,必须结合学生不同的练习需求,注重在单一训练的基础上进行创新、改编和叠加,形成以单一技术为核心的组合技术。同时,把握好练的难度、梯度、时间,提高"练"的趣味性和层次性,让每一名学生都能积极参与。

"赛"和"评"是检验教学有效性的主要方式。在课堂教学中,针对核心技术内容,增强"赛"的合理性和趣味性,促进学生学以致用,并结合"评"的方式对学生的实际表现进行科学评价,从而让学生正确认识自我。

2."学练赛评"一体化教学模式

"学练赛评"四种方式一体化能构成一个学习闭环(见图7-4-1),指向"学以致用"的教学活动组织。

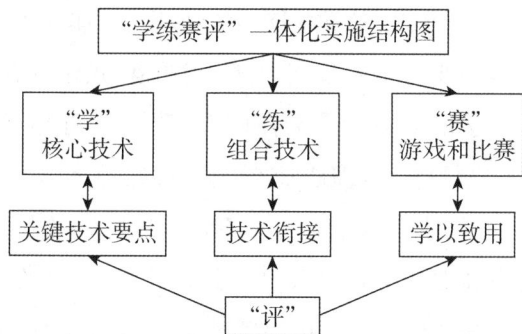

图7-4-1　"学练赛评"一体化实施结构图

在"学练赛评"一体化课堂教学中,体育教师应紧扣运动能力、健康行为和体育品德三个方面,明确为什么教、教什么、怎样教三个问题,制订清晰的教学目标,选择合适的教学内容,并选用相应的教学方法,为了避免学生在训练和学习过程中感到枯燥,体育教师还应结合学生的学习特点、性格爱好等设计教学内容,加入多元化的教学模式,如情景导入、多媒体教学、学生模拟等方式,提高学生学习体育的兴趣,增强单一训练和组合内容的练习效果。

"学练赛"的效果如何,通过"评"及时反馈、查漏补缺、优化调整。"评"活动的开展还能提高学生的自主评价能力,让他们知道学习过程中的对错与优劣,起到激励和促进作用。因此,"学练赛评"一体化能更系统全面地组织教学活动。

3."学练赛评"一体化体育课堂对培养学生核心素养的作用

季浏教授提到,学科核心素养是学生终身学习的必备能力,它包括培养运动能力、健康行为和体育品德。而"学练赛评"一体化体育课堂可以让学生在体育锻炼中享受乐趣、增强体质、健全人格、锻炼意志,同时促进学生核心素养的养成。

(1)"学练赛评"一体化体育课堂培养学生的运动能力

课堂通过留白式教学、快易教学法、情境教学法等多样化的教学方式,以学生主体性的"学练"为载体,促进单一关键技术要点的把握和组合技术的衔接。其间,组合练习的创编和叠加使练习内容凸显多样化;学生根据自身基础,对不同难度的组合练习凸显了可选择性;同伴互助、小组合作、团队协作、多媒体呈现、榜样引领等不同教学形式,使学生能愉快地获得对体育运动技术的理解、熟悉、掌握。同时,在课堂上以个人赛、小组赛、对抗赛、展示赛、趣味赛、特殊赛等形式,"赛"出体育课的精彩,通过引导学生以自我评价、小组评价、集体评价、教师评价、对比评价等途径科学合理地"评"出体育课的收获。

"学练赛评"一体化体育课堂教学体系,由浅入深,衔接流畅,环环相扣,充满趣味,有利于提高课堂的运动强度与运动密度,学生在掌握技术的同时提升了体能、运动认知、技战术运用、体育展示与比赛,真正促进了学生的运动能力。

(2)"学练赛评"一体化体育课堂形成学生的健康行为

"学练赛评"一体化体育课堂教学模式,包括单一身体练习、组合练习、游戏比赛和学习评价,它们共同构成完整的教学体系。其中,"赛"是一个重要环节,以"课课赛"为突破口,以赛带练、以赛检验,真正做到学以致用。

另外,通过课后"留白",鼓励学生积极参加课后练习,让体育课堂为课外活动服务,让学生能在课堂之外主动锻炼,逐渐养成终身锻炼的意识和习惯、掌握与运用健康知识、调控情绪、适应环境,从而形成健康的体育行为。

(3)"学练赛评"一体化体育课堂塑造学生的体育品德

"学练赛评"一体化体育课堂对塑造学生的体育品德的效果是显而易见的。体育品德包括体育精神、体育道德和体育品格。在"学""练"环节中,强调勇敢顽强、坚持不懈、积极进取等;在"赛"的环节,注重体验各类型比赛中参与者、组织者、裁判员、拉拉队、后勤保障的角色扮演,通过竞赛活动帮助学生养成遵守规则、团队合作、尊重对手、超越自我等体育品德;在"评"的环节通过评价自我、评价团队、评价比赛,逐渐养成自尊自信、文明礼貌、相互尊重等体育品德。

因此,"学练赛评"一体化体育课堂,在教学中贯彻"练中学、学中练""赛中练、练中赛""赛中评、评中赛",实现课程各环节的互通互融,真正把"学练赛评"贯穿课程始终,以提高学生的身体素质,发展学生的核心素养。

(三)以多样化的教学方式促进高中体育课堂转型

如何推动"学练赛评"一体化体育课堂转型?我们的答案是以多样化的教学方式来实现。

1. 留白式教学激发学生"智学"

"学练赛评"一体化体育课堂是一个完整的过程。学会是基础,勤练是保障,比赛是关键,评价是促进。高中体育课堂如何让这些环节"活"起来,很大程度上取决于学生的自主能力、创新能力以及实践应用能力,盛泽中学的殷袁琴老师在课堂教学中不断探索,尝试用留白式教学。

留白式教学是指教师在课堂中不直接把学习内容通过讲述、讨论、交流等方式告知学生,而是通过言语激发、质疑问难、布置练习等方式留下"空白",引发学生进行更广阔的思考与探究,更好地发挥学生主体作用的一种教学策略。

【案例 7 - 4 - 1】

留白式教学的运用

这是一节高一学生的户外拓展课,主题为"车轮滚滚"的团建项目内容。

殷老师在活动开展之前先展示了"车轮"道具,同时布置任务,提出要求:"全班学生分成六人一组,自由组合,看哪一组学生最先把车轮滚过终点。"学生们开始尝试,但教师在巡视过程中发现好几个小组的尝试都失败了,好多学生一下子就像泄了气的皮球。

这时,殷老师提出问题:"同学们,大家想想,要让车轮顺利滚动起来,关键是什么?"一石激起千层浪,问题的留白和刚开始的失败尝试让学生们停止了盲目练习,热烈地讨论起来。经过教师点拨,之后的练习效果立马有了改善。接着教师的问题又来了:"滚动时碰到大家发力不协调怎么办? 第一位学生和最后一位学生如何发力?"有些小组的学生不断修正问题,很快车轮顺利滚动起来。教师提示其他小组认真观察已经成功完成的小组,同时也反思自己小组的问题,然后再进行调整。最后的小组竞赛真可谓声势浩大,小组各显神通,出发的哨声一响,操场上回响起"左右左,左右左……"的口号。在这节课结束之前,教师请学生做了精彩点评,并且充分肯定了学生的团结协作精神,最后还给大家留了一个问题"我们是否还有其他改良方法来提高完成速度"。

本教学案例在导入新知时巧设"留白",激发学生的好奇心;在重点知识处巧设"留白",突破重难点知识;在课后作业"留白",拓展学生学习空间。

由此可见,在"学练赛评"一体化体育课堂中合理留白,能发展学生合作探究精神,激发学生创新意识,构建学生知识体系,延伸学生学习空间,在激发学生"智学"的同时,逐渐培养学生的体育核心素养。

2. 快易教学法帮助学生"乐学"

快易教学法是国际网球联合会 2007 年推出的一种以快易和乐享为理念的网球教学方法,英文名是 Play and Stay,是指通过对标准场地和器材进行改建,简化正规比赛规则和降低技术动作难度的手段,选取合理的教学方法,使初次接触网球运动的初学者能快速、简单、有效地掌握该项运动技术动作和比赛规则的一种教学方法。

【案例 7-4-2】

快易教学法的应用

盛泽中学黄凯老师在高中篮球教学中应用快易教学法(教学内容见表 7-4-1),通过八周的实践研究及测试,数据分析发现,在投篮、传球、运球方面的教学中,快易教学法的效果比传统教学法的效果更好。

表 7－4－1 　快易教学法的教学内容

基本技能	具体项目	快易教学内容
投篮	原地单手肩上投篮 行进间低手上篮	计时投篮、投活动篮、折返投篮 投篮晋级赛、抢投三十分 上篮积分赛
传球	原地双手胸前传球 行进间双手传球 单手、头上、体侧击地传球	抢断球游戏、传球追触 三角传三球、圆圈追传球 传球接力赛
运球	原地运球 行进间运球 体前变向、胯下、转身、背后运球	适应性运球、"大乱斗" 运球过障碍 花样运球 运双球接力赛
防守	滑步 防有球队员 防无球队员	"两只螃蟹" "巧入营门"、1V1 攻防战 "坚守阵地"

　　根据教学环节,以具体的某一节课为范例,以下为某节课的教学设计(详见表 7－4－2):

表 7－4－2 　单课教学设计

基本内容	具体项目	时间(min)
准备活动	慢跑和篮球操	2
	热身游戏	5
技能学习	球性练习和游戏	8
	运球练习和游戏	8
	投篮练习和游戏	8
	"运动补给站"(补水)	2
身体素质	脚步灵敏性练习	7
	"绳梯游戏"	
身心放松	徒手拉伸	5
		45

　　首先,通过单课的教学设计,我们看到,在课的准备部分、技能学习、身体素

质中,都贯穿游戏的形式,"快乐＋易懂"的篮球教学理念,让学生听得懂,学得会,让学生能快乐地坚持下去。

其次,篮球技术教学中"以兴趣培养为主,技术学习为辅",在具体技能教学中,应以"规范技术动作为主,不以成绩论英雄,不过分强调成绩的重要性",因为一个成功的优秀运动员,背后一定有一个在学生时期不过分追求成绩的教练。在培养篮球兴趣的同时,注重身心的健康发展,教学内容的选取上要紧紧围绕"快速＋易懂"的理念去制订。

最后,在教学中应建立"适宜挑战任务"的教学方法,教师在教学过程中要给学生设定一些适宜的挑战任务,使学生在完成过程中,既不会感觉很容易,也不会感觉很难,这样的任务让学生完成时更有成就感,自信心和兴趣就能一步步建立培养起来,从被动接受变为主动学习。

3. 情境教学法促进学生"深学"

情境教学法主要是指在教学中,教师将学生引入特定环境中,让学生融情于景,在情景交融中提升自身的学习积极性,促进深度学习。

现在的高中生大多是独生子女,娇生惯养,习惯了获得他人的关心和帮助,而对如何帮助他人以及自己在集体中承担什么样的角色、负有什么样的责任则认识不清。因此,教师在"学练赛评"一体化体育课堂中,也应关注培养学生在合作情境中的团队意识。

【案例 7 - 4 - 3】

情境教学法的应用

"学练赛评"一体化体育课堂上,马定珍老师在"学"的环节就直接分组(小组 A、小组 B、小组 C 和小组 D),并且提出了小组训练效果展示的要求。学生不仅要进行动作规范化训练,同时动作掌握较好的学生也要帮助有困难的同学,主动承担起帮助小组其他成员的责任。在这个过程中,学生考虑的不仅是自己,还有小组内的其他同学,学生作为集体一员的责任感和同学之间的合作意识都有了显著增强。

在"练"的环节中,马老师设置了三个组合练习,并且进行了合并分组,即在组合练习1中,小组 A 和小组 B 合并一组,小组 C 和小组 D 合并一组;在组合练习2和3中,进行交叉合并分组(详见图7-4-2)。课堂上每位学生都致力于自我学思和协助队友的热潮中,最后还设置了各组比赛与点评环节。

本案例中,马老师在"学练赛评"一体化体育课堂上充分运用合作情境,在"学"的环节中就将教学训练的任务落实到小组这一载体上,小组中的每一个学生都要进行合作训练,这一过程也是强化学生团队意识教育的好契机。在"练"的环节中,经过三个组合练习后,学生形成了"学思、互纠、合作、展示、互评"的多元合作。"赛"和"评"的环节不仅展示了自我与团队,同时也学习如何欣赏他人。

整节课通过合作情境,将核心素养的培育贯穿始终。当然,核心素养培育不局限于一个环节或一节课,而是要将它与整个体育教学工作结合起来,注重营造浓厚的学习情境,激起学生内在的共鸣,从而真正提升核心素养培育的效果。

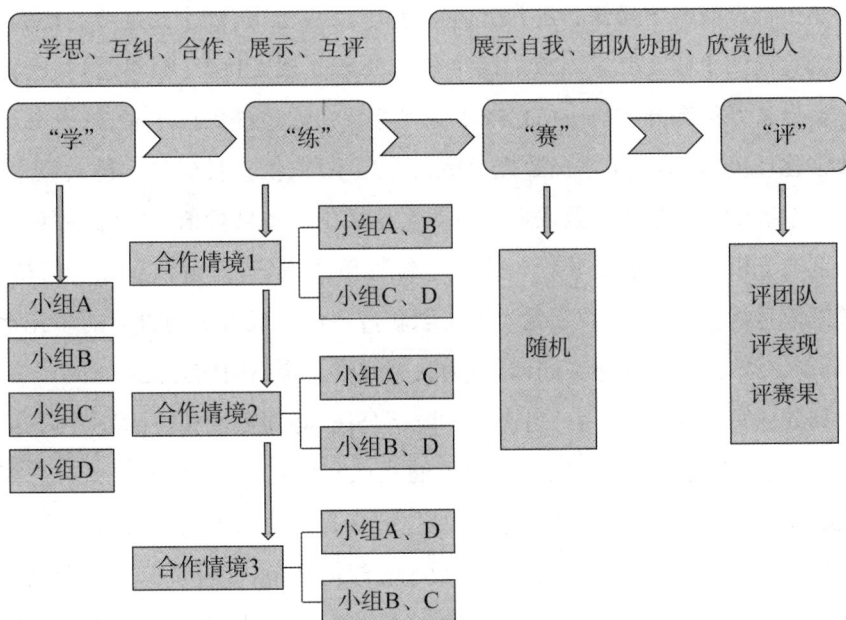

图7-4-2 "学练赛评"一体化课堂中运用合作情境培育学生团队意识的流程图

三、信息技术学科课堂转型的特色路径

（一）以信息素养为根本，培养立足信息社会的数字公民

新一轮课改将我国基础教育的总目标落实到"学生发展核心素养"，具体到各个学科，又细化为学科核心素养。普通高中信息技术课程是一门旨在全面提升学生信息素养，帮助学生掌握信息技术基础知识与技能、增强信息意识、发展计算思维、提高数字化学习与创新能力、树立正确的信息社会价值观和责任感的基础课程。[①] 课程围绕高中信息技术学科核心素养，精练学科大概念，吸纳学科领域的前沿成果，构建具有时代特征的学习内容；通过丰富多样的任务情境，鼓励学生在数字化环境中学习与实践；倡导基于项目的学习方式，将知识建构、技能培养与思维发展融入运用数字化工具解决问题和完成任务的过程中；让学生参与信息技术支持的沟通、共享、合作与协商中，体验知识的社会性建构，增强信息意识，理解信息技术对人类社会的影响，提高信息社会参与的责任感与行为能力。

高中信息技术学科核心素养由信息意识、计算思维、数字化学习与创新、信息社会责任四个核心要素组成。四个核心要素互相支持，互相渗透，共同促进学生信息素养的提升。高中信息技术课教学旨在通过提供技术多样、资源丰富的数字化环境，帮助学生掌握数据、算法、信息系统、信息社会等学科大概念，了解信息系统的基本原理以及在人类生产与生活中的重要价值，学会运用计算思维识别与分析问题，抽象、建模与设计系统性解决方案，理解信息社会特征，自觉遵循信息社会规范，在数字化学习与创新过程中形成对人与世界的多元理解力，负责、有效地参与社会共同体，成为数字时代的合格中国公民。

身处数字时代，要成为一名合格的数字公民，必须养成相应的核心素养，适应时代要求，牢固树立坚持数字化学习的意识和习惯，学会合理评估与选择数字化技术和方法，具备运用数字化手段提高学习、工作效率的能力，能在不同场合，基于不同需求，面对并处理不同的数字化学习环境，能胜任信息社会赋予的权利并具备承担起应有的社会责任的意识与能力和支持个人终身发展和适应

---

① 中华人民共和国教育部.普通高中信息技术课程标准(2017 年版 2020 年修订)[S].北京:人民教育出版社,2020:1.

社会发展需要的必备品格和关键能力。

因此,将数字化发展中成长起来的新一代学生培养成为符合未来数字时代与社会发展需求的合格数字公民,是在将"立德树人"作为教育根本任务的新课程背景下,高中信息技术课程应有的责任担当与价值追求。

(二) 以"现象教学"为引领,以学科素养为导向

1. 以"现象教学"为引领,开展项目化学习

《普通高中信息技术课程标准(2017 年版 2020 年修订)》在实施建议中提到:基于项目的学习是指学生在教师引导下发现问题,以解决问题为导向开展方案设计、新知学习实践探索,具有创新特质的学习活动。基于真实情境的项目学习能促进学生对信息问题的敏感性、对知识学习的掌控力、对问题求解的思考力的发展,通过自主思考、合作探究等形式,整合各种教学资源,对特定的项目展开探索,包括:信息的收集,方案的设计,项目的实施及最终的评价,最后形成一个完整的项目成果,促进学生信息技术学科核心素养的形成。

我校是苏州市现象教学课程基地,现象教学理论认为:在实施教学时,根据教学内容,从生活中的真实现象出发,结合学生的生活经验启发学生思维,围绕特定的研究主题或学习项目,引导学生进行思考,利用各种教学资源及学习手段,持续驱动学生的思维,通过自主探究和交流协作,对现象进行综合及深入的分析,最后将探究所得的成果融入知识体系中,提升学生的综合能力和信息素养。

2020 年,江苏省开始实施信息技术新课程,学校信息技术组依托学校现象教学课程基地,将现象教学理念与信息技术项目式教学理论进行了整合,引导学生通过分析生活中的信息现象,启发学生进行思考,围绕现象及背后的原理设计项目,进行有价值的探究。

例如,在进行 Python 程序设计教学时,根据学生和社会高度关注的疫情传播及防控方面的各种现象,设计了"问'疫'哪得清朗时,为有洞悉现象寻"项目式学习方案。教师和学生一起分析疫情指数型传播的现象,并引导学生思考:传播为何会这么迅猛?其背后的感染机制到底是如何的?从而启发学生的思维,并寻找解决问题的方法,然后尝试运用 Python 程序设计来进行分析探究,发挥创新精神和协作精神,在完成项目探究的同时提升学生的综合能力和学科

素养。

2. 以学科核心素养为导向，优化信息技术课堂教学

核心素养是学生在接受相应学段的教育过程中逐步形成的、适应个人终身发展和社会发展需要的必备品格和关键能力。学生核心素养的培养，最终要落在学科核心素养的培育上，其承载途径主要是课堂教学。信息技术学科核心素养是核心素养在信息技术学科的具体化，是学生在学习信息技术学科后形成的、具有学科特点的成就，包括必备品格和关键能力，是学科"立德树人"育人价值的集中体现。

在高中信息技术课堂教学中体现和落实学科核心素养，不应仅教给学生学科的若干知识、技能和能力，同时还应指向人的思想情感、思维方式、生活方式和价值观的生成和提升，具体可把握以下几个方面：

把握学科核心，透过现象追寻本质。在信息技术课堂教学中，教师需要对信息技术学科的知识结构有一个清晰把握。在实施教学时能在头脑中建立整套教学内容，并结合自己的理解将学科知识与实际生活相关联，运用最近发展区理论选择适合学生探究的生活现象，透过现象探寻背后的信息技术本质。

依托项目教学，增强学生信息意识。围绕项目开展教学活动让学生从整体上有一个较为清晰的认识，以学生为主体的教学模式有利于培养学生的信息意识，促进学生核心素养的不断提升。项目教学可以围绕选定项目主题、实施项目方案以及展示项目结果等方面入手。

开展深度教学，发展学生学科素养。深度教学是在浅层次学习的基础上开展的，教师需要在深度学习中帮助学生建立知识与生活之间的联系。通过引导学生学会用信息技术处理问题，注重学生学科思维的培养，进而帮助学生提升信息技术学科素养。

（三）以四个"融合"促进课堂转型

1. "现象"与"学情"相融合，引导学生学会思考

生活中的现象千变万化，该选取并分析什么样的现象，重要标准就是贴合学生学情，具有启发学生思考并有进一步探究的价值。在本次博雅骨干教师研修期间，我校信息技术学科备课组尝试将分析疫情传播现象与学生的学情相结合，引导学生思考、探究疫情传播规律，开展相关教学实践探索。

【案例7－4－4】

Python编程教学与时事现象相融合

在讲授《高中信息技术(必修1)》"编程计算"单元过程中,教师从疫情传播给学生的生活、学习带来严重影响的现象出发,与学生的认知和学情结合,引导学生进行思考:疫情牵动人心,世界范围内病例的暴发式增长一次次突破人们的心理极限。这样的现象真实而且震撼,给学生的日常生活和学习都带来了严重的影响。由此现象引导学生思考并提出问题:疫情传播背后的机制是什么?未来的发展趋势会怎样?学生普遍充满兴趣,对探究结果具有极大的期待。由此现象引导进一步探究,并且融入Python编程教学对疫情传播进行分析,搭建病毒传播模型,寻找背后的原因以及传播的机制,最后对疫情的发展作出预测。学生在培养能力的同时,理解我国三年来采取联防联控,动态清零措施的意义,同时理解国家当前进行优化调整、逐步放开的原因。

通过"现象"与"学情"相融合,根据学生当前学情及认知状况,在最近发展区内选取有价值的现象,引导学生对现象进行分析思考,激发学生使用信息技术探究解决问题的能动性,从而提升学生的信息素养。

2."预设"与"生成"相融合,激发学生创新思维

预设是生成的基础,生成是预设的升华。信息技术学科具有层次性、工具性、实践性等特点,信息技术课堂教学预设应更多地关注学生的认知起点、先前知识经验储备、学生的需求和发展,同时准确把握教学重难点,注重引导学生通过自主、合作、探究来解决问题,充分进行课堂教学预设,为生成保驾护航。在授课过程中,更要注重其动态生成,正确处理好预设与生成的关系,将充分预设与精彩生成结合起来,提高信息技术课堂教学的有效性。

【案例7－4－5】

计分器制作探究任务

在讲授《高中信息技术(必修1)》"数据与计算"单元关于WPS表格计算内

容时,预先设计了元旦文艺汇演计分器的探究任务:电视直播类比赛中,选手的评分都是当场计算。学校元旦文艺汇演就要到了,请同学们用 WPS 设计一个评分器,当八位评委打完分后,评分器马上算出选手的得分,并对选手的成绩进行排名。学生一:可使用 average 函数计算平均值,然后对平均分进行排序,确定名次。这是预设的学生回答,根据预设方案能较好地完成本堂课的教学任务,但完成较快的学生提出了新的思路。学生二:这个方法不科学,公平的计算方法应是去掉最高分和最低分后再计算平均分,像央视青歌赛和奥运会体操类比赛中都是这样计分的。学生三:刚才设计的方案虽然能解决问题,但节目表演是按顺序一个个进行的,每表演完一个节目,名次会产生变化。如果每次都要通过排序确定已演节目的名次,操作太烦而且慢,如能设计成自动动态生成,计分器一输入评分,名次就出来了。学生根据实际生活经验提出了自己的质疑和新的解决思路,而且一般的比赛计分也确实是这样处理的,这是非常好的生成资源。

课堂教学是一个动态生成的过程,通过"预设"与"生成"相融合,使两者成为课堂教学的两翼,既关注了教学的设计性,又体现了其不确定性和动态性,预设促进生成,生成中展现师生智慧,从而激发学生的创新思维,提高信息技术课堂教学的有效性。

3.“学习”与“评价”相融合,促进学生主动发展

评价是信息技术课教学中的有机组成部分,基于信息技术学科核心素养展开,在项目式教学中,为培养学生的学习能力、团队合作能力,在项目式学习的课堂中,我们尝试以小组为单位开展学习活动,促进教师改变原有的评价方式,以综合性评价为主导评价方式来思考评价体系维度和实施细则。结合信息技术组课堂教学中的实践经验,项目式学习方式下的学生评价可由组内自评、互评和小组互评相结合。

【案例 7 - 4 - 6】

猜数游戏任务中的评价方式

在讲授《高中信息技术(必修 1)》"编程计算"单元综合实践课时,教师设计

了一个猜数游戏的编程任务,主要功能是:随机生成一个某一范围内的整数,然后进行猜数游戏。根据难度设计了三个层层推进的优化任务:任务一是能进行一次猜数,任务二是能进行无限次猜数,任务三是在给定数的范围内最优次猜数,并且分别设计了组内自评、互评和小组互评的方式。任务一旨在掌握基本的输入输出和分支结构,任务难度相对较低,大部分学生完成度较好,评价以学生展示进行自评的方式进行;任务二同时用到分支结构和循环结构,任务难度适中,需要组内成员通过相互协作来完成,评价以组内互评的方式进行,通过相互评价,同时发现同伴的优点,反思自己的缺点,提高组内各位成员参与项目探究的积极性;任务三需要考虑给定数的范围内最优次猜数,要求组内成员集思广益,合全组之力构思解决方案,评价采用小组互评的方式进行,各小组展示成果时,进行小组互评,有利于培养学生的临场表达能力以及反思能力,发现本小组成果的不足之处以及同伴小组成果的优点,激发创新的火花,培养学生发现问题及解决问题的能力。

通过"学习"与"评价"相融合,使学生在学习过程中注重自我管理,注重相互间的协作,在评价中实现自我的重新定位,保持积极主动的学习态度,从而使学生实现主动的、良性的发展。

结　　语

一、主要经验

回顾学校课堂转型走过的历程，主要有以下经验值得总结：

（一）重视对骨干教师的培训

课堂转型成功实现，主要靠一支具有专业水准的教师队伍，尤其要发挥骨干教师的带头作用。为此，立足自身的力量，借助外界的支持，做好骨干教师的培训，从而带动整个教师队伍质量的提高，是学校的一项重要工程。骨干教师的培训不是关起门来空学理论，而是要让教师置身于课堂转型的浪潮，结合教学实际去开展课例研究，带着问题学习与钻研教育理论，自觉进行自我反思，切实改进教学行为。实践证明，培训过程中"五个一"的做法：做一个课题、写一篇论文、读一本教育著作、上一节研究课、开一次微讲座，对骨干教师的培养起到明显的效果。

（二）坚持抓好日常校本研修

坚持抓好日常校本研修，有利于学校创造一个促进课堂转型的良好氛围。多年来，校本研修在学习理论提升理念、认真备课精心设计、优化策略凸显技艺上下功夫，使教师在教学设计、情境创设、讲解演示、作业布置、活动组织、思维引导、评价反馈等方面，都有了很大的提高。

（三）发挥教学范式示范作用

学校先后以"生态课堂""现象教学"为抓手，推动课堂转型的进展，起到了"造氛围、给示范、学理论、促研究"的良好效果。在学校无教学范式引领的情况下，引进与建立教学范式，在先进理念指导下规约教学行为，有利于提升学校的教学质量。当然，随着教师自我改进意识与自觉性的加强，学校要允许教师根据学科特点,并根据自己的追求与专业特点进行教学范式的创新。丰富多样的教学范式有利于学校课堂品位的不断提升。

（四）引导不同类型教师成长

教师的成长要因势利导,循序渐进。学校注意根据不同阶段、不同类型的教师状况,有的放矢地为他们搭阶梯、筑平台,鼓励他们不断突破与超越自我,取得了一定成绩。今后学校仍然要以课堂为主渠道,为他们制订不同发展时期的职业发展规划,培养更多的研究型教师。

（五）立足学科优化课堂转型

学校重视学科建设,发挥学科的基础力量,以学科为依托扎实推进课堂转型,各学科在探索中逐渐形成了课堂转型的特色路径与策略。这些探索成果是学校发展的宝贵财富,今后要继续弘扬与光大,使之转化为教育教学的生产力。

二、问题思考

（一）我们要什么样的课堂

"秧田"式整齐排列的课桌椅,学生面对黑板和讲台悄然无声地聆听教师的讲授,或时有教师问、学生答,或时有学生埋头刷题,这是我们要追求的课堂吗?如今,传统意义上的黑板和讲台正逐渐从教室中消失,原先固定排列的课桌椅被换成4~5个人围坐的小桌子,教科书成为配角,代之而起的是丰富多彩的学习资料。教师的作用正慢慢转变为学生学习的设计者和服务者。这种变化,从20世纪70年代就已开始,各国都在不约而同地展开着这场"静悄悄的革命",可以说,课堂的这种变化已经是不可逆转的了。

在新课程的实施中,即使"对话式教学"的意义得到越来越多教师的认同,真正实现了"对话式教学"的课堂并不多见。很多教师仍然热衷于设计"教师上课"的框框,并没有直面每一个学生的学习需求。教师所关心的仍然停留于"教师上课"本身,并没有聚焦学生的实际需求。日本东京大学佐藤学教授分析了教师不敢借助"小组学习"展开"对话式教学"（合作式学习）的原因,其一是担心控制不了学生的讨论,会耽误教学的进度。其二是担心学生的讨论"开无轨电车",白白浪费了时间。所以,一些教师宁愿站在讲台前操控整个课堂的"灌输式教学",讲究上课的效率。不过,佐藤学教授说,这种焦虑情绪是站不住脚的,因为采用了"对话式教学"而又产生闲扯的课堂,几乎都是该课堂原本就没有真正设计好。所以,问题不在于"对话式教学"的方式和学生的学习态度,而在于没有课堂教学设计艺术的教师。但凡学生未能形成倾听关系和合作关系,就不可能期望"对话式教学"的成果。反之,不采用"对话式教学",就难以培育学生之间的倾听关系和合作关系。

采用"对话式教学"的最大焦虑是怕耽误教学进度。确实,采用"对话式教学"比以教师为中心操控课堂的效率要低得多。但是,"对话式教学"的采用或许会影响教师上课的效率,却不会影响学生学习的效率。"灌输式教学"的效率是牺牲了学生的素养培养、摒弃了学生的学习兴趣。在习惯于"灌输式教学"的教师看来,"对话式教学"或许是没有效率,浪费时间的,在推动"对话式教学"的教师看来,"灌输式教学"才是浪费时间,没有效率的。从学生的认知规律来看,"对话式教学"远比"灌输式教学"更有效率。

(二) 引领课堂转型的概念框架是什么

1. 学习共同体是课堂转型的合作空间

从 20 世纪 90 年代开始,"学习共同体"的理论与实践在世界各地兴盛起来。"学习共同体"的构想旨在恢复学习的社会意义和合作性格而生成的教育理论,它是针对近代以来学校教育脱离社会生活,学习成为被动的个人主义式学习弊端而提出的。"学习共同体"不但是学生学习成长的场所,也是教师专业发展的场所,是社区的家长和居民参与学习的场所。在以学校为中心并同所在社区相互合作的整个公共空间里一切的教育创造,均属"学习共同体"的范畴。"学习共同体"也是学校改革的哲学。根据佐藤学教授的解释,这个哲学是由"公共性""民主主义""卓越性"三个基本原理所构成的。"公共性"原理意味着,学校是各式各样的人相互学习的公共空间,也是课堂实现转型的合作空间,"公共性"原理要求倾听他人的声音,向他人敞开心胸,宽容他人的精神和尊重多样性的精神。"公共性"原理是由"民主性"原理所支撑的。这里的"民主主义"意味着"各式各样的人合作生活的方式"。学生、教师、校长、监护人都必须是"主人公",每一个人的学习权利和尊严都必须得到尊重,多样化的思考方式和生活方式必须得到尊重,从而使学校、课堂成为不同个体得以交流的场所。学校同时是教师和学生追求其活动的"卓越性"的场所。这里的"卓越性"不是指比他人如何优秀的"卓越性",而是指诸如在任何困难条件下尽其所能,到达最高境界的"卓越性"。这三个原理形成了建构"学习共同体"的哲学基础,也成为课堂转型的大前提与重要条件。

2. 教师成为"反思性实践家"是课堂转型的内在动力

"反思性实践家"是近年来支撑教学研究的最重要的概念。课堂转型有成效,一般都与教师的自觉反思与努力实践有关。课堂转型起色不大,甚至迟迟推不动,重要原因之一就是一部分教师不愿意反思自己的教学观念与教学行为。舍恩(D. Schon)根据对建筑师、精神分析专家等的研究,注重这样一个事实:现代的专家在复杂的社会情境中直面混沌的、不确定的复杂情境中难题的解决。他们的实践与理解的特征在于,同问题情境的对话,靠经验培育起来的非概念化的"默会知识",以此为基础展开的"对活动过程的反思"。这样,针对基于"工具理性"的"技术熟练者"而提出了"反思性实践家"的概念。教师的工作是一种自律性的专业。教师是借助依存于情境的不安定的实践中跟情境的对话来行使职务的。从反思性实践的立场看,教学的实践不是靠一般的技术原理的使用能够奏效的,教学的研究也不是靠抽取教学经验上升为一般化的技术原理所能奏效的。作为反思性实践家的教师比作为技术熟练者的教师,能投身于更复杂的情境,在与学生的平等关系中,寻求文化含义的建构和拥有高度价值之经验的创造;能与学生、同事和家长合作,倾注全力去发现并反思这种情境中学习的意义和价值,展开实践反思,分享实践经验,增长实践智慧。教师借助反思性教学的实践,能发现自身角色的自律性和专业性的职能,恢复自己的尊严和希望,这正是教师的专业化成长与课堂转型的基本途径。

3. 高举"立德树人"大旗是课堂转型的根本目标

应试教育是同"立德树人"根本对立的。应试教育与素质教育是两种不可调和的教育思想。值得注意的是,在一些地方,应试教育正在蔓延成为一种应试文化。正是在这种文化的阻碍下,学校课堂转型没有受到关注。

早在20世纪80年代,整个社会舆论尚且"警惕应试教育的倾向"。但是,如今,倡导所谓"素质教育与应试教育融合"的论调此伏彼起。然而,应试教育并不是"优质教育",根据布卢姆的教育目标分类学的标准,充其量不过是"低阶认知能力"优异而已,"高阶认知能力"几乎是空白。仅仅"懂得知识",却缺乏

"问题解决的能力",这种人在未来世界是派不了用场的。况且,应试教育本质上是以牺牲学生身心健康为代价的教育,也是培育"极端个人主义的教育",归根结底是"反人性""反学生"的教育,最终导致"立德树人"教育本质的损毁。

为此,我们应当高高举起"立德树人"的大旗,基础教育的基本功能不容损毁。基础教育是成"人"的教育,不是成"家"的教育。基础教育要培养"有社会责任感、有教养的公民"。为此,学校务必要明确课堂转型的方向,为"立德树人"创造优良的学习环境。

4."三个走向"是课堂转型的具体要求

(1) 从被动学习走向能动学习

能动学习可以为"优质知识"提供保障。其一,它注重学生进行有助于提升知识质量的学习。优质的知识不是单纯地"了解",而是意味着"理解"与"运用"知识,也可以说是活学活用的知识。

其二,它注重学生获得"优质知识"的学习方法。要掌握"优质知识"就得扎扎实实地学习——不是碎片化地记住教材内容,而是必须关联、归纳、内化为自身的知识。因此,要求学习的内容,不是单纯地求得"答案"和"答案的表述",而是包括了得出这种答案的理由与根据,需要具备思考力、判断力、表达力。

其三,它注重学生的基础素养。基础素养不是单纯地接收、发出信息而已,而是求得多样的、碎片化信息的整合能力。在当今信息化时代,基础素养的内涵不限于3R("读、写、算"),也包括"信息素养"。"能动学习"也有助于"高阶认知能力"(包括问题发现能力、创造力、沟通能力、协作能力)的培育。

(2) 从个体学习走向协同学习

人不可能一个人成长。在课堂教学中所有学生,也包括教师在内,从根本上说属于"同他者分享"的存在。在课堂中倘若不能同他者分享,那么,理解教学内容本身是难以成立的。这是因为,即便一个学生理解了教材,但这种理解在本质上唯有同伙伴分享后才能得到确认。另一个"同他者分享"的理由是,拥有数十名学生的班级中,每一个学生的理解并不是一模一样的,这就需要彼此之间取长补短:同等学力的伙伴之间的互补,不同学力水准伙伴之间的互补——高学力的教低学力的、低学力的向高学力的学习等。协同精神是指面向学习目标,与伙伴齐心协力,为了自身与伙伴而认真地学习,不能抱着"只要自己好就行"的态度。为了与伙伴一道达成学习目标,要求自己做出实现目标的具体行为。

（3）从表层学习走向深度学习

这里需要解决两个问题。第一个问题,生活概念与科学概念的关系问题。何谓"深度学习"或"深层教学"？用思考力等素养与能力进行的学习所需要的是概念。正如亚里士多德说的,"概念的理解犹如太阳一般",通过学习概念,容易理解其他的概念,能洞察现象的差异与例外,照亮新的思维路程。这样,倘若深刻地理解概念,或者不是旨在知识的"量",而是提升知识的"质"。第二个问题,大观念的重要性问题。学生学习的重要概念称为观念,大观念是指学生学习的细枝末节部分即令忘却后,仍然能长久记忆的重要的本质性的理解。学生要深化对大观念的理解,就得理解基础性的概念,掌握探究与问题解决的技能,并把这些概念与技能同课堂之外的大千世界相连。归纳起来,实现主体性、对话性的深度学习的教学设计需要满足如下三个条件:其一,"问题产生"的教学设计。在传统的知识传递型教学中是教师提问,不会有来自学习者的疑问。之所以必须有"激疑"的机制和有某种来自学习者疑问的机制,是因为可以使每一个学习者的思考方式的"差异"可视化。其二,"问题分享"的教学设计。通过问题分享,可以使每一个学习者的才能形成协同的问题解决,亦即形成"我的学习"与"我们的学习"。其三,"问题深化"的教学设计。"我的学习"与"我们的学习"的反思才有可能进一步深化问题、产生新问题,才可能形成可持续的学习问题。

三、今后展望

展望学校今后课堂转型的探索之路,要做到"十个抓好"。这是需要师生齐心协力去落实的事项。

（一）抓好学校课堂转型的规划工作

认真做好下一轮课堂转型的规划,制订课堂转型的具体目标、工作内容、推进步骤与评价考核等。为此,学校要成立课堂转型领导小组,加强对这项工作的指导与干预的力度;要关注课堂转型过程中的问题,发现问题及时研究、及时解决;要总结教研组、备课组以及个人在课堂转型中的经验,表扬与奖励先进,弘扬课堂研究的精神。

（二）抓好以科研促转型的项目落实

课堂转型不是事务性工作，而是研究性过程。只有在研究中，才能切实推动课堂教学的改进。学校要动员教研组、备课组以及教师个人，结合课堂问题，设计行动研究项目，认真学习各种先进的教育理论，研究转型中的新问题，摸索转型中的新方法。

（三）抓好先进教学范式的研究推广

"生态课堂""现象教学"等教学范式对学校课堂转型起到了很大的示范与引领作用，今后要继续抓好教学范式的研究推广工作。不仅对以往的教学范式进行提升与完善，而且可以积极尝试新的教学范式。

（四）抓好教师队伍专业素养的培养

教师队伍专业素养的培养直接关系到课堂转型的成效。学校要持续抓好对教师的培训与经常性的校本研修活动，不断提升教师教育理论与学科教学论的水平，增强问题意识，提高研究能力与教学艺术。为此，要做好对教师的评价与考核工作，为他们的专业发展创造条件。

（五）抓好学生素养本位的教学设计

教学设计是实现课堂转型的必要前提，也是教师的一项基本功与教学技艺。学校要组织教师学习教学设计的理论与方法，从而使教学设计从"经验"走向"规范"，进而走向"科学"。要建立"学期备课""单元备课""课时备课"三级备课制度与合作备课范式。当前，尤其要加强单元备课的力度，倡导素养本位的教学设计、大概念引领下的单元设计、教学评一体化的逆向设计等先进做法。

（六）抓好学校教学资源的开发建设

教学资源的开发与建设是实现课堂转型的重要保障。学校要动员教师在三年时间内，编制出所有学科的全部的单元设计案、教案与导学案，让教师都能分享集体创作的智慧成果；要精心打造优质校本课堂练习以及课后作业，以改变习题量多质差、学生盲目刷题的倾向，达到作业科学合理同时又能减负的效果。

（七）抓好对学情与认知规律的研究

知己知彼，才能掌握主动权。为此，教师要学习一些诸如教育心理、行为心理、认知心理、情感心理和社会心理等心理学知识，学会对学情的分析，了解学生的学习需求、兴趣与相关,并研究他们的认知特点与规律,采取多种方式,引导他们能动学习、协同学习与深度学习。促进他们的认知、元认知以及情感价值观得到长足发展。这方面的研究,教师比较薄弱。学校可以开设讲座与沙龙展开学习与交流,还要倡导运用叙事与案例的方法,解剖典型,提炼经验,提高教师运用心理学知识解决教育教学问题的能力。

(八)抓好课堂结构与教学环节优化

课堂结构与教学环节的优化,是课堂转型的"重头戏"。教师要善于根据不同的学科、课型与不同的课堂任务灵活设计课堂结构,避免统一化、刻板化的倾向。要把握课堂预设与课堂生成的关系,既要注意合理的课堂掌控,又要能根据情况随机应变。同时,教师要注重对各教学环节的处理,甚至是细节的处理。例如,情境创设、问题导向、任务驱动、活动开展、思维激活、成果分享、反思总结等环节都要做到精益求精。

(九)抓好课堂教学评的一体化整合

为达成学生的学业质量要求与素养水平目标,课堂务必强调教、学、评一体化。在教学评三者中,教师相对薄弱的是教学评价。因此,教师要强化评价意识,要根据课程标准的要求,将目标的达成、教学的实施、量标的检测高度整合起来,缺一不可,不能分割。同时,教师还要掌握多种评价方式与手段,调动学生参与评价,注重过程性评价与表现性评价,并在评价的基础上自觉反思教学、认真改进课堂。这样才能真正起到教学评价促进教学质量提升的作用。

(十)抓好学科教学与信息技术融合

在信息化高度发展的时代背景下,课堂转型的推进有赖于信息技术的支持。学校要推动教师主动适应信息化、人工智能等新技术变革,构建以校为本、基于课堂、应用驱动、注重创新、精准测评的教师信息素养发展新机制,全面促进信息技术与教育教学融合创新发展。学校为更好实现线上线下融合教学,要推动建设数字化教室,轻松实现录课和直播,同时也能实现自由手写识别、视频播放、动态的超链接,视频的链接可直接导入课件,还可利用实时在线的资源库,扩大学生交流和互动的范围,便捷地将学生带入体验式的学习中,从而大大增强教学的交互性、有效性。

后　　记

　　上海中小学博雅教育研究所周国正、王华等领导,参与了本书的筹划、组织与指导工作,为保障书稿质量与联系出版花费了大量心血。上海教育出版社徐建飞老师作为本书的责任编辑,在内容审定、文本规范、装帧设计等方面,精益求精,付出辛劳。在此,深表谢意。

　　本书主要由吴江盛泽中学与上海中小学博雅教育研究所双方人员共同合作完成。为保证编写质量,大家精心构思,伏案笔耕,经常忙到深夜,甚至废寝忘食。本书执笔人主要有:夏志芳(第一章、第二章、结语),刘杨(第三章第一节、第二节),吴云丽(第三章第三节),吴俊(第四章第一节、第二节),师前(第四章第三节、第四节),陆勇(第五章第一节、第二节),顾卫清(第五章第三节),许佳龙、黄雪林(第五章第四节),由凤丹(第六章第一节、第二节),周丽芳(第六章第三节、第四节),岳爱华(第七章第一节语文),师前(第七章第一节数学),茆颖萍(第七章第一节英语),余芬、蒋贤惠(第七章第二节政治),由凤丹、卢娟娟、庾秋英、张任(第七章第二节历史),朱广春(第七章第二节地理),吴俊(第七章第三节物理),陈维新、占秀珍、朱维熙、陈潇(第七章第三节化学),周素芬(第七章第三节生物),唐莉(第七章第四节体育),陶兴荣、郭波(第七章第四节信息技术)。

　　书中引用的大量教学案例,都是由盛泽中学教师提供的(书稿中均已注明姓名)。因人数多,所以不再逐一列举姓名。由于他们宝贵经验的注入,才使本书内容更加充实与丰满。

　　夏志芳、陆勇、余芬、茆颖萍等参加了本书的修改与统稿工作。叶清在人员组织、推进会召开、资料提供、进度督促等方面做了许多保障性工作。

　　在此,谨向以上提及与未提及的所有为本书出版做出奉献的教师表示由衷的感谢!

本书编委会

2023 年 4 月

图书在版编目（CIP）数据

基于课堂转型的教师成长实践研究：以吴江盛泽中学为例 / 吴春良著. — 上海：上海教育出版社，2023.12
ISBN 978-7-5720-2506-8

Ⅰ.①基… Ⅱ.①吴… Ⅲ.①课堂教学 – 教案（教育）
– 中学 Ⅳ.①G632.421

中国国家版本馆CIP数据核字(2024)第019222号

策　　划　徐建飞工作室
责任编辑　徐建飞
封面设计　金一哲

基于课堂转型的教师成长实践研究
——以吴江盛泽中学为例
吴春良　著

出版发行　上海教育出版社有限公司
官　　网　www.seph.com.cn
地　　址　上海市闵行区号景路159弄C座
邮　　编　201101
印　　刷　上海新艺印刷有限公司
开　　本　700×1000　1/16　印张28　插页2
字　　数　428 千字
版　　次　2024年3月第1版
印　　次　2024年3月第1次印刷
书　　号　ISBN 978-7-5720-2506-8/Z·0002
定　　价　98.00 元

如发现质量问题，读者可向本社调换　电话：021-64373213